拓展基尼系数理论及其应用

The Theory of Extended Gini Coefficient and Its Applications

戴平生 著

中国社会科学出版社

图书在版编目（CIP）数据

拓展基尼系数理论及其应用 / 戴平生著. -- 北京：中国社会科学出版社，2025. 3. -- ISBN 978-7-5227-4790-3

Ⅰ. F014.4-81

中国国家版本馆 CIP 数据核字第 20250AD812 号

出 版 人	赵剑英	
责任编辑	刘晓红	
责任校对	周晓东	
责任印制	李寡寡	
出　　版	中国社会科学出版社	
社　　址	北京鼓楼西大街甲 158 号	
邮　　编	100720	
网　　址	http://www.csspw.cn	
发 行 部	010-84083685	
门 市 部	010-84029450	
经　　销	新华书店及其他书店	
印　　刷	北京君升印刷有限公司	
装　　订	廊坊市广阳区广增装订厂	
版　　次	2025 年 3 月第 1 版	
印　　次	2025 年 3 月第 1 次印刷	
开　　本	710×1000　1/16	
印　　张	18.5	
字　　数	332 千字	
定　　价	108.00 元	

凡购买中国社会科学出版社图书，如有质量问题请与本社营销中心联系调换
电话：010-84083683
版权所有　侵权必究

国家社科基金后期资助项目
出版说明

　　后期资助项目是国家社科基金设立的一类重要项目，旨在鼓励广大社科研究者潜心治学，支持基础研究多出优秀成果。它是经过严格评审，从接近完成的科研成果中遴选立项的。为扩大后期资助项目的影响，更好地推动学术发展，促进成果转化，全国哲学社会科学工作办公室按照"统一设计、统一标识、统一版式、形成系列"的总体要求，组织出版国家社科基金后期资助项目成果。

全国哲学社会科学工作办公室

前　言

联合国所有成员方以促进社会和平、公正和包容，实现经济、社会和环境的可持续发展为目标，通过《2030 年可持续发展议程》提出了人类进入 21 世纪的第二个十五年计划。其中，减少国家内部和国家之间的不平等是 17 个重要发展目标之一。推动资源、投资、教育、技能开发和社会保护等更加公平的分配成为减少不平等的核心内容。如同《2022 年世界不平等报告》中指出的那样，消除不平等是一种政策选择。

对社会不平等有一个较为深刻的认识是消除不平等的基础。一个多世纪以来人们对如何测度收入不平等进行了大量的探索，从方差、基尼平均差到变异系数、基尼系数、泰尔指数（信息熵）、阿特金森指数和帕尔玛比率，大量的理论研究和社会实践表明基尼系数在测度不平等方面具有独特的优势和持久的魅力。本书是笔者近十余年专注基尼系数研究的重要成果，是对基尼系数基础性、理论性和实用性三者的有益探索。基尼系数与洛伦兹曲线分别作为代数方法与几何方法的完美融合，实现收入分布由离散数据向连续数据的转换，有力推动基尼系数理论研究的不断深入。本书的主要研究目标是将基尼系数理论离散化，使它们更好地满足人们对样本数据、统计资料的处理需要。本书的特色主要体现在以下几个方面。

第一，从拓展基尼系数的离散化定义提炼出收入份额算法，该算法同样适用于更一般化的集中度指数，将不平等厌恶参数内化于收入份额的组合系数中；简化集中度指数的协方差算法，给出集中度指数的回归方程算法、集中度指数的方差估计；提供基尼系数组群分解、要素分解的新视角，给出组数据基尼系数的组群、要素分解的相对边际效应，为基尼系数的结构研究提供重要的分析工具。

第二，基于税收对收入基尼系数的相对边际效应，定义了一个税收累进性的新测度 M 指数。M 指数具有可加性且提供税收累进性新的经济学含义，即税收对收入基尼系数的贡献率大于平均税率；借助于 U-统计量性质，给出了 M 指数的方差估计，提供税收累进性 K 指数和 S 指数方差估计的"一揽子"简化公式。

第三，提出多元基尼加权回归的实用技术。借助 R 软件的极大化 maxLik 函数，系统地解决了多元（高维）基尼回归分析的参数估计问题，提供了多元基尼回归参数估计的实用技术；简化了 Yitzhaki（1996）的 OLS 估计斜率权数法表达式。

第四，改进 Dagum（1997）的组群分解定理，提出适用组数据的组群基尼系数计算公式。给出组群分解式中净经济富余就是全体优势组与劣势组均值之差的线性组合，超变密度可以用分布函数表达的论证过程。从而使得对组数据组群分解公式的理解更具体化。

本书还有其他一些的边际贡献，如给出基尼系数三种简化的方差估计方法：回归系数法、U-统计量法和抽样分布法；提供基尼系数按回归方程分解计算截距项、误差项对总体基尼系数贡献的处理方案；给出两种拟合洛伦兹曲线的新方法，即回归方程法和联立方程法，他们可以给出基尼系数高精度的有效估计。

全书由第一章导论、第二章至第十一章的理论部分、第十二章至第十四章的应用部分组成。理论部分都含有应用举例，应用部分也包含一些理论证明。应用部分包含对中国城乡消费差距、财富基尼系数的测算，均值基尼平均差准则下的风险资产定价等。本书侧重于基尼系数的理论研究，也为实证研究提供基本工具和方法。作为基尼方法论的补充和拓展研究内容，本书是社会经济学者测度社会、经济不平等的重要参考，同时可以作为高校财经类本科生《统计学》教材的课外延伸读物。

目 录

第一章 导论 …………………………………………………………… (1)
 第一节 基尼系数与洛伦兹曲线 ………………………………… (2)
 第二节 收入分布与洛伦兹曲线的拟合 ………………………… (6)
 第三节 集中度指数与相对边际效应 …………………………… (9)
 第四节 本书的结构及其贡献 …………………………………… (13)

第二章 拓展基尼系数的离散形式及其性质 …………………… (15)
 第一节 拓展基尼系数的概念 …………………………………… (15)
 第二节 拓展基尼系数的相关定义和估计 ……………………… (16)
 第三节 拓展基尼系数的离散定义和性质 ……………………… (18)
 第四节 离散型拓展基尼系数的组群分解与要素分解 ………… (23)
 第五节 中国城乡居民食品消费支出不平等的结构性分析 …… (30)

第三章 基尼系数的区间估计及其应用 ………………………… (39)
 第一节 收入份额法 ……………………………………………… (40)
 第二节 协方差法 ………………………………………………… (45)
 第三节 区间估计 ………………………………………………… (48)
 第四节 应用实例 ………………………………………………… (51)

第四章 基于回归方程的基尼系数分解 ………………………… (56)
 第一节 收入份额算法与代数算法 ……………………………… (57)
 第二节 基尼系数基于线性变换的分解 ………………………… (61)
 第三节 基尼系数基于回归方程的分解 ………………………… (65)
 第四节 应用实例 ………………………………………………… (68)

第五章 拓展基尼系数及其应用的拓展研究 ……………………（77）
    第一节 拓展基尼系数的若干算法 ……………………（78）
    第二节 拓展基尼系数的公理性质 ……………………（82）
    第三节 健康不平等指数的拓展 ………………………（86）
    第四节 税收的拓展累进性指数 ………………………（91）
    第五节 本章小结 ………………………………………（96）

第六章 Dagum 组群分解定理的改进：性质和应用 …………（98）
    第一节 Dagum 基尼系数组群分解 ……………………（99）
    第二节 Dagum 组群分解的组数据方法 ……………（102）
    第三节 应用实例 ……………………………………（108）

第七章 税收累进性测度的改进：方法、比较和应用 ………（116）
    第一节 文献综述 ……………………………………（117）
    第二节 基尼系数分解和税收边际效应 ……………（118）
    第三节 各种税收累进性测度的关系及比较 ………（122）
    第四节 中国城镇居民收入和地区国民收入的
            税收累进性分析 ……………………………（125）

第八章 税收累进性 M 指数的方差估计及其应用 …………（134）
    第一节 文献综述 ……………………………………（135）
    第二节 税收累进性 M 指数的方差估计 …………（138）
    第三节 中国分税制以来的财税政策评价 …………（141）
    第四节 本章小结 ……………………………………（150）

第九章 区位基尼系数的计算、性质及其应用 ………………（151）
    第一节 两类属性值的区位基尼系数 ………………（152）
    第二节 区位基尼系数的重要性质 …………………（155）
    第三节 显著性检验和财税政策的产业聚集效应 …（160）
    第四节 区位基尼系数的应用 ………………………（162）
    第五节 本章小结 ……………………………………（169）

第十章 两种估计洛伦兹曲线的新方法 ………………………（171）
    第一节 洛伦兹曲线的参数估计 ……………………（172）

第二节　蒙特卡罗模拟 ……………………………………………（180）
　　第三节　应用举例 …………………………………………………（183）

第十一章　基尼加权回归分析：概念、方法与应用 ……………（186）
　　第一节　基尼平均差及其拓展 ……………………………………（188）
　　第二节　基尼加权线性回归分析 …………………………………（192）
　　第三节　拟合优度与假设检验 ……………………………………（200）
　　第四节　应用举例 …………………………………………………（203）

第十二章　中国城乡消费差距的测度及其变化研究 ……………（211）
　　第一节　家庭消费不平等 …………………………………………（212）
　　第二节　城乡消费基尼系数算法与数据 …………………………（215）
　　第三节　中国消费基尼系数与微观结构分析 ……………………（217）
　　第四节　本章小结 …………………………………………………（224）

第十三章　中国财富基尼系数的测算：1995—2021 年 ………（227）
　　第一节　财富基尼系数 ……………………………………………（228）
　　第二节　财富基尼系数结构分析和洛伦兹曲线拟合方法 ………（234）
　　第三节　基于 CFPS 数据的中国财富不平等结构分析 …………（236）
　　第四节　基于 WID 数据的中国财富基尼系数 …………………（246）
　　第五节　本章小结 …………………………………………………（247）

第十四章　均值基尼平均差准则下的风险资产定价 ……………（250）
　　第一节　新基尼平均差及其拓展 …………………………………（251）
　　第二节　随机占优与基尼平均差的转换 …………………………（256）
　　第三节　基尼平均差准则与资本资产定价模型 …………………（258）
　　第四节　基尼平均差在套期保值中的应用举例 …………………（262）
　　第五节　本章小结 …………………………………………………（268）

附　录 ………………………………………………………………（269）

参考文献 ……………………………………………………………（271）

第一章　导论

本章导读

本书是基尼方法论的重要补充。本章目的是介绍基尼系数及其相关基础知识，为随后各章的拓展研究做必要的准备。

本章首先从基尼系数、洛伦兹曲线基本概念和相互关系入手，阐释拟合收入分布与洛伦兹曲线估算基尼系数的基本思路和方法。其次，结合集中度指数提出相对边际效应概念及其分析方法。最后，介绍全书的结构和主要理论贡献。

1912 年，意大利统计学家 Corrado Gini 在其出版的《变异性与可变性》(*Variability and Mutability*) 一书中，给出一组数据 13 对测度变异性的指数，每个指数对是否包含与自身差异上略有不同，它们的出发点都是测度反映数据波动的平均差。其中有一类平均差指数（Ceriani and Verme，2012）：

$$\Delta_R = \sqrt[m]{\frac{1}{n^2}\sum_{i=1}^{n}\sum_{j=1}^{n}|a_i - a_j|^m} \tag{1.1}$$

当 $m = 1$ 时，该指数就是基尼平均差（Gini Mean Difference，GMD）。即

$$GMD = \frac{1}{n^2}\sum_{i=1}^{n}\sum_{j=1}^{n}|a_i - a_j| \tag{1.2}$$

式（1.1）数组 $\{a_i, i=1, 2, \cdots, n\}$ 由实数组成，并没有非负性要求。在 1914 年发表的论文中，Gini 讨论式（1.2）与洛伦兹曲线的对应关系，形成了如下基尼系数的定义：

$$G = \frac{1}{2\mu n^2}\sum_{i=1}^{n}\sum_{j=1}^{n}|y_i - y_j|, \quad \mu = \frac{y_1 + y_2 + \cdots + y_n}{n} \tag{1.3}$$

由于洛伦兹曲线主要用于反映收入分配的公平性，通常要求收入 $\{y_i, i=1, 2, \cdots, n\}$ 满足非负性，至少收入平均数 $\mu>0$。

上述 Gini 的著作和论文都采用了意大利语书写，基尼系数测度的收入不平等若干年后才逐渐被英语世界的学者所认识。基尼系数发端于基尼平均差，是基尼平均差与洛伦兹曲线完美融合结出的硕果。2012 年，Yitzhaki 和 Schechtman 出版了《基尼方法论——统计方法入门》(*The Gini Methodology—A Primer on a Statistical Methodology*)，系统介绍基尼方法：基尼平均差、基尼系数、拓展基尼平均差、拓展基尼系数等，涉及理论研究与社会福利、政策分析和金融等领域的应用研究。但现有研究忽略了离散数据中个体观测数据与组数据之间可能产生的巨大差异，而组数据普遍存在于家庭调查、统计年鉴等资料中。

第一节 基尼系数与洛伦兹曲线

美国经济学者 Max Lorenz 于 1905 年提出洛伦兹曲线，通过图形代表收入或财富不平等。它是将收入从低到高排序，以累计人口份额为横坐标、对应的累计收入份额为纵坐标构造的一条折线。该折线在单位正方形内部，起点坐标 (0, 0) 和终点坐标 (1, 1)。洛伦兹曲线为基尼系数提供直观的几何解释，基尼系数等于洛伦兹曲线与45°线夹成面积的 2 倍（见图 1.1）。同时拓宽了基尼系数的应用领域及其现实含义，洛伦兹曲线与基尼系数逐渐成为社会经济领域研究资源配置公平性的重要工具。

一 离散数据基尼系数及其性质

（一）基尼系数的几何算法

定理 1.1 基尼系数等于各单位收入份额的线性组合。可以表示为：

$$G = \sum_{i=1}^{n} \frac{q_i y_i}{S_y} (F_i + F_{i-1} - 1) \tag{1.4}$$

证明 调查通常以家庭为单位。设一组 n 个家庭的数据，将各家庭人均收入按从小到大排序依次记为 $y_1 \leq y_2 \leq \cdots \leq y_n$；各个家庭人口数记为 $q_1, q_2, \cdots, q_n$，记总人口数 q。相应的人口份额等于 $p_i = q_i/q$，记累计至第 i 组累计人口份额、累计收入份额分别为 F_i 和 L_i。依次连接原点 (F_0, L_0) 和所有的点 (F_i, L_i) 就构成洛伦兹曲线，$i=1, 2, \cdots, n$，如图 1.1 所示，基尼系数 $G=2S_A$。

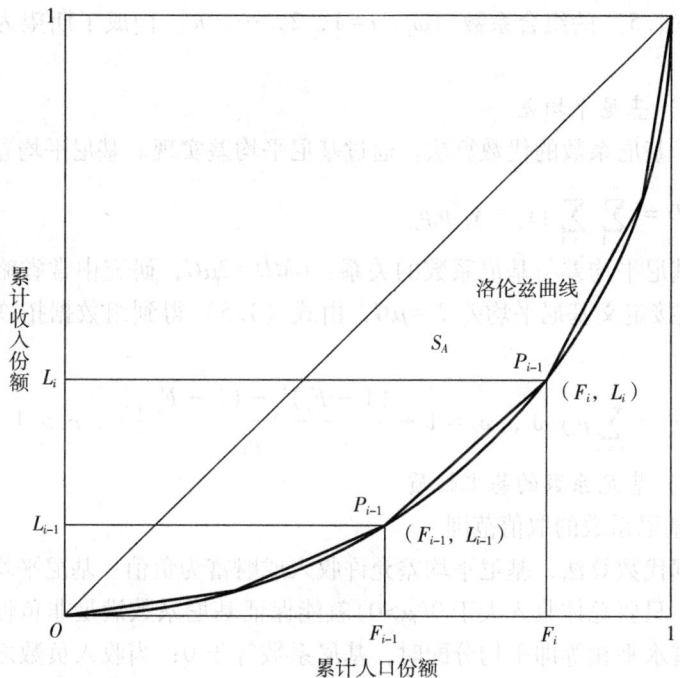

图 1.1 收入洛伦兹曲线

由洛伦兹曲线上方面积减去上三角面积可以得到:

$$S_A = \sum_{i=1}^{n} \frac{F_i + F_{i-1}}{2}(L_i - L_{i-1}) - \frac{1}{2} = \sum_{i=1}^{n} \frac{q_i y_i}{S_y} \frac{F_i + F_{i-1}}{2} - \frac{1}{2} = \frac{1}{2}\sum_{i=1}^{n} \frac{q_i y_i}{S_y}(F_i + F_{i-1} - 1),$$

故定理得证。

式(1.4)形成了一种计算基尼系数的方法:收入份额法。右侧的和式中是两个部分的乘积,第一部分是第 i 个家庭的收入份额,第二部分是按照家庭人均收入递增排序的累计人口份额函数。基尼系数有两种基本算法:式(1.2)基尼平均差的代数算法和图 1.1 洛伦兹曲线的几何算法,两种方法的计算结果是相同的。

拓展基尼系数是在基尼系数的基础上引入不平等厌恶参数 ν,可以得到它对应的收入份额法计算公式:

$$G(\nu) = \sum_{i=1}^{n} \frac{q_i y_i}{S_y} \omega_i, \quad \omega_i = 1 + \frac{(1-F_i)^\nu - (1-F_{i-1})^\nu}{p_i}, \quad \nu > 1$$

(1.5)

式（1.5）的组合系数 $\{\omega_i, i=1, 2, \cdots, n\}$ 构成了期望为 0 的离散分布。

（二）基尼平均差

对于基尼系数的代数算法，通过基尼平均差实现。基尼平均差公式：

$$GMD = \sum_{i=1}^{n} \sum_{j=1}^{n} |y_i - y_j| p_i p_j \tag{1.6}$$

由基尼平均差与基尼系数的关系：$GMD = 2\mu G$，研究中常省略系数中的 2，直接定义基尼平均差 $\Gamma = \mu G$，由式（1.5）得到组数据拓展基尼平均差为：

$$\Gamma(\nu) = \sum_{i=1}^{n} p_i y_i \omega_i, \quad \omega_i = 1 + \frac{(1-F_i)^\nu - (1-F_{i-1})^\nu}{p_i}, \quad \nu > 1 \tag{1.7}$$

（三）基尼系数的基本性质

1. 基尼系数的取值范围

根据代数算法，基尼平均差允许收入或财富为负值。基尼平均差具有非负性，只要总体收入大于 $0(\mu>0)$ 就能保证基尼系数满足非负性。当收入或财富水平相等即平均分配时，基尼系数等于 0；当收入负数之和绝对值接近收入正数之和时，基尼系数就会大于 1。因此，基尼系数可以是任意非负数即 $G \geqslant 0$。只要总体收入大于 0，用基尼平均差计算的基尼系数还是有效的、可比的。因为数据越是分散（有正有负），收入或财富分配越不平等；由于此时平均数变小，基尼系数变大（在允许部分收入或财富负值时基尼系数可以大于 1，否则 $G \leqslant 1$）。

2. 基尼系数按组群与要素分解

（1）组群分解。Dagum（1997）利用组间基尼系数的定义，解决了基尼系数按组群完全分解的难题。对于家庭调查数据，参照 Dagum 做法可以给出适合家庭调查数据的群间基尼系数。

将 n 个家庭分为 k 个子群，原下标集 N 分解为 k 个子集 $N_j \subset N$，$j=1$, 2，$\cdots$，k。那么对于第 j 个、第 h 个子群，群间基尼系数定义为：

$$G_{jh} = \frac{1}{\mu_j + \mu_h} \sum_{i \in N_j} \sum_{r \in N_h} |y_i - y_r| \frac{q_i}{q^j} \frac{q_r}{q^h}, \quad q^j = \sum_{i \in N_j} q_i, \quad q^h = \sum_{r \in N_h} q_r \tag{1.8}$$

式（1.8）中，μ_j 和 μ_h 分别表示第 j 个、第 h 个子群的平均收入。为区别总体的家庭调查数据，将子群人口数、人口份额等符号的下标改用上标表示。式（1.8）中的绝对差异是两个子群之间各自元素所有可能的配对，群间基尼系数显然具有非负性。如果将家庭调查数据分为城镇、农村两个子群，相应的下标集满足 $N_1 + N_2 = N$，那么城镇与农村的群间基尼系数可以表示为：

$$G_{12} = \frac{1}{\mu_1 + \mu_2} \sum_{i \in N_1} \sum_{r \in N_2} |y_i - y_r| \frac{q_i}{q^1} \frac{q_r}{q^2}, \quad q^1 = \sum_{i \in N_1} q_i, \quad q^2 = \sum_{r \in N_2} q_r \quad (1.9)$$

可以得到三个基尼系数满足关系：

$$G = p^1 s^1 G_{11} + p^2 s^2 G_{22} + (p^1 s^2 + p^2 s^1) G_{12} \quad (1.10)$$

式（1.10）中，(p^1, s^1)、(p^2, s^2) 分别表示城镇和农村两个子群的人口份额和收入份额。

（2）要素分解。假设家庭收入有 r 个来源，用 $y_i = y_i^1 + y_i^2 + \cdots + y_i^r$ 表示 n 个家庭的收入结构，各家庭人均收入满足 $y_1 \leq y_2 \leq \cdots \leq y_n$。累计至第 i 个家庭的人口份额为 $F_i (i = 1, 2, \cdots, n)$，由协方差算法收入基尼系数可以表示为：

$$G = \frac{1}{\mu} Cov(y, \omega) = \frac{1}{\mu} \sum_{k=1}^{r} Cov(y^k, \omega), \quad \omega_i = F_i + F_{i-1} - 1, \quad i = 1,$$

$2, \cdots, n$，各要素的组合系数记为 $\{\omega_i^k, i = 1, 2, \cdots, n\}$，于是就有：

$$G = \sum_{k=1}^{r} \frac{\mu^k Cov(y^k, \omega)}{\mu Cov(y^k, \omega^k)} G_k = \sum_{k=1}^{r} s_k R_k G_k \quad (1.11)$$

式（1.11）中，s_k、R_k 分别表示第 k 个要素收入的收入份额和与总收入的基尼相关。

二　连续型基尼系数及其性质

洛伦兹曲线将收入基尼系数的研究，从离散型收入分布拓展到了连续型收入分布，家庭调查数据也演化成了总体的抽样数据。设收入分布于区间 $[a, b]$ 上，其分布函数和分布密度函数分别为 $F(y)$ 和 $f(y)$。这里 $0 \leq a < b < +\infty$ 即 $[a, b]$ 是一个有限区间。那么 $F(y)$ 就是洛伦兹曲线的横坐标，对应于累计人口份额；累计收入份额记为 $L(y)$，也就是洛伦兹曲线的函数形式。它们与收入分布密度有如下关系：

$$\begin{cases} F(y) = \int_a^y f(t) dt \\ L(y) = \int_a^y \frac{t f(t)}{\mu} dt \end{cases}, \quad \frac{dL}{dy} = \frac{y f(y)}{\mu} \quad (1.12)$$

根据基尼系数几何算法有 $G = 1 - 2\int_0^1 L(F) dF$，通过分部积分，可进一步得到基尼系数的收入分布函数计算式：

$$G = \frac{1}{\mu} \int_0^b \{1 - F(y) - [1 - F(y)]^2\} dy \quad (1.13)$$

对于拓展基尼平均差就有：

$$\Gamma(\nu) = \int_0^{+\infty} \{1 - F(y) - [1 - F(y)]^\nu\} dy \tag{1.14}$$

考虑到将总体分为农村、城镇两大部分，记 n、n_1、n_2 分别为总体、农村和城镇人口数量，而农村、城镇居民的收入分布通常并不一致，不妨设两者的收入分布分别为 F_1 和 F_2，那么总体收入分布可以有以下表达式 $F = (n_1 F_1 + n_2 F_2)/n$。根据式（1.13）基尼系数的多项式算法，可以得到基尼系数的计算公式：

$$G = \sum_{i=1}^2 s^i p^i G_{ii} + \frac{s^1 p^2 + s^2 p^1}{\mu_1 + \mu_2} \int_0^{+\infty} [F_1(1-F_2) + F_2(1-F_1)] dy$$

对比式（1.10），于是我们得到了群间基尼系数的计算公式：

$$G_{12} = \frac{1}{\mu_1 + \mu_2} \int_0^{+\infty} [F_1(1-F_2) + F_2(1-F_1)] dy \tag{1.15}$$

第二节　收入分布与洛伦兹曲线的拟合

家庭调查数据通常都是对具有无限或大量收入单元总体的抽样。若需要计算总体的收入基尼系数，必须得到总体的收入分布，或者要得到总体收入的洛伦兹曲线。通过样本可以得到总体基尼系数的一个估计，样本基尼系数只是总体基尼系数的一个下限值。由于抽样调查数据包含大量的个体记录，一些学者尝试通过收入五等份、十等份等降维数据推断总体的收入分布，或者洛伦兹曲线。所谓的五等份数据就是将个人调查数据按收入从低到高排列，计算最低20%、40%、60%、80%人口（相当于累计人口份额）对应的累计收入份额形成的分组数据，类似地还有十等份、二十等份的各类数据。因为等份数据由累计人口份额、累计收入份额构成，它们形成的数对恰好都在洛伦兹曲线上，可以说拟合洛伦兹曲线更具有优势。

一　收入分布拟合

（一）Blanchet 的三次样条插值

利用三次样条插值，Blanchet 等（2022）分段构造广义 Pareto 函数拟合收入分布，通常需要样本容量、样本收入均值、最低（10%、50%、90%、99%）人口的收入分位数、各分点右侧区间的收入均值共十个参数,就可以获得各分段收入分布和样本基尼系数的高精度估计。世界不平等数据库(World Inequality Database)专门提供了计算软件(https://wid.world/gpinter/),导入上述十参数文件就可以获得相应的结果。

(二) Chotikapanich 的 Beta-2 型函数拟合

Chotikapanich 等(2007)认为三参数 Beta-2 型函数能够很好地拟合居民的收入或财富分布,通过构造线性模型给出了该分布在分组收入均值条件下参数的 GLS 估计方法。Beta-2 型分布具有三个参数 b、p 和 q,其密度函数和基尼系数计算公式为 $f(y) = \frac{y^{p-1}}{b^p B(p,q)(1+y/b)^{p+q}}$,$y>0$, $G = \frac{2B(2p, 2q-1)}{pB^2(p,q)}$。对于按照收入递增排序预先给定的 K 组收入均值和人口份额,设 μ_k 为第 k 组的收入均值,p_k 为第 k 组的人口份额($k=1, 2, \cdots, K$)。假设第 k 组的收入上、下限分别为 a_{k-1} 和 a_k,那么通过下式可得到该收入分布的参数估计($a_0 = 0$, $a_K = +\infty$):

$$\hat{\beta} = \underset{\beta}{\operatorname{argmin}} \sum_{k=1}^{K} \left\{ \frac{1}{\mu_k^2} \left[\frac{\int_{a_{k-1}}^{a_k} y f(y;\beta) dy}{\int_{a_{k-1}}^{a_k} f(y;\beta) dy} - \mu_k \right]^2 + \left[\frac{\int_{a_{k-1}}^{a_k} f(y;\beta) dy - p_k}{p_k} \right]^2 \right\}$$

其中,$\beta = (b, p, q)^T$,从而得到 Beta-2 型密度函数和相应基尼系数。

二 洛伦兹曲线拟合

(一) Shang 和 Shang(2021)的三次样条插值

设洛伦兹曲线上的点为 (p_i, y_i), $i = 0, 1, \cdots, n$,包含了单位正方形 45°线上两个端点。利用三次样条插值对收入洛伦兹曲线进行分段拟合。记 $y = L(p) = L_i(s)$,$s = p - p_{i-1}$,$p_{i-1} \leq p \leq p_i$ 三次样条插值函数为:

$$L_i(s) = y_{i-1} \frac{h_i^3 - 3h_i s^2 + 2s^3}{h_i^3} + y_i \frac{3h_i s^2 - 2s^3}{h_i^3} + d_{i-1} \frac{s(s-h_i)^2}{h_i^2} + d_i \frac{s^2(s-h_i)}{h_i^2},$$

d_i, h_i 分别为 $L_i(s)$ 的一阶导数和区间 (p_{i-1}, p_i) 的长度,记各个区间折线段的斜率为 δ_i,即 $d_i = L'_i(p_i)$,$h_i = p_i - p_{i-1}$,$\delta_i = (y_i - y_{i-1})/h_i$,$i = 1, \cdots, n$。由逐段洛伦兹曲线满足凸性,端点处二阶导数大于 0,要求满足下面不等式:

$(3\delta_i - d_{i-1})/2 < d_i < 3\delta_i - 2d_{i-1}$，$i = 1$，…，$n$，$d_0 = L'(0) > 0$

通过最大化应变能（Strain energy）函数：

$$E_s = \int_0^1 [L''(p)]^2 dp = \sum_{i=1}^n \frac{4}{h_i}(d_{i-1}^2 + d_{i-1}d_i + d_i^2 - 3\delta_i d_{i-1} - 3\delta_i d_i + 3\delta_i^2)$$

求解序列 $\{d_i, i = 1, …, n\}$，得到基尼系数：

$$G = 1 - \sum_{i=1}^n [h_i(y_{i-1} + y_i) - h_i^2(d_i - d_{i-1})/6]$$

（二）拟合洛伦兹曲线的 MLE 方法

Chotikapanick 和 Griffiths（2002）提供一种对洛伦兹曲线参数进行极大似然估计（MLE）的方法，即假定各组收入份额服从联合 Dirichlet 分布，将目标函数 $\log[f(q \mid \theta)] = \log\Gamma(\lambda) + \sum_{i=1}^{10}\{\lambda[L(p_i, \theta) - L(p_{i-1}, \theta)] - 1\} \times \log q_i - \sum_{i=1}^{10}\log\Gamma\{\lambda[L(p_i, \theta) - L(p_{i-1}, \theta)]\}$ 最大化获得各参数值，再估计基尼系数（Paul and Shankar, 2020）。这里 f 为 Dirichlet 联合分布函数，λ 为未知辅助参数，θ 为参数向量，q_i 是第 i 个等份数组的收入份额（$i = 1$，…，10）。常用的洛伦兹曲线主要有以下几种：

$L_1(\pi; k) = \dfrac{e^{k\pi} - 1}{e^k - 1}$，$k > 0$

$L_2(\pi; \alpha, \delta) = \pi^\alpha[1 - (1-\pi)^\delta]$，$\alpha \geq 0$，$0 < \delta \leq 1$

$L_3(\pi; \delta, \gamma) = [1 - (1-\pi)^\delta]^\gamma$，$\gamma \geq 1$，$0 < \delta \leq 1$

$L_4(\pi; \alpha, \delta, \gamma) = \pi^\alpha[1 - (1-\pi)^\delta]^\gamma$，$\alpha \geq 0$，$\gamma \geq 1$，$0 < \delta \leq 1$

$L_5(\pi; a, \alpha, \beta) = \pi - a\pi^\alpha(1-\pi)^\beta$，$a > 0$，$0 < \alpha \leq 1$，$0 < \beta \leq 1$

根据参数个数，上述洛伦兹曲线有单参数、双参数和三参数等形式。同时还可以合成混合洛伦兹曲线（Sitthiyot and Holasut, 2021）。

（三）拟合洛伦兹曲线的 MSE 法

拟合洛伦兹曲线最直接的方法，是最小化累计收入份额与洛伦兹曲线的偏差平方和（Minimize Square Error, MSE）算法（Sitthiyot and Holasut, 2021）。即 $\hat{\theta} = \underset{\theta}{\operatorname{argmin}} \sum_{k=1}^{10} [y_k - L(x_k, \theta)]^2$。

这里 L 是具体的洛伦兹曲线，y_k 是等份点上的累计收入份额（$k = 1$，2，…，10），θ 为参数向量。

第三节 集中度指数与相对边际效应

收入洛伦兹曲线要求研究单元按平均收入递增排序，其在单位正方形内与45°线夹成区域面积的两倍被定义为基尼系数；若将研究单元按调查序号自然排列，再以累计人口份额为横坐标、累计收入份额为纵坐标，仍然可以得到一条曲线。这条曲线被称为集中度曲线或伪洛伦兹曲线，曲线与45°线夹成面积的两倍被称为集中度指数或伪基尼系数。式（1.4）的收入份额法在算法上并没有要求按人均收入递增排序，因而收入份额法也适用于集中度指数的计算。

一 集中度曲线与集中度指数

（一）集中度指数

如果累计人口份额（F_i）不构成累计收入份额（L_i）的收入分布函数，那么由坐标（F_i, L_i）$i=0, 1, 2, \cdots, n$ 形成的曲线，称为收入集中度曲线。

一般地，研究单元两个不同属性值构成的累计份额，如一个是收入变量、一个是健康等级变量，那么以累计收入份额（L_i）和累计健康份额（H_i）为横纵坐标（L_i, H_i）$i=0, 1, 2, \cdots, n$ 的点形成的曲线，被称为依赖于收入的健康集中度曲线。

洛伦兹曲线是集中度曲线的特例。集中度指数被定义为单位正方形中集中度曲线与45°线夹成区域面积的两倍，例如在收入集中度指数中记累计人口份额为（R_i）、累计收入份额为（L_i），由几何算法得到的收入集中度指数计算公式为 $C_y = \sum_{i=1}^{n} \dfrac{q_i y_i}{S_y}(R_i + R_{i-1} - 1)$，此时，由于数据没有按人均收入递增排序，累计人口份额（R_i）并没有形成收入分布函数，它被称为收入集中度指数。但如果数据预先按人均收入递增排序，那么 $R_i = F_i$, $i=0, 1, 2, \cdots, n$ 收入集中度指数就等于收入基尼系数。

对于更一般的集中度曲线，记累计收入份额为（L_i）、累计健康份额（H_i），那么依赖于收入的健康集中度指数计算公式为：

$$C_h = \sum_{i=1}^{n}(H_i - H_{i-1})(L_i + L_{i-1} - 1) = \sum_{i=1}^{n} \dfrac{q_i h_i}{S_h}(L_i + L_{i-1} - 1)$$

这里 $\{h_i, i=1, 2, \cdots, n\}$ 为第 i 个家庭各成员的平均健康等级，S_h 表示全部家庭的总体健康资源，等于家庭调查中总人口的健康等级之和。在卫生经济学中 C_h 又称为与收入相关的健康不平等。

(二) 税收累进性指数

1. Kakwani 的 K 指数

Kakwani（1977）提出了一种测度税收累进性的指数，在洛伦兹曲线的基础上增加了一条税收集中度曲线。税收集中度曲线以收入分布为横坐标（对应于按人均收入递增排序的累计人口份额 F_i），以累计税收份额（T_i）为纵坐标。定义的税收累进性 K 指数可以表示为：

$$K = C_x - G_y = \sum_{i=1}^{n} \left(\frac{q_i x_i}{S_x} - \frac{q_i y_i}{S_y} \right) (F_i + F_{i-1} - 1) \qquad (1.16)$$

式（1.16）中，$\{x_i, y_i; i=1, 2, \cdots, n\}$ 分别为第 i 个家庭的平均税收和平均收入。就税收而言，税收分布函数通常不同于收入分布函数，税收集中度指数就不同于税收基尼系数。K 指数是各研究单元税收份额与收入份额之差的线性组合，K 大于 0 表明高收入家庭税收份额要高于收入份额，税收是累进的；K 等于 0 表明税收份额等于收入份额，税收是等比例的；K 小于 0 表明高收入家庭承担更低的平均税率，税收是累退的。

2. Suits（1977）的 S 累进性指数

Suits（1977）直接利用集中度指数定义了一个税收累进性测度。首先将数据按人均收入递增排序，可以得到两个序列：累计收入份额（L_i）、累计税收份额（T_i），它们分别作为横坐标和纵坐标（L_i, T_i）$i=0, 1, 2, \cdots, n$ 构造出集中度曲线，将对应的集中度指数定义为累进性指数：

$$S = \sum_{i=1}^{n} (T_i - T_{i-1})(L_i + L_{i-1} - 1) = \sum_{i=1}^{n} \left(\frac{q_i x_i}{S_x} \right) (L_i + L_{i-1} - 1) \qquad (1.17)$$

S 指数是各研究单元税收份额的线性组合，组合系数通过累计收入份额计算。

二 基尼系数的相对边际效应

Lerman 和 Yitzaki（1985）通过要素分解给出了要素变化下基尼系数的相对边际效应。由式（1.11）定义的相对边际效应为：

$$\frac{\partial G/\partial e_k}{G} = \frac{s_k R_k G_k}{G} - s_k = s(k) - s_k, \quad s(k) = \frac{s_k R_k G_k}{G}, \quad k=1, 2, \cdots, r \qquad (1.18)$$

式（1.18）中，e_k 表示要素 y_k 的增量变化。它的含义是：要素变化的相对边际效应等于该要素的基尼系数贡献率 $s(k)$ 与其收入份额 s_k 的差值。利用基尼系数的收入份额法表达式，可以推导要素变化的相对边际效应、组群变化的相对边际效应。

（一）要素变化的相对边际效应

设 $y=y^1+y^2+\cdots+y^r$，不妨设第 k 个要素增长了一个百分数 e，原有收入 y 变为 $y^*=y+ey^k$ 产生的收入基尼系数增量为：

$$G_{y^*}-G_y=\frac{eG}{1+es^k}[s(k)-s^k]+\Delta, \quad \Delta=\sum_{i=1}^{n}\frac{q_iy_i}{S_{y^*}}(\omega_i^{y^*}-\omega_i^y) \quad (1.19)$$

让要素增长的百分数 e 很小，收入变化产生的收入分布函数即累计人口份额不变，于是 $\Delta=0$，此时基尼系数增量的变化符号完全取决于 $s(k)-s^k$，即 $s(k)-s^k$ 就是基尼系数要素变化的相对边际效应。

（二）组群变化的相对边际效应

设 n 个研究单元分为 k 个子群，对应的下标集 N 被分解为 k 个子集 $N_r \subset N$, $r=1, 2, \cdots, k$。不妨设第 k 个组群增长了一个百分数 e，原有收入 y_i 变为 $y_i^*=(1+eI_{\{i\in N_k\}})y_i$ 产生的收入基尼系数增量为：

$$G_{y^*}-G_y=\frac{eG}{1+es^k}[s(k)-s^k]+\Delta, \quad \Delta=\sum_{i=1}^{n}\frac{q_iy_i}{S_{y^*}}(\omega_i^{y^*}-\omega_i^y) \quad (1.20)$$

式（1.20）中，s^k 为第 k 个组群的收入份额。让组群增长的百分数 e 很小，收入变化产生的收入分布函数即累计人口份额不变，就有 $\Delta=0$，此时基尼系数增量变化符号完全取决于 $s(k)-s^k$ 即基尼系数组群变化的相对边际效应。要素与组群变化的相对边际效应是统一的，它若小于 0，就意味着该要素（组群）的增长会使基尼系数趋于改善；若大于 0，则意味着该要素（组群）增长会使基尼系数趋于恶化。因而，相对边际效应具有重要的政策意义。

基尼系数按组群或要素分解具有统一的形式：

$$G_y=\sum_{r=1}^{k}s^rG_r+\sum_{r=1}^{k}\sum_{i\in M}\frac{q_iy_i^*}{S_y}(\omega_i^y-\omega_i^r) \quad \begin{array}{l}\text{组群分解：}M=N_r, \; y^*=y \\ \text{要素分解：}M=N, \; y^*=y^r\end{array}$$

$$(1.21)$$

三 关于基尼系数组群分解的进一步讨论

基尼系数的组群分解曾在国内外的学术界引起极大的关注（程永宏，2008）。基尼系数按组群被分解为组内不平等、组间不平等和交叉项（Mangahas, 1975; Mookherjee and Shorrocks, 1982; 胡志军等, 2011)，其中交叉项不一定存在（Dagum, 1997; 程永宏, 2008）。

(一)程永宏(2008)利用各个子群的收入分布给出基尼系数的分解式

$$G_y = \sum_{i=1}^{k} s^i G_i + \sum_{i=1}^{k} \sum_{j=i+1}^{k} \frac{p^i p^j}{\mu_y} \int_0^{+\infty} (F_i - F_j)^2 dy \qquad (1.22)$$

式(1.22)中,F_i是第i个子群的收入分布函数。式中的第二部分被定义为组间基尼系数。

(二)胡志军等(2011)给出总体基尼系数的农村与城镇组群分解式

$$G_y = \sum_{i=1}^{2} p^i s^i G_i + \frac{p^1 p^2}{\mu_y}(\mu_2 - \mu_1) + \frac{2p^1 p^2}{\mu_y} \int_0^{+\infty} (1 - F_2) F_1 dy \qquad (1.23)$$

式(1.22),群内基尼系数按收入份额加权,式(1.23)按人口份额与收入份额乘积加权。程永宏(2008)的群间不平等与子群的排序差异有关,这一点同式(1.21)的组解分解具有相似性;胡志军等(2011)的群间不平等和交叉项,分别对应于Dagum(1997)的净经济富余和超变密度(将在本书的随后部分讨论)。下面仅给出程永宏(2008)组群分解的简化证明,也导出胡志军等(2011)的分解式。

假定总体收入分布函数F可以表示为$F = p^1 F_1 + p^2 F_2 + \cdots + p^k F_k$,由基尼系数的分布函数计算公式可得:

$$G_y = \frac{1}{\mu_y} \int_0^{+\infty} \left[\sum_{i=1}^{k} p^i F_i - \left(\sum_{i=1}^{k} p^i F_i \right)^2 \right] dy \qquad (1.24)$$

根据基尼系数的分布函数表达式,我们有两种选择:一是按分布函数的一次项拼凑子群基尼系数;二是按分布函数的二次项拼凑子群基尼系数。按一次项进行拼凑就有:

$$G_y = \frac{1}{\mu_y} \int_0^{+\infty} \left[\sum_{i=1}^{k} p^i F_i - \sum_{i=1}^{k} p^i F_i^2 + \sum_{i=1}^{k} p^i F_i^2 - \left(\sum_{i=1}^{k} p^i F_i \right)^2 \right] dy$$

同时我们还有:

$$\sum_{i=1}^{k} \sum_{j=i+1}^{k} \frac{p^i p^j}{\mu_y} \int_0^{+\infty} (F_i - F_j)^2 dy = \frac{1}{2} \sum_{i=1}^{k} \sum_{j=1}^{k} \frac{p^i p^j}{\mu_y} \int_0^{+\infty} (F_i - F_j)^2 dy$$

$$= \sum_{i=1}^{k} \frac{p^i}{\mu_y} \int_0^{+\infty} F_i^2 dy - \frac{1}{\mu_y} \int_0^{+\infty} \sum_{i=1}^{k} \sum_{j=1}^{k} (p^i F_i)(p^j F_j) dy$$

$$= \frac{1}{\mu_y} \int_0^{+\infty} \left[\sum_{i=1}^{k} p^i F_i^2 - \left(\sum_{j=1}^{k} p^i F_i \right)^2 \right] dy$$

于是,得到式(1.22)的基尼系数组群分解式。

按二次项拼凑就有:

$$\begin{aligned}
G_y &= \frac{1}{\mu_y}\int_0^{+\infty}\Big[\sum_{i=1}^{k}p^iF_i - \sum_{i=1}^{k}(p^i)^2F_i + \sum_{i=1}^{k}(p^i)^2F_i - \Big(\sum_{i=1}^{k}p^iF_i\Big)^2\Big]dy \\
&= \frac{1}{\mu_y}\int_0^{+\infty}\Big[\sum_{i=1}^{k}p^i(1-p^i)F_i + \sum_{i=1}^{k}(p^i)^2(F_i - F_i^2) - \sum_{i=1}^{k}\sum_{j\ne i}p^ip^jF_iF_j\Big]dy \\
&= \frac{1}{\mu_y}\int_0^{+\infty}\Big[\frac{1}{2}\sum_{i=1}^{k}\sum_{j\ne i}p^ip^j(F_i+F_j) + \sum_{i=1}^{k}(p^i)^2(F_i - F_i^2) - \sum_{i=1}^{k}\sum_{j\ne i}p^ip^jF_iF_j\Big]dy \\
&= \frac{1}{\mu_y}\int_0^{+\infty}\Big[\sum_{i=1}^{k}\sum_{j=1}^{i}p^ip^j(F_i+F_j-2F_iF_j) + \sum_{i=1}^{k}(p^i)^2(F_i-F_i^2)\Big]dy \\
&= \frac{1}{\mu_y}\int_0^{+\infty}\Big\{\sum_{i=1}^{k}\sum_{j=1}^{i}p^ip^j[F_i-F_j+2F_j(1-F_i)] + \sum_{i=1}^{k}(p^i)^2(F_i-F_i^2)\Big\}dy \\
&= \sum_{i=1}^{k}p^is^iG_{ii} + \sum_{i=1}^{k}\sum_{j=1}^{i}p^ip^j\frac{\mu_i-\mu_j}{\mu_y} + \frac{2}{\mu_y}\sum_{i=1}^{k}\sum_{j=1}^{i}p^ip^j\int_0^{+\infty}F_j(1-F_i)dy
\end{aligned}$$

当 $k=2$ 时，就有基尼系数的组群分解式（1.23）成立。它由三部分组成：组内基尼系数、净经济富余和超变密度（Dagum，1997）。

第四节 本书的结构及其贡献

本书共有十四章。除了导论外各章备有本章导读，介绍研究的目的、方法、结果、创新和价值。导论前三节主要引入基尼系数、洛伦兹曲线的概念，拟合收入分布、洛伦兹曲线的方法，由集中度曲线和相对边际效应引出本书理论贡献及其在社会经济领域的应用。

基尼方法论对社会科学和自然科学的相关研究，都有十分重要的意义（Stark，2023）。本书主要的研究目标是将基尼系数理论离散化，使它们可以更好地适用对样本数据、统计资料的处理。本书的创新和贡献主要体现在以下几个方面。

第一，从拓展基尼系数的离散化定义提炼出收入份额算法，该算法同样适用于更一般化的集中度指数，将不平等厌恶参数内化于收入份额的组合系数中；简化集中度指数的协方差算法，给出了集中度指数回归方程算法、集中度指数的方差估计；提供基尼系数组群分解、要素分解的新视角，给出了组数据基尼系数的组群、要素分解的相对边际效应，为基尼系数的结构分析提供了重要工具。

第二，基于税收对收入基尼系数的相对边际效应，定义了一个税收累进性的新测度 M 指数。M 指数具有可加性且提供了税收累进性新的经济学含义，即税收对收入基尼系数的贡献率大于平均税率；借助于 U-统计量性质，给出了 M 指数的方差估计，提供税收累进性 K 指数和 S 指数方差估计的一揽子简化公式。

第三，提出多元基尼加权回归的实用技术。借助 R 软件的极大化 maxLik 函数，系统性地解决了多元（高维）基尼回归分析的参数估计问题，提供多元基尼回归参数估计的实用技术；简化了 Yitzhaki（1996）的 OLS 估计斜率权数法表达式。

第四，改进 Dagum（1997）的组群分解定理，提出了适用于组数据的组群基尼系数公式。给出组群分解式中的净经济富余就是全体优势组与劣势组均值之差的线性组合，超变密度可用分布函数表达的论证过程。从而使得对组数据组群分解公式的理解具体化。还有一些边际贡献，如给出基尼系数三种简化的方差估计方法，即回归系数法、U-统计量法和抽样分布法；提供基尼系数按回归方程分解计算截距项、误差项对总体基尼系数贡献的处理方案；给出两种拟合洛伦兹曲线的新方法，即回归方程法和联立方程法。

全书由第一章导论、第二章至第十一章的理论部分、第十二章至第十四章的应用部分组成。理论部分都含有应用举例，应用部分也包含一些理论证明。应用部分包含对中国城乡消费差距、财富基尼系数的测算，均值基尼平均差准则下的风险资产定价。

第二章 拓展基尼系数的离散形式及其性质

本章导读

研究目的：给出拓展基尼系数的离散形式。

研究方法：对洛伦兹曲线积分进行分段求和，基尼系数的组群分解、要素分解和相对边际效应。

研究发现：组数据拓展基尼系数具有收入份额线性组合的形式，组合系数的期望为0，满足单调性。收入份额算法方便进行组群分解、要素分解和相对边际效应分析。

研究创新：给出组数据条件下拓展基尼系数的定义，它是连续型拓展基尼系数的离散化。

研究价值：离散化拓展基尼系数提供样本数据的精确计算，收入份额算法方便拓展基尼系数进行组群分解、要素分解和相对边际效应的结构分析。

关键词：拓展基尼系数；离散化；组群分解；要素分解；相对边际效应

第一节 拓展基尼系数的概念

20世纪80年代初Kakwani（1980）给出了一个测度不平等的指数，它是定义在连续收入分布基础上的一个积分表达式：

$$\eta(k) = 1 - k(k+1)\int_0^1 L(p)(1-p)^{k-1}dp \tag{2.1}$$

当$k=1$时，该不平等指数就是基尼系数。式（2.1）本质上是对洛伦兹曲线积分中的面积微元进行加权，以改变不同收入份额的权重。几乎在同一时间 Donaldson 和 Weymark（1980）对个体微观离散数据的基尼系数也进行了权重改造，利用基尼系数关于收入的线性形式定义了一类称为单参数广义基尼系数（The single parameter generalization of Gini index）的不平等指数：

$$A_G^k(y) = 1 - \frac{1}{\mu} \frac{a_1^k y_1 + a_2^k y_2 + \cdots + a_n^k y_n}{a_1^k + a_2^k + \cdots + a_n^k}, \quad a_i = 2i-1, \quad i=1, \cdots, n \quad (2.2)$$

式（2.2）中，收入已按从小到大排序，平均数为 μ。当 $k=1$ 时，式（2.2）为基尼系数。

Yitzhaki（1983）正式提出了拓展基尼系数（The Extended Gini Coefficient）概念，形式上在 Kakwani（1980）公式的基础上进行了细微的变化（$\nu = k+1$）。其中 ν 被称为不平等厌恶参数（The aversion inequality parameter），且要求 $\nu > 1$。在此之后文献中所说的拓展基尼系数就与 Donaldson 和 Weymark（1980）的定义没有多大的关联，因为式（2.2）并不是式（2.1）离散化的等价形式。由于该积分表达式较为复杂，一直到 20 年后才由 Chotikapanich 和 Griffiths（2001）给出离散形式的拓展基尼系数。拓展基尼系数的应用研究能够查阅到的文献更少，Lazaridis（2000）用上述拓展基尼系数的要素分解讨论了希腊食品类消费税和补贴的可能性，洪兴建（2010）利用拓展基尼系数研究中国行业工资差距。这些研究仍属于拓展基尼系数的初步应用，且限于从局部反映该不平等指数的性质。

第二节 拓展基尼系数的相关定义和估计

大量的个体微观数据和组数据的不平等分析，要求拓展基尼系数以离散形式给出。本书在 Chotikapanich 和 Griffiths（2001）工作的基础上，对拓展基尼系数做进一步的探讨。

Chotikapanich 和 Griffiths 从收入 y 的分布函数 $F(y)$ 和一阶矩分布 $L(y)$ 入手，两者构成了相应的洛伦兹曲线。于是得到基尼系数最常用的几何算法：

$G = 1 - 2\int_0^1 L(p) d\pi$，$p = F(y)$，拓展基尼系数可以表示为：

$$G(\nu) = 1 - \nu(\nu - 1) \int_0^1 (1-p)^{\nu-2} L(p) dp \quad (2.3)$$

Yitzhaki（1983）给出的拓展基尼系数可以表示为：

$$G(v) = \int_0^1 (p - L(p))K(v, p)dp, \quad K(v, p) = v(v-1)(1-p)^{v-2}, \quad v > 1 \tag{2.4}$$

式（2.4）中，p 为收入的累积分布函数，$L(p)$ 为洛伦兹函数。它们分别表示对应的累计人口份额和累计收入份额，而 $p-L(p)$ 反映累计人口份额与累计收入份额的不相匹配，被称为"收入赤字"。拓展基尼系数是收入赤字的加权平均，权函数为 $K(v, p)$。由分部积分容易验证式（2.3）和式（2.4）是等价的，前者是直接对洛伦兹曲线加权平均，后者是对收入赤字进行加权平均。

式（2.3）右侧进行分部积分，将洛伦兹曲线的一阶矩分布形式（参见第一章关于连续型洛伦兹曲线定义）代入可得：

$$G(v) = 1 - \frac{v}{\mu_y}\int_0^{+\infty} y(1-F)^{v-1}f(y)dy = -\frac{v}{\mu_y}\int_0^{+\infty} y\left[(1-F)^{v-1} - \frac{1}{v}\right]f(y)dy$$

$$\Rightarrow G(v) = -\frac{v}{\mu_y}Cov[y, (1-F)^{v-1}] \tag{2.5}$$

同时，利用分部积分，又有：

$$\int_0^{+\infty}\{[1-F(y)] - [1-F(y)]^v\}dy = \mu_y - v\int_0^{+\infty} y[1-F(y)]^{v-1}f(y)dy$$

$$= -v\int_0^{+\infty} y\left\{[1-F(y)]^{v-1} - \frac{1}{v}\right\}f(y)dy = -vCov(y, [1-F(y)]^{v-1})$$

于是，得到拓展基尼系数的多项式表达式：

$$G(v) = \frac{1}{\mu_y}\int_0^{+\infty}\{[1-F(y)] - [1-F(y)]^v\}dy \tag{2.6}$$

拓展基尼系数的连续形式和离散形式，主要区别在于洛伦兹曲线是连续曲线还是折线段。离散数据通常被认为产生于数据抽样的收入数据组（income group），Chotikapanich 和 Griffiths（2007）把数据组区分为组数据（grouped data）和个体观测值（individual observations）两类，原因是两类数据在某些场合基尼系数具有不同的计算公式，尽管个体观测值是单一元素的特殊组数据。具体事例可以参阅第一章的式（1.7），组数据基尼系数的协方差公式可以应用于个体观测值基尼系数，但反过来同样适用个体观测值基尼系数的协方差公式第一章的式（1.15）并不适用于组数据。Lerman 和 Yitzhaki（1989）也给出了类似于第一章式（1.7）计算基尼系数公式的注释，并给出式（2.5）适用于组数据的估计公式：

$$\hat{G}_1(v) = -\frac{v}{\bar{y}}Cov[y, (1-F)^{v-1}] = -\frac{v}{\bar{y}}\sum_{i=1}^n p_i(y_i - \bar{y})[(1-R_i)^{v-1} - m] \tag{2.7}$$

式（2.7）中，$m = \sum_{i=1}^{n} p_i(1-R_i)^{v-1}$，$R_i = (F_i + F_{i-1})/2$，各种符号与前面保持一致。

式（2.6）通过抽样方式产生的组数据对总体拓展基尼系数的估算，为拓展基尼系数的离散化定义提供了一种重要的参考。另外，如果直接由式（2.3）或式（2.4）通过洛伦兹折线导出拓展基尼系数的离散化形式，不仅更加直观而且保持洛伦兹曲线（或收入赤字）按不平等厌恶程度加权的社会经济含义，将更具有现实意义。因此，Chotikapanich 和 Griffiths（2001）提出了线性片段（Linear Segments）方法估计拓展基尼系数：

$$\hat{G}_2(v) = 1 - v(v-1) \sum_{i=1}^{n} \int_{F_{i-1}}^{F_i} (1-F)^{v-2}(k_i F + b_i) dF,$$

$$k_i = \frac{L_i - L_{i-1}}{F_i - F_{i-1}}, \quad b_i = L_i - k_i F_i$$

式中的洛伦兹曲线用折线段表示。经过整理简化得到：

$$\hat{G}_2(v) = 1 + \sum_{i=1}^{n} k_i [(1-F_i)^v - (1-F_{i-1})^v] \tag{2.8}$$

当洛伦兹曲线上的点不断增加折线变成了曲线时，表明式（2.8）的估计收敛于总体拓展基尼系数。由于它直接从拓展基尼系数的加权定义出发，因此该估计量更适合作为拓展基尼系数的离散化定义。

利用蒙特卡罗方法对两个拓展基尼系数取值十分相近的对数正态分布、Singh – Maddala 分布关于上述协方差估计（Lerman and Yitzhaki, 1989）和线性片段估计进行偏差、均方误差的对比分析，Chotikapanich 和 Griffiths（2001）的研究发现：组数据组别不超过 20 时，拓展基尼系数的估计线性片段方法相对协方差方法，具有更小的偏差和更低的均方误差；当使用个体观测值数据时，或数据组在 30 个及以上时，两种估计方法的结果差别很小或没有差异。因此，总体拓展基尼系数的两种方法得到的估计结果，通常情况下并不相等而且当组数据的组别较小时（≤20）两者的差距更为突出。

第三节 拓展基尼系数的离散定义和性质

一 拓展基尼系数的离散化定义

定义 2.1 设人群分 n 组，各组收入水平按从小到大排列依次为 $y_1 \leq$

$y_2 \leqslant \cdots \leqslant y_n$；各组人口数为 q_1，q_2，$\cdots$，q_n，总人口数 q，$q = q_1 + q_2 + \cdots + q_n$。这样相应的人口份额就等于 $p_i = q_i/q$，$i = 1$，$\cdots$，n，记累计人口份额为 $F_i = p_1 + \cdots + p_i$，累计收入份额为 $L_i = (q_1y_1 + \cdots + q_iy_i)/S_y$，$i = 1$，$\cdots$，$n$，这里 $S_y = q_1y_1 + q_2y_2 + \cdots + q_ny_n$。依次连接原点 (F_0, L_0) 和 (F_i, L_i) 各点就构成洛伦兹曲线。我们定义式（2.9）为该人群收入的拓展基尼系数 [记为 $G(\nu)$，ν 被称为不平等厌恶参数]：

$$G(\nu) = \sum_{i=1}^{m} \frac{p_i y_i}{S_y} \omega_i(\nu), \quad \omega_i(\nu) = 1 + \frac{(1-F_i)^v - (1-F_{i-1})^v}{F_i - F_{i-1}}, \quad v > 1 \tag{2.9}$$

式（2.9）与第一章式（1.4）基尼系数的收入份额法一致，后者是前者取 $v = 2$ 时的特例。下面证明它就是对应于连续型拓展基尼系数的离散形式。首先将 Yitzhaki（1983）给出的拓展基尼系数式（2.4）利用分部积分进行恒等变形：

$$G(\nu) = \int_0^1 (F - L(F))v(v-1)(1-F)^{v-2}dF = 1 + \int_0^1 \frac{d(1-F)^v}{dF} dL(F)$$

$$\xrightarrow{\text{离散化}} G(\nu) = 1 + \sum_{i=1}^{n} \frac{\Delta_i L(F)}{\Delta_i F} \Delta_i (1-F)^v$$

于是，推断出以下关系式：

$$G(\nu) = 1 + \sum_{i=1}^{n} \frac{L_i - L_{i-1}}{F_i - F_{i-1}} [(1-F)_i^v - (1-F_{i-1})^v]$$

$$= 1 + \sum_{i=1}^{n} \frac{p_i y_i}{S_y} \frac{(1-F_i)^v - (1-F_{i-1})^v}{F_i - F_{i-1}}$$

$$\Rightarrow G(\nu) = \sum_{i=1}^{n} \frac{p_i y_i}{S_y} \omega_i(\nu), \quad \omega_i(\nu) = 1 + \frac{(1-F_i)^v - (1-F_{i-1})^v}{F_i - F_{i-1}}$$

可见，Chotikapanich 和 Griffiths（2001）给出的式（2.8）的 $G(\nu)$ 表达式与式（2.9）对比，两者十分相似可以相互推导。下面以式（2.9）为目标，给出更为简洁的严格数学证明。将折线段构成的洛伦兹曲线代入式（2.4）可得：

$$G(\nu) = 1 - \int_0^1 v(v-1)(1-F)^{v-2} L(F) dp$$

$$= 1 - \sum_{i=1}^{n} \int_{F_{i-1}}^{F_i} v(v-1)(1-F)^{v-2}(k_i F + b_i) dF$$

$$= 1 + \sum_{i=1}^{n} \int_{F_{i-1}}^{F_i} v(v-1)(1-F)^{v-2}[k_i(1-F) - (k_i + b_i)] dF$$

式中，$k_i = \dfrac{L_i - L_{i-1}}{F_i - F_{i-1}}$，$b_i = L_i - k_i F_i$。处理上式积分得到了以下的结果：

$$G(\nu) = 1 - \sum_{i=1}^{n}(\nu-1)k_i(1-F)^{\nu}\Big|_{F_{i-1}}^{F_i} + \sum_{i=1}^{n}\nu(k_i+b_i)(1-F)^{\nu-1}\Big|_{F_{i-1}}^{F_i}$$

$$= 1 + \sum_{i=1}^{n}k_i\left[(1-F_i)^{\nu} - (1-F_{i-1})^{\nu}\right] + \Delta = \sum_{i=1}^{n}\dfrac{p_i y_i}{S_y}\omega_i(\nu) + \Delta$$

对比式（2.9），下面只需根据 Δ 的具体表达式导出 $\Delta = 0$。

$$\Delta = \sum_{i=1}^{n}\nu(k_i+b_i)(1-F)^{\nu-1}\Big|_{F_{i-1}}^{F_i} - \sum_{i=1}^{n}\nu k_i(1-F)^{\nu}\Big|_{F_{i-1}}^{F_i}$$

$$= \nu\sum_{i=1}^{n}(k_i+b_i)\left[(1-F_i)^{\nu-1} - (1-F_{i-1})^{\nu-1}\right] -$$

$$\nu\sum_{i=1}^{n}k_i\left[(1-F_i)^{\nu} - (1-F_{i-1})^{\nu}\right]$$

$$= \nu\sum_{i=1}^{n}k_i(1-F_{i-1})^{\nu} - \nu\sum_{i=1}^{n}k_i(1-F_i)(1-F_{i-1})^{\nu-1} +$$

$$\nu\sum_{i=1}^{n}L_i\left[(1-F_i)^{\nu-1} - (1-F_{i-1})^{\nu-1}\right]$$

$$= \nu\sum_{i=1}^{n}k_i(F_i-F_{i-1})(1-F_{i-1})^{\nu-1} + \nu\sum_{i=1}^{n}L_i\left[(1-F_i)^{\nu-1} - (1-F_{i-1})^{\nu-1}\right]$$

$$= \nu\sum_{i=1}^{n}(L_i-L_{i-1})(1-F_{i-1})^{\nu-1} + \nu\sum_{i=1}^{n}L_i\left[(1-F_i)^{\nu-1} - (1-F_{i-1})^{\nu-1}\right]$$

$$= -\nu\sum_{i=1}^{n}L_{i-1}(1-F_{i-1})^{\nu-1} + \nu\sum_{i=1}^{n}L_i(1-F_i)^{\nu-1} = 0$$

因此，式（2.9）的定义是连续型拓展基尼系数的离散形式。由式（2.4）容易验证当 $L(p)=p$ 时 $G(\nu)=0$，当 $L(p)=0$ 时 $G(\nu)=1$。从 $0 \leq L(p) \leq 1$ 可得到 $0 \leq G(\nu) \leq 1$。

当 $\nu=2$ 时，式（2.4）化为：

$$G(2) = 2\int_0^1 (F - L(F))\,dp = 2S_A = G$$

因此，基尼系数 G 是拓展基尼系数 $G(\nu)$ 的一个特例。

二 离散型定义组合系数的性质

下面给出拓展基尼系数中权数 ω_i，$i=1, 2, \cdots, n$ 的基本性质。

定理 2.1 若 $p_1, p_2, \cdots, p_n$ 满足 $0 < p_i < 1$ 且 $p_1 + p_2 + \cdots + p_n = 1$；记 $F_i = p_1 + p_2 + \cdots + p_i$，令 $F_0 = 0$，而 ω_i 为以下表达式：

$$\omega_i(\nu) = 1 + \frac{(1-F_i)^\nu - (1-F_{i-1})^\nu}{F_i - F_{i-1}}, \quad i = 1, \cdots, n, \quad \nu > 1$$

则具有如下性质：

性质 2.1 $\omega_1 p_1 + \omega_2 p_2 + \cdots + \omega_n p_n = 0$；

性质 2.2 $\omega_1 < 0$，$\omega_n > 0$；

性质 2.3 ω_i 为 i 的增函数；

性质 2.4 存在自然数 i_0 满足 $1 \leq i_0 < n$ 使得当 $i \leq i_0$ 时 $\omega_i \leq 0$，当 $i > i_0$ 时 $\omega_i > 0$；

性质 2.5 组合系数 ω_i，$i = 1, 2, \cdots, n$ 是有界的。

证明 性质 2.1 验证如下：

$$\omega_1 p_1 + \omega_2 p_2 + \cdots + \omega_n p_n = \sum_{i=1}^{n} \left(1 + \frac{(1-F_i)^\nu - (1-F_{i-1})^\nu}{p_i}\right) p_i$$
$$= 1 - (1-F_0)^\nu + (1-F_n)^\nu = 0$$

性质 2.2 由 ω_i 的表达式有：

$$\omega_1 = 1 + \frac{(1-p_1)^\nu - 1}{p_1}, \quad \omega_n = 1 - p_n^{\nu-1}$$

可见，ω_1 关于 ν 是递减的，当 $\nu \to +\infty$ 时，$\omega_1 \to 1 - 1/p_1$。对 $\nu > 1$ 有 $\omega_1 < 0$；显然 $\omega_n > 0$，因此性质 2.1 成立。由 ω_n 关于 ν 是递增的，当 $\nu \to +\infty$ 时 $\omega_n \to 1$。

性质 2.3 的证明要考虑增函数 $g(x) = x^\nu$。由积分中值定理可得：

$$\omega_i = 1 + \frac{(1-F_i)^\nu - (1-F_i+p_i)^\nu}{p_i} = 1 - g'(\xi_i), \quad \xi_i \in (1-F_i, 1-F_i+p_i),$$

$i = 1, \cdots, n$

其中，区间 $(1-F_i, 1-F_i+p_i)$ $i = 1, 2, \cdots, n$ 两两不相交，随着 i 的增大而左移。第一个区间为 $(1-p_1, 1)$，第 n 个区间为 $(0, p_n)$；因而上述的数值 $\{\xi_i, i = 1, 2, \cdots, n\}$ 满足 $1-p_1 > \xi_1 > \xi_2 > \cdots > \xi_n > 0$。而导函数 $g'(x) = \nu x^{\nu-1}$ 对于 $\nu > 1$ 也是 x 的增函数，所以 $g'(\xi_1) > g'(\xi_2) > \cdots > g'(\xi_n)$，从而 $\omega_1 < \omega_2 < \cdots < \omega_n$。即 ω_i 为 i 的增函数。而性质 2.4 和性质 2.5 可以直接由性质 2.2 和性质 2.3 导出。至此证明了定理 2.1。

离散型表达式 (2.9) 表明，拓展基尼系数等于各组收入份额的线性组合。因而，该拓展基尼系数算法又称为离散数据的收入份额法。

当 $p_i = 1/n$，$i = 1, 2, \cdots, n$ 时，由式 (2.9) 的组数据定义可以得到个体观测值数据的拓展基尼系数表达式：

$$G(v) = \sum_{i=1}^{n} \frac{y_i}{S}\omega_i, \quad \omega_i = 1 + n\left[\left(1 - \frac{i}{n}\right)^v - \left(1 - \frac{i-1}{n}\right)^v\right],$$

$$S = \sum_{i=1}^{n} y_i, \quad v > 1 \tag{2.10}$$

当 $v=2$ 时，由式（2.10）可以推算出基尼系数权数 $\{\omega_i, i=1, 2, \cdots, n\}$ 仅中间项即 i 取值不超过 $(n+1)/2$ 的正整数时可能等于 0（n 为奇数），其左边位置的权数都小于 0，右边权数都大于 0。通常把该项称为调整收入公平性的政策项，如果以政策项为界将人群按收入简单地划分为低收入、高收入两类，那么两类人数几乎各占一半；相对应地，组数据基尼系数的政策项处于收入分布累积概率最接近 50% 的地方。对于拓展基尼系数，从个体观测值数据的 ω_i 表达式可以由下式推断：

$$\frac{1}{n} + \left(1 - \frac{i}{n}\right)^v = \left(1 - \frac{i-1}{n}\right)^v, \quad v > 1$$

当 v 增加时，会使左右两边的指数同时下降，可以通过底数变大保持两边的平衡，底数增大即意味着 i 减小，因此随着 v 的增加用于调整公平性的政策项会出现左移，对应低收入类的人数减少。组数据通过类似的分析，同样可以得出随着 v 的增加政策项左移的结论。由此可以进一步推断随着 v 的增加拓展基尼系数也会增大，它是 v 的增函数，参见式（2.6）拓展基尼系数的计算公式。因此由性质 2.1 和性质 2.3 又可以得到以下推论 2.1 的结果。

推论 2.1 对于拓展基尼系数有如下关系：

$$0 \leqslant G(v) < 1 - \frac{s_1}{p_1}, \quad v \in [1, \infty) \tag{2.11}$$

式（2.11）中，s_1 为最低收入组的总收入占全部总收入的份额。

证明 当 $v=1$ 时，权数 $\omega_i = 0$（$i=1, 2, \cdots, n$），根据定义 2.1 显然有 $G(1) = 0$；当 $v \to +\infty$ 时，$\omega_1 \to 1 - 1/p_1$、$\omega_i \to 1 (i=2, \cdots, n)$，因此：

$$\lim_{v \to +\infty} G(v) = \lim_{v \to +\infty} \sum_{i=1}^{n} \frac{q_i y_i}{S_y}\omega_i = \frac{q_1 y_1}{S_y}(1 - 1/p_1) + \sum_{i=2}^{n} \frac{q_i y_i}{S_y} = 1 - \frac{s_1}{p_1}$$

其中，s_1 是最低收入组收入占全部总收入的收入份额。拓展基尼系数的上限表达式，符合以最低收入组评价收入分布的 Rawlsian 准则（Lerman and Yitchaki, 1985）。

第四节 离散型拓展基尼系数的组群分解与要素分解

Shorrocks（1980）对不平等指数提出的基本要求，除了对称性、非负性、齐次性、人口无关性和转移原理外，还有关于 i 的一阶可微性和可分解性。其中的可分解性仅针对组群分解，分解式由组内、组间两部分组成。组内部分为各组群不平等指数的加权平均；而组间部分为总体和各组样本量及均值的函数，并利用泰尔指数作为事例。由于组间部分的结构要求过于苛刻，致使包括基尼系数在内的许多优良的不平等指数也无法满足，因而可分解性对组间部分的要求也被淡化，一些学者如程永宏（2008）通过对组间不平等的定义提出了一些新的观点。

一 等价定义的组群分解

本章提出的拓展基尼系数等价定义，基于收入份额的线性组合（亦称为收入份额的加权和），而且不平等厌恶参数 ν 的信息仅出现在组合系数中即组合系数是 ν 的函数，十分方便进行拓展基尼系数的组群分解。

定理 2.2 设 n 个家庭分为 k 个子群，原下标集 N 分解为 k 个子集 $N_r \subset N$，$r = 1, 2, \cdots, k$，那么拓展基尼系数可以表示为：

$$G(\nu) = \sum_{r=1}^{k} \frac{S^r}{S_y} G_r(\nu) + \sum_{r=1}^{k} \sum_{i \in N_r} \frac{q_i y_i}{S_y} (\omega_i^y - \omega_i^r) \tag{2.12}$$

式（2.12）中，$\{\omega_i^r, i \in N_r\}$ 是第 r 个子群中所有家庭按人均收入递增排序重新计算的组合系数，S^r、G_r 分别为第 r 个子群的总收入、收入份额和收入基尼系数。这里用家庭收入调查代表组数据。

证明 由定义 2.1 写出拓展基尼系数的表达式，再按 k 个组群分类求和就有：

$$G_y(\nu) = \sum_{i=1}^{n} \frac{q_i y_i}{S_y} \omega_i^y = \sum_{r=1}^{k} \sum_{i \in N_r} \frac{q_i y_i}{S_y} \omega_i^y = \left[\sum_{r=1}^{k} \frac{S^r}{S_y} \sum_{i \in N_r} \frac{q_i y_i}{S^r} (\omega_i^r + \omega_i^y - \omega_i^r) \right]$$

$$\Rightarrow G(\nu) = \sum_{r=1}^{k} \frac{S^r}{S_y} G_r + \sum_{r=1}^{k} \sum_{i \in N_r} \frac{q_i y_i}{S_y} (\omega_i^y - \omega_i^r)$$

按组群分类求和，这样处理的好处是可以得到各个组群对总体拓展基尼系数的综合贡献，它们在总体不平等指数的边际影响分析中是十分有用的。分解式的结果由两大部分组成：第一部分满足组不平等指标加权平均的要求，称为组内不平等；第二部分体现为权数因排序变化产生的差异，称为组间不平等。变化差异可以容易通过编程或由 Excel 表算出，具有可验证性并且对总体不平等影响因素的分析提供有经济含义的解释：收入排序变化对总体收入不平等的影响。对于给定的 ν 值，由于权数是序号 i 的增函数与序号是一一对应的，特别方便 Excel 表中因分组变动对人均收入重新排序计算新权数的处理。为便于后面相对边际效应的表述，下面给出各组群对拓展基尼系数综合贡献和贡献率的定义。

定义 2.2

$$G(\nu) = \sum_{r=1}^{k} \left(\sum_{i \in N_r} \frac{q_i y_i}{S_y} \right) = \sum_{k=1}^{r} S(r), \quad S(r) = \sum_{i \in N_r} \frac{q_i y_i}{S_y}, \quad r = 1, 2, \cdots, k$$

称 $S(r)$ 为第 r 个组群对拓展基尼系数 $G(\nu)$ 的综合贡献，同时把它与 $G(\nu)$ 的比值称为第 r 个组群对拓展基尼系数 $G(\nu)$ 的贡献率，记为：

$s(r) = S(r)/G(\nu)$, $r = 1, 2, \cdots, k$

二 等价定义的要素分解

从最早 Fei 等（1980）对要素分解的研究看，基本思想是将总体基尼系数按收入来源分解为组内差异与组间差异两大部分，组内差异等于各收入来源基尼系数的加权和，以及由集中度指数修正项为主的组间差异；Shorrocks（1982）对要素分解式并不给出具体的设定，而是将差异按来源归类，对各来源差异对总体不平等指数的贡献进行了约束。由于分量与总量的关系，Pyatt 等（1980）和 Silber（1989）延续了 Fei 等（1980）的思想，只是将组内差异设定为各个来源基尼系数的加权平均；Lerman 和 Yitchaki（1985）则与 Shorrocks（1982）的想法一致，仅强调各来源基尼系数对总体的贡献，Sibler（1993）也通过矩阵表达了该想法。由于等价定义使用收入份额的加权平均表述，因此可以方便地按两种思路进行分解。

定理 2.3 设总收入来源于 r 种不同的要素收入记为 $\{y_i^k\}$，$k = 1, 2, \cdots, r$；满足等式 $y_i^1 + y_i^2 + \cdots + y_i^r = y_i$，$i = 1, 2, \cdots, n$，则有如下分解式：

$$G(\nu) = \sum_{k=1}^{r} \sum_{i=1}^{n} \frac{q_i y_i^k}{S_y} \omega_i^y = \sum_{k=1}^{r} \frac{S^k}{S_y} G_k(\nu) + \sum_{k=1}^{r} \sum_{i=1}^{n} \frac{q_i y_i^k}{S_y} (\omega_i^y - \omega_i^k) \quad (2.13)$$

式（2.13）中，$\{\omega_i^k, i = 1, 2, \cdots, r\}$ 表示所有家庭按第 k 个要素人均收入递增排序重新计算的组合系数，S^k、G_k 分别为第 k 个要素的总收入和收入基尼系数。在 Excel 表中，按人均收入递增排序计算组合系数是十分方便的。在要素收入变化的情况下，按某一要素人均收入递增排序重新计算的组合系数，通常与总体人均收入递增排序计算的组合系数都会略有不同。

证明 对定义 2.1 的拓展基尼系数按收入的要素来源展开，有：

$$G_y(v) = \sum_{i=1}^{n} \frac{q_i y_i}{S_y} \omega_i^y = \sum_{k=1}^{r} \sum_{i=1}^{n} \frac{q_i y_i^k}{S_y} \omega_i^y$$

$$= \sum_{k=1}^{r} \left[\frac{S_y^k}{S_y} \sum_{i=1}^{n} \frac{q_i y_i^k}{S^k} (\omega_i^k + \omega_i^y - \omega_i^k) \right]$$

$$\Rightarrow G_y = \sum_{k=1}^{r} \frac{S_y^k}{S_y} G_k + \sum_{k=1}^{r} \sum_{i=1}^{n} \frac{q_i y_i^k}{S_y} (\omega_i^y - \omega_i^k)$$

式（2.13）得证。

Kakwani（1977）指出，基尼系数按要素分解其总体基尼系数不超过各来源基尼系数关于收入份额的加权平均数。可以证明对于拓展基尼系数这一结论仍然成立。

推论 2.2 拓展基尼系数按要素分解其总体基尼系数不超过各来源基尼系数关于收入份额的加权平均数。即：

$$G(v) \leqslant \sum_{k=1}^{r} \frac{S_k}{S_y} G_k(v), \quad \sum_{k=1}^{r} \sum_{i=1}^{n} \frac{q_i y_i^k}{S_y} (\omega_i^y - \omega_i^k) \leqslant 0, \quad v > 1$$

这是因为拓展基尼系数当权数由自身的排序确定时达到最大值。所以：

$$\sum_{i=1}^{n} \frac{q_i y_i^k}{S_k} \omega_i^y \leqslant \sum_{i=1}^{n} \frac{q_i y_i^k}{S_k} \omega_i^k \Rightarrow \sum_{i=1}^{n} \frac{q_i y_i^k}{S_k} (\omega_i^y - \omega_i^k) \leqslant 0$$

关于拓展基尼系数当权数由自身的排序确定时达到最大值的证明如下：

Jaeckel（1972）证明了如果存在两个单调不减序列：$a_n(1) \leqslant a_n(2) \leqslant \cdots \leqslant a_n(n)$ 和 $Z_{(1)} \leqslant Z_{(2)} \leqslant \cdots \leqslant Z_{(n)}$，其中 $\{Z_{(k)}, k=1, 2, \cdots, n\}$ 是 $\{Z_i, i=1, 2, \cdots, n\}$ 按从小到大排序的结果，同时要求 $a_n(1) + a_n(2) + \cdots + a_n(n) = 0$，那么可以推出两个有用的结论：

$$\sum_{k=1}^{n} a_n(k) Z_{(k)} \geqslant 0, \quad \sum_{k=1}^{n} a_n(k) Z_{(k)} = \max_{p \in P} \sum_{k=1}^{n} a_n(k) Z_{p(k)}$$

其中，P 表示下标集 $\{1, 2, \cdots, n\}$ 所有可能的排列集合，$\{p(1), p(2), \cdots, p(n)\}$ 是 P 中的一个排列。组数据可以看作个体序列中的相同数值进行归并的结果，根据定理 2.1 中性质 2.1，我们可以把 $\{\omega_k, k=1, 2, \cdots, n\}$ 相当于 $\{a_n(k), k=1, 2, \cdots, n\}$；根据定理 2.1 的性质

2.3，$\{y_k, k=1, 2, \cdots, n\}$ 就相当于 $\{Z_{(k)}, k=1, 2, \cdots, n\}$。于是可以导出：

$$\sum_{k=1}^{n} \frac{q_i y_i}{S_y} \omega_i^y \geq 0, \quad \sum_{k=1}^{n} \frac{q_i y_k}{S_y} \omega_k^x \leq \sum_{k=1}^{n} \frac{q_i y_k}{S_y} \omega_k^y$$

其中，ω_k^y、ω_k^x，$k=1, 2, \cdots, n$ 分别表示按不同变量 Y 和 X 分布的函数。第一个不等式导出拓展基尼系数的非负性，第二个不等式导出拓展基尼系数当权数由自身的排序确定时达到最大值的结论。

类似于拓展基尼系数组群分解的定义 2.2，要素分解同样可以定义综合贡献和贡献率用相对边际效应分析。

定义 2.3

$$G(\nu) = \sum_{k=1}^{r} \left(\sum_{i=1}^{n} \frac{q_i y_i^k}{S_y} \omega_i^y \right) = \sum_{k=1}^{r} S(k),$$

$$S(k) = \sum_{i=1}^{n} \frac{q_i y_i^k}{S_y} \omega_i^y, \quad k = 1, 2, \cdots, r$$

称 $S(k)$ 为第 k 个要素关于拓展基尼系数 $G(\nu)$ 的贡献，同时把它与 $G(\nu)$ 的比值称为第 k 个要素关于拓展基尼系数 $G(\nu)$ 的贡献率，记为：

$$s(k) = S(k)/G(\nu), \quad k = 1, 2, \cdots, r$$

三 组群、要素分解的统一形式

根据拓展基尼系数的组群分解式（2.12）和要素分解式（2.13）的结构式，可以给出对应于组数据的组群与要素分解的统一形式：

$$G(\nu) = \sum_{k=1}^{r} \frac{S^k}{S_y} G_k(\nu) + \sum_{k=1}^{r} \sum_{i \in M} \frac{q_i y_i^*}{S_y} (\omega_i^y - \omega_i^k)$$

组群分解：$M = N_k$，$y^* = y$

要素分解：$M = N$，$y^* = y^k$

分解式的等号右边由两大项构成：第一项等于各组群（要素）关于各自拓展基尼系数的收入份额加权平均，反映 r 个成分用于计算各个组群（要素）对拓展基尼系数 $G(\nu)$ 的贡献；第二项是两个部分的差值，相当于各个组群（要素）关于收入份额的加权平均因收入排序变化产生的调整序差。

上述拓展基尼系数的理论研究，都是在组数据的基础上展开的。对于个体观测值数据，结论依然成立。实际上个体观测值数据仅仅是各组数据只有一个成员的特例。需要强调的是组数据公式都适用于个体观测值数据，然而个体观测值数据适用的计算公式不一定适用于组数据，因而区分调查数据是组数据还是个体观测值数据十分必要，适用于个体观测值数据的计算公式通常并不适用组数据。这也是实证过程不少研究者因为忽略两者差异，把一些区域数据（与人口规模有关）作为个体观测值数据处理可能产生偏误的原因。

四 拓展基尼系数的相对边际效应

拓展基尼系数组群、要素分解中所包含的政策含义，可能是我们更为关心的内容。例如，增加哪些人群的收入，或者调整哪类要素收入可以降低整个社会收入分配的不公平性，从而增进社会福利？其中有怎么样的社会福利含义？下面就以家庭调查数据代表组数据，给出相对边际效应的概念。

定理2.4 设 n 个家庭的收入水平 $y_1 \leq y_2 \leq \cdots \leq y_n$，记下标集为 $N=\{1, 2, \cdots, n\}$，对应人口数为 q_i，相应概率为 $0<p_i<1$，记 $F_i=p_1+\cdots+p_i$ ($i=1, 2, \cdots, n$)，并令 $F_0=0$；拓展基尼系数 $G(v)$ 定义为：

$$G(v) = \sum_{i=1}^{n} \frac{q_i y_i}{S_y} \omega_i, \quad \omega_i = 1 + \frac{(1-F_i)^v - (1-F_{i-1})^v}{p_i}, \quad v > 1$$

（一）对于拓展基尼系数的组群分解

将 n 个家庭分为 r 个子群，原下标集 N 分解为 r 个子集 $N_k \subset N$，$k=1, 2, \cdots, r$。让第 m 个子群的家庭人均收入都增加百分数 e，变化后收入 $y'_i = (1+e \times I_{\{i \in N_m\}}) y_i$，$i=1, 2, \cdots, n$，那么拓展基尼系数增量可以表示为：

$$\Delta G(v) = \frac{eS_y G(v)}{S_y + eS_m} \left[s(m) - \frac{S_m}{S_y} \right] + \Delta_1, \quad \Delta_1 = \sum_{i=1}^{n} \frac{q_i y'_i}{S'_y} (\omega'_i - \omega_i)$$

(2.14)

（二）对于拓展基尼系数的要素分解

设收入有 r 个来源，满足 $y_i^1 + y_i^2 + \cdots + y_i^r = y_i$。让第 m 个来源都增加百分数 e，变化后收入 $y'_i = y_i + ey_i^m$，$i=1, 2, \cdots, n$；那么拓展基尼系数增量可以表示为：

$$\Delta G(v) = \frac{eS_y G(v)}{S_y + eS_m} \left[s(m) - \frac{S_m}{S_y} \right] + \Delta_2, \quad \Delta_2 = \sum_{i=1}^{n} \frac{q_i y'_i}{S'_y} (\omega'_i - \omega_i)$$

(2.15)

只要增加的百分数 e 足够小，收入变化后的组合系数 $\{\omega'_i\}$ 与变化

前的 $\{\omega_i\}$ 一致即家庭人均收入排序不变,那么拓展基尼系数增量符号取决于 $s(m) - S_m/S_y$。

证明 设式(2.13)由第 m 个组群收入增加百分数 e,前后总收入关系为 $S'_y = S_y + eS_m$。为了便于比较收入增加前后拓展基尼系数的变化,将新拓展基尼系数向增加前组合系数 $\{\omega_i\}$ 的求和转化,新权数记为 $\{\omega'_i\}$。

$$\Delta G(\nu) = \sum_{i=1}^{n} \frac{q_i y'_i}{S'_y} \omega'_i - G(\nu)$$

$$= \sum_{i=1}^{n} \frac{q_i(1 + e \times I_{\{i \in N_m\}})y_i}{S'_y}(\omega_i + \omega'_i - \omega_i) - G(\nu)$$

$$= \sum_{i=1}^{n} \frac{q_i(1 + e \times I_{\{i \in N_m\}})y_i}{S'_y}\omega_i + \Delta_1 - G(\nu)$$

$$= \frac{S_y}{S'_y}G(\nu) + \frac{eS_y}{S'_y}s(m)G(\nu) + \Delta_1 - G(\nu)$$

$$= \frac{eS_y G(\nu)}{S_y + eS_m}\left[s(m) - \frac{S_m}{S_y}\right] + \Delta_1, \quad \Delta_1 = \sum_{i=1}^{n}\frac{q_i y'_i}{S'_y}(\omega'_i - \omega_i)$$

因而,式(2.14)得证。对于式(2.15)我们有:

$$\Delta G(\nu) = \sum_{i=1}^{n}\frac{q_i y'_i}{S'_y}\omega'_i - G(\nu)$$

$$= \sum_{i=1}^{n}\frac{q_i(y_i + ey_i^m)}{S'_y}(\omega_i + \omega'_i - \omega_i) - G(\nu)$$

$$= \sum_{i=1}^{n}\frac{q_i(y_i + ey_i^m)}{S'_y}\omega_i + \Delta_2 - G(\nu)$$

$$= \frac{S_y}{S'_y}G(\nu) + \frac{eS_y}{S'_y}s(m)G(\nu) + \Delta_2 - G(\nu)$$

$$= \frac{eS_y G(\nu)}{S_y + eS_m}\left[s(m) - \frac{S_m}{S_y}\right] + \Delta_2, \quad \Delta_2 = \sum_{i=1}^{n}\frac{q_i y'_i}{S'_y}(\omega'_i - \omega_i)$$

即式(2.15)也同样成立,由此定理的两个部分都得到证明。

定理2.4表明,无论是组群还是要素增长的微弱变化,对预先确定的不平等厌恶参数 ν,拓展基尼系数增量的符号都是由变化的组群或要素对拓展基尼系数的贡献率与收入份额的差值决定。Stark 等(1986)把第 m 个要素对基尼系数的贡献率 $s(m)$ 与收入份额 S_m/S_y 之差称为第 m 个要素关于基尼系数的相对边际效应(relative marginal effect),它决定了基尼系数的变化方向;Yichaki(1990)把该方法用于消费支出结构研究,把比值 s

$(m)/(S_m/S_y)$ 定义为第 m 项消费支出关于总消费支出的弹性。只是他们的研究基于协方差 $Cov(y_i, F)$ 中总量分布 F 在分量增长时不发生变化的假定，相当于得到的基尼系数边际变化把式(2.15)中的 S_y+eS_m 近似为 S_y。从式(2.15)可以看出设定总量分布函数不变产生的误差，正是公式(2.15)中的 Δ_2。从现有文献看，Lerman 和 Yitchaki（1985）的基尼系数协方差分解式仅适用于对个体观测值数据的处理，对于组数据而言需要进行修正后方能适用（Lerman and Yitzhaki, 1989）。可见，定理 2.4 在拓展基尼系数的大视野下不仅将仅适用于个体观测值数据的相对边际效应概念推广了组数据，而且也从仅适用于要素边际变化分析拓宽到了组群边际变化分析。

定义 2.4 对于离散数据，第 m 个要素（或组群）的边际变化，称下式为拓展基尼系数的相对边际效应（Relative Marginal Effect, RME）：

$$RME = s(m) - \frac{S_m}{S_y}$$

也就是说，相对边际效应等于第 m 个要素（或组群）对总体拓展基尼系数的贡献率与其收入份额之差。

式（2.14）和式（2.15）提供了第 m 个组群（或要素）对拓展基尼系数边际效应的判断准则：对于 $e>0$，当 $s(m)<S_m/S_y$ 时，拓展基尼系数下降；反之则上升。其中的政策含义十分明显：如果某个组群（或要素）对拓展基尼系数的贡献率小于它的收入份额时，增加其收入可以降低该不平等指数，增进收入分配的公平性。由于社会福利函数满足 $W=\mu(1-G)$，$\mu=S_y/q$，降低不平等指数意味着社会福利的增进。

五 统一分解式的社会福利含义

根据离散数据组群、要素的统一分解式，用 μ 乘以等式两边可以得到：

$$\mu G(v) = \sum_{r=1}^{k} \frac{q^r \mu_r}{q} G_r(v) + \sum_{r=1}^{k} \sum_{i \in M} \frac{q_i y_i^*}{q}(\omega_i^y - \omega_i^r), \quad q^r = \sum_{i \in M} q_i \quad (2.16)$$

由基尼系数与社会福利的线性关系可知，μG 就是因收入不平等产生的社会福利损失，式（2.16）明确揭示了拓展基尼系数的社会福利含义：由收入不平等引起的社会福利损失，可分解为各组群或各要素内部不平等所产生的社会福利损失的加权平均数，再加上一个社会福利损失的调整项。

尽管组群分解和要素分解对总体的社会福利损失具有相同的表述形式，但该社会福利损失调整项对于两者的含义是不同的。对于组群分解，调整项可以理解为因组间不平等造成的社会福利损失，它是大于 0 的（程永宏，2007），因此它与组内不平等社会福利损失是互为补充的，两者共同形成总的社会福利损失；对于要素分解，在计算上调整项仅是作为各个要素收入因排序变化产生的序差，由推论 2.2 可知，它是小于 0 的，因此它可以理解为各要素不平等产生的社会福利损失存在着重叠的部分，是因重复计算应给予剔除的部分。

第五节　中国城乡居民食品消费支出不平等的结构性分析

考虑到中国自 2013 年起实施一体化住户调查，下面选择 2009 年、2021 年中国城乡居民食品消费数据，通过消费不平等的组群分解、城镇居民食品类消费结构的要素分解，分析探讨拓展基尼系数的应用问题。通常认为居民消费更能够体现收入的效用，因此西方经济学者十分重视对居民消费不平等的研究。

2013 年之前中国城乡居民的生活消费支出是分开统计的，分别由城镇住户调查和农村住户调查实现。使用国家统计局发布的《中国统计年鉴（2010）》我们可以得到 2009 年各地区城镇、农村居民生活的食品消费支出数据和各省份城镇、农村人口数。由于年鉴中农村居民的食品消费结构为实物量，因此这里仅仅使用城镇居民食品消费结构的价值量数据进行消费结构分析。研究对象为中国 31 个省份（不含港澳台地区，全书同），本书中对城镇、农村居民消费支出的讨论都是这一口径。采用 2021 年的最新统计年鉴数据，主要进行对比分析。一体化住户调查实施后，统计年鉴不再提供城镇居民的食品消费结构数据（仅归纳为八大类），因而对食品结构的要素分解仅限于 2009 年。另外，农村居民消费如不做特别说明，在本书中也指生活消费。

一　城乡居民食品支出不平等的城乡结构分析

各地区城乡消费数据在统计年鉴中分为城镇、农村两部分，因此包含 62 个组数据。分析中将 62 个组数据分为城镇、农村两个子群进行了组群分解。

利用 2009 年各地区城镇、农村居民的消费支出和人口数，中国城乡居民的平均食品消费支出为 2992.41 元。其中：城镇居民食品的平均消费支出为4471.14元，最大省份为7344.83元，最小省份为3071.93元；而农村居民食品的平均消费支出为1628.80元，最大省份为3639.14元，最小省份为1093.94元。在城乡居民总体消费支出中，城镇、农村的支出份额分别为0.7168、0.2832。不难发现城乡居民之间食品消费支出差异远高于城镇、农村各自的内部差异，因此在直观上城乡居民食品消费支出不平等指数高于城镇、农村两个组群各自的食品消费支出不平等指数。表2.1给出了总体、城镇、农村居民消费支出在不同参数 ν 值下的拓展基尼系数值，可以看到无论 $\nu>1$ 的取值如何，总体不平等指数总是大于城镇、农村两个组群的不平等指数，而农村居民食品消费支出不平等指数总是大于城镇居民消费支出不平等指数。由不平等厌恶参数不同取值下的拓展基尼系数，可以得到图2.1的结果。其中，当 $\nu\to+\infty$ 时，根据推论2.1中的计算公式（2.11）总体、城镇、农村居民食品消费支出拓展基尼系数分别收敛于0.63443、0.31294和0.32838。图2.1表明随着不平等厌恶程度的提高，总体、城镇和农村居民食品消费拓展基尼系数为单调上升并较快趋于平缓。根据拓展基尼系数的组群分解式，还计算出了总体拓展基尼系数扣除城镇、农村拓展基尼系数关于支出份额加权平均后的组间拓展不平等指数，即图2.1中从左侧往上的第三条曲线。但组间拓展不平等指数不具有单调递增的性质，从开始的明显大于城镇、农村居民消费拓展基尼系数逐渐回落，最终介于城镇、农村两者的拓展基尼曲线之间，说明了组内、组间的不平等指数性质上还是存在差异的。组间贡献即组间不平等指数与总体拓展基尼系数的比值，可由表2.1中相应的两列计算。结果表明，2009年的组间贡献随着 ν 的增大开始先是上升变化然后逐渐下降，最终收敛于接近0.5处。

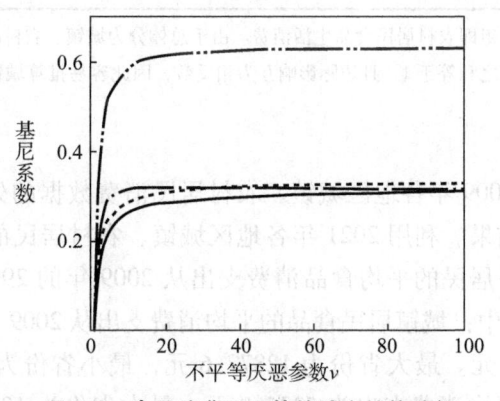

图2.1 食品消费不平等的城乡结构分解

表 2.1 中还给出了农村居民食品支出对总体拓展基尼系数的综合贡献率。由于各省份农村居民消费在城乡总体中的支出份额都处于按从小到大排序的前端，因而其综合贡献小于 0。农村居民消费的综合贡献率随着不平等厌恶参数的增大，开始出现了一定程度的下降，然后逐渐上升，它与相应消费支出份额（0.2832）的差值构成了农村消费的边际效应，列入表 2.1 的最后一列。图 2.2 给出了城镇农村居民食品消费关于总体拓展基尼系数的相对边际效应曲线，上、下方分别对应城镇、农村居民食品消费相对边际效应曲线，容易发现两条曲线关于 x 轴对称。

表 2.1　2009 年城乡结构对食品消费支出拓展基尼系数的影响

参数	指标	总体拓展基尼系数	城镇拓展基尼系数	农村拓展基尼系数	组间不平等指数	低支出组贡献率	低支出组边际效应
不平等厌恶程度	1.5	0.18925	0.07964	0.09454	0.10540	−0.37189	−0.65507
	2	0.30168	0.12511	0.14625	0.17059	−0.37748	−0.66065
	3	0.42620	0.17510	0.20147	0.24363	−0.36140	−0.64457
	4	0.49006	0.20271	0.23106	0.27933	−0.33307	−0.61624
	5	0.52658	0.22079	0.24967	0.29761	−0.30451	−0.58768
	10	0.58807	0.26248	0.28780	0.31842	−0.21770	−0.50087
	15	0.60446	0.27766	0.30067	0.32029	−0.18585	−0.46903
	20	0.61207	0.28520	0.30784	0.32046	−0.17114	−0.45432
	30	0.61952	0.29322	0.31620	0.31980	−0.15706	−0.44023
	50	0.62616	0.30150	0.32358	0.31840	−0.14480	−0.42798
	100	0.63198	0.30974	0.32779	0.31713	−0.13425	−0.41743
	∞	0.63443	0.31294	0.32838	0.31712	−0.12987	−0.41305

注：消费低支出组即农村居民食品生活消费。由于总体分为城镇、农村两个组群，两者对不平等指数综合贡献率之和等于 1，且边际影响互为相反数，因此容易推算城镇居民食品消费支出的贡献率及边际影响。

类似于对 2009 年各地区城镇、农村居民消费数据的处理，可以得到表 2.2 的计算结果。利用 2021 年各地区城镇、农村居民的消费支出和人口数，中国城乡居民的平均食品消费支出从 2009 年的 2992.41 元上升至 7464.19 元。其中：城镇居民食品的平均消费支出从 2009 年的 4471.14 元上升至 8681.46 元。最大省份为 12877.6 元，最小省份为 5528.5 元；而农村居民食品平均消费支出为 5235.8 元，最大省份为 10153.4 元，最小

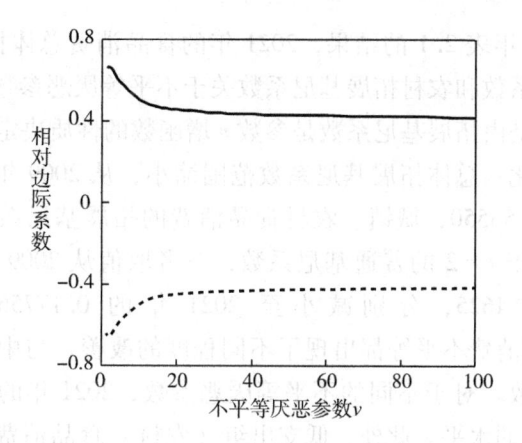

图 2.2　城乡居民食品消费支出的边际影响

省份为 3467.1 元。在城乡居民总体消费支出中，城镇、农村的支出份额分别为 0.7522、0.2478。

表 2.2　　2021 年城乡结构对食品消费支出拓展基尼系数的影响

参数	指标	总体拓展基尼系数	城镇拓展基尼系数	农村拓展基尼系数	组间不平等指数	低支出组贡献率	低支出组边际效应
不平等厌恶程度	1.50	0.10907	0.07285	0.08641	0.03286	-0.62609	-0.87390
	2.00	0.17756	0.11730	0.13579	0.05568	-0.66520	-0.91301
	3.00	0.26108	0.16859	0.18936	0.08734	-0.70798	-0.95579
	4.00	0.31183	0.19769	0.21781	0.10915	-0.72472	-0.97253
	5.00	0.34662	0.21692	0.23564	0.12506	-0.72783	-0.97564
	10.00	0.42891	0.26309	0.27590	0.16265	-0.67658	-0.92439
	15.00	0.45976	0.28314	0.29371	0.17401	-0.61800	-0.86581
	20.00	0.47559	0.29549	0.30476	0.17780	-0.57674	-0.82455
	30.00	0.49233	0.31195	0.31791	0.17890	-0.52741	-0.77521
	50.00	0.50835	0.33226	0.32953	0.17677	-0.47968	-0.72748
	100.00	0.52429	0.35413	0.33639	0.17456	-0.43469	-0.68249
	∞	0.53550	0.36318	0.33781	0.17861	-0.40465	-0.65246

注：消费低支出组即农村居民食品生活消费。由于总体分为城镇、农村两个组群，两者对不平等指数综合贡献率之和等于 1，且边际影响互为相反数，因此容易推算城镇居民食品消费支出的贡献率及边际影响。

对比 2009 年表 2.1 的结果，2021 年的食品消费总体拓展基尼系数、城镇拓展基尼系数和农村拓展基尼系数关于不平等厌恶参数 v 仍保持单调递增趋势，这是由拓展基尼系数是参数 v 增函数的性质决定。但三者的极限值发生了变化：总体拓展基尼系数范围缩小，从 2009 年的 0.63443 减至 2021 年的 0.53550；城镇、农村食品消费的拓展基尼系数变化范围都略有增大。对于 $v=2$ 的普通基尼系数，三者取值从 2009 年的 0.30168、0.12511 和 0.14625，分别减小至 2021 年的 0.17756、0.11730 和 0.13579，食品消费不平等都出现了不同程度的改善，与中国小康社会的不断发展相一致。对于不同的不平等厌恶参数，2021 年的组间不平等明显低于 2009 年的水平。此外，低支出组（农村）食品消费的相对边际效应随着不平等厌恶程度提高而强度逐步减弱，但 2021 年与 2009 年相比却出现明显的增强，表明对总体食品消费不平等的改善，农村食品消费随着时间的变化边际作用强度增大。

二　城镇居民食品支出不平等的消费结构分析

城镇居民的食品支出有 18 个子类。利用拓展基尼系数的要素分解式对食品支出不平等进行分析，计算结果如表 2.3 所示。从城镇居民 18 个食品子类人均消费额看，处于前 3 位的分别为在外用餐、肉禽及制品、菜类，三者支出占食品总支出的一半以上。城镇居民在外用餐，表现为对美食和相应服务的偏爱，说明人们的生活水平有了较大的提高；而肉禽及制品、菜类的较高消费支出，则表明人们保持着较为传统的中餐饮食结构和习惯。从各子类消费支出对总体基尼系数的贡献看（$v=2$），在外用餐、肉禽及制品、水产品类消费支出对总体不平等指数的综合贡献最大，三者叠加的综合贡献率占近 75%，这一比例随着参数 v 的增大仅细微变化。根据推论 2.2，利用 18 个子类最小支出省份的人口概率、支出份额可以计算出各子类拓展基尼系数的极限值，列于表 2.3 的极限一栏。

表 2.3　城镇居民食品支出结构对总体不平等指数的影响（$v=2,+\infty$）

单位：元、%

指标 子类	基尼系数	人均消费	支出份额	贡献率	边际效应	子类支出最小省份属性		
						概率	份额	极限
粮食	0.0695	333.83	7.47	1.47	−0.0600	0.00671	0.486	0.2764
淀粉及薯类	0.1716	30.14	0.67	0.10	−0.0057	0.01797	0.975	0.4573

续表

指标\子类	基尼系数	人均消费	支出份额	贡献率	边际效应	子类支出最小省份属性 概率	份额	极限
干豆及豆制品	0.1305	58.08	1.30	0.60	−0.0070	0.00109	0.011	0.9032
油脂类	0.1183	128.41	2.87	0.65	−0.0223	0.02460	1.109	0.5495
肉禽及制品	0.1821	870.84	19.48	22.65	0.0317	0.02495	1.201	0.5189
蛋类	0.1238	91.93	2.06	−0.07	−0.0213	0.00671	0.310	0.5382
水产品类	0.3836	301.27	6.74	17.25	0.1051	0.00109	0.020	0.8177
菜类	0.0953	444.14	9.93	5.43	−0.0450	0.02048	1.412	0.3104
调味品	0.1345	57.38	1.28	0.74	−0.0055	0.03014	1.967	0.3473
糖类	0.1693	38.25	0.86	0.96	0.0011	0.02495	1.391	0.4424
烟草类	0.2128	227.01	5.08	3.46	−0.0162	0.01362	0.596	0.5627
酒和饮料	0.1657	219.96	4.92	1.84	−0.0308	0.00671	0.347	0.4825
干鲜瓜果类	0.1251	331.41	7.41	5.20	−0.0221	0.00109	0.075	0.3172
糕点类	0.1759	91.02	2.04	2.11	0.0008	0.00109	0.038	0.6485
奶及奶制品	0.1353	194.37	4.35	2.86	−0.0149	0.02460	1.061	0.5686
其他食品	0.1826	73.78	1.65	−0.16	−0.0181	0.00671	0.317	0.5275
在外用餐	0.2160	977.74	21.87	34.93	0.1306	0.04789	2.478	0.4826
食品加工服务	0.3850	1.59	0.04	−0.01	−0.0005	0.02695	0.289	0.8929
总的食品消费	0.1251	4471.14				0.02495	1.715	0.3129

通过计算不同参数 v 取值下的拓展基尼系数，可以获得食品支出18个子类拓展基尼系数变化趋势图（见图2.3），从图2.3可以发现各个子

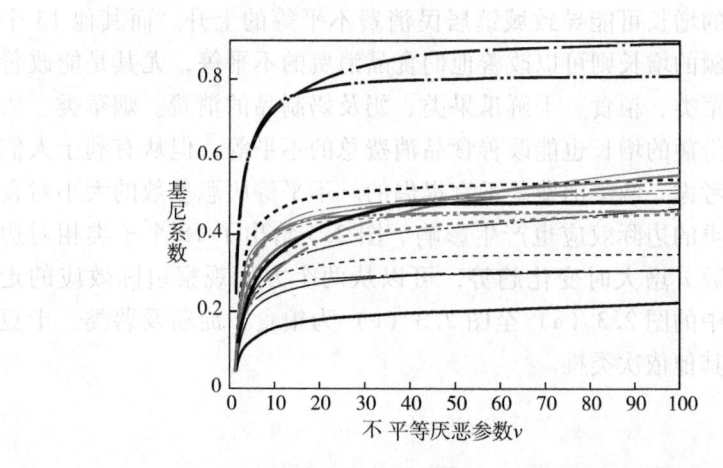

图2.3 城镇居民食品消费18子类拓展基尼系数

类的不平等曲线都是随着参数 ν 的增大而上升，但不同子类上升的高度和速率有所不同。由表 2.3 的基尼系数值以及拓展基尼系数的极限值，也可以从整体上了解各子类消费支出不平等曲线随参数 ν 单调递增的变化范围。图 2.4 还给出了食品支出不平等在要素分解下组间值的变化（下方），显然它关于参数 ν 是单调递减且小于 0 的。

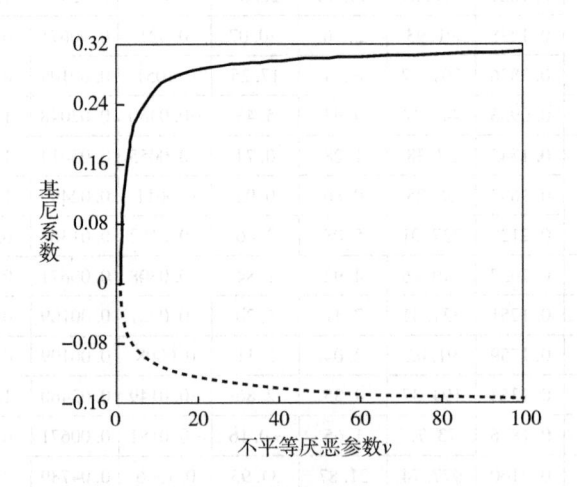

图 2.4　食品消费拓展基尼系数及调整项

表 2.3 计算了食品支出 18 个子类在 $\nu = 2$ 时对食品消费不平等的边际影响，即从基尼系数看，在外用餐、水产品类、肉禽及制品、糖类、糕点类对食品支出总基尼系数的相对边际效应大于 0，表明这些子类消费支出份额的增长可能导致城镇居民消费不平等的上升。而其他 13 个子类支出份额的增长则可以改善他们食品消费的不平等，尤其是能改善饮食结构的菜类、粮食、干鲜瓜果类、奶及奶制品的消费。烟草类、酒和饮料支出份额的增长也能改善食品消费总的不平等，但从有利于人们健康的角度考虑，两类消费是不宜提倡的。不平等厌恶参数的大小对食品消费各子类的边际效应也产生影响。图 2.5 给出了 18 个子类相对边际效应当参数 ν 增大时变化趋势，可以从两个方面观察边际效应的走势。图 2.3 中的图 2.3（a）至图 2.3（c）为粮食、淀粉及薯类、干豆及豆制品，其他依次类推。

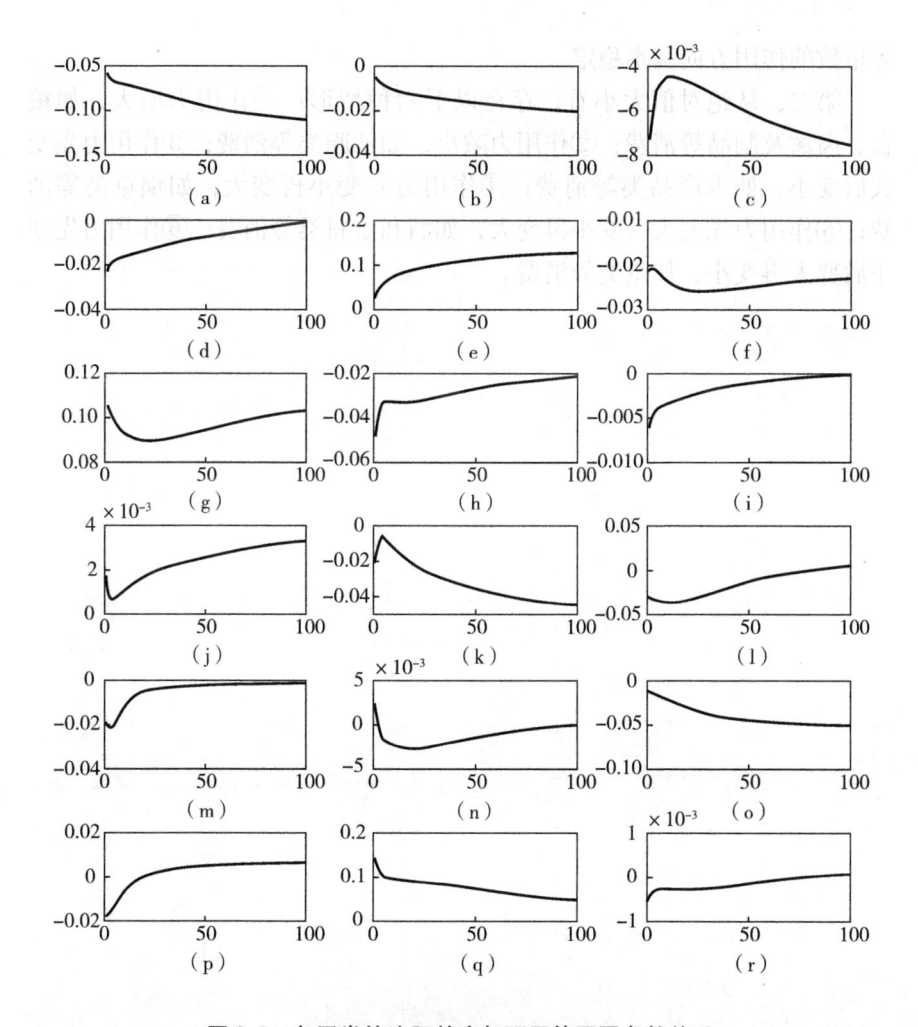

图 2.5　各子类的边际效应与不平等厌恶参数关系

注：纵轴表示边际效应，横轴表示不平等厌恶参数。

第一，从符号即作用方向看，存在以下四种情形：①保持改善不平等。如粮食、油脂类、蛋类、菜类、干鲜瓜果类和奶及奶制品等 10 类；②保持增大不平等。有肉禽及制品、水产品类、糖类和在外用餐 4 类；③从改善不平等到增大不平等。有酒和饮料、其他食品和食品加工服务 3 类；④从增大不平等到改善不平等，有糕点类 1 类。在 18 个子类中产生符号变化的只有 4 类，其中糕点类、食品加工服务边际效应接近于 0，产生影响极小。只有酒和饮料、其他食品两类边际效应的作用方向受参数 v 取值的影响较大。因此相对而言随着参数 v 的增大，各要素对总体不平等指数的作用方向基本稳定。

第二，从绝对值大小看，存在以下六种情形：①作用力增大，如粮食、肉禽及制品等消费；②作用力减小，如油脂类等消费；③作用力先变大后变小，如水产品类等消费；④作用力先变小再变大，如烟草类等消费；⑤作用力先变大后变小再变大，如酒和饮料类等消费；⑥作用力先变小后变大再变小，如蛋类等消费。

第三章 基尼系数的区间估计及其应用

本章导读

研究目的：提供实用的基尼系数区间估计方法。

研究方法：收入份额法，回归系数法，抽样分布法和U-统计量法。

研究发现：在组数据情况下，标准差的估计精度随着回归系数法、抽样分布法和U-统计量法逐级提高。

研究创新：将收入份额法融入基尼系数方差估计的回归系数法和抽样分布法中。

研究价值：为基尼系数的区间估计提供了3种方便、实用的方法。

关键词：基尼系数；区间估计；回归系数法；U-统计量法；抽样分布法

基尼系数是测度收入不平等最常用的指标之一。通常研究对象构成了一个离散的总体，即个体收入为离散型随机变量，而统计结果一般以样本或组数据形式出现，使研究者不得不用样本数据估算总体收入基尼系数。拟合收入分布函数估算总体基尼系数是一种十分常用的办法（胡志军，2012），在总体容量很大的情况下该方法可以得到基尼系数的一个很好估计，与基尼系数真值具有强相合性（陈家鼎、陈奇志，2011），但对应的洛伦兹曲线与离散数据的折线相比，在大多数情况下会出现对基尼系数的高估（王亚峰，2012）。同时，对基尼系数进行区间估计，本身需要直接利用总体的抽样数据估计方差。因此利用拟合收入分布以外的其他方法计算总体的基尼系数（徐宽，2003），是本章讨论的基本出发点。另一个关注点是总体基尼系数的区间估计问题，虽然陈希孺（2004）给出了总体基尼系数区间估计的基本思想以及方差估计的计算公式，陈家鼎和陈奇志（2011）证明样本基尼系数与总体基尼系数差值收敛于正态分布和方差估计的强相合性，但由于方差估计的计算公式十分复杂，常常使人望而却步。于是研究者给出一些变通的方法，如王春雷和黄素心（2007）给出了基尼系数的上限和下限计算公式，陈家鼎等（2012）也给出了一个推理更为严密的基尼系数下限值计算公式。基尼系数作为拓展基尼系数的特例，结合第二章拓展基尼系数的相关知识，本章给出基尼系数新的计算公式，同时给出基尼系数方差估计的若干方法，它们可以方便地进行方差的计算处理。

第一节 收入份额法

在基尼系数的各种计算方法中洛伦兹曲线的几何算法、基尼平均差算法可以认为是基尼系数的本源，其他算法都是派生的。但在不同的数据条件下各种派生的算法各具优势，可以极大地简化人们的计算。对离散分布的收入数据尤其如此，几何算法、基尼平均差算法都显得过于繁杂，最终常常要转化为代数算式。

一 基尼系数的代数算式

定理 3.1 基尼系数的代数算法和几何算法是等价的。

设 $0<y_1 \leqslant y_2 \leqslant \cdots \leqslant y_n$ 分别为 n 组人群的平均收入，$q_1, q_2, \cdots, q_n$ 为对应的人口数，q 为总人口数，记 $p_i=q_i/q$。F_i、L_i 分别表示累计至第 i 组的累计人口份额和累计收入份额，让 $F_0=0$，$L_0=0$。点 (F_i, L_i) 构成了收入洛伦兹折线 $(i=1, 2, \cdots, n)$。那么，基尼系数 G 的几何算法和基尼的平均差都可以转化为：

$$G = \sum_{i=1}^{n} (L_i F_{i-1} - F_i L_{i-1}) \tag{3.1}$$

证明 根据基尼系数等于洛伦兹曲线与45°线围成面积的两倍，我们有：

$$G = 2S_A = 2\left[\frac{1}{2} - \frac{1}{2}\sum_{i=1}^{n}(L_i + L_{i-1})(F_i - F_{i-1})\right]$$

$$= \sum_{i=1}^{n}(L_i F_{i-1} - F_i L_{i-1}) + 1 - \sum_{i=1}^{n} L_i F_i + \sum_{i=1}^{n} L_{i-1} F_{i-1}$$

$$= \sum_{i=1}^{n}(L_i F_{i-1} - F_i L_{i-1})$$

记 $\mu = p_1 y_1 + p_2 y_2 + \cdots + p_n y_n$，由基尼平均差算法又有：

$$G = \frac{1}{2\mu}\sum_{i=1}^{n}\sum_{j=1}^{n}|y_i - y_j|p_ip_j = \frac{1}{\mu}\sum_{i=1}^{n}\sum_{j=i}^{n}(y_j - y_i)p_ip_j$$

$$= \frac{1}{\mu}\sum_{i=1}^{n}p_i\Big[\sum_{j=i}^{n}y_jp_j - y_i\sum_{j=i}^{n}p_j\Big]$$

$$= \frac{1}{\mu}\sum_{i=1}^{n}p_i[\mu(1 - L_{i-1}) - y_i(1 - F_{i-1})]$$

$$= \sum_{i=1}^{n}(F_i - F_{i-1})(1 - L_{i-1}) - \sum_{i=1}^{n}(L_i - L_{i-1})(1 - F_{i-1})$$

$$= \sum_{i=1}^{n}(L_iF_{i-1} - F_iL_{i-1})$$

因此，基尼系数几何算法和基尼平均差算法都可以用式（3.1）表达，表明两种算法是等价的，定理得证。

由上述的几何算法，可以导出国家统计局常用的基尼系数计算公式：

$$G = 2S_A = 2\Big[\frac{1}{2} - \frac{1}{2}\sum_{i=1}^{n}(L_i + L_{i-1})(F_i - F_{i-1})\Big]$$

$$= 1 - \sum_{i=1}^{n}p_i\Big(2L_i - \frac{q_iy_i}{S_y}\Big)$$

记为
$$\Rightarrow G = 1 - \sum_{i=1}^{n}P_i\Big(2\sum_{j=1}^{i}W_j - W_i\Big), \quad W_i = \frac{q_iy_i}{S_y}$$

二 基尼系数的收入份额算法

由下面恒等式 $\sum_{i=1}^{n}(L_i - L_{i-1})(F_i + F_{i-1} - 1) = \sum_{i=1}^{n}(L_iF_{i-1} - F_iL_{i-1})$ 可以得到基尼系数的一个等价定义：

$$G = \sum_{i=1}^{n}\frac{q_iy_i}{S_y}\omega_i, \quad \omega_i = F_i + F_{i-1} - 1, \quad i = 1, \cdots, n \quad (3.2)$$

由于 $L_i - L_{i-1}$ 是第 i 组的收入份额（$i = 1, 2, \cdots, n$），式（3.2）是用收入份额的线性组合来计算基尼系数，我们把它称为基尼系数的收入份额法。组合系数等于当前的累计人口份额加上前一项累计人口份额再减 1（$F_i + F_{i-1} - 1$），即组合系数是与排序相关的序函数，而且该组合系数都是纯小数。

定理 3.2 组合系数 $\{\omega_i, i = 1, 2, \cdots, n\}$ 具有以下性质：$p_1\omega_1 + p_2\omega_2 + \cdots + p_n\omega_n = 0$。

证明 由组合系数 $\omega_i = 1 + \frac{(1-F_i)^2 - (1-F_{i-1})^2}{p_i}$（$i = 1, \cdots, n$）可推出

$p_1\omega_1+p_2\omega_2+\cdots+p_n\omega_n = p_1+p_2+\cdots+p_n+[(1-F_1)^2-1]+[(1-F_2)^2-(1-F_1)^2]+\cdots+[(1-F_n)^2-(1-F_{n-1})^2]=0$，故定理得证。

由于收入分布 F_i 是 i 的增函数，还可以导出 $\{\omega_i, i=1, 2, \cdots, n\}$ 具有单调性、有界性等性质（参见定理 2.1）。由定理 3.2 和协方差定义我们有：

$$G = \sum_{i=1}^{n} \frac{q_i y_i}{S_y}\omega_i = \sum_{i=1}^{n} p_i \frac{y_i}{\bar{y}}\omega_i = Cov\left(\frac{y}{\bar{y}}, \omega\right) \qquad (3.3)$$

三 收入份额法的特征

收入份额法将基尼系数用各组收入份额的线性形式表出，十分方便收入基尼系数的组群分解和要素分解。

（一）基尼系数的组群分解

设组数据分为 r 个组群，满足 $n_1+n_2+\cdots+n_r=n$，记 $N=\{1, 2, \cdots, n\}$，N_k 为 N 的 r 个真子集（$k=1, 2, \cdots, r$）。我们有：

$$G = \sum_{i=1}^{n} \frac{q_i y_i}{S_y}\omega_i = \sum_{k=1}^{r}\sum_{i\in N_k} \frac{q_i y_i}{S_y}\omega_i = \sum_{k=1}^{r} S(k)$$

$$= \sum_{k=1}^{r} \frac{S_k}{S_y}\sum_{i\in N_k} \frac{q_i y_i}{S_k}(\omega_i^k + \omega_i - \omega_i^k)$$

$$G = \sum_{k=1}^{r} \frac{S_k}{S_y}G_k + \sum_{k=1}^{r}\sum_{i\in N_k} \frac{q_i y_i}{S_y}(\omega_i - \omega_i^k) \qquad (3.4)$$

式（3.4）中，$S(k)$ 表示将来自第 k 个组群的项合并，反映该组群对总收入基尼系数的贡献；S_k 表示第 k 个组群的全部收入，与总收入 S_y 的比值就是第 k 个组群的收入份额；ω_i^k 表示第 k 个组群按群内组平均收入递增排序产生的组合系数，通常与总体的组合系数 ω 完全不同；G_k 表示第 k 个组群的基尼系数（$k=1, 2, \cdots, r$）。式（3.4）表明，基尼系数等于各组群基尼系数收入份额的加权平均，再加上一个因组合系数变化排序差异产生的调整项。

（二）基尼系数的要素分解

设有 r 个不同的要素收入来源（$y^1, y^2, \cdots, y^r$），满足 $y=y^1+y^2+\cdots+y^r$。于是：

$$G = \sum_{i=1}^{n} \frac{q_i y_i}{S_y}\omega_i = \sum_{k=1}^{r}\sum_{i=1}^{n} \frac{q_i y_i^k}{S_y}\omega_i = \sum_{k=1}^{r} S(k)$$

$$= \sum_{k=1}^{r} \frac{S_k}{S_y}\sum_{i=1}^{n} \frac{q_i y_i^k}{S_k}(\omega_i^k + \omega_i - \omega_i^k)$$

$$G = \sum_{k=1}^{r} \frac{S_k}{S_y} G_k + \sum_{k=1}^{r} \sum_{i=1}^{n} \frac{q_i y_i}{S_y} (\omega_i - \omega_i^k) \qquad (3.5)$$

式（3.5）中，各要素的相关符号与组群分解类似。式（3.4）、式（3.5）表明基尼系数的组群分解和要素分解，都可以表示为各组群（要素）基尼系数收入份额的加权平均数，再加上一个组合系数因排序差异产生的调整项。

（三）基尼系数的边际效应分析

假定第 m 个组群收入增加固定比例 e，其他的组群保持不变：

$$y'_i = [1 + e I_{\{i=m\}}] y_i, \quad i = 1, 2, \cdots, n$$

其中，I 为示性函数，显然总收入 $S'_y = S_y + eS_m$。可以得到基尼系数的增量表达式：

$$\Delta G = G' - G$$

$$= \sum_{i \in N} \frac{q_i y'_i}{S'_y} \omega'_i - G = \sum_{i \in N} \frac{q_i y'_i}{S'_y} \omega_i - G + \sum_{i \in N} \frac{q_i y'_i}{S'_y} (\omega'_i - \omega_i)$$

$$= \sum_{i \in N} \frac{q_i y_i}{S_y + eS_m} \omega_i + \sum_{i \in N_m} \frac{eq_i y_i}{S_y + eS_m} \omega_i - G + \sum_{i \in N} \frac{q_i y'_i}{S'_y} (\omega'_i - \omega_i)$$

$$= \frac{S_y}{S_y + eS_m} G + \frac{es(m)}{S_y + eS_m} G - G + \sum_{i \in N} \frac{q_i y'_i}{S'_y} (\omega'_i - \omega_i)$$

于是，得到式（3.6）：

$$\Delta G = \frac{eG}{1 + eS_m/S_y} \left[s(m) - \frac{S_m}{S_y} \right] + \sum_{i=1}^{n} \frac{q_i y'_i}{S'_y} (\omega'_i - \omega_i) \qquad (3.6)$$

式（3.6）中，$s(m) = S(m)/G$ 表示第 i 个组群对总收入基尼系数的贡献率，用 S_y、S'_y 分别表示第 m 个组群收入增长 e 前后的全体收入总量，ω、ω' 分别表示增长前后通过排序产生的组合系数。通常 e 变化较小，式(3.6)右边因 ω、ω' 差异产生的第二部分可以忽略不计(对于收入离散数据而言，是可以找到增长前后排序一致的 e)，因此当第 m 个组群收入增长 e 时基尼系数增量 ΔG 的符号取决于 $s(m)$ 是否大于其收入份额 $S(m)/S_y$。即当第 m 个组群贡献率大于其收入份额时基尼系数会变大，公平性出现恶化；相反则基尼系数变小，公平性改善。上述推导对于基尼系数的要素分解也是成立的，Stark 等（1986）对个体数据的要素分解提出了基尼系数相对边际效应的概念，现在适用于对组数据的分析，也适用于组群分解。

（四）测度税收累进性的 K 指数

Kakwani（1977）测度税收累进性的定义，恰好与税收关于总收入基尼系数的边际效应成比例。设组数据收入模型为 $X=Y+T$，其中 T 为各组平均税收，X、Y 分别为各组总收入和可支配收入。他把税收累进性的测度定义为 T 关于 X 递增排序的集中度指数与 X 基尼系数的差值，即 K 指数定义 $K=C_T-G_X$，根据式（3.2）和式（3.5）有：

$$G_x = \sum_{i=1}^{n} \frac{q_i x_i}{S_x}\omega_i^x = \sum_{i=1}^{n} \frac{q_i y_i}{S_x}\omega_i^x + \sum_{i=1}^{n} \frac{q_i T_i}{S_x}\omega_i^x$$

$$C_T = \sum_{i=1}^{n} \frac{q_i T_i}{S_T}\omega_i^x = \frac{S_x}{S_T}s(T)G_x$$

$$K = C_T - G_x = \frac{S_x}{S_T}s(T)G_x - G_x = \frac{S_x}{S_T}G_x\left[s(T) - \frac{S_T}{S_X}\right] \quad (3.7)$$

式（3.7）中，$\{\omega_i^x, i=1, 2, \cdots, n\}$ 为计算总收入基尼系数 G_x 产生的组合系数。这里 C_T 的算法与 G_x 算法类似，只是与总收入洛伦兹曲线相对应的税收集中度曲线不要求按照各组人均税收从小到大排序。这里的税收集中度曲线是按总收入 X 排序的。

因此，T 关于总收入 X 基尼系数的相对边际效应与 K 指数具有相同的符号。如果将 T 的相对边际效应定义为税收的累进性测度，也是一个相当不错的选择，容易证明这样的测度对不同税种的累进性满足可加性。

（五）收入份额法的适用性

基尼系数对应于洛伦兹曲线，用 F_i、L_i 分别表示累计人口份额和累计收入份额，洛伦兹曲线就是由点$(F_i, L_i)(i=1, 2, \cdots, n)$构成的过单位正方形两个顶点（0，0）和（1，1）的曲线。基尼系数被广泛应用于不平等测度，但横向坐标的收入分布性质虽然赋予了基尼系数的非负性特点，也导致了内在识别能力的弱化。如对以下甲乙丙的收入分布它无法区分（40，20，40）、（20，40，40）和（40，40，20），三种收入分布按递增排序都是（20，40，40），收入分配的基尼系数都是一样等于0.1333。

按其他的社会经济属性排序，如甲乙丙依次排序，同样利用累计人口份额、累计收入份额构造曲线（它类似洛伦兹曲线，只是没有按收入递增排序），用相同的方法计算面积，那么三种收入分配的不平等指数就变成了0、0.1333 和-0.1333。这种不按自身属性排序计算的不平等指数称为集中度指数，记为 CI。集中度指数是基尼系数的第一种变化，K 指数就是税收集中度指数与总收入基尼系数的差。CI 对应曲线其横坐标仍为累计人口份额，但已不是按自身的均值大小排序的累计人口份额即不是自己的分布函数。由于集中度指数 CI 的几何算法与基尼系数 G 的几何算法一致，因此收入份额法也适用于集中度指数。

基尼系数的第二种变化是洛伦兹曲线横坐标中的累计人口份额被其他变量的累计份额所代替，如税收累进性 S 指数。S 指数是由 Suits（1977）提出的，它对应的曲线是在按收入递增排序后以累计收入份额为横坐标、累计税收份额为纵坐标。当税收与收入成比例时，累计税收份额等于累计收入份额，曲线与对角线重合；如果累计税收份额低于累计收入份额，曲线在对角线下方，那么这种税收不平等有利于低收入者，税收是累进的；若曲线出现在对角线上方，税收就是累退的。这类指数称为广义集中度指数，在卫生保健的不平等研究中，这类指数又被称为与社会经济相关的健康不平等指数。例如，与收入相关的健康不平等指数，在个体按收入递增排序的情况下曲线的横坐标为累计收入份额，纵坐标为累计健康得分份额。假定曲线坐标为 (L_i, P_i)，$i=1, 2, \cdots, n$，其中 L_i 为某一社会经济指标 y 的累计份额，P_i 为另一社会经济指标 x 的累计份额，例如对于 S 指数，x 和 y 就分别表示税收和收入。那么不平等指数 H 对应的收入份额法公式为：

$$H = \sum_{i=1}^{n} \frac{q_i x_i}{S_x}(L_i + L_{i-1} - 1), \quad S_x = q_1 x_1 + \cdots + q_n x_n,$$

$$P_i = \frac{q_1 x_1 + \cdots + q_i x_i}{q_1 x_1 + \cdots + q_n x_n} \tag{3.8}$$

式（3.8）中，$P_i(i=1, 2, \cdots, n)$ 为曲线的纵坐标，根据面积公式我们还有：

$$H = 1 - \sum_{i=1}^{n} \frac{q_i y_i}{S_y}(P_i + P_{i-1}) = \sum_{i=1}^{n} \frac{q_i y_i}{S_y}(1 - P_i - P_{i-1}), \quad S_y = q_1 y_1 + \cdots + q_n y_n \tag{3.9}$$

式（3.8）和式（3.9）的组合系数都是单调有界的（-1, 1），但前者是递增的，后者是递减的。因此用收入份额法计算集中度指数、广义集中度指数都具有很强的适用性，通常将以上两种指数都称为集中度指数。

第二节 协方差法

用个体数据的协方差计算基尼系数较早就得到了解决（Anand, 1983），后来人们发现在连续收入分布的情况下也有同样的结果（Lerman and Yitzhaki, 1984）。但检索已有文献，这一算法至今仍然还无法在组数据中实现。由于收入份额法的出现,现在可以给出基尼系数协方差算法的离散形式。

一 组数据基尼系数的协方差公式

由式（3.2）我们有：

$$G = \sum_{i=1}^{n} \frac{q_i y_i}{q\bar{y}} \omega_i = \sum_{i=1}^{n} \frac{q_i(y_i - \bar{y})}{q\bar{y}}(F_i + F_{i-1} - 1)$$

$$= \frac{2}{\bar{y}} \sum_{i=1}^{n} p_i(y_i - \bar{y})\left(\sum_{k=1}^{i-1} p_k + \frac{p_i}{2} - \frac{1}{2}\right)$$

$$G = \frac{2}{\bar{y}} \sum_{i=1}^{n} p_i(y_i - \bar{y})\left(R_i - \frac{1}{2}\right) = \frac{2}{\bar{y}} Cov(y_i, R_i) \quad (3.10)$$

$$R_i = \sum_{k=1}^{i-1} p_k + \frac{p_i}{2} = F_i - \frac{p_i}{2}$$

第二个等号右边利用了组合系数 ω_i 的性质。式（3.10）中 R_i 表示累计到第 i 组中点的人口份额。R_i 的样本均值等于 $1/2(i=1, 2, \cdots, n)$，这是因为：

$$\omega_i = 2R_i - 1 \Rightarrow p_i \omega_i = 2p_i R_i - p_i \Rightarrow \sum_{i=1}^{n} p_i \omega_i = 2\sum_{i=1}^{n} p_i R_i - \sum_{i=1}^{n} p_i \Rightarrow$$

$$\sum_{i=1}^{n} p_i R_i = \frac{1}{2}$$

当组数据退化为个体数据即每组只有 1 人时，式（3.10）可以简化为：

$$G = \frac{2}{\bar{y}} Cov(y_i, R_i) = \frac{2}{\bar{y}} Cov\left(y_i, \frac{i}{n} - \frac{1}{2n}\right) = \frac{2}{n\bar{y}} Cov(y_i, i) \quad (3.11)$$

式（3.11）为个体数据基尼系数的协方差公式（Anand, 1983）。下面说明式（3.10）就是连续收入分布基尼系数协方差的离散形式。假定收入区间无限细分，于是就有 R_i 收敛于 F_i，即 R_i 就收敛于 y 的分布函数 $F(y)$，可以表述为：

$$G = \frac{2}{\bar{y}} Cov(y_i, R_i) \xrightarrow[\bar{y} \to \mu]{R \to F(y)} G = \frac{2}{\mu} Cov[y, F(y)] \quad (3.12)$$

式（3.12）是连续收入分布基尼系数的协方差形式（Lerman and Yitzhaki, 1984; Lambert, 1989）。因此 R_i 相当于 y 分布函数 $F(y)$ 的离散化，式（3.10）对应于式（3.12）连续分布协方差的离散化形式。只是 R_i 与 $F_i(i=1, 2, \cdots, n)$ 略有不同，这是为什么不能从连续收入分布基尼系数的协方差形式直接导出离散化结果的原因。对于收入连续分布基尼系数的协方差公式有多种推导方法,大致可以分为几何法和函数法两大类。

(一) 几何法

计算洛伦兹曲线与45°线围成面积,有:

$$G = 2\int_0^1 (F - L)dF = 1 - 2\int_0^1 LdF$$

由分部积分公式及累计收入份额满足 $dL = yf(y)dy/\mu$ 可得:

$$G = 1 - 2\int_0^1 LdF = \frac{2}{\mu}\int_a^b y\left(F - \frac{1}{2}\right)f(y)dy = \frac{2}{\mu}Cov(y, F)$$

其中,(a, b) 为收入 y 的取值范围。

(二) 函数法

Lerman 和 Yitzhaki (1984) 的收入连续分布绝对基尼系数表示为:

$$\mu G = \int_a^b [F(y) - F^2(y)]dy \qquad (3.13)$$

由分部积分可得式(3.12)的表达式:

$$\mu G = -\int_a^b y[1 - 2F(y)]f(y)dy = 2Cov(y, F) \Rightarrow G = \frac{2}{\mu}Cov(y, F)$$

因此,与式(3.9)相比较连续收入基尼系数的协方差公式并不适合处理组数据情形。

二 组数据基于协方差的基尼系数要素分解

设有 r 个不同的要素收入来源 $(y^1, y^2, \cdots, y^r)$,满足 $y = y^1 + y^2 + \cdots + y^r$,于是根据协方差的性质:

$$G = \frac{2}{\bar{y}}Cov(y_i, R_i) = \frac{2}{\bar{y}}Cov\left(\sum_{k=1}^r y_i^k, R_i\right) = \frac{2}{\bar{y}}\sum_{k=1}^r Cov(y_i^k, R_i)$$

$$= \sum_{k=1}^r \alpha_k G_k, \quad \alpha_k = \frac{\bar{y}_r}{\bar{y}}\frac{Cov(y_i^k, R_i)}{Cov(y_i^k, R_i^k)}, \quad k = 1, 2, \cdots, r \qquad (3.14)$$

式(3.14)中,R^k 表示按第 k 个要素均值递增排序由人口份额产生的近似累积分布(其末位组仅为频率的一半),G_k 表示第 k 个要素的基尼系数($k = 1, 2, \cdots, r$)。总收入基尼系数 G 也可以直接分解为各要素的集中度指数之和,集中度指数的算法与基尼系数相似,只是公式中累计人口份额的排序依据不是按自身要素递增,如仍沿用相应总收入均值递增。显然,组数据基尼系数的协方差式(3.10)也适用于集中度指数,Kakwani 等(1997)曾给出了集中度指数的组数据协方差定义,但他们既没有给出证明也没有进行必要的说明。

三 基于协方差要素分解的边际效应分析

利用基尼系数的协方差形式进行要素分解在本书之前的研究中是最为常见的做法。如果要计算各要素对总收入基尼系数的贡献，它与收入份额法相比并不逊色，因而其优越性还是显而易见的。正是 Stark 等（1986）对基尼系数相对边际变化的探索性研究，人们才得以体会相对边际效应的作用。由式（3.14）基尼系数的要素分解可以发现，当第 m 个要素发生细微变化增长一个固定比例 e 而其他要素不变时，在不改变收入分布的假定下（增量变化后收入分布 $R'_i \approx R_i$ 对于离散数据只要 e 小到一定程度，该假定是可以成立的），即 $y_i^k \to [1+eI_{\{k=m\}}]y_i^k$，可以计算基尼系数的增量：

$$G' = \frac{2q}{S'_y}Cov\left(\sum_{k=1}^{r} y_i^k + ey_i^m, R_i\right)$$

$$= \frac{2q}{S'_y}Cov\left(\sum_{k=1}^{r} y_i^k, R_i\right) + \frac{eq}{S'_y}Cov(y_i^m, R_i)$$

$$\Rightarrow G' - G \approx \frac{S_y}{S'_y}[G + es(m)G] - G = eG\frac{S_y}{S'_y}\left[s(m) - \frac{S_m}{S_y}\right], \quad S'_y = S_y + eS_m$$

式中，采用的符号与前面一致。由于 e 取值很小，$\{R'_i\}$ 与 $\{R_i\}$ 相差无几，因此基尼系数的变化符号就由等式右边括号内 $s(m) - S_m/S_y$ 即相对边际效应的符号决定。然而，要进行基尼系数组群分解的边际效应分析就显得无能为力了。

第三节 区间估计

连续收入分布基尼系数的协方差算式表明，基尼系数可以表示为收入变量与收入分布变量的相关系数。因此由式（3.10）连续收入分布的离散化处理，可以尝试将收入 y_i 关于 R_i 进行线性回归，或者直接利用式（3.3）把 y_i 关于 ω_i 回归（$i=1, 2, \cdots, n$）。然而直接使用普通最小二乘法显然无法达到目的。

一 基尼系数的回归方程模型

下面利用待定系数法结合加权最小二乘法建立回归方程模型：

$$ky_it_i = \alpha t_i + \beta\omega_i t_i + \varepsilon_i \ (i=1, 2, \cdots, n)$$

其中，k 为待定系数，这里的 ε_i、t_i 分别为误差项和加权函数（取 $t_i^2 = p_i$，$i=1, 2, \cdots, n$）。让误差平方和最小，通过极值求解可以得到截距、斜率参数满足的方程：

$$\hat{\alpha} = k\bar{y} - \hat{\beta}\bar{\omega}, \ \hat{\beta} = \frac{kCov(y_i, \omega_i)}{\sigma_\omega^2} = \frac{k\bar{y}G}{\sigma_\omega^2} \Rightarrow k = \frac{\sigma_\omega^2}{\bar{y}}, \ \hat{\beta} = G, \ \hat{\alpha} = \sigma_\omega^2 - \bar{\omega}G$$

因此，设定 k 对 ky_i 关于 ω_i 的回归方程使用加权最小二乘法（WLS）估计参数 β 也可以得到基尼系数的计算值。使用的回归方程模型为：

$$\frac{\sigma_\omega^2}{\bar{y}} y_i \sqrt{p_i} = \alpha\sqrt{p_i} + \beta\omega_i\sqrt{p_i} + \varepsilon_i (i=1, 2, \cdots, n) \quad (3.15)$$

由于回归方程的引入使我们可以进行参数估计的统计检验，并且进一步对基尼系数进行区间估计。

二 基尼系数的区间估计

（一）加权回归法

由于在数据处理过程中收入 y 按递增排序、R 也是递增变化的，这样收入 y 对变量 R 直接进行回归可能导致误差项的异方差现象。采用加权处理后消除了异方差，一般情况下在估计参数 β 的同时会给出估计值的标准差和 t 检验值，于是可以估计基尼系数的方差，得出基尼系数不同置信度下的区间估计。

（二）U-统计量法

下面先引进一个 U-统计量：

$$\theta_x = \sum_{i,j}(x_i - x_j)I_{(x_i > x_j)} p_i p_j, \ I_{(x_i > x_j)} = \begin{cases} 1 & \text{如果 } x_i > x_j \\ 0 & \text{如果 } x_i = x_j \\ -1 & \text{如果 } x_i < x_j \end{cases}$$

组数据可以看作是将个体数据进行归并的结果。这里是将 Bishop 等（1998）研究中的个体数据替换为组数据，把 $q(q-1)$ 变为 q^2（不会影响渐近性质）。显然 θ_x 就是组数据的基尼平均差，基尼系数可以表示为 $G = \theta_x/(2\mu_x)$。因此，基尼系数是两个 U-统计量的函数。于是，可得（Arcarons and Calonge，2015）：

$$\sqrt{n}(\hat{G} - G) \xrightarrow{d} N\left[0, \ \sigma_G^2 \equiv \frac{\partial G}{\partial \boldsymbol{\theta}_G} \Sigma \left(\frac{\partial G}{\partial \boldsymbol{\theta}_G}\right)'\right], \ \boldsymbol{\theta}_M = (\mu_x, \theta_x)$$

不妨设 $x_1 \leq x_2 \leq \cdots \leq x_n$，有 $\theta_x = 2\sum_{i=1}^{n}\sum_{j=1}^{i}(x_i - x_j)p_jp_i$，$\theta_x^i = 2\sum_{j=1}^{i}(x_i - x_j)p_j$。可以构造辅助函数：

$$\omega_G^i = -\frac{\theta_x}{2\mu_x^2}x_i + \frac{1}{2\mu_x}\theta_x^i，有 n\hat{var}(G) = \sum_{i=1}^{n}\omega_i^2 p_i - \left(\sum_{i=1}^{n}\omega_i p_i\right)^2$$

（三）抽样分布法

对于由总体抽样形成的组数据，直接计算基尼系数可能低估总体基尼系数。因为组平均数据产生的洛伦兹折线必然位于个体收入数据洛伦兹折线上方，根据它与对角线围成面积计算的基尼系数会自然变小，因此给出基尼系数的区间估计就显得十分必要。由收入份额法计算公式和组数据的相关信息，可以对方差进行估算。

设收入总体人口数为 q，对应于第 i 个组数据的人口数为 q_i；记 y_i、f_i 分别表示总体中第 i 组的收入均值和频率（$i=1, 2, \cdots, n$），设它们的样本估计值满足 $\hat{y}_i = y_i + \eta_i$，$\hat{f}_i = f_i + \delta_i (i=1, 2, \cdots, n)$，其中 η_i 服从正态分布 $N(0, \sigma_i^2)(i=1, 2, \cdots, n)$，它们相互独立但可能存在异方差；对于 δ_i 的分布可以给出数字特征。第 i 组样本频率可看作 q 个概率等于 f_i 的两点分布 $x_1^i, x_2^i, \cdots, x_q^i$ 的平均，即：

$$\hat{f}_i = \frac{x_1^i + \cdots + x_q^i}{q} \Rightarrow E(\hat{f}_i) = f_i, \quad Var(\hat{f}_i) = \frac{f_i(1-f_i)}{q} \quad (i=1, 2, \cdots, n)$$

$$Cov(\hat{f}_i, \hat{f}_j) = E\left(\frac{x_1^i + \cdots + x_q^i}{q} \times \frac{x_1^j + \cdots + x_q^j}{q}\right) - f_i f_j = -\frac{f_i f_j}{q} \quad (i \neq j)$$

记 y_i 和 f_i、η_i 和 δ_i 对应的随机向量为 $\mathbf{y}$ 和 $\mathbf{f}$、$\boldsymbol{\eta}$ 和 $\boldsymbol{\delta}$，那么 $\boldsymbol{\delta}$ 的方差矩阵可以表示为 $qVar(\boldsymbol{\delta}) = diag(\mathbf{f}) - \mathbf{f}\mathbf{f}'$，这里用 $diag(\mathbf{f})$ 表示由 $\mathbf{f}$ 分量构成的对角矩阵；而 $\boldsymbol{\eta}$ 的方差矩阵是一个以 $\sigma_i^2(i=1, 2, \cdots, n)$ 为元素的对角矩阵。用样本对基尼系数进行估计，由基尼系数的收入份额法有：

$$G = \sum_{i=1}^{n}\frac{q_i y_i}{S_y}\omega_i = \frac{\mathbf{f}'diag(\boldsymbol{\omega})\mathbf{y}}{\mathbf{f}'\mathbf{y}} = \frac{\mathbf{f}'(A\mathbf{f}-\mathbf{l})\mathbf{y}}{\mathbf{f}'\mathbf{y}} \Rightarrow \hat{G} = \frac{\hat{\mathbf{f}}'(A\hat{\mathbf{f}}-\mathbf{l})\hat{\mathbf{y}}}{\hat{\mathbf{f}}'\hat{\mathbf{y}}},$$

$$A = \begin{pmatrix} 1 & 0 & \cdots & 0 \\ 2 & 1 & \cdots & 0 \\ \vdots & \vdots & \ddots & \vdots \\ 2 & 2 & \cdots & 1 \end{pmatrix}, \quad \mathbf{l} = \begin{pmatrix} 1 \\ 1 \\ \vdots \\ 1 \end{pmatrix}$$

将基尼系数的估计式按 $\mathbf{y}$ 和 $\mathbf{f}$ 一阶 Taylor 展开，我们有：

$$\hat{G} = \frac{\hat{f}'(A\hat{f}-l)\hat{y}}{\hat{f}'\hat{y}} \approx G + P'\eta + Q'\delta + o\left(\frac{1}{q}\right) \Rightarrow$$

$$Var(\hat{G}) \approx P'Var(\eta)P + Q'Var(\delta)Q$$

这样就可以得到参数 β 的方差估计值。其中随机误差向量 η 和 δ 相互独立，P 和 Q 为系数向量，有等式：

$$P = \frac{diag(\omega - G)}{\bar{y}} f = \left(\frac{\omega_i - G}{\bar{y}} f_i\right)_{n \times 1}$$

$$Q = \frac{diag(\omega - G) + A'diag(f)}{\bar{y}} y = \left(\frac{\omega_i - G}{\bar{y}} y_i + 2 - L_i - L_{i-1}\right)_{n \times 1}$$

其中，$diag(\omega)$ 表示由 $\omega_1, \cdots, \omega_n$ 构成的对角矩阵。估计方差时只要把 G、f、y 和 ω 用样本对应的计算值代入即可。而 η 方差满足 $\sigma_i^2 = \sigma^2/q_i$ $(i=1, 2, \cdots, n)$ 为样本各组收入数据的方差。在公式推导过程中仅使用了组数据的人口份额和收入份额，当组数据按收入递增排序时方差结果对应于基尼系数，当组数据按其他指标排序时方差结果就对应于集中度指数。

记系数向量 Q 为 $(Q_1, \cdots, Q_n)'$，基尼系数的方差估计可以进一步简化为：

$$Var(\hat{G}) \approx \sum_{i=1}^{n} (\omega_i - G)^2 f_i^2 \frac{\sigma_i^2}{\bar{y}^2} + \frac{1}{q}\left[\sum_{i=1}^{n} Q_i^2 f_i - \left(\sum_{i=1}^{n} Q_i f_i\right)^2\right] \quad (3.16)$$

式（3.16）右边的第二部分可以看作是系数向量 Q 关于 f 分布列的方差。因此基尼系数估计量方差的确定关键在于两个系数向量，从式（3.16）可以看出它们的计算并不复杂。

至此，我们在基尼系数传统几何算法和基尼平均差算法的基础上，给出了以收入份额线性组合为基础的收入份额算法，并延伸出了回归系数算法，同时给出基尼系数的两种区间估计方法。通过基尼系数这一特例，把拓展基尼系数的相关知识剥离抽象的不平等厌恶参数展示其实用性。

第四节　应用实例

一　家庭调查数据

实证分析的数据采用了中国健康与营养调查（CHNS）自 1989—2009 年的 8 次调查的汇总数据，该数据库由美国北卡罗来纳大学与中国预防医学会等单位联合调查建立，具有较高的数据质量。从原数据库中剔除数据缺失、个体收入小于等于 0 的记录后，余下 51828 个记录供本书分析。通过在数据库软件 VFP6.0 中简单编程，对相关记录进行了初步处理。其中 1989 年的数据包含了 8 个省份 6146 个记录，表 3.1 给出了 8 个省份的样本平均收入、调查人数、省份内收入基尼系数，以及计算省份间基尼系数和区间估计所需的数据：样本均值的方差（σ^2/n）、样本频率（f）和近似收入分布的 R 值。

表 3.1　　　　1989 年受调查省份居民收入水平及相关数据　　　单位：元、个

省份	平均收入	样本数	基尼系数	均值方差	样本频率	近似分布 R 值
湖北	1150.36	767	0.3768	1359.206	0.1248	0.0624
辽宁	1232.28	836	0.4068	2246.101	0.1360	0.1928
河南	1274.38	703	0.4914	3177.156	0.1144	0.3180
贵州	1316.23	750	0.5792	73771.290	0.1220	0.4362
广西	1525.39	956	0.5578	10831.389	0.1555	0.5750
江苏	1543.20	728	0.3786	2371.858	0.1185	0.7120
山东	1570.58	650	0.4271	5902.175	0.1058	0.8241
湖南	1902.64	756	0.4902	8899.409	0.1230	0.9385
省份间基尼系数 0.0861			回归标准差 0.0116		Taylor 标准差 0.0100	

利用表 3.1 中的数据通过软件 Eviews6.0 选择加权最小二乘法对方程式（3.15）的参数进行估计，获得了 1989 年 CHNS 调查的省份间居民收入基尼系数，它与根据式（3.2）计算的结果完全一致，同时还得到了基尼系数估计的标准差（以下简称回归标准差）；再计算系数向量 $\boldsymbol{Q}$，由式（3.16）可以算出按一阶 Taylor 展开的基尼系数标准差（以下简称 Taylor 标准差）。基尼系数的估计量及其两种算法的标准差列入了表 3.1 的最后一行，可以发现两者是相当接近的。另外，基尼系数方差估计的 U-统计量方法和三种方法的比较，用 2014 年、2021 年各地区可支配收入数据的分析随后给出。

为了便于探索省份内居民收入基尼系数的变化规律，表 3.2 给出了由 2009 年 CHNS 调查数据计算的居民平均收入以及相关指标的估算结果。通过对比分析，可以发现经过 20 年的时间，各受调查省份居民收入水平有了很大的提高，尽管省份间居民收入的基尼系数没有出现十分明显的变

化，但省份内基尼系数超过 0.5 的省份由 1989 年的贵州、广西两个省份变化为 2009 年的贵州、河南、湖南、广西 4 个省份；1989 年省份内基尼系数低于 0.4 的湖北、江苏也于 2009 年超出了 0.4，而辽宁、山东的省份内基尼系数也有所上升。也就是说，虽然省份内基尼系数最高的贵州、广西有所回调，但其余各省份基尼系数都有不同程度的上升，后面新增的 CHNS 调查省份黑龙江 2009 年的基尼系数也接近 0.45，因此总体上可以认为居民的收入分配差距扩大，且处于较不公平状态。再从基尼系数区间估计的标准差来看，两种对标准差的估计方法并不存在一种估计方法的结果大于另一种的现象。

表 3.2　　2009 年受调查省份居民收入水平及相关数据　　单位：元、个

省份	平均收入	样本数	基尼系数	均值方差	样本频率	近似分布 R 值
广西	12719.88	951	0.5128	547196.81	0.1426	0.0713
河南	13369.67	672	0.5383	484896.77	0.1008	0.1930
辽宁	16751.34	814	0.4371	348400.83	0.1221	0.3045
湖北	16887.64	706	0.4763	994259.33	0.1059	0.4185
黑龙江	16907.97	767	0.4456	614629.85	0.1150	0.5289
贵州	17799.81	609	0.5452	1576401.73	0.0913	0.6321
山东	18114.72	714	0.4990	1519796.27	0.1071	0.7314
江苏	20920.99	797	0.4254	775147.08	0.1195	0.8447
湖南	21437.37	637	0.5203	2334835.21	0.0955	0.9522
	省份间基尼系数 0.0904		回归标准差 0.0101		Taylor 标准差 0.0110	

为了进一步了解 CHNS 调查省份间基尼系数的动态变化，表 3.3 还给出了其他 6 个年度的基尼系数的计算结果，同时利用本书提出的两种区间估计方法估算了标准差及基尼系数 95% 的置信区间。从表 3.3 可以发现，自 1989 年以来的 20 年间居民收入水平总体上处于不断上升通道，省份间基尼系数先是出现上升，2004 年达到最高值，随后出现了明显的下降。对比两种基尼系数区间估计方法对标准差估算的结果，可以发现随着居民收入水平的提高，回归标准差由前面若干年的略高于 Taylor 标准差，变化为近年来的略低于 Taylor 标准差。

表 3.3　CHNS 调查的省份间居民收入基尼系数及其 95% 置信区间

单位：个、元

年份	基尼系数	标准差 σ_1	标准差 σ_2	样本容量	样本收入均值	回归标准差 σ_1 左端	回归标准差 σ_1 右端	Taylor 标准差 σ_2 左端	Taylor 标准差 σ_2 右端
1989	0.0861	0.0116	0.0101	6146	1437.78	0.0634	0.1089	0.0664	0.1059
1991	0.0795	0.0093	0.0066	6893	1460.31	0.0613	0.0977	0.0666	0.0924
1993	0.1223	0.0092	0.0073	6416	2129.49	0.1044	0.1403	0.1079	0.1367
1997	0.1165	0.0106	0.0067	6511	4547.31	0.0959	0.1372	0.1035	0.1296
2000	0.0974	0.0132	0.0080	6748	5629.19	0.0716	0.1231	0.0817	0.1130
2004	0.1329	0.0126	0.0080	6399	7507.69	0.1082	0.1575	0.1171	0.1486
2006	0.0953	0.0086	0.0097	6048	10427.59	0.0784	0.1121	0.0763	0.1143
2009	0.0904	0.0101	0.0110	6667	17055.85	0.0707	0.1102	0.0688	0.1121

注：相对于1989年CHNS调查的省份，黑龙江于1997年替代了辽宁省，在随后若干年中两个省份并存。

应用实例表明，本章提出的基尼系数区间估计的加权回归法和抽样分布法能够有效地简化标准差的估算问题。前者可以借助软件 Eviews6.0 完成，后者则只需进行并不复杂的代数运算，从而克服了传统算法中对标准差的繁杂计算。

二　统计年鉴数据

家庭调查数据的人口规模较小，对基尼系数标准差估计的线性回归法、抽样分布法（Taylor展开）结果较为相近。下面用 2014 年和 2021 年统计年鉴各地区居民的可支配收入及收入来源：工资净收入、经营净收入、财产净收入、转移净收入数据，通过基尼系数及其方差的估计，观察使用线性回归法、U-统计量法、抽样分布法产生结果的异同。2014年是国家统计局实施城乡一体化住户调查后给出各地区全体居民可支配收入来源统计的第一年，2021 年为最新年份。两个年度收入基尼系数估计列于表 3.4，同时给出了三种方差估计方法的结果。

表 3.4　可支配收入及其来源基尼系数方差的估计

收入类型	2014 年 基尼系数	标准差 1	标准差 2	标准差 3	2021 年 基尼系数	标准差 1	标准差 2	标准差 3
可支配	0.16594	0.01871	5.49×10^{-4}	0.00176	0.15996	0.01788	5.26×10^{-4}	0.00172
净工资	0.21550	0.02194	6.16×10^{-4}	0.00185	0.20429	0.02127	5.95×10^{-4}	0.00180
净经营	0.13568	0.00788	2.82×10^{-4}	0.00168	0.13439	0.01121	2.96×10^{-4}	0.00167
净财产	0.31767	0.05324	1.06×10^{-3}	0.00237	0.33782	0.04392	8.66×10^{-4}	0.00227
净转移	0.19161	0.02422	6.31×10^{-4}	0.00186	0.19580	0.02101	5.66×10^{-4}	0.00182

注：收入类型中可支配收入等于工资、经营、财产和转移净收入的总和。线性回归法、U-统计量法和抽样分布法对于基尼系数的估计标准差依次记为标准差1、标准差2和标准差3。

表 3.4 的计算结果表明，各类收入基尼系数都显著不为 0。由于各地区的人口规模较大，线性回归法、抽样分布法的标准差估计结果差异增大。标准差从小到大依次是 U-统计量法（10^{-4}）、抽样分布法（10^{-3}）和线性回归法（10^{-2}）的估计。可见不同方法估计方差可能导致不一样的结果，通常认为 95% 的置信区间长度越短就表明其精度越高。本章给出了基尼系数的三种方差估计的方法，实际上还可以通过 Bootstrap、Jackknife 等重复抽样方式对基尼系数方差进行估计。

从基尼系数的变化看，除去财产净收入 2021 年各类收入基尼系数都小于 2014 年的结果。省份间的可支配收入差距减小，不平等状态进一步改善。各类收入中财产净收入的基尼系数不仅最大而且还有所增加，表明财产净收入不平等具有积累效应，将来可能影响省份间可支配收入不平等的持续改善。由于财产具有增值、代际传递等功能，财产净收入对个体的起点公平、过程公平、结果公平都会产生消极的社会影响，应当引起有权管理部门的高度重视。

第四章 基于回归方程的基尼系数分解

本章导读

研究目的：探索截距项、误差项对总体基尼系数的贡献。

研究方法：基尼系数收入份额法、基尼系数按来源分解。

研究发现：截距项对总体基尼系数的贡献可从研究基尼系数的线性变换分解入手，误差项对总体基尼系数的贡献可从研究基尼系数的回归方程分解入手。

研究创新：提出基尼系数的收入份额算法，给出截距项、误差项对总体基尼系数贡献的计算公式。

研究价值：提供计算回归方程中截距项、误差项对总体基尼系数贡献的算法和思路，并给出参考的应用实例。

关键词：收入份额法；来源分解；截距项贡献；误差项贡献

回归分析是对变量关系进行定量研究最常用的一种工具，因而利用回归方程对因变量不平等按影响因素贡献的分解受到了不少经济学者的关注。Fields 和 Yoo（2000）、Morduch 和 Sicular（2002）与 Wan（2002）为量化回归因素对总体不平等贡献进行了开创性工作。可以认为因变量不平等指数基于回归方程的分解，既是不平等指数按来源分解的应用，也是对不平等指数按来源分解研究的进一步拓展，传统的收入不平等指数按来源分解并不涉及截距项和误差项，而且来源也局限于作为收入组成部分的变量。测度收入差异的不平等指数通常采用熵指数（两类 Theil 指数是其特例）、基尼系数、标准差等工具，Fields 和 Yoo（2000）处理回归方程时将截距项、误差项和回归变量（含系数）等同于传统的收入来源，利用 Shorrocks（1982）给出的标准差分解公式计算各种因素对因变量不平等的贡献，这种做法意味着截距项对总体不平等的贡献等于 0；Morduch 和 Sicular（2002）利用变异系数 CV 的平方测度不平等，尽管这一测度方便按来源分解但同样忽略了截距项的贡献。万广华（2004）认为上述两种方法不仅忽略了截距项的贡献，而且同时存在对误差项的不当处理，因而提出了一个基于回归方程计算截距项、误差项和回归变量对因变量不平等指数贡献的处理框架。本章在该研究的基础上针对基尼系数的回归方程分解给出了综合处理各个回归因素对因变量基尼系数贡献的计算公式。除了上述工作，本章对基尼系数的收入份额算法，从一个新的视角进行了阐述。本章的下面部分是这样安排的：第一节从传统基尼系数算法的角度介绍收入份额法的思路、性质，以及在基尼系数按组群分解、来源分解和边际效应分析中的应用；第二节针对截距项的贡献讨论基尼系数线性变换分解问题；第三节针对误差项的贡献讨论基尼系数基于回归方程的分解；第四节给出一个省域财政收入公平性的应用实例。

第一节 收入份额算法与代数算法

从定义出发计算基尼系数有几何算法和基尼平均差的代数算法。几何算法是指利用洛伦兹曲线通过计算面积获得基尼系数，基尼平均差算法则是指利用下式计算基尼系数：

$$G = \frac{1}{2\mu}\sum_{i=1}^{n}\sum_{j=1}^{n}|y_i - y_j|p_ip_j, \quad \mu = \sum_{i=1}^{n}p_iy_i, \quad p_i = \frac{q_i}{q_1 + \cdots + q_n},$$
$$i = 1, \cdots, n \tag{4.1}$$

式（4.1）中，$y_1 \leq y_2 \leq \cdots \leq y_n$ 依次为 n 组人群的平均收入，q_1，q_2，$\cdots$，q_n 为相应的人口数。当 $q_1 = q_2 = \cdots = q_n = 1$ 时，组平均数据就退化为个体数据。将式（4.1）写为积分表达式时，它也适用于连续分布数据。记 $S_y = q_1y_1 + q_2y_2 + \cdots + q_ny_n$；$q = q_1 + q_2 + \cdots + q_n$，对式（4.1）进行具体推演可以得到它的一个等价形式：

$$G = \sum_{i=1}^{n}(L_iF_{i-1} - L_{i-1}F_i), \quad L_i = \frac{q_1y_1 + q_2y_2 + \cdots + q_iy_i}{S_y},$$
$$F_i = \frac{q_1 + q_2 + \cdots + q_i}{q} \tag{4.2}$$

式（4.2）中，L_i 和 F_i 分别称为累计收入份额、累计人口份额，由坐标 (F_i, L_i) $(i = 0, 1, \cdots, n)$ 形成的折线构成了离散数据的洛伦兹曲线。利用式（4.2）容易验证几何算法与基尼平均差算法是等价的。

一 基尼系数收入份额算法的等价性

基尼系数的收入份额算法可以表示为：

$$G = \sum_{i=1}^{n} \frac{q_i y_i}{S}(F_i + F_{i-1} - 1), \quad S = q_1 y_1 + \cdots + q_n y_n,$$

$$F_i = p_1 + \cdots + p_i (i = 1, \cdots, n) \tag{4.3}$$

可以从式（4.3）导出式（4.2）的表达式。

$$\sum_{i=1}^{n} \frac{q_i y_i}{S}(F_i + F_{i-1} - 1) = -1 + \sum_{i=1}^{n}(L_i - L_{i-1})(F_i + F_{i-1})$$

$$= -1 + \sum_{i=1}^{n}(L_i F_i - L_{i-1} F_{i-1} + L_i F_{i-1} - L_{i-1} F_i)$$

$$= \sum_{i=1}^{n}(L_i F_{i-1} - L_{i-1} F_i)$$

对于个体数据 $p_i = 1/n$，$i = 1, 2, \cdots, n$ 有 $F_i = i/n$，因此由式（4.2）可以得到：

$$G = \sum_{i=1}^{n}(L_i F_{i-1} - L_{i-1} F_i) = \sum_{i=1}^{n}\left(\frac{i-1}{n} L_i - \frac{i}{n} L_{i-1}\right)$$

$$= \sum_{i=1}^{n} \frac{i}{n} \frac{y_i}{S_0} - \frac{1}{n} \sum_{i=1}^{n} L_i = \sum_{i=1}^{n} \frac{i}{n S_0} y_i - \sum_{i=1}^{n} \frac{n+1-i}{n S_0} y_i$$

$$= \sum_{i=1}^{n} \frac{2i - 1 - n}{n} \frac{y_i}{S_0} = \sum_{i=1}^{n} \frac{y_i}{S_0}(F_i + F_{i-1} - 1)$$

其中，$S_0 = y_1 + y_2 + \cdots + y_n$，它表明基尼系数等于个体收入份额的线性组合。Shorrocks（1982）给出将基尼系数表示为收入加权和的计算公式，但并没有总结出权数的这一规律性。

基尼系数的收入份额算法将基尼系数表述为各个收入份额的线性组合，其中组合系数为 $\omega_i = F_i + F_{i-1} - 1 (i = 1, 2, \cdots, n)$，即当前的累计人口份额加前一项累计人口份额再减去 1。基尼系数的收入份额法适用于个体数据和组平均数据，而且该算法可以方便地进行基尼系数的组群分解和来源分解。

二 个体数据组合系数的性质

对于个体数据，收入份额法中的组合系数具有一些良好的性质可以表述为：

性质 4.1 $\omega_1 + \omega_2 + \cdots + \omega_n = 0$；

性质4.2 对 $n>1$，$\omega_1<0$，$\omega_n>0$；

性质4.3 ω_i 为 i 的增函数；

性质4.4 存在自然数 i_0 满足 $1 \leq i_0 < n$ 使当 $i \leq i_0$ 时，$\omega_i \leq 0$；当 $i > i_0$ 时，$\omega_i > 0$。

证明 对于个体数据我们有：

$$\omega_i = F_i + F_{i-1} - 1 = \frac{2i-1}{n} - 1 = \frac{2i}{n} - \frac{n+1}{n}$$

性质4.1：$\omega_1 + \omega_2 + \cdots + \omega_n = \sum_{i=1}^{n}\left(\frac{2i}{n} - \frac{n+1}{n}\right) = 0$；

性质4.2：$\omega_1 = -\frac{n-1}{n} < 0$，$\omega_n = \frac{n-1}{n} > 0$；

性质4.3：$\omega_i = \frac{2i}{n} - \frac{n+1}{n}$ 为 i 的增函数；

性质4.4：取 $i_0 = \frac{n+1}{2}$，当 $i \leq i_0$ 时，$\omega_i \leq 0$；当 $i > i_0$ 时，$\omega_i > 0$。

三 个体数据基尼系数按组群分解公式

定理4.1 个体数据基尼系数组群分解可以表示为：

$$G = \sum_{k=1}^{r}\frac{S_k}{S}G_k + \sum_{k=1}^{r}\sum_{i \in N_k}\frac{y_i}{S}\left(\frac{2i-1-n}{n} - \frac{2i-1-n_k}{n_k}\right),$$

$$S_k = \sum_{i \in N_k} y_i, \quad S = \sum_{k=1}^{r} S_k \tag{4.4}$$

式（4.4）中，n 个个体数据被分入 r 个组群，记 $N = \{1, 2, \cdots, n\}$，$N = N_1 + N_2 + \cdots + N_r$，$N_k$、$n_k$ 表示分组后对应于第 k 个组群的下标集合和其中的个体数，记 G_k 为第 k 个组群的子基尼系数（$k = 1, 2, \cdots, r$）。即 G 等于各组群子基尼系数 G_k 以收入份额 S_k/S 为权数的加权平均。式（4.4）右边的第二部分就是凑项后的剩余，我们称为排序差异。

证明 将总体基尼系数的和式按组群重组。计算各组群子基尼系数时虽然各组群不需要重新排序，但使用的收入份额和人口份额都要转化为各自组群内部的，如第 k 个组群其各收入份额由 s_i/S 要调整为 s_i/S_k，因此要乘上系数 S_k/S；同时组合系数也要相应变化，组群内部的组合系数为 ω_i^k 可以表示为：

$$\omega_i^k = \frac{2i-1-n_k}{n_k}, \quad i \in N_k, \quad k = 1, 2, \cdots, r$$

因而，式（4.4）成立。

四　基尼系数按来源分解公式

类似地我们有

定理 4.2　个体数据基尼系数按来源分解可以表示为：

$$G = \sum_{i=1}^{n} \frac{y_i}{S_0}\omega_i = \sum_{k=1}^{r}\sum_{i=1}^{n}\frac{y_i^k}{S_0}\omega_i = \sum_{k=1}^{r} S(k), \quad S(k) = \sum_{i=1}^{n}\frac{y_i^k}{S_0}\omega_i,$$

$$s(k) = \frac{S(k)}{G}$$

$$G = \sum_{k=1}^{r}\frac{S_k}{S}G_k + \sum_{k=1}^{r}\sum_{i=1}^{n}\frac{y_i^k}{S}\left(\frac{2i-1-n}{n} - \omega_i^k\right), \quad S_k = \sum_{i=1}^{n} y_i^k, \quad S = \sum_{k=1}^{r} S_k$$

(4.5)

式（4.5）中，收入 y 有 r 个来源 $y = y^1 + y^2 + \cdots + y^r$，记 G_k 为第 k 个组群的子基尼系数（$k = 1, 2, \cdots, r$）。即 G 等于各组群子基尼系数 G_k 以收入份额 S_k/S 为权数的加权平均。式（4.5）右边的第二部分也是凑项后的剩余，我们称为排序差异（两个序函数之差）。

证明类似定理4.1。就算法而言，基尼系数按组群分解和按来源分解两者是统一的。

五　个体数据基尼系数的相对边际效应

利用基尼系数的分解式（4.4）和式（4.5），我们有：

定理 4.3　假定第 m 个组群（来源）收入增长 e（百分数），其他的组群（来源）保持不变，可以得到基尼系数的增量表达式：

$$\Delta G = \frac{eG}{1+eS_m/S}\left[s(m) - \frac{S_m}{S}\right] + \Delta_1, \quad \Delta_1 = \sum_{i=1}^{n}\frac{y'_i}{S'}(\omega'_i - \omega_i) \quad (4.6)$$

式（4.6）中，$s(m)$ 表示基尼系数按式（4.5）计算收入份额线性组合时，以第 m 个组群（来源）合并计算占总体基尼系数的比值，即各组群（来源）对总体基尼系数的贡献率。S、S' 分别表示第 m 个组群（来源）增长 e 前后的全体收入总量，ω、ω' 分别表示增长前后通过排序产生的组合系数。

证明　设仅第 m 个收入来源增长 e，将变化后的基尼系数记为 G'，此时有 $y_i^k = (1+eI_{|k=m|})y_i^k$，$S' = S + eS_m$；这时个体数据在排序上可能发生变化，使组合系数由 ω 变为 ω'，但为了便于与 G 比较，在 G' 的和式计算中仍保持变化前相同的个体结构（相应调整了组合系数顺序可能不再满足

单调性），我们有：

$$\Delta G = G' - G = \sum_{i=1}^{n} \frac{y'_i}{S'}\omega'_i - G = \sum_{i=1}^{n} \frac{y'_i}{S'}\omega_i - G + \sum_{i=1}^{n} \frac{y'_i}{S'}(\omega'_i - \omega_i)$$

$$= \sum_{i=1}^{n} \frac{y_i}{S'}\omega_i + \sum_{i=1}^{n} \frac{ey_i^m}{S'}\omega_i - G + \sum_{i=1}^{n} \frac{y'_i}{S'}(\omega'_i - \omega_i)$$

$$= \frac{S}{S'}G + \frac{eS}{S'}s(m)G - G + \sum_{i=1}^{n} \frac{y'_i}{S'}(\omega'_i - \omega_i)$$

其中，使用了第 m 个收入来源对 G 的贡献率 $s(m)$ 这一概念。于是我们有：

$$\Delta G = \frac{eS}{S'}G\left[s(m) - \frac{S_m}{S}\right] + \sum_{i=1}^{n} \frac{y'_i}{S'}(\omega'_i - \omega_i)$$

$$\Rightarrow \Delta G = \frac{eG}{1 + eS_m/S}\left[s(m) - \frac{S_m}{S}\right] + \Delta_1, \quad \Delta_1 = \sum_{i=1}^{n} \frac{y'_i}{S'}(\omega'_i - \omega_i)$$

称 $s(m) - S_m/S$ 为第 m 个收入来源对 G 的相对边际效应。类似地，还可以推导组群分解的情形，因此式（4.6）成立。

通常 e 变化较小，ω、ω' 差异产生的 Δ_1 可以忽略不计，因此当第 m 个组群（来源）增长 e 时基尼系数增量 ΔG 的符号取决于相对边际效应 $s(m) - S_m/S$。即当第 m 个组群（来源）贡献率大于其收入份额时基尼系数变大，公平性出现恶化；相反，基尼系数变小，公平性出现改善。Yitzhaki（1990）将基尼系数的相对边际效应用于消费支出研究，定义如下的消费支出弹性 $\eta(m) = s(m)/(S_m/S)$。

关于组数据基尼系数的组群分解、要素分解和相对边际效应的定义，可参阅第三章的内容。

第二节 基尼系数基于线性变换的分解

基尼系数常用于测度收入分配公平性，而通货膨胀、最低生活保障线等经济指标的变化都会对收入水平产生扭曲和移动，影响社会分配的公平性。这种变化相当于对收入数据进行了线性变换 $Y = a + b_1 Y^1 + b_2 Y^2 + \cdots + b_r Y^r$，这里 $Y^i \geq 0$ 表示变化前不同的收入来源数据，b_i 表示环境因素对不同收入来源可能产生的不一样的影响（$i = 1, 2, \cdots, r$）。

一 对 $Y=a+bY^1$ 的基尼系数分解

（一）$b=0$，这时表示个体收入或组平均收入等于常量（$a>0$），它是收入的一种极端情形

对于组数据（个体数据作为它的特例），基尼系数由收入份额法计算可以得到：

$$G_y = \sum_{i=1}^{n} \frac{q_i a}{qa}\omega_i = \sum_{i=1}^{n} p_i\omega_i = 0, \quad q = q_1 + q_2 + \cdots + q_n$$

其中用到了组合系数的性质 4.1。基尼系数等于 0，说明收入对个体或组间是绝对公平的。

（二）$b>0$，这时 a 可以大于等于 0 或小于 0，但要保证 $Y=a+bY^1 \geq 0$

由函数单调性，收入 Y 与 Y^1 具有相同的排序，且人口份额也没有变化，因此两者的组合系数相同。根据收入份额法有：

$$G_y = \sum_{i=1}^{n} \frac{q_i y_i}{S_y}\omega_i = \sum_{i=1}^{n} \frac{q_i(a+by_i^1)}{na+bS_1}\omega_i$$

$$= \frac{aq}{na+bS_1}\sum_{i=1}^{n} p_i\omega_i + \frac{bS_1}{na+bS_1}\sum_{i=1}^{n} \frac{q_i y_i^1}{S_1}\omega_i = \frac{bS_1}{na+bS_1}G_1$$

显然截距项不同于常数项，它对基尼系数产生影响。因此为了反映截距项对基尼系数的贡献，上式通常变形为：

$$G_y = -\frac{na}{na+bS_1}G_1 + G_1 \tag{4.7}$$

当 $a=0$ 时，乘数 b 不改变基尼系数的值；但当 $a \neq 0$ 时，乘数 b 对基尼系数会产生影响。当 $a>0$ 时，基尼系数变小；当 $a<0$ 时，基尼系数变大。因此，提高最低生活保障可以改善收入分配的公平性，它为中央政府通过转移支付促进社会公平提供了政策依据。

由式（4.7）可以计算截距项、变量 Y^1 对收入 Y 基尼系数的贡献率。当 $a>0$ 时，截距项贡献率小于 0，会让我们不太习惯，但这种情形符合 Shorrocks（1999）对贡献率分解的两个原则：对称性和可加性，即基于夏普利（Shapley）值分析框架。可以验证，式（4.7）也满足万广华（2004）提出的截距项贡献应该等于总体基尼系数与截距为 0 条件下总体基尼系数的差。

判断截距项、变量 Y^1 的贡献率是否大于各自的收入份额，可以知道边际效应是否大于 0。对于 $b>0$，当 $a>0$ 时截距项的贡献率小于 0 同时收

入份额大于0，因此截距项边际效应小于0，即截距项增长可以减小总体基尼系数改善收入 Y 的公平性；由 Y^1 贡献率大于1而收入份额小于1，因此 Y^1 边际效应大于0，即增加 Y^1 会恶化收入 Y 的公平性。当 $a<0$ 时同样可以进行类似的讨论（因截距项可能小于0，其收入份额允许小于0），结果是相反的。

（三）$b<0$，这时只有 a 大于0，且要求 $a+bY^1 \geq 0$

这种情形会使 Shorrocks（1999）提出的自然分解准则中的对称性无法实施，因为 $a=0$ 并不处于问题的考虑范围之内，即不能剔除 a 因而无法计算相应的边际影响，当然无法与万广华（2004）的分解结果做比较。说明对称性准则不适用于 $b<0$ 的情形，但情况又是客观存在的。

这种情况下 Y^1 与 Y 反向变化，因此对组平均数据两者的累计人口份额通常就发生变化，即 F_i^1 与 F_i 不同，组合系数也会相应改变。

（1）对于个体数据由于 $y_1 \leq y_2 \leq \cdots \leq y_n$ 就有 $y_1^1 \geq y_2^1 \geq \cdots \geq y_n^1$，$\{y_i\}$ 的组合系数为 $\{(2i-1-n)/n\}$，此时 $\{y_i^1\}$ 对应的组合系数为 $\{(n-2i+1)/n\}$，即 $\omega_i^1 = -\omega_i$（$i=1, 2, \cdots, n$）。由收入份额法可得：

$$G_y = \sum_{i=1}^{n} \frac{y_i}{S_y} \omega_i = \sum_{i=1}^{n} \frac{(a+by_i^1)}{na+bS_1} \omega_i$$

$$= -\frac{bS_1}{na+bS_1} \sum_{i=1}^{n} \frac{y_i^1}{S_1}(-\omega_i) = \frac{na}{na+bS_1} G_1 - G_1 \qquad (4.8)$$

推导过程中应用了 Y 收入份额组合系数的性质 4.1（下同）。式（4.8）的第一部分为截距项的贡献，第二部分为 Y^1 的贡献。显然当 $a>0$ 给定时，在满足 $a+bY^1 \geq 0$ 的条件下乘数 b 绝对值变大（分母变小）会恶化收入 Y 的公平性。

（2）对于组数据，由 $F_i^1 = p_n + p_{n-1} + \cdots + p_{n-i+1} = 1 - F_{n-i}$，因而，
$\omega_i^1 = F_i^1 + F_{i-1}^1 - 1 = (1-F_{n-i}) + (1-F_{n-i+1}) - 1 = -(F_{n-i+1}+F_{n-i}-1) = -\omega_{n-i+1}$

根据收入份额法可以得到：

$$G_y = \sum_{i=1}^{n} \frac{q_i y_i}{S_y} \omega_i = \sum_{i=1}^{n} \frac{q_i(a+by_i^1)}{S_y} \omega_i$$

$$= \frac{bS_1}{S_y} \sum_{i=1}^{n} \frac{q_i y_i^1}{S_1}(\omega_i + \omega_{n-i+1} - \omega_{n-i+1})$$

$$= \frac{bS_1}{S_y} G_1 + b \sum_{i=1}^{n} \frac{q_i y_i^1}{S_1}(\omega_i + \omega_{n-i+1}) \qquad (4.9)$$

式（4.9）的分解主要是考虑两个变量 Y^1 与 Y 基尼系数的关系，要

分解出截距项的贡献可由以下关系获得:

$$G_y = \sum_{i=1}^n \frac{q_i y_i}{S_y}\omega_i = \sum_{i=1}^n \frac{q_i(a+by_i^1)}{S_y}\omega_i$$

$$= \frac{bS_1}{S_y}\sum_{i=1}^n \frac{q_i y_i^1}{S_1}\omega_i = -\frac{qa}{qa+bS_1}C_1 + C_1 \quad (4.10)$$

式（4.10）中，C_1 表示 Y^1 按收入 Y 排序的集中度指数。式（4.10）第一部分为截距项贡献，第二部分不含 a 为 Y^1 的贡献。计算截距项 a、变量 Y^1 对收入 Y 基尼系数的贡献率以及各自的收入份额，就可以判断边际效应符号从而进行两者的边际效应分析。

二　对 $Y=b_1Y^1+b_2Y^2+\cdots+b_rY^r$ 的基尼系数分解

与单变量不同，在多变量线性变换中变量 Y^k 的排序通常不再与 Y 具有一致或反向的特点（$k=1,2,\cdots,r$），因此基尼系数与子基尼系数的关系更为复杂。对于 r 个变量的线性组合，各组成变量对收入 Y 基尼系数的贡献可以遵从 Shorrocks（1999）的自然分解法则，用各组成变量 Y^k 与 Y 的协方差表示，但用下面的式（4.11）进行计算可能是一个更好的选择。

$$G_y = \sum_{i=1}^n \frac{q_i y_i}{S_y}\omega_i = \sum_{i=1}^n \frac{q_i(b_1 y_i^1 + b_2 y_i^2 + \cdots + b_r y_i^r)}{S_y}\omega_i = \sum_{k=1}^r \frac{b_k S_k}{S_y}C_k$$

$$(4.11)$$

式（4.11）中，$\omega_i(i=1,2,\cdots,n)$ 表示计算收入 Y 基尼系数时以递增排序由人口份额生成的各收入份额的组合系数，C_k 为 Y^k 按收入 Y 排序的集中度指数（$k=1,2,\cdots,r$），在后面的表述中都是这一含义，因而不再特别说明。

式（4.11）表明，各变量对收入 Y 基尼系数的贡献，等于各变量按收入 Y 排序的集中度指数乘以各自在 Y 中的收入份额。由收入份额法可以得到总体基尼系数与子基尼系数的如下关系：

$$G_y = \sum_{i=1}^n \frac{q_i y_i}{S_y}\omega_i = \sum_{i=1}^n \frac{q_i(b_1 y_i^1 + b_2 y_i^2 + \cdots + b_r y_i^r)}{S_y}\omega_i$$

$$= \sum_{k=1}^r \frac{b_k S_k}{S_y}\sum_{i=1}^n \frac{q_i y_i^k}{S_k}(\omega_i^k + \omega_i - \omega_i^k)$$

$$= \sum_{k=1}^r \frac{b_k S_k}{S_y}G_k + \sum_{k=1}^r \sum_{i=1}^n \frac{q_i b_k y_i^k}{S_y}(\omega_i - \omega_i^k) \quad (4.12)$$

式（4.12）表明，总体基尼系数分为两个部分，第一部分为各组成变量（含系数）子基尼系数关于各自收入份额（允许小于0）的加权平均数，第二部分为各组成变量 Y^k 因排序与 Y 不同而产生的差异（$k=1$，2，$\cdots$，r）。通过式（4.11）可以计算各组成变量对 Y 基尼系数的贡献率，再与各变量收入份额相比较就可以判断边际效应的符号，因而可以进一步对各组成变量进行边际效应分析。

三 对 $Y = a + b_1 Y^1 + b_2 Y^2 + \cdots + b_r Y^r$ 的基尼系数分解

记 $X = b_1 Y^1 + b_2 Y^2 + \cdots + b_r Y^r$，则 $Y = a + X$。根据前面的讨论由式（4.10）和式（4.11），我们有：

$$G_y = -\frac{qa}{qa + S_x} \sum_{i=1}^{n} \frac{q_i x_i}{S_x} \omega_i + \sum_{k=1}^{r} \frac{b_k S_k}{S_x} C_k \qquad (4.13)$$

利用式（4.13）可以计算线性关系中截距项和各组成变量对收入 Y 基尼系数的贡献：等式的第一部分为截距项的贡献，第二部分为各组成变量的贡献，它等于各组成变量按收入 Y 排序的集中度指数在 X 中收入份额的加权平均。因而根据贡献率可以进行截距项、各组成变量关于收入 Y 基尼系数的边际效应分析。由于贡献率存在负值，可能出现某变量贡献率大于100%的情形。总体基尼系数与子基尼系数的关系由下式给出：

$$\begin{aligned}
G_y &= \sum_{i=1}^{n} \frac{q_i y_i}{S_y} \omega_i = \sum_{i=1}^{n} \frac{q_i(a + b_1 y_i^1 + b_2 y_i^2 + \cdots + b_r y_i^r)}{S_y} \omega_i \\
&= \sum_{k=1}^{r} \frac{b_k S_k}{S_y} \sum_{i=1}^{n} \frac{q_i y_i^k}{S_k} (\omega_i^k + \omega_i - \omega_i^k) \\
&= \sum_{k=1}^{r} \frac{b_k S_k}{S_y} G_k + \sum_{k=1}^{r} \sum_{i=1}^{n} \frac{q_i b_k y_i^k}{S_y} (\omega_i - \omega_i^k), \quad S_y = qa + b_1 S_1 + \cdots + b_r S_r
\end{aligned}$$
$$(4.14)$$

式（4.14）与式（4.12）的差异主要在子基尼系数的线性组合上，这里 r 个权数加起来并不会等于1，因为 $S_y = qa + b_1 S_1 + \cdots + b_r S_r$。

第三节 基尼系数基于回归方程的分解

若变量 Y^1，Y^2，$\cdots$，Y^r 成为收入 Y 的重要影响因素，建立 Y 关于各个变量的回归方程是一种常用的分析方法。设回归模型为 $Y = a + b_1 Y^1 +$

$b_2Y^2+\cdots+b_rY^r+\varepsilon$,其中 ε 为随机误差项。尽管随机误差项 ε 可正可负期望为 0,计算它的基尼系数是没有意义的,但通常并不能忽略它对收入 Y 基尼系数的影响。根据变量 Y,Y^1,Y^2,…,Y^r 的 n 个观测值用最小二乘法(OLS)可以估计参数 a,b_1,b_2,…,b_r 并得到随机误差 ε 的 n 个观测值(残差)。这样收入 Y 就由残差、回归项两个部分组成。不妨仍用原来的符号 $Y=a+b_1Y^1+b_2Y^2+\cdots+b_rY^r+\varepsilon$ 表示,其中各系数为具体的参数估计值,ε 为残差。记 $X=b_1Y^1+b_2Y^2+\cdots+b_rY^r$,有 $Y=a+X+\varepsilon$。这里先将万广华(2004)的分析框架用下面的等式给出:

$$G_y = CO_a + \sum_{k=1}^{r} \frac{E(Y^k)}{E(Y)} C_k \bigg|^{rank\ by\ Y} + CO_\varepsilon \qquad (4.15)$$

即收入 Y 基尼系数被分解为三个部分,分别为截距项、回归变量、误差项的贡献(CO);下面利用基尼系数的具体分解式进行相应的讨论与比较。

一 个体数据的情形

对于个体数据等式 $S_y=na+S_x$,$(\varepsilon_1+\varepsilon_2+\cdots+\varepsilon_n=0)$ 成立,根据收入份额法我们有:

$$\begin{aligned} G_y &= \sum_{i=1}^{n} \frac{y_i}{S_y}\omega_i = \sum_{i=1}^{n} \frac{a+x_i+\varepsilon_i}{S_y}\omega_i \\ &= \frac{na}{S_y}\sum_{i=1}^{n}\frac{x_i}{S_x}\omega_i + \sum_{k=1}^{r}\frac{b_k S_k}{S_x}\sum_{i=1}^{n}\frac{y_i^k}{S_k}\omega_i + \sum_{i=1}^{n}\frac{\varepsilon_i}{S_y}\omega_i \end{aligned} \qquad (4.16)$$

式(4.16)的右边由三部分构成:第一部分为截距项对收入 Y 基尼系数的贡献;第二部分为各影响因素的贡献(X 按 Y 排序的集中度指数);第三部分就是残差(误差项)的贡献。其中,ω_i 为收入 Y 按递增排序计算基尼系数时收入份额的组合系数。通常由于残差的存在使收入 Y 的排序与 X 的排序稍有不同,因此收入份额的组合系数 $\{\omega_i\}$ 与 $\{\omega_i^x\}$($i=1, 2, \cdots, n$)也不会完全一样。与式(4.15)相比,式(4.16)给出的回归变量贡献的系数会略有不同;可能的解释是 Shorrocks(1999)给出的分解准则并不产生唯一性要求。

相应的子基尼系数分解为:

$$\begin{aligned} G_y &= \sum_{i=1}^{n}\frac{y_i}{S_y}\omega_i = \sum_{i=1}^{n}\frac{a+x_i+\varepsilon_i}{S_y}\omega_i = \sum_{i=1}^{n}\frac{x_i}{na+S_x}\omega_i + \sum_{i=1}^{n}\frac{\varepsilon_i}{S_y}\omega_i \\ &= \frac{S_x}{S_y}G_x + \sum_{i=1}^{n}\frac{x_i}{S_y}(\omega_i - \omega_i^x) + \sum_{i=1}^{n}\frac{\varepsilon_i}{S_y}\omega_i \end{aligned} \qquad (4.17)$$

对于 G_x 可以用式（4.12）进一步分解。将截距项、各影响因素和误差项对收入 Y 基尼系数的贡献率计算出来，再与它们的收入份额（误差项收入份额为 0）比较，就可以进行相应边际效应的分析。

二 组数据的情形

尽管残差按人口加权后通常不为 0，要合理分解出截距项对收入基尼系数的贡献显得较为困难。但我们可以从式（4.3）出发进行推导，给出相应的贡献分解式。

$$\begin{aligned}
G_y &= \sum_{i=1}^{n} \frac{q_i y_i}{S_y} \omega_i = \sum_{i=1}^{n} \frac{q_i(a + x_i + \varepsilon_i)}{S_y} \omega_i \\
&= \sum_{i=1}^{n} \frac{q_i(a + x_i)}{S_y} \omega_i + \sum_{i=1}^{n} \frac{q_i \varepsilon_i}{S_y} \omega_i \\
&= \frac{S_{a+x}}{S_y} \sum_{i=1}^{n} \frac{q_i(a + x_i)}{S_{a+x}} \omega_i + \sum_{i=1}^{n} \frac{q_i \varepsilon_i}{S_y} \omega_i \\
&= \sum_{i=1}^{n} \frac{q_i(a + x_i)}{S_{a+x}} \omega_i - \frac{S_\varepsilon}{S_y} \sum_{i=1}^{n} \frac{q_i(a + x_i)}{S_{a+x}} \omega_i + \sum_{i=1}^{n} \frac{q_i \varepsilon_i}{S_y} \omega_i \\
&= -\frac{na}{S_{a+x}} \sum_{i=1}^{n} \frac{q_i x_i}{S_x} \omega_i + \sum_{i=1}^{n} \frac{q_i x_i}{S_x} \omega_i + \\
&\quad \left(\frac{S_\varepsilon}{S_y} \sum_{i=1}^{n} \frac{q_i \varepsilon_i}{S_\varepsilon} \omega_i - \frac{S_\varepsilon}{S_y} \sum_{i=1}^{n} \frac{q_i(a + x_i)}{S_{a+x}} \omega_i \right)
\end{aligned} \quad (4.18)$$

显然，两次可加性拆分都满足 Shorrocks（1999）提出的对称性准则。式（4.18）右边也分为三部分，分别为截距项、总影响因素、误差项的贡献。第二部分为总影响因素按收入 Y 排序的集中度指数，可以进一步分解为各影响因素的贡献。第三部分误差项的贡献计算较为复杂，将它以平衡项处理通过 Y 的基尼系数扣减截距项、影响因素的贡献会简单些。本质上，截距项贡献是分离自各影响因素对收入 Y 基尼系数的贡献，是对恒量基尼系数为 0 的一种规避。

对比式（4.15），我们的分解式可以具体表述为：

$$G_y = -\frac{na}{S_{a+x}} C_X + \sum_{k=1}^{r} \frac{b_k S_k}{S_x} C_k + \frac{S_\varepsilon}{S_y}(C_\varepsilon - C_{a+x}), \quad S_x = b_1 S_1 + \cdots + b_r S_r$$

(4.19)

式（4.19）中，C_x、C_k 分别表示 X、Y_k 按 Y 排序的集中度指数（$k = 1, 2, \cdots, r$）。对于子基尼系数的分解，有类似式（4.17）的结果。通过对因变量基尼系数回归分解的严格推断和对比分析，本章进一步论证万广华（2004）提出的关于截距项、误差项对因变量基尼系数贡献分析框架的合理性和可行性，尽管回归变量贡献在形式上略有不同。

第四节 应用实例

一 中国省域财政收入影响因素的基尼系数分解

作为基尼系数按回归方程分解的一个应用，下面以2010年省域财政收入的基尼系数影响因素贡献率分解为例进行说明。数据取自相应年度的《中国统计年鉴》，因变量为31个省份的一般预算人均财政收入（不含港澳台地区），解释变量为各省份的人均生产总值（GRP）、人均固定资产投资、一般公共服务财政支出和人均受教育年限，通常认为它们是影响财政收入的重要因素。其中受教育年限由《各地区每十万人拥有的各种受教育程度人口》计算，将人口按小学6年、初中9年、高中12年、大专以上16年换算为教育年限。四个解释变量的方差膨胀因子分别为5.17、2.00、4.34和1.76，可以认为解释变量间不具有共线性。直接将各地区财政收入、地区生产总值、固定资产投资、公共服务支出、受教育年限、年末人口数放置在Excel表格中计算人均数，然后再利用其回归分析功能。线性回归的结果列于表4.1，其中R^2为0.91，各个解释变量都在5%的水平下显著不为0。同时将数据按人均财政收入递增排序，由人口份额计算组合系数，利用式（4.3）计算人均财政收入基尼系数，用式（4.19）计算截距项、各解释变量、误差项对财政收入基尼系数的贡献。

表4.1的最后一栏还列出了相应的收入份额，根据贡献率与收入份额差值符号可以进行边际效应的分析。地区生产总值、公共服务支出、人均教育年限对财政收入基尼系数的贡献率都小于各自的收入份额，因此这些变量的增长都有利于改善省域财政收入的公平性，截距项、固定资产投资的贡献率大于收入份额，但由于它们的系数小于0，说明增加转移支付、增加固定资产投资都有利于改善省域财政收入的公平性。截距项、地区生产总值对收入基尼系数的贡献率分别处于第一位、第二位且具明显优势，说明增加转移支付、提高经济发展水平是改善省域财政收入公平性的最主要途径。

表 4.1　　　　　　　线性回归结果及基尼系数分解　　　　　单位:%

	参数估计	显著水平	贡献值	贡献率	收入份额
截距项	-6552.5567	-2.7696**	0.2088	67.30	-215.20
地区生产总值	0.1426	6.3591***	0.0979	31.54	153.43
固定资产投资	-0.0871	-3.0656***	-0.0213	-6.85	-58.19
公共服务支出	1.4574	2.4046**	0.0085	2.73	30.50
人均受教育年限	729.5947	2.3047**	0.0188	6.06	196.52
误差项			-0.0024	-0.78	-7.05
合　计			0.3102	100	100

注:显著水平用 t 值表示,*、**、*** 分别表示 10%、5%、1%的显著性水平。

二　农村居民消费不平等的要素结构分析

下面以基尼系数统一分解式作为基本工具,对福建省 2009 年农村居民生活消费不平等进行结构性分析。其中的结构包含区域结构(县区市和地级市),但主要考虑消费结构。农村居民消费,如不特别指出为农村居民的生活消费。数据来自福建省农村居民家庭生活状况调查的个体微观数据,全省设有乡镇的 77 个区县市按人口的规模各抽取 35 户至 100 户不等,共有 5510 户。分析中使用了各户农村居民具体的生活消费和消费分项数据,同时为了分析消费与收入的关系,还使用了各户农村居民的家庭人均纯收入数据。计算在数据库软件 VFP6.0 中经过简单编程实现。

表 4.2 给出了反映全省农村居民消费不平等的基尼系数与各类消费基尼系数的计算结果。

表 4.2　　　　　2009 年农村居民消费结构与消费基尼系数　　　　单位:元、%

分类指标	食品	衣着	居住	家庭用品	医疗保健	交通通信	教育文娱	其他
基尼系数	0.3386	0.5549	0.6960	0.6488	0.8197	0.5387	0.7911	0.6659
人均消费	2149.97	273.46	784.23	256.73	215.07	523.26	400.36	122.40
支出份额	45.50	5.79	16.60	5.43	4.55	11.07	8.47	2.59
贡献率	32.70	5.22	24.28	6.02	5.75	11.38	11.63	3.02
结构弹性	0.7187	0.9023	1.4629	1.1085	1.2633	1.0275	1.3733	1.1651
总系数	\multicolumn{8}{c}{0.4050}
增长影响	↓	↓	↑	↑	↑	↑	↑	↑

2009年，福建省农村居民消费支出的前四大类分别为食品、居住、交通通信和教育文娱。教育文娱类消费逐渐淡出，主要是由于近年来中国实施的九年义务教育对中小学学生采取学费由国家全额补贴的个人免费政策，教育费用支出通常占教育文娱类支出的一半以上。食品类消费的支出份额即恩格尔系数，为0.4550，表明农村居民生活水平处于相对稳定的小康阶段。

从消费结构基尼系数看，医疗保健、教育文娱类消费基尼系数在八大类消费中处于前两位，而食品、交通通信类消费基尼系数最小。医疗保健类消费公平性最低，表明中国在农村实施了新型农村合作医疗、对困难群体进行医疗救助虽然在一定程度上缓解了农村居民的看病问题，但并没有从根本上改变农村居民医疗状况的不公平性；教育作为国家财政转移支付力度最大的一项居民消费，不平等性反而较高，只能从中国城乡家庭历来重视子女教育的传统来分析。由于城乡二元结构的长期存在，农村家庭为了改变自身相对不利的地位，在有条件的情况下通常更愿意为子女尽可能争取更好的学习条件，这样就容易形成两个极端，从而增大教育消费的不平等。食品类消费具有较强的生存型消费特征，其公平性最高说明农村居民的温饱问题已经得到根本的解决，而交通通信类消费具有较高的公平性，说明农村居民正更多地享受着小康生活：出行更为便利、交流更为便捷。

消费结构弹性中居住、教育文娱类消费较高且大于1，说明农村居民水、电、煤气等家庭居住支出的增加，推高了总体消费的不公平性；教育支出的减少有利于降低农村居民消费的不平等性。食品、衣着类的结构弹性小于1，说明这两类消费支出份额的增加有利于降低农村居民消费支出的不平等性。其中食品消费与农村居民生活最为密切，2009年食品消费占总消费支出的46%，对不平等指数的贡献率占了近1/3，因此对农村居民的消费不平等具有较大影响。居民的食品类消费又分为11个子类，通过食品类基尼系数对子类结构的进一步分解，可得到表4.3的结果。

表4.3　　2009年农村居民食品消费结构与食品消费基尼系数

单位：元、%

指标 分类	基尼系数	人均消费	支出份额	贡献率	结构弹性	消费率	增长影响
谷物	0.32166	312.45	14.53	7.65	0.52651	99.38	↓

续表

分类\指标	基尼系数	人均消费	支出份额	贡献率	结构弹性	消费率	增长影响
薯类	0.86112	11.96	0.56	0.48	0.85609	43.94	↓
豆类	0.76186	14.90	0.69	0.74	1.07320	66.88	↑
食用油	0.51356	77.39	3.60	2.77	0.76931	88.71	↓
蔬菜及制品	0.42248	176.61	8.21	6.92	0.84259	99.84	↓
肉禽蛋奶及制品	0.37395	569.18	26.47	24.18	0.91327	99.98	↓
水产品及制品	0.63832	250.78	11.66	15.43	1.32302	98.08	↑
烟酒	0.60499	250.14	11.63	13.54	1.16410	92.36	↑
茶叶饮料	0.76906	72.01	3.35	5.14	1.53590	75.32	↑
其他类食品	0.24472	194.26	9.04	9.46	1.04700	99.84	↑
在外饮食	0.78189	220.30	10.25	13.68	1.33504	73.34	↑
总系数				0.33861			

从表4.3可以发现,农村居民对薯类、豆类消费的支出份额很小,这两类食品具有较强的季节性可能是其中的原因之一,但两者的农村家庭消费比率仅分别为44%、67%,相应的消费基尼系数也高,说明大多数农村居民过于依赖谷物(支出份额仅次于肉禽蛋奶及制品类),食物结构存在一定的不合理性;在外饮食、茶叶饮料类的消费基尼系数较高,说明农村居民对这两类食品的消费存在较大的差异。由于它们与农村居民的休闲关系较为密切,因此可以认为餐饮服务正逐渐为农村居民所接受,有条件的农村居民更多地享受休闲生活。肉禽蛋奶及制品类的消费支出份额为26%,超过1/4,说明农村居民的生活处于一个较高的水平。

从消费结构弹性看,农村居民在食品类的11个子类中对谷物、薯类、食用油、蔬菜及制品和肉禽蛋奶及制品这5个子类消费的增加,有利于降低农村居民消费支出的不平等性。这5个子类都是居民生活的基本必需品,也是农村生产中基础的农、畜产品,因此对财政农业补贴其中的政策含义十分明显。11个子类中茶叶饮料、在外饮食、水产品及制品和烟酒四个子类的消费弹性大于1,说明这4个子类消费的增加,可能推高农村居民消费的不平等性,因此可适当提高相应的消费税率对消费加以引导。

三 消费不平等的组群结构分析与收入不平等

表4.4、表4.5给出了农村居民消费基尼系数的县区市分解和地级市

分解。同时表中还列入了相应的收入基尼系数用于分析消费与收入不平等的相关性。2009 年福建省农村居民的消费基尼系数为 0.4050，高于 0.3595 的收入基尼系数。其中，县域分解农村居民消费组内不平等为 84%，组间不平等为 16%，因此组内不平等是产生消费差异的主要原因。消费基尼系数最小的是连江县，仅为 0.2289；最大的是龙文区，为 0.5278。

表 4.4　　2009 年福建省县域农村居民消费与收入基尼系数

区域	消费	收入	区域	消费	收入	区域	消费	收入
仓山区	0.3323	0.2938	沙县	0.3455	0.3357	顺昌县	0.4199*	0.3984*
马尾区	0.3050	0.2895	将乐县	0.3141*	0.2552*	浦城县	0.3434*	0.4448*
晋安区	0.2701	0.2891	泰宁县	0.3011*	0.2829*	光泽县	0.3862*	0.4846*
闽侯县	0.2940	0.2714	建宁县	0.2760*	0.1455*	松溪县	0.4453*	0.4345*
连江县	0.2289	0.2173*	永安市	0.3224	0.3021	政和县	0.3337*	0.4095*
罗源县	0.3747	0.2419*	洛江区	0.3604	0.3359	邵武市	0.4688*	0.3099*
闽清县	0.2292*	0.2701	泉港区	0.3230	0.2479	武夷山	0.3934*	0.4837*
永泰县	0.3133*	0.2793*	惠安县	0.2993	0.2083	建瓯市	0.3117*	0.3477*
平潭县	0.3210*	0.2749*	安溪县	0.3686	0.3121	建阳市	0.3429*	0.5438*
福清市	0.3721	0.3697	永春县	0.2792*	0.2382*	新罗区	0.2867	0.4212
长乐市	0.3080	0.4705	德化县	0.4032	0.2532*	长汀县	0.3609*	0.2945*
厦门市	0.3275	0.2951	石狮市	0.3519	0.4013	永定县	0.2796	0.2768*
同安区	0.2849*	0.2484	晋江市	0.3132	0.3048	上杭县	0.3568	0.3857*
翔安区	0.3746	0.3820	南安市	0.3641	0.2683	武平县	0.3180	0.3718*
城厢区	0.3213	0.3945	芗城区	0.3273	0.3743	连城县	0.2864*	0.3410*
涵江区	0.3330	0.3834	龙文区	0.5278	0.3887	漳平市	0.3334*	0.3559*
荔城区	0.2877	0.2706	云霄县	0.2712*	0.2665*	蕉城区	0.2989*	0.2347*
秀屿区	0.3799	0.3848	漳浦县	0.3476	0.3296	霞浦县	0.3183*	0.2994*
仙游县	0.2804*	0.3004*	诏安县	0.3307*	0.2353*	古田县	0.2869*	0.3481
梅列区	0.3052	0.2925	长泰县	0.3045	0.3073	屏南县	0.2295*	0.2597*
三元区	0.3420	0.2897	东山县	0.3237	0.3455	寿宁县	0.3254*	0.2846*
明溪县	0.2646*	0.2985*	南靖县	0.3834	0.3585	周宁县	0.3018*	0.2346*

续表

区域	消费	收入	区域	消费	收入	区域	消费	收入
清流县	0.2682*	0.2226*	平和县	0.3997*	0.2167*	柘荣县	0.3036*	0.2614*
宁化县	0.3206*	0.2896*	华安县	0.3655	0.3732	福安市	0.3069*	0.2472*
大田县	0.2634*	0.3265*	龙海市	0.2711	0.2423	福鼎市	0.3752	0.3040*
尤溪县	0.2479*	0.2999*	延平区	0.3301*	0.5552*	全省	0.4050	0.3595

注：(1) 厦门市为厦门市辖区；(2) 消费或收入基尼系数右上角带"*"表示其增长有利于相应总体基尼系数的改善；(3) 有35户的收入数据小于0，由于考虑到基尼系数中收入的非负性，全部置换为0。

表4.5　2009年福建省地级市农村居民消费与收入基尼系数

单位：元、%

	地区 指标	福州	厦门	莆田	三明	泉州	漳州	南平	龙岩	宁德
消费	基尼系数	0.3274	0.3708	0.3306	0.3148	0.3604	0.3594	0.3916	0.3278	0.3177
	人均消费	5899.6	7304.6	5587.7	4777.6	6340.3	5420.1	1181.4	5177.6	4142.4
	消费份额	16.09	5.89	6.22	14.68	16.07	15.20	3.86	9.74	12.25
	贡献率	20.27	9.30	7.26	12.59	22.28	16.43	-4.81	9.98	6.71
	结构弹性	1.2599	1.5781	1.1665	0.8577	1.3862	1.0813	-1.2483	1.0245	0.5475
增长影响		↑	↑	↑	↓	↑	↑	↓	↑	↓
收入	基尼系数	0.3359	0.3293	0.3539	0.2878	0.3089	0.3174	0.4748	0.3644	0.2846
	人均收入	8285.3	9869.7	7664.4	6809.5	9005.6	7561.8	3864.9	6870.1	6230.4
	收入份额	15.26	5.38	5.77	14.14	15.42	14.32	8.52	8.74	12.45
	贡献率	20.08	9.09	6.68	11.17	22.39	15.43	0.39	7.95	6.80
	结构弹性	1.3155	1.6907	1.1583	0.7905	1.4519	1.0776	0.0462	0.9101	0.5463
消费率		71.21	74.01	72.90	70.16	70.40	71.68	30.57	75.36	66.49
增长影响		↑	↑	↑	↓	↑	↑	↓	↑	↓
组内贡献		83.90	92.05	组间贡献	16.10	7.95	总系数	0.4050	0.3595	

注：组内、组间贡献率和总基尼系数栏各有两个数，分别对应于农村居民消费和收入。

由消费函数理论中凯恩斯（Keynesian）提出的绝对收入假说，消费可以表示为同期收入的线性函数，即对时间 t 的总消费 Y_t 和总收入 X_t 有 $Y_t = c_0 + c_1 X_t$，$c_t > 0$，因此可以导出相应的基尼系数关系：

$$G_y = \sum_{i=1}^{n} \frac{y_i}{S_y} \omega_i = \sum_{i=1}^{n} \frac{c_0 + c_1 x_i}{S_y} \omega_i$$

$$= c_1 \frac{S_x}{S_y} G_x + c_1 \sum_{i=1}^{n} \frac{x_i}{S_y} (\omega_i - \omega_i^*), \quad c_1 > 0 \quad (4.20)$$

式（4.20）中，$y_i(t)$表示在时间t不同单元的消费按从小到大排列得到的数列，对应的权数为$\omega_i(t)$，$x_i(t)$为相应的收入。通常$x_i(t)$的大小排序与$y_i(t)$不同，因此它们的权数$\omega_i^*(t)$与$\omega_i(t)$也不会完全一样（$i=1,2,\cdots,n$），从而形成等式右边第二项的序差。式（4.20）说明消费基尼系数可以表示为收入基尼系数的线性函数，因此将消费基尼系数G_y对收入基尼系数G_x进行线性回归，可得两者的关系方程为：

$$G_y = 0.2410 + 0.2688 G_x + \hat{\varepsilon}$$
$$(10.3073) \quad (3.7809) \quad\quad\quad\quad (4.21)$$

式（4.21）括号中的数为反映回归显著性的t值。其中方程的拟合优度$R^2 = 0.1601$，F值为14.30（$p = 0.0003$）。方程表明：农村居民消费基尼系数受到收入基尼系数的显著影响。

在77个县区市中，消费结构弹性小于1的有38个，表4.4中用"*"在基尼系数的右上角标注。其中有南平市所辖的全部10个县区市，宁德市所辖的不含福鼎的8个县区市，三明市所辖的8个，福州市、漳州市、龙岩市所辖的各3个，厦门市、泉州市、莆田市所辖的各1个。这些县区市农村居民的消费增长，都有利于降低全省农村居民消费不平等；收入结构弹性小于1的有43个，从表4.3可以看出，各县级行政区的消费增长对消费基尼系数的影响总体上与收入增长对收入基尼系数的影响的作用方向是一致的。例外的情况仅连江、罗源、同安、德化、永定、上杭、武平、古田和福鼎9个县（区、市）。对于农村居民家庭来说，由于他们的纯收入有多少用于家庭的扩大再生产存在很大的不确定性，这种情况可能使消费与收入的关系发生一些局部的变化。

消费基尼系数地级市的组群分解中，关于消费与收入增长影响各自基尼系数的作用方向也出现了龙岩市一个唯一的例外（见表4.5）。即龙岩市的收入增长可能带来全省收入基尼系数的下降，但同时带来全省消费基尼系数的上升。产生这种反向变化的原因，是由于该市近年来通过紫金矿业等对矿产资源的开发使一部分农村居民的收入提高，部分农村居民的消费信心增强，拉大了消费支出的不平等。从表4.5可以看出，南平、宁德、三明农村居民的消费增长都有利于全省农村居民消费不平等的改善，同时三个地级市农村居民的收入增长都有利于全省农村居民的收入不平等的改善，收入与消费的作用方向是一致的。全省9个地级市中无论从收入水平还是消费水平，南平、宁德、三明的农村居民都处于经济发展相对不发达地区。因此改善全省农村居民的收入不平等、消费不平等，都与提高他们的收入水平、消费水平的作用相一致。

利用本章提出的收入份额加权法，对福建省农村居民的消费不平等进行结构性分析可以得到以下的结果：一是农村居民食品、衣着类消费的增长，可以降低总体农村居民生活消费的不平等；二是在食品类中谷物、薯类、食用油、蔬菜及制品、肉禽蛋奶及制品的消费增长，都有利于农村居民总体消费不平等的改善；三是在县区市和地级市的区域结构分解中，区域内不平等是总体农村居民消费不平等的主要原因；四是农村居民的消费不平等受到收入不平等的显著影响，一般情况下，改善消费不平等与收入不平等其作用都与提高经济发展相对不发达地区农村居民的收入水平相一致。

因此，我们提出以下的政策建议。

第一，针对中国农村居民的消费政策，要与现阶段他们所处的小康生活水平的特点相适应。食品消费在农村居民生活消费的总支出中仍占绝大部分，衣着类消费在农村居民生活中是体现生活水平提高的重要载体。因此，要提高农村居民的生活品质，可以在现有吃饱穿暖的基础上向吃得健康、穿得体面的方向发展。鼓励农村居民食品、衣着类的消费，使这两类消费在八类消费中具有更高的增长速度，可以提高两类商品消费的支出份额，从而降低农村居民的消费不平等。在政策上，可以通过农业补贴增加农村居民自身的食品供应能力，对农村居民的日用纺织品实行直补等方式提高他们对食品、衣着类商品的消费。

第二，对于农村居民的食品类消费要区别对待，通过政府的转移支付和税费政策对谷物、薯类、食用油、蔬菜及制品、肉禽蛋奶及制品5个子类的消费进行鼓励，增强这些基本生活用品的保障。由于农村居民对5个子类的食品具有一定的自我供给能力，通过农业直补不仅能够提高农村居民的收入，而且可以使农村居民的自给更为充足，从而推动农村居民对5个子类食品的消费。相反，对烟酒、茶叶饮料类中的高档奢侈品要征收较高的消费税，以实现对烟酒、茶叶饮料消费的有效控制。这样就可以从两大方面降低农村居民的消费不平等，从总体上增加农村居民的社会福利。

第三，降低农村居民的消费不平等要从提高行政区域内的消费公平性入手。提高农村困难群体的生活保障，实施脱贫工程以增加农村居民收入可以降低农村居民消费的不平等。目前，由于中国实行财政分权，部分经济发展水平较低的区域因为地方财政能力不足，导致区域内新型农村合作医疗、新型农村社会养老制度的补助标准偏低，建议中央政府要在更大范围内进行统筹。提高农村居民的社会保障有利于释放他们的基本生活消费，有利于降低区域内农村居民生活消费的不平等。

第四，政府要全面提高农村居民的收入水平。提高经济发展相对不发达地区的农村家庭收入，这样不仅可以降低他们的收入不平等，而且也可以同步降低农村居民的消费不平等。提高农产品价格可能导致全面的物价上涨，使农村居民得不到真正的实惠，因此更为可行的办法是减少农业人口、政府对农业进行全面补贴。

第五章　拓展基尼系数及其应用的拓展研究

本章导读

研究目的： 探索拓展基尼系数的各种表达形式和可能的应用领域。

研究方法： 离散数据拓展基尼系数。

研究发现： 推导出组数据拓展基尼系数的协方差、回归系数算法。论证了拓展基尼系数的若干公理性质。

研究创新： 纠正计算拓展集中度指数存在的问题，重新定义拓展健康不平等测度和健康绩效指数。给出税收拓展累进性指数，给出拓展基尼系数的若干新算法。

研究价值： 由协方差算法提供拓展基尼系数的方差估计，通过拓展集中度指数推动拓展基尼系数在社会、经济、卫生领域的应用。

关键词： 组数据；拓展基尼系数；公理性质；健康集中度指数

Yitzhaki（1983）在由 Kakwani（1980）给出的不平等指数的基础上，定义了现在被学者广为接受的连续收入分布的拓展基尼系数。对于离散收入分布的离散数据一些学者也进行了尝试，如 Donaldson 和 Weymark（1980，1983），还有 Chakravarty（1988）都给出了自己的定义，但直到若干年后才由 Chotikapanich 和 Griffiths（2001）给出了离散收入分布组数据形式的拓展基尼系数。在其间或之后的若干年中，一些学者对拓展基尼系数的性质、算法及其应用领域进行了探索，不断丰富着拓展基尼系数的内涵和外延。

Lerman 和 Yitchaki（1985）给出了连续收入分布下拓展基尼系数的两个等价形式，不仅使用协方差计算拓展基尼系数，而且给出了连续收入分布条件下拓展基尼系数按收入来源分解的形式；Wagstaff（2002）把拓展基尼系数延伸到集中度指数，并应用拓展集中度指数研究健康不平等、健康绩效评价等卫生计量经济学中的有关问题，还试图解决离散数据拓展集中度指数的回归方程算法；戴平生和林文芳（2012）通过离散化连续收入分布拓展基尼系数，给出了组数据拓展基尼系数的一个等价形式，借助拓展基尼系数的收入份额法导出离散收入分布条件下组数据拓展基尼系数按组群分解和按收入来源分解的公式，并给出了两类分解的统一形式以及相应的社会福利含义。本章在总结前人对拓展基尼系数研究的基础上，试图在以下方面有所创新：一是给出离散收入分布下组数据拓展基尼系数的两种新算法，即协方差算法和加权最小二乘法。二是给出组数据拓展基尼系数区间估计的新方法。三是把不平等厌恶参数引入税收累进性指数，定义税收拓展累进性 K 指数和 S 指数，并给出一个新的测度税收累进性的指数。同时，纠正现有拓展健康不平等指数中一些错误的算法，解决组数据拓展健康不平等指数的区间估计问题。

第一节 拓展基尼系数的若干算法

Yitchaki（1983）对拓展基尼系数的定义源于基尼系数的几何算法，在连续收入分布条件下对洛伦兹曲线的收入份额加权，以改变不同收入份额的权重。设收入分布洛伦兹曲线平面坐标为 (F, L)，其中，F 为收入分布函数也是累计人口份额、L 为累计收入份额，v 为不平等厌恶参数，则拓展基尼系数 $G(v)$ 定义为：

$$G(v) = 1 - \int_0^1 L(F)K(v, F)dF, \quad K(v, F) = v(v-1)(1-F)^{v-2}, \quad v > 1$$

(5.1)

一 连续收入分布拓展基尼系数的其他算法

通过恒等变形，可以得到式（5.1）拓展基尼系数的几种等价形式。

（一）收入赤字法

利用分部积分，容易导出下面的关系式，式（5.2）与式（5.1）是等价的。

$$G(v) = \int_0^1 (F - L(F))K(v, F)dF, \quad K(v, F) = v(v-1)(1-F)^{v-2}, \quad v > 1$$

(5.2)

被积函数 $F-L(F)$ 反映了累计收入份额与累计人口份额的不相匹配，称为"收入赤字"。当 $v>2$ 时，权函数 $K(v, F)$ 关于 F 是递减的，与权函数相乘意味着前面的收入赤字的权重大、后面的收入赤字的权重小，说明重视收入的不平等；当 $1<\nu<2$ 时，情况恰好相反；当 $\nu = 2$ 时，权函数与收入分布无关，拓展基尼系数等同于普通的基尼系数。

（二）协方差法

设收入为 y，收入密度函数为 $f(y)$，其中 y 满足 $a \leqslant y \leqslant b$。连续收入分布下基尼系数有以下参数形式：

$$\begin{cases} F(y) = \int_a^y f(t)dt, & \mu = \int_a^b tf(t)dt \\ L(y) = \dfrac{1}{\mu}\int_a^y tf(t)dt, & dL = \dfrac{yf(y)}{\mu}dy \end{cases}$$

由式（5.1）利用分部积分，可以得到以下关系：

$$\begin{aligned} G(\nu) &= 1 - \int_0^1 L(F)K(v, F)dF = 1 - v\int_0^1 (1-F)^{v-1}dL(F) \\ &= -\frac{v}{\mu}\int_a^b yf(y)\left[(1-F)^{v-1} - \frac{1}{v}\right]dy = -\frac{v}{\mu}Cov[y, (1-F)^{v-1}] \end{aligned}$$
(5.3)

（三）多项式法

$$\begin{aligned} \frac{1}{\mu}\int_a^b \left[(1-F) - (1-F)^v\right]dy &= -\frac{v}{\mu}\int_a^b yf(y)\left[(1-F)^{v-1} - \frac{1}{v}\right]dy \\ &= -\frac{v}{\mu}Cov[y, (1-F)^{v-1}] \\ \Leftrightarrow G(\nu) &= \frac{1}{\mu}\int_a^b \left[(1-F) - (1-F)^v\right]dy \end{aligned}$$
(5.4)

协方差法和多项式法最早由 Lerman 和 Yitchaki（1985）给出，他们以类比基尼系数的方式产生多项式方法，并用于推导协方差表达式。

二 离散收入分布条件下组数据拓展基尼系数算法

对于组数据，设 $y_1 \leqslant y_2 \leqslant \cdots \leqslant y_n$ 为 n 组人群的平均收入，q_1，q_2，$\cdots$，q_n 为相应的人口数，q 为总人口数；记 $p_i = q_i/q$ 表示第 i 组的人口占总人口的比例，简称为第 i 组的人口份额；让 $F_0 = 0$，F_i 称为至第 i 组的累计人口份额即 $F_i = p_1 + \cdots + p_i$；另外，记总收入 $S = q_1y_1 + \cdots + q_ny_n$，让 $L_0 = 0$，L_i 称为至第 i 组的累计收入份额即 $L_i = (q_1y_1 + \cdots + q_iy_i)/S$（$i = 1$，$2$，$\cdots$，$n$）。组数据拓展基尼系数，无法简单地从连续形式中得出。Chotikapanich 和 Griffiths（2001）将连续收入分布条件下的洛伦兹曲线通过较为复杂的折线化过程，导出式（5.1）的组数据离散形式：

$$G(\nu) = 1 + \sum_{i=1}^{n} \frac{L_i - L_{i-1}}{F_i - F_{i-1}} [(1-F_i)^\nu - (1-F_{i-1})^\nu] \tag{5.5}$$

（一）收入份额法

式（5.5）可以表述为以下各组收入份额的线性组合：

$$G(\nu) = \sum_{i=1}^{n} \frac{q_i y_i}{S} \omega_i(\nu), \quad \omega_i(\nu) = 1 + \frac{(1-F_i)^\nu - (1-F_{i-1})^\nu}{F_i - F_{i-1}} \tag{5.6}$$

式（5.6）中，组合系数满足 $p_1\omega_1 + \cdots + p_n\omega_n = 0$（参见第二章中定理 2.1 的证明）。由于式（5.6）表达式是收入份额的线性组合，因此十分方便拓展基尼系数按组群或收入来源的分解。

（二）协方差法

要得到组数据拓展基尼系数的协方差算法，不能简单地将式（5.3）进行离散化处理。下面给出 $\nu=2$ 时组数据基尼系数的协方差形式，就可以看出其中的问题。根据式（5.6）可以得到基尼系数的收入份额法形式：

$$G = \sum_{i=1}^{n} \frac{q_i y_i}{S} \omega_i, \quad \omega_i = F_i + F_{i-1} - 1$$

因而，有：

$$G = \sum_{i=1}^{n} \frac{q_i y_i}{S}(F_i + F_{i-1} - 1) = \sum_{i=1}^{n} \frac{q_i y_i}{q\mu}(F_i + F_{i-1} - 1)$$

$$= \frac{2}{\mu} \sum_{i=1}^{n} p_i y_i \left(\frac{F_i + F_{i-1}}{2} - \frac{1}{2} \right)$$

$$R_i \stackrel{\text{记}}{=} \frac{F_i + F_{i-1}}{2} \longrightarrow G = \frac{2}{\mu} Cov(y_i, R_i)$$

式中，μ 为总体的平均收入。显然 R_i 不同于 F_i，根据收入份额法组合系数的性质，可以得到它满足 $p_1 R_1 + \cdots + p_n R_n = 1/2$，即 R_i 的均值等于 $1/2$。Lerman 和 Yitzhaki（1989）认识到这一问题，并提出相应的修正方案。Kakwani 等（1997）也给出了这一组数据集中度指数的协方差计算公式，但没有公式的推导过程。对应于组数据拓展基尼系数我们有：

$$G(\nu) = \sum_{i=1}^{n} \frac{q_i y_i}{S} \omega_i(\nu) = -\frac{\nu}{\mu} \sum_{i=1}^{n} p_i y_i \left[\frac{1-\omega_i(\nu)}{\nu} - \frac{1}{\nu} \right]$$

$$= -\frac{\nu}{\mu} Cov \left[y_i, \frac{1-\omega_i(\nu)}{\nu} \right] \tag{5.7}$$

实际上，基尼系数的协方差形式关键在于它的经济含义，即对于连续收入分布它恰好是收入与收入分布函数的协方差，但对于拓展基尼系数这

种经济含义除去 $\nu=2$ 已经不存在，与收入对应的只是收入分布函数的函数罢了。因此，在组数据中，不必过于刻意具体形式，最简单的就是把拓展基尼系数表述为收入与组合系数的协方差，组合系数本身就形成了一个分布列，对应的人口份额就是概率，且分布列的均值为0。即：

$$G(\nu) = \sum_{i=1}^{n} \frac{q_i y_i}{S} \omega_i(v) = \frac{1}{\mu} Cov(y_i, \omega_i) \qquad (5.8)$$

（三）回归系数法

由拓展基尼系数的协方差方法，容易联想简单一元线性回归模型的斜率估计结果也是协方差，因此可以构造一个简单的一元线性回归模型，使得斜率的估计值恰好等于拓展基尼系数。下面从式（5.8）出发，利用待定系数结合加权最小二乘法建立线性回归模型：

$ky_i t_i = \alpha t_i + \beta \omega_i(v) t_i + \varepsilon_i \ (i=1, 2, \cdots, n)$

式中，k 为待定系数，这里的 ε_i、t_i 分别为误差项和加权函数（$t_i^2 = p_i$, $i=1, 2, \cdots, n$）。

让误差平方和最小，通过极值求解可以得到截距、斜率参数估计满足的等式：

$\hat{\alpha} = k\mu, \ \hat{\beta} = \dfrac{kCov(y_i, \omega_i)}{\sigma_\omega^2} = \dfrac{k\mu G}{\sigma_\omega^2} \Rightarrow k = \dfrac{\sigma_\omega^2}{\mu}, \ \hat{\beta} = G, \ \hat{\alpha} = \sigma_\omega^2$

这样截距、斜率的估计值分别为组合系数的方差和收入拓展基尼系数。因此，设定 k 将 ky_i 关于 ω_i 进行线性回归，使用加权最小二乘法（WLS）估计参数 β 也可以得到基尼系数的计算值。使用的一元线性回归模型为：

$$\frac{\sigma_\omega^2}{\mu} y_i \sqrt{p_i} = \alpha \sqrt{p_i} + \beta \omega_i(v) \sqrt{p_i} + \varepsilon_i (i=1, 2, \cdots, n) \qquad (5.9)$$

由于回归方程的引入使我们可以进行参数估计的统计检验，进一步对拓展基尼系数进行区间估计。

（四）反序表述法

基尼系数的数据处理要求将收入递增排序。从计算拓展基尼系数收入份额法的组合系数可以发现，将收入递减排序其表达式可以变得具体而简化。Donaldson 和 Weymark（1983）将个体数据中的收入从大到小排序，给出了个体数据的拓展基尼系数反序表达式。设个体收入为 $y_1^0 \geq y_2^0 \geq \cdots \geq y_n^0$，那么拓展基尼系数有如下算法：

$$G(\nu) = 1 - \frac{1}{n^\nu \mu} \sum_{i=1}^{n} [i^\nu - (i-1)^\nu] y_i^0$$

只是该算法并不适用于组数据。对于组数据的拓展基尼系数可以导出下面的反序表达式：

$$G(\nu) = 1 - \frac{1}{q\mu_y}\sum_{k=1}^{n}\frac{(F_k^0)^\nu - (F_{k-1}^0)^\nu}{p_k^0}q_k^0 y_k^0 \qquad (5.10)$$

式（5.10）中，人口份额 p_k^0 和 F_k^0 都是与个人收入的反序排列相对应的（$k=1, 2, \cdots, n$）。

组数据拓展基尼系数的反序表达式（5.10）的推导如下：

根据人均收入递增排序有 $y_1 \leqslant y_2 \leqslant \cdots \leqslant y_n$，对应概率为 $\{p_i, i=1, 2, \cdots, n\}$。那么与人均收入递减排序的关系就是 $q_i = q_{n+1-i}^0$，$p_i = p_{n+1-i}^0$，$y_i = y_{n+1-i}^0$。

根据拓展基尼系数的收入份额法就有：

$$G(\nu) = \sum_{i=1}^{n}\frac{q_i y_i}{S_y}\left[1 + \frac{(1-F_i)^\nu - (1-F_{i-1})^\nu}{p_i}\right]$$

$$= 1 + \frac{1}{q\mu_y}\sum_{i=1}^{n}\frac{(1-F_i)^\nu - (1-F_{i-1})^\nu}{p_i}q_i y_i$$

$$= 1 + \frac{1}{q\mu_y}\sum_{i=1}^{n}\frac{(F_{n-i}^0)^\nu - (F_{n+1-i}^0)^\nu}{p_{n+1-i}^0}q_{n+1-i}^0 y_{n+1-i}^0 \quad \overset{k=n+1-i}{=}$$

$$1 - \frac{1}{q\mu_y}\sum_{k=1}^{}\frac{(F_k^0)^\nu - (F_{k-1}^0)^\nu}{p_k^0}q_k^0 y_k^0$$

拓展基尼系数除以上给出的算法外，应该还可以推导出其他与基尼系数类似的算法，这方面的拓展研究可从基尼系数的其他算法中得到启发。

第二节 拓展基尼系数的公理性质

现有对拓展基尼系数性质的研究，还主要集中在拓展基尼系数按组群分解和按要素分解等实用技术层面。Lerman 和 Yitchaki（1985）利用拓展基尼系数的协方差算法，给出拓展基尼系数按收入来源分解的公式，Lazaridis（2000）将仅适用于个体数据收入来源分解的基尼系数相对边际效应分析方法（Stark et al., 1986）推广到拓展基尼系数；利用式（5.6）导出的组数据拓展基尼系数按组群或要素分解公式，可以将相对边际效应方法发展成为研究拓展基尼系数边际变化的一种通用工具。作为一类不平等指数，拓展基尼系数一方面从指数本身应该满足对称性、齐次性、人口无关性、强洛伦兹一致性和零标准化的基本要求（万广华，2004）；另一方面还要考察是否满足不平等指数的公理化设定。利用式（5.6）的算法容易去验证拓展基尼系数满足上述五条基本要求，下面主要考察拓展基尼系数的公理化性质。

Kakwani（1980）在贫困测度单调性公理和转移性公理（Sen, 1976）的基础上，提出了不平等指数的单调敏感性公理和转移敏感性公理，对转移敏感性公理他建议从两个选项中选择其中一个。社会科学中的公理体系不同于自然科学中的公理化，并不是说不满足某项公理就不能作为测度不平等的指数，而是说不平等指数是否具有某一优良属性。因上述公理是针对个体间的收入关系进行讨论的，下面给出拓展基尼系数具体的个体数据表达式：

$$G(v) = \sum_{i=1}^{n} \frac{y_i}{S}\omega_i, \quad \omega_i = 1 + n\left[\left(1 - \frac{i}{n}\right)^v - \left(1 - \frac{i-1}{n}\right)^v\right],$$

$$S = \sum_{i=1}^{n} y_i, \quad v > 1 \tag{5.11}$$

一 单调性公理

不平等指数的单调性公理，是指在不改变相对收入地位的制度设计下，减少低收入者的收入会增大收入不公平性，增加低收入者的收入会减小收入不公平性。拓展基尼系数满足不平等指数的单调性公理，下面用定理5.1来加以叙述。

定理 5.1 设个体收入 $\{y_i, i=1, 2, \cdots, n; n \in N\}$ 满足 $0 < y_1 \leqslant y_2 \leqslant \cdots \leqslant y_n$，对于式（5.11）定义的 $\{\omega_i, i=1, 2, \cdots, n\}$ 和 $G(v)$，低收入者 k 的收入变化为 Δy_k，记 $y_0 = 0$ 满足 $y_{k-1} \leqslant y_k + \Delta y_k \leqslant y_{k+1}$，若 $\Delta y_k < 0$，则 $\Delta G(v) > 0$；若 $\Delta y_k > 0$，则 $\Delta G(v) < 0$。

证明 拓展基尼系数中第 k 个收入者对应的收入份额组合系数 ω_k，根据组合系数的定义性质，低收入者应满足 $\omega_k < 0$。记 $S' = S + \Delta y_k$ 有：

$$\Delta G(v) = \sum_{i \neq k} \frac{y_i}{S'}\omega_i + \frac{y_k + \Delta y_k}{S'}\omega_k - G(v)$$

$$= \frac{S}{S'}G(v) + \frac{\Delta y_k}{S'}\omega_k - G(v)$$

$$= -\frac{\Delta y_k}{S'}[G(v) - \omega_k]$$

式中，$G(v) - \omega_k > 0$。因此，若 $\Delta y_k < 0$，则 $\Delta G(v) > 0$；若 $\Delta y_k > 0$，则

$\Delta G(\nu) < 0$。政府设定的最低工资标准、生活保障，以及满足横向公平性（不改变收入地位）的累进性税收设计，都是改善收入公平性的具体事例。

二 转移性公理

不平等指数的转移性公理，是指在不改变相对收入地位的制度设计下，低收入者的收入向高收入者转移支付会增大收入的不公平性；反过来低收入者从高收入者获得转移支付则会改善收入的不公平性。拓展基尼系数也满足不平等指数的转移性公理，下面用定理 5.2 来加以叙述。

定理 5.2 设个体收入 $\{y_i, i=1, 2, \cdots, n; n \in N\}$ 满足 $0 < y_1 \leq y_2 \leq \cdots \leq y_n$，对于式（5.11）定义的 $\{\omega_i, i=1, 2, \cdots, n\}$ 和 $G(\nu)$，低收入者 i 和高收入者 j 有 $1 \leq i < j < n$，记 $y_0 = 0$ 满足 $y_{i-1} \leq y_i - \Delta y_i \leq y_{i+1}$ 和 $y_{j-1} \leq y_j + \Delta y_j \leq y_{j+1}$；若 $\Delta y_i < 0$，则 $\Delta G(\nu) > 0$；若 $\Delta y_j > 0$，则 $\Delta G(\nu) < 0$。

证明 由于收入仅仅在低收入者 i 和高收入者 j 间转移，n 个个体的总收入不变，因为只有第 i 个个体和第 j 个个体的收入发生变化，我们有：

$$\Delta G(\nu) = \frac{\omega_i - \omega_j}{S}(-\Delta y_i) = \frac{\Delta y_i}{S}(\omega_{k+i} - \omega_i) = \frac{n\Delta y_i}{S}\Delta_i(k), \ k = j - i, \ k > 0$$

$$\Delta_i(k) = \left(1 - \frac{k+i}{n}\right)^\nu - \left(1 - \frac{k+i-1}{n}\right)^\nu - \left(1 - \frac{i}{n}\right)^\nu + \left(1 - \frac{i-1}{n}\right)^\nu$$

显然，$\Delta_i(0) = 0(j=i)$，对 $\Delta_i(k)$ 关于 k 求导数得：

$$\frac{\partial \Delta_i(k)}{\partial k} = -\frac{\nu}{n}\left[\left(1 - \frac{k+i}{n}\right)^{\nu-1} - \left(1 - \frac{k+i-1}{n}\right)^{\nu-1}\right] > 0, \ \nu > 1$$

即 $\Delta_i(k)$ 为 k 的增函数，所以对 $k \geq 1$ 有 $\Delta_i(k) > \Delta_i(0) = 0$，因此，对于 $\nu > 1$，当 $\Delta y_i > 0$ 时，$\Delta G(\nu) > 0$；当 $\Delta y_i < 0$ 时，$\Delta G(\nu) < 0$。

三 单调敏感性公理

不平等指数的单调敏感性公理，是指在不改变相对收入地位的制度设计下，如果将低收入者的收入向较高收入者转移，低收入者的位次越低其带来的收入不公平性越大；如果低收入者从较高收入者获得转移支付，低收入者的位次越低其带来的收入不公平性就越小。拓展基尼系数也满足不平等指数的单调敏感性公理，单调敏感性实为转移性公理下的单调敏感性，下面用定理 5.3 来加以叙述。

定理 5.3 设个体收入 $\{y_i, i=1, 2, \cdots, n; n \in N\}$ 满足 $0 < y_1 \leq y_2 \leq \cdots \leq y_n$，对于式（5.11）定义的 $\{\omega_i, i=1, 2, \cdots, n\}$ 和 $G(\nu)$，低

收入者 i 和高收入者 j 有 $1 \leq i < j < n$，记 $y_0 = 0$ 满足 $y_{i-1} \leq y_i - \Delta y_i \leq y_{i+1}$ 和 $y_{j-1} \leq y_j + \Delta y_j \leq y_{j+1}$；若 $\Delta y_i > 0$，则 $\Delta G(v) > 0$ 且为 i 的减函数；若 $\Delta y_i < 0$，则 $\Delta G(v) < 0$ 且为 i 的增函数。

证明 在定理 5.2 的证明过程中，已经论证了转移支付下的拓展基尼系数符号变化，现在主要考虑其强度变化的单调性。

$$\Delta G(v) = \frac{\Delta y_i}{S}(\omega_j - \omega_i) = \frac{n \Delta y_i}{S} \Delta(i, j)$$

$$\Delta(i, j) = \left(1 - \frac{j}{n}\right)^v - \left(1 - \frac{j-1}{n}\right)^v - \left(1 - \frac{i}{n}\right)^v + \left(1 - \frac{i-1}{n}\right)^v$$

将 $\Delta(i, j)$ 关于 i 求偏导数，对于固定的 j 有：

$$\frac{\partial \Delta(i, j)}{\partial i} = \frac{v}{n}\left[\left(1 - \frac{i}{n}\right)^{v-1} - \left(1 - \frac{i-1}{n}\right)^{v-1}\right] < 0, \quad v > 1$$

即 $\Delta(i, j)$ 为 i 的减函数，因此对于 $v > 1$，若 $\Delta y_i > 0$，则 $\Delta G(v) > 0$ 且为 i 的减函数；若 $\Delta y_i < 0$，则 $\Delta G(v) < 0$ 且为 i 的增函数。

四 转移敏感性公理

不平等指数的转移敏感性公理，是指在不改变相对收入地位的制度设计下，让收入位次差距一定的穷富对子间进行转移支付，被转移收入的穷人其位次越低，收入的不公平性越大；获得转移支付的穷人其位次越低，收入的不公平性越小。与单调敏感性公理不同，转移敏感性公理对高收入者进行了位次差距约束，因此要求更高。当 $v > 2$ 时，拓展基尼系数满足转移敏感性公理，下面用定理 5.4 来加以叙述。

定理 5.4 设个体收入 $\{y_i, i = 1, 2, \cdots, n; n \in N\}$ 满足 $0 < y_1 \leq y_2 \leq \cdots \leq y_n$，对于式 (5.11) 定义的 $\{\omega_i, i = 1, 2, \cdots, n\}$ 和 $G(v)$，低收入者 i 有 $1 \leq i < n$，记 $y_0 = 0$ 满足 $y_{i-1} \leq y_i - \Delta y_i \leq y_{i+1}$ 和 $y_{i+k-1} \leq y_{i+k} + \Delta y_i \leq y_{i+k+1}$，$k$ 为固定的自然数（$i + k \leq n$）。当 $v > 2$ 时，若 $\Delta y_i > 0$，则 $\Delta G(v) > 0$ 且为 i 的减函数；若 $\Delta y_i < 0$，则 $\Delta G(v) < 0$ 且为 i 的增函数。

证明 在定理 5.2 的证明过程中，已经论证了转移支付下的拓展基尼系数符号变化，现在主要考虑其位次差距约束下强度变化的单调性。

$$\Delta G(v) = \frac{\Delta y_i}{S}(\omega_{k+i} - \omega_i) = \frac{n \Delta y_i}{S} \Delta_i(k)$$

$$\Delta_i(k, v) = \left(1 - \frac{i+k}{n}\right)^v - \left(1 - \frac{i+k-1}{n}\right)^v - \left(1 - \frac{i}{n}\right)^v + \left(1 - \frac{i-1}{n}\right)^v$$

根据在定理 5.2 证明过程中的结果有：当 $v > 1$ 时，$\Delta_i(k, v) > 0$（前面

没有把 ν 列为一个变量)。下面对 $\Delta_i(k, \nu)$ 关于 i 求导数,可以得到:

$$\frac{\partial \Delta_i(k, \nu)}{\partial i} = -\frac{v}{n}\left[\left(1 - \frac{k+i}{n}\right)^{v-1} - \left(1 - \frac{k+i-1}{n}\right)^{v-1} - \left(1 - \frac{i}{n}\right)^{v-1} + \left(1 - \frac{i-1}{n}\right)^{v-1}\right]$$

$$= -\frac{v}{n}\Delta_i(k, v-1)$$

因此,当 $\nu-1 > 1$,即 $\nu > 2$ 时,$\Delta_i(k, \nu-1) > 0$ 也成立。于是导出 $\Delta_i(k, \nu)$ 对于固定的 k 是 i 的减函数,说明当 $\Delta y_i > 0$ 时,$\Delta G(\nu)$ 为 i 的减函数;当 $\Delta y_i < 0$ 时,$\Delta G(\nu)$ 为 i 的增函数。注意到当 $\nu = 2$ 时,$\Delta_i(k, 1) = 0$,因此基尼系数并不满足转移敏感性公理。拓展基尼系数正是通过对收入赤字的加权处理($\nu > 2$)满足转移敏感性公理[①],从而改善了基尼系数作为不平等指数的合理性。

从以上的讨论可以获得这样的结论,拓展基尼系数满足单调性、转移性、单调敏感性等公理,当 $\nu > 2$ 时还满足转移敏感性公理,因此它是一个具有优良特性的不平等指数,也说明拓展基尼系数作为一种不平等指数有其自身的合理性。

第三节 健康不平等指数的拓展

健康不平等问题近二十年来一直受到了国内外卫生经济学者的较多关注,Wagstaff 等(1991)对测度健康不平等的方法进行了归纳和比较,在极差、基尼系数、伪基尼系数、平均差异指数、回归斜率、集中度指数 6 种方法中,他们更倾向于回归斜率和集中度指数,实际上回归斜率是集中度指数的协方差形式[②]。显然,相关研究者对社会经济状态下的健康不平等更为关切,集中度指数很好地满足了这一要求(Kakwani et al.,1997)。Wagstaff(2002)通过类比拓展基尼系数,将拓展集中度指数引入了健康不平等的研究。

---

① 转移敏感性有两种定义:一种是关于收入位次差距固定;另一种是关于收入差距固定,参见 Kakwan(1980)。

② 在本书中将回归斜率法称为回归系数法。

一 健康不平等的拓展集中度指数

收入基尼系数可以用两倍的单位正方形中洛伦兹曲线与对角线围成的面积直观表述，而洛伦兹曲线是在人均收入递增排序下，由以累计人口份额为横坐标、累计收入份额为纵坐标的平面坐标点形成的；如果考虑收入有若干种来源，用该来源即分量的累计收入份额代替曲线中的总体累计收入份额，横坐标并不改变，那么计算出来的指数就是伪基尼系数；将收入指标替换为健康指数，按健康水平排序，相应的就可以定义健康不平等的基尼系数和伪基尼系数。如果按某一社会经济指标的水平递增排序，或按数据采集先后自然排序，任意两个变量累计份额的类比洛伦兹曲线称为集中度曲线，对应的指标就称为集中度指数。不同于基尼系数介于 0—1 的性质，集中度指数可正可负更为灵活，且介于 -1—1。例如，按人均收入水平递增排序，以累计收入份额为横坐标、累计健康份额为纵坐标，可以定义与收入相关的集中度指数，称为与收入相关的健康不平等指数。显然基尼系数、伪基尼系数都可以视为集中度指数的特例，而收入份额法也同样适用于集中度指数。Wagstaff（2002）引入的拓展集中度指数可以表述为：

$$C(v) = 1 - \frac{v}{n\mu} \sum_{i=1}^{n} y_i (1 - R_i)^{v-1}, \; R_i = \frac{2i-1}{2n}, \; v > 1 \qquad (5.12)$$

式（5.12）中，y 为健康指标，是按个体收入递增排序的。文献将拓展集中度指数应用于对健康不平等的研究，由于可以同时考虑平均健康水平与健康公平性因素，文献中类比基尼系数的社会福利含义，还定义了健康绩效指数：

$$I(v) = [1 - C(v)] \mu = \frac{1}{n} \sum_{i=1}^{n} y_i v (1 - R_i)^{v-1} \qquad (5.13)$$

式（5.13）中的不平等厌恶参数 v 的取值，取决于政策制定者或研究者的态度。当取值 $v=2$ 时，拓展集中度指数就是普通的集中度指数；当取值 $v<2$ 且趋向于 1 时，表明不关心或漠视公平性；当取值 $v>2$ 且增大时，就表明更加重视健康不平等。因此，健康不平等的拓展集中度指数引入了人们对道德伦理的考量，融合了经济学、流行病学和公共卫生等学科。常用的健康指数有死亡率，如 5 岁以下儿童死亡率、孕产妇死亡率；儿童保健情况，如 5 岁以下重度营养不良比重、新生儿 2.5 公斤以下比量；疾病暴露人群患病率，自评价健康指标等。

Wagstaff（2002）的创新性工作对健康不平等的研究产生了积极影

响，国内外大多数对健康不平等的研究都借鉴了他的算法和范式。只是式（5.12）的推导并不严密，公式只有在个体数据充分多的情况下才近似成立。主要原因是文献忽略了连续分布与离散分布的差异，出现了前面推导式（5.7）过程中提出应注意的问题。由于个体数据仅仅是组数据的特例，下面给出组数据的拓展集中度指数公式。

定义 5.1 拓展集中度指数由下面的式子给出：

$$C(v) = 1 - \sum_{i=1}^{n} \frac{q_i y_i}{S} w_i(v), \quad w_i(v) = \frac{(1-F_{i-1})^v - (1-F_i)^v}{p_i}, \quad v > 1 \tag{5.14}$$

式（5.14）中，F_i 是累计人口份额，对应于人均收入递增排序。式（5.14）可以由式（5.6）直接得到。

定义 5.2 健康不平等测度对应于拓展集中度指数的健康绩效指数为：

$$I(v) = \sum_{i=1}^{n} y_i [(1-F_{i-1})^v - (1-F_i)^v] \tag{5.15}$$

容易验证，当 $v=1$ 时，$I(1)$ 的健康绩效值就是所有人口的平均健康水平。类似拓展基尼系数，组数据的收入份额法、协方差法、回归系数法等计算公式也适用于拓展集中度指数。由于拓展集中度指数可以比拓展基尼系数更为灵活，因而还有很大的拓展空间，对其性质的探索仅仅是个开始。从实际应用角度来看，利用回归系数法可以通过加权最小二乘估计，获得拓展集中度指数及其区间的估计。有兴趣的读者，可参见 Kakwani 等（1997）对集中度指数的研究。

二 中国 2010 年地区间孕产妇保健的不平等分析

数据来源于 2011 年和 2005 年的《中国卫生统计年鉴》，妇幼保健部分的《各地区孕产妇保健情况》，使用的指标为孕产妇死亡率中的市级、县级和合计数，还有各地区的活产数。首先利用活产数、合计的死亡率推算总的孕产妇人数，即暴露人口总数；其次利用联立方程组求解暴露总人口中的市、县两级的暴露人口数。同时考虑高危产妇比重指标，得到基础的地区分析数据。2004 年是中国发生"非典"后的第 1 年，一般认为"非典"后中国政府在改善公共医疗公平性方面做了较大的努力。表 5.1 给出相关指标的描述统计量。

表 5.1　2004 年和 2010 年中国孕产妇的高危比重与死亡率描述统计

单位:%、人

类型	2004 年				2010 年			
	最大值	最小值	平均值	总人数	最大值	最小值	平均值	总人数
高危产妇	34.5	6.1	12.38	1348860	42.6	7.2	17.12	2434206
总体死亡	310.4	10.8	45.2	4922	174.6	3.6	19.2	2737
市级死亡	120.3	9.8	29.8	1367	69.4	4.9	15.8	959
县级死亡	321.6	7.2	56.3	3555	179.6	1.8	21.8	1778

注：死亡率为每 10 万人的死亡人数，2004 年暴露人口为 10897536 人，2010 年为 14221394 人。《中国卫生统计年鉴》现更名为《中国卫生和计划生育统计年鉴》，近年来的各地区孕产妇保健情况不再统计高危产妇比重。

从表 5.1 可以看出，2010 年各地区高危产妇占全部产妇的比重平均为 17.12%，高出 2004 年的 12.38% 近 5 个百分点，其中 2010 年最高的 4 个地区依次为浙江（42.6%）、天津（36.2%）、北京（35%）和江苏（33.8%）；最低的 4 个地区依次为西藏（7.2%）、海南（9.2%）、青海（9.8%）和贵州（10.6%）。说明高危产妇比重高的地区都集中在经济发达的省份，而高危产妇通常具有年龄大、工作强度高等特点，这些地区由于经济的快速发展，市场竞争更为激烈，年轻人为使自己更具有竞争力、为后代营造更好的物质条件，更多地选择晚婚晚育；而高危产妇比重低的地区则经济相对不发达，市场化程度低、工作生活压力较小。2010 年各省份高危产妇的比重明显高于 2004 年，表明这种状况在进一步加剧。从孕产妇死亡率的变化看，2010 年总的孕产妇死亡率由 2004 年平均每 10 万人的 45.2 人下降到 19.2 人，县级的孕产妇死亡率与市级相比下降幅度更大，差距明显缩小，表明中国"非典"后县市两级的医疗卫生条件有了极大的改善。

下面将各地区的高危产妇比重、总体的孕产妇死亡率、市级孕产妇死亡率、县级孕产妇死亡率按人均地区 GRP 从小到大排序，计算与收入相关的拓展集中度指数。其中各地区的全部年末人口数、GRP 取自相应年度的《中国统计年鉴》。不平等厌恶参数分别取 1.5、2、4、6 和 8，结果列于表 5.2。高危产妇比重表现为倾向（亲）富人的不平等，即经济发达地区的女性生育时发展为高危孕妇的可能性更大，这与统计描述的结果是一致的。孕产妇死亡率则体现为倾向穷人的不平等，无论在市级还是在县级，即经济欠发达地区的孕产妇死亡率要高于经济发达地区。从不平等厌恶参数对应的不平等指数来看，总体上不平等指数都随着研究者厌恶程度的提高，不平等指数上升；与"非典"结束的 2004 年相比较，2010 年的高危孕产妇不平等指数都有一定程度的上升，市级孕产妇死亡率都有一定程度的下降，县级的孕产妇死亡率则在不减小经济欠发达地区权重的情况下（$\nu \geq 2$），不平等程度都有一定程度的上升。

表 5.2　　2004 年和 2010 年中国孕产妇与地区收入相关的高危与死亡集中度指数

类型	2004 年					2010 年				
	$\nu=1.5$	$\nu=2$	$\nu=4$	$\nu=6$	$\nu=8$	$\nu=1.5$	$\nu=2$	$\nu=4$	$\nu=6$	$\nu=8$
高危产妇	0.0934	0.1263	0.1401	0.1405	0.1462	0.0899	0.1268	0.1644	0.1783	0.1875
总体死亡	-0.1365	-0.2242	-0.3912	-0.4768	-0.5465	-0.1188	-0.1977	-0.3778	-0.4906	-0.5775
市级死亡	-0.1263	-0.2142	-0.3977	-0.4778	-0.5279	-0.1187	-0.1970	-0.3520	-0.4292	-0.4901
县级死亡	-0.1091	-0.1722	-0.2883	-0.3614	-0.4249	-0.1051	-0.1758	-0.3512	-0.4616	-0.5369

利用式（5.9）同样可以通过一元线性方程模型，得到高危产妇比重、孕产妇死亡率与收入相关的拓展集中度指数，由线性回归方程得到各拓展集中度指数的标准差，最终给出它们的区间估计。表 5.3 给出各健康指标拓展集中度的标准差，根据不同的显著性水平由拓展集中度指数和标准差就能计算其区间估计的左右端点。

根据标准差的估算结果，对于给定的 5% 的显著性水平，可以得到各健康指标拓展集中度指数的区间估计。如 2010 年高危产妇与收入相关的集中度指数为 0.1268，标准差为 0.0395，于是相应的区间估计为 (0.0494, 0.2042)。从表 5.3 可以发现，各健康指标与收入相关的拓展集中度指数的标准差，随着不平等厌恶参数的增大而增大，即拓展集中度指数的区间估计的长度变长；此外，还有一些变化规律有待进一步探索。

表 5.3　　2004 年和 2010 年中国孕产妇与地区收入相关的高危与死亡集中度指数的标准差

类型	2004 年					2010 年				
	$\nu=1.5$	$\nu=2$	$\nu=4$	$\nu=6$	$\nu=8$	$\nu=1.5$	$\nu=2$	$\nu=4$	$\nu=6$	$\nu=8$
高危产妇	0.0256	0.0447	0.0957	0.1290	0.1552	0.0226	0.0395	0.0849	0.1152	0.1392

续表

类型	2004 年					2010 年				
	$v=1.5$	$v=2$	$v=4$	$v=6$	$v=8$	$v=1.5$	$v=2$	$v=4$	$v=6$	$v=8$
总体死亡	0.0329	0.0536	0.1118	0.1533	0.1859	0.0366	0.0595	0.1179	0.1578	0.1899
市级死亡	0.0200	0.0310	0.0662	0.0975	0.1237	0.0243	0.0393	0.0827	0.1152	0.1409
县级死亡	0.0344	0.0569	0.1162	0.1559	0.1867	0.0410	0.0667	0.1301	0.1732	0.2085

第四节 税收的拓展累进性指数

基于量能课税的原理，国内外经济学者对税收调节收入分配公平性的作用进行了研究。Kakwani（1977）在税收不改变纳税人相对收入地位的条件设定下，从税前税后基尼系数的增量中提取了一个因子，它等于按税前人均收入递增排序的税收集中度指数与税前收入基尼系数的差值，该因子被称测度税收累进性的 K 指数。与此同时，Suits（1977）按税前人均收入递增排序，以累计收入份额 L_i 为横坐标、累计税收份额 T_i 为纵坐标在平面上构造了类比洛伦兹曲线 (L_i, T_i) $(i=1, 2, \cdots, n)$，计算相应的不平等指数用于测度税收的累进性，后来被称为税收累进性的 S 指数。下面利用拓展集中度指数，将这两个税收累进性测度进行拓展研究，并给出一个新的税收累进性测度。

一 税收累进性的拓展 K 指数

Kakwani（1977）的税收累进性测度指数可以用收入份额法表示为：

$$K = C_T - G = \sum_{i=1}^{n} \frac{q_i T_i}{S_T}(F_i + F_{i-1} - 1) - \sum_{i=1}^{n} \frac{q_i y_i}{S_y}(F_i + F_{i-1} - 1)$$

(5.16)

式（5.16）中，y_i、T_i 分别表示第 i 组的人均税前收入和人均税收额，F_i 仍然表示对应于人均税前收入递增排序的累计人口份额（$i=1, 2, \cdots, n$）。利用拓展基尼系数和拓展集中度指数的定义，把式（5.16）进行拓展，可以得到税收累进性的拓展 K 指数。

定义 5.3 税收拓展集中度指数与税前收入拓展基尼系数之差，称为税收拓展 K 指数。即：

$$K(v) = C_T(v) - G(\nu) = \sum_{i=1}^{n} \frac{q_i T_i}{S_T} \omega_i(v) - \sum_{i=1}^{n} \frac{q_i y_i}{S_y} \omega_i(v) \tag{5.17}$$

式（5.17）中，$\omega_i(i=1, 2, \cdots, n)$ 由式（5.6）给出。

二　税收累进性的拓展 S 指数

利用收入份额法，Suits（1977）的税收累进性测度指数可以表示为：

$$S = \sum_{i=1}^{n} \frac{q_i T_i}{S_T}(L_i + L_{i-1} - 1) \tag{5.18}$$

式（5.18）中，L_i、T_i 分别表示对应于人均税前收入递增排序的，至第 i 组的累计收入份额和第 i 组的人均税收（$i=1, 2, \cdots, n$）。

定义 5.4　税收拓展 S 指数由下面的式子给出：

$$S(v) = \sum_{i=1}^{n} \frac{q_i T_i}{S_T} \omega_i(v), \quad \omega_i(v) = 1 + \frac{(1-L_i)^v - (1-L_{i-1})^v}{L_i - L_{i-1}}, \quad v > 1 \tag{5.19}$$

显然，收入份额法的不平等厌恶参数仅出现在组合系数中，因而处理起来十分方便。

三　新的税收累进性测度

根据组数据拓展基尼系数相对边际效应的定义，税前收入可以分解为税后收入、税收两部分，税收关于拓展基尼系数的边际效应 M 可以表示为：

$$M(v) = s(T) - \frac{S_T}{S_y}, \quad s(T) = \frac{1}{G(\nu)} \sum_{i=1}^{n} \frac{q_i T_i}{S_T} \omega_i(v) \tag{5.20}$$

式（5.20）中，y 表示税前收入，S_T/S_y 为平均税率，$s(T)$ 表示税收对税前收入基尼系数的贡献率。$\omega_i(i=1, 2, \cdots, n)$ 则由式（5.6）给出。容易证明税收边际效应与 K 指数满足以下关系：

$$K(v) = \frac{S_y}{S_T}\left[s(T) - \frac{S_T}{S_y}\right]G_y = \frac{S_y}{S_T} M(v) G_y$$

说明税收相对边际效应 M 与拓展累进性 K 指数的符号一致。因此税收边际效应 M 可以用于测度税收的累进性，这里就称为 M 指数，M 指数大于 0 等价于"税收是累进的"。

定义 5.5　税收关于税前收入拓展基尼系数的贡献率与税收收入份额之差，称为税收累进性的拓展 M 指数。

税收累进性的拓展 M 指数，其计算方法就由式（5.20）给出。让不平等厌恶参数等于 2，就可以得到普通 M 指数的定义。

定义 5.6 税收累进性的 M 指数由下面的式子给出：

$$M = s(T) - \frac{S_T}{S_y}, \quad s(T) = \frac{1}{G}\sum_{i=1}^{n}\frac{q_i T_i}{S_y}(F_i + F_{i-1} - 1) \tag{5.21}$$

它赋予了税收累进性新的经济含义，即税收关于税前收入基尼系数的贡献率大于平均税率。由于各税种的税前收入基尼系数贡献率是可加的，各税种的平均税率也是可加的，因此各税种的 M 指数具有可加性。作为测度税收累进性的新方法，在合并税种时 M 指数的可加性要比 K 指数、S 指数关于各税种收入份额的加权平均更为便捷。

四 中国 2010 年和 2021 年地区收入各税项的累进性

（一）2010 年的税收累进性

下面考察各种税收的拓展累进性测度关于截面数据的适用性。这里使用了 2010 年中国 31 个省份的地区生产总值（GRP）、财政收入中各税种分项收入数据、年末人口数的数据，这些数据都直接取自《中国统计年鉴（2011）》。表 5.4 给出了地区收入（以 GRP 为代理变量）地方税收各税种的累进性测度，它们分别由拓展 S 指数、拓展 K 指数、新税收累进性拓展 M 指数的定义，以及基尼系数增量（税前减税后）的计算公式得到。

不平等厌恶参数分别取值 1.5、2 和 3，根据表 5.4 的计算结果可以发现，拓展 K 指数不是随着参数取值增大而增大，如总税收的拓展 K 指数呈倒"U"形的变化，由于拓展 K 指数等于税收拓展集中度指数与税前收入拓展基尼系数之差，两个部分都受到了参数取值的影响，因而出现了增减变化同时存在的情形；拓展 S 指数或呈现增大变化趋势，或者相反，它类比洛伦兹曲线，仅横坐标受不平等厌恶参数取值的影响，或表现为随参数取值的增大而增大，即增大了税收的累进性质（如营业税），或随参数取值的增大而减小，即增大了税收的累退性质（如资源税）。需要特别指出的是，其中城市维护建设税的标准累进性测度（$\nu=2$），K 指数是累退的，S 指数是累进的，出现两种相反的结论。由于基尼系数增量小于 0，可以认为 S 指数不及 K 指数稳健。

表 5.4　　中国 2010 年关于地区收入（GRP）地方税收各税种的拓展累进性测度

税种	基尼系数增量	$v=1.5$ M 指数	$v=1.5$ K 指数	$v=1.5$ S 指数	$v=2$ M 指数	$v=2$ K 指数	$v=2$ S 指数	$v=3$ M 指数	$v=3$ K 指数	$v=3$ S 指数
总税收	0.0083	0.0450	0.0874	0.0915	0.0343	0.1040	0.1273	0.0228	0.0958	0.1475
增值税	0.0010	0.0055	0.0670	0.0682	0.0045	0.0852	0.0996	0.0033	0.0880	0.1256
营业税	0.0023	0.0142	0.0823	0.0890	0.0100	0.0904	0.1172	0.0057	0.0705	0.1220
企得税	0.0025	0.0135	0.1701	0.1745	0.0108	0.2111	0.2482	0.0080	0.2176	0.3050
个得税	0.0010	0.0055	0.1802	0.1873	0.0043	0.2179	0.2612	0.0030	0.2151	0.3115
资源税	−0.0002	−0.0011	−0.1674	−0.1628	−0.0010	−0.2281	−0.2533	−0.0008	−0.2576	−0.3408
城建税	−0.00005	0.0001	0.0047	0.0118	−0.0002	−0.0122	0.0035	−0.0006	−0.0511	−0.0301
房产税	0.0003	0.0018	0.1247	0.1239	0.0015	0.1646	0.1875	0.0012	0.1785	0.2454
印花税	0.0002	0.0009	0.1170	0.1180	0.0008	0.1506	0.1728	0.0006	0.1624	0.2221
地用税	0.0001	0.0003	0.0188	0.0092	0.0005	0.0499	0.0376	0.0007	0.0890	0.0942
地增税	0.0005	0.0025	0.1240	0.1225	0.0021	0.1661	0.1884	0.0017	0.1804	0.2492
车船税	0.00001	0.00006	0.0160	0.0157	0.00005	0.0215	0.0235	0.00004	0.0243	0.0332
耕地税	−0.0003	−0.0013	−0.0952	−0.0898	−0.0012	−0.1377	−0.1428	−0.0012	−0.1838	−0.2102
契税	0.0007	0.0036	0.0922	0.0937	0.0029	0.1159	0.1377	0.0020	0.1130	0.1679
其他	−0.0001	−0.0006	−0.4486	−0.3746	−0.0006	−0.7818	−0.7032	−0.0008	−1.2942	−1.2730

注：这里国内增值税简称增值税，"企得税""个得税"即企业所得税、个人所得税；"城建税""地用税""地增税""耕地税"即城市维护建设税、城镇土地使用税、土地增值税和耕地占用税；"其他"表示除以上之外的其他税收（含烟叶税）。

（二）2021 年的税收累进性

利用《中国统计年鉴（2022）》的数据，我们计算了 2021 年分地区一般公共预算收入各税种的拓展累进性指数，列于表 5.5。与 2010 年有所不同，2021 年没有了营业税（全改为增值税），同时增加了环境保护税（以下简称环保税）。

无论是 2010 年还是 2021 年，中国税收都较好地改善地区间的收入不平等。可以算出地区收入基尼系数 2010 年等于 0.2267，2021 年等于 0.1939，地区收入基尼系数下降明显。税项中 2010 年的资源税、城市维护建设税和耕地占用税 3 个税种是累退的，2021 年城市维护建设税转为具有累进性，但土地使用税、车船税、契税转为累退的。加上资源税、耕地占用税，2021 年有 5 个累退税种，说明一些较小的税种累进性并不稳定。除 2010 年的城市维护建设税外，两个年度各税种的拓展累进性并不受不平等厌恶参数变化的影响。

拓展集中度指数对于研究者来说，通常希望加大低收入者权重以增大不平等。因此，对于税收拓展累进性测度，预期相对稳定的大税种随着不平等厌恶参数的增大而税收累进性减弱。本章提出的新的测度税收累进性 M 指数，其计算结果很好地满足了随着参数取值的增大税收累进性减弱的性质（2010 年度、2021 年度的总税收、增值税、企业所得税、个人所得税，还有 2010 年度的营业税都呈现出这样的特点）。拓展累进性 M 指数等于税收关于税前收入拓展基尼系数的贡献率减去税收收入份额，仅贡献率随着参数取值变化，因而呈现一定规律性。由于 M 指数具有可加性，各税种的税收累进性可以通过叠加得到总税收的累进性指数，因而作为税收的普通累进性测度（$\nu=2$），我们会更倾向于采用税收边际效应的 M 指数，M 指数不仅具有可加性的便利，而且 2010 年的分析表明它比 K 指数、S 指数更为稳健。不足之处是通常情况下，M 指数的绝对值相对较小，可以认为是该测度满足可加性的代价。

表 5.5　中国 2021 年关于地区收入（GRP）地方税收各税种的拓展累进性测度

税种	基尼系数增量	$\nu=1.5$ M 指数	$\nu=1.5$ K 指数	$\nu=1.5$ S 指数	$\nu=2$ M 指数	$\nu=2$ K 指数	$\nu=2$ S 指数	$\nu=3$ M 指数	$\nu=3$ K 指数	$\nu=3$ S 指数
总税收	0.0079	0.0439	0.0758	0.0741	0.0382	0.1007	0.1093	0.0328	0.1170	0.1436
增值税	0.0028	0.0159	0.0725	0.0705	0.0140	0.0970	0.1052	0.0119	0.1120	0.1384
企得税	0.0026	0.0157	0.1469	0.1443	0.0134	0.1921	0.2107	0.0112	0.2177	0.2714
个得税	0.0015	0.0091	0.2347	0.2317	0.0077	0.3047	0.3352	0.0064	0.3434	0.4292
资源税	-0.0006	-0.0032	-0.2102	-0.2000	-0.0029	-0.2851	-0.3157	-0.0021	-0.2843	-0.3998
城建税	0.0002	0.0015	0.0424	0.0414	0.0013	0.0561	0.0614	0.0010	0.0626	0.0797
房产税	0.0004	0.0026	0.1139	0.1148	0.0021	0.1415	0.1595	0.0017	0.1518	0.1949
印花税	0.0001	0.0007	0.0598	0.0609	0.0005	0.0726	0.0834	0.0004	0.0737	0.0982
地用税	-0.0003	-0.0018	-0.1255	-0.1182	-0.0017	-0.1776	-0.1879	-0.0015	-0.2101	-0.2593
地增税	0.0008	0.0038	0.0803	0.0709	0.0040	0.1272	0.1257	0.0039	0.1695	0.1968
车船税	-0.0001	-0.0006	-0.0875	-0.0784	-0.0006	-0.1362	-0.1349	-0.0006	-0.1880	-0.2092
耕地税	-0.0003	-0.0014	-0.1881	-0.1734	-0.0013	-0.2782	-0.2850	-0.0013	-0.3550	-0.4180
环保税	0.0004	0.0022	0.0422	0.0379	0.0022	0.0654	0.0653	0.0022	0.0883	0.1000

续表

税种	基尼系数增量	$v=1.5$ M指数	$v=1.5$ K指数	$v=1.5$ S指数	$v=2$ M指数	$v=2$ K指数	$v=2$ S指数	$v=3$ M指数	$v=3$ K指数	$v=3$ S指数
契税	−0.00002	−0.0001	−0.0424	−0.0297	−0.0001	−0.0909	−0.0744	−0.0001	−0.1604	−0.1589
其他	−0.0001	−0.0003	−0.3231	−0.2853	−0.0003	−0.5202	−0.5018	−0.0003	−0.7471	−0.8208

注：这里国内增值税简称增值税，"企得税""个得税"即为企业所得税、个人所得税；"城建税""地用税""地增税""耕地税"即为城市维护建设税、城镇土地使用税、土地增值税和耕地占用税；"其他"表示除以上之外的其他税收（含烟叶税）。

第五节 本章小结

本章在连续收入分布拓展基尼系数的基础上，对组数据拓展基尼系数的算法进行更为深入的研究，提出了计算拓展基尼系数的三种新算法：协方差法、回归系数法和反序描述法。同时对拓展基尼系数的公理化性质进行探索，发现它满足单调性公理、转移性公理和单调敏感性公理，且当 $v \geq 2$ 时拓展基尼系数还满足转移敏感性公理。

将不平等厌恶参数进一步引入到拓展集中度指数，纠正了原有个体数据拓展集中度指数计算公式中的错误，给出了组数据健康不平等指数和健康绩效评价的计算公式；将组数据集中度指数应用于中国 2004—2010 年孕产妇保健情况的健康不平等研究，发现高危产妇具有倾向于富人的不平等，即经济发达地区的孕产妇更容易成为高危孕产妇。但孕产妇死亡具有倾向于穷人的不平等，即经济欠发达地区孕产妇具有更高的死亡率。市级和县级的地区间孕产妇死亡率表现为倾向于穷人的不平等，县级的孕产妇死亡率远高于市级，说明经济较发达地区拥有更多的医疗资源，市级又比县级拥有更多的医疗资源。2010 年与 2004 年的对比分析表明，高危孕产妇比重的地区不平等有进一步加大的趋势，说明经济发达地区的女性工作压力出现增大趋势；但孕产妇死亡率的地区间不平等，无论在市级还是在县级都趋于改善，说明地区间医疗资源的差距出现缩小趋势。

将不平等厌恶参数引入到税收累进性测度，定义了拓展 K 指数和拓展 S 指数，同时利用税收关于收入的相对边际效应给出了一种新的税收累进性拓展 M 指数，它与拓展 K 指数具有完全相同的符号且具有可加性。对 2010 年地区财政收入中的各种税收进行累进性分析，发现总税收关于地区收入在地区间是累进的，主要税种增值税、营业税、企业所得税和个人所得税都是累进的。实证中通过对普通税收累进性（$\nu=2$）的分析和比较，发现 K 指数比 S 指数更为稳健。对 2021 年地区一般公共预算收入的各税项进行拓展累进性分析，同样发现上述主要税种者是累进的，而且累进关于不平等厌恶参数的变化具有稳定性。其中拓展 M 指数作为一种新的税收累进性测度，因其具有的可加性、稳健性等特点，将更受研究者关注，它为税收累进性提供了一种新的经济含义：税收关于税前收入基尼系数的贡献率大于平均税率。

第六章 Dagum 组群分解定理的改进：性质和应用

本章导读

研究目的：改进 Dagum 组群分解定理仅适用于个体数据不平等结构分析的状况，提出适用于考虑人口规模的组数据组群分解定理。

研究方法：利用组数据基尼平均差定义。

研究发现：组数据基尼系数具有组群完全分解特征，城乡组间基尼系数有多种计算方式，相对经济富余与城乡组间基尼系数成反比，总体基尼系数净经济富余贡献可以简化计算，超变密度贡献具有分布函数表达式。

研究创新：给出适用于组数据的基尼系数组群分解定理。

研究价值：促进社会经济等领域广泛应用的不平等结构分析更有效、更合理。

关键词：组数据；组间基尼系数；组群分解；相对经济富余

Dagum（1997）给出了基尼系数的组群分解公式，为多年来困扰学术界的基尼系数是否可以完全分解的问题画上了一个相当满意的句号。近年来有不少学者应用 Dagum 组群分解定理对地区间资源配置的均衡性进行结构分析，取得了相当丰富的成果（方泽润等，2022；张晨，2022；徐国祥、张静昕，2022；陈明华等，2023）。目前，这种应用研究还有燎原之势。

在 Dagum 组群分解定理的应用过程中，人们都有意或无意忽略了一个事实：该分解式仅适用于个体观测值数据。就连 Dagum（1997）在应用举例中也忽略了这一点，使用了 1990 年美国的家庭收入调查数据。家庭收入与所有的家庭成员有关，双亲家庭通常比单亲家庭拥有更多的家庭成员，人口规模影响家庭的人均可支配收入。考虑人口规模家庭调查数据就是一个组数据，特别是从事农村劳作的家庭总体收入很难分割。统计年鉴中通常给出的地区汇总或人均数据，都与人口规模相联系。在收入基尼系数的计算中，学者认识到组数据与个体观测值数据在许多情况下必须采用不同的计算公式（Lerman and Yitzhaki，1989；Kakwani et al.，1997；Chotikapanich and Griffiths，2001；戴平生，2013）。因而，导出适合组数据的对应于 Dagum 基尼系数组群分解定理的计算公式十分重要。正因为没有对应的组数据组群分解公式，国外学者在实证中很少应用 Dagum 组群分解定理。

下面以 2013 年互联网主要指标发展情况中各地区的互联网宽带接入用户分布的不平衡测度作为例子，数据取自 2014 年的《中国统计年鉴》。表 6.1 的左侧是直接应用 Dagum 组群分解的结果，右侧是应用本书介绍的组数据方法计算的结果，显然两种结果存在着较大的差异。在组群分解过程中对两种方法的选择，必然对许多实证研究的结果产生影响。

表 6.1　互联网宽带接入基尼系数及四大区域组群分解（2013 年）

区域		个体观测值法				组数据法			
		东部	中部	西部	东北	东部	中部	西部	东北
东部		0.3606	0.3478	0.5559	0.4080	0.1013	0.2425	0.2546	0.1393
中部			0.1662	0.3802	0.1936		0.0916	0.1084	0.1437
西部				0.3830	0.3228			0.1140	0.1527
东北					0.1478				0.0753
份额	人口	10/31	6/31	12/31	3/31	0.3824	0.2663	0.2703	0.0810
	宽带	0.4965	0.2114	0.2092	0.0829	0.4965	0.2114	0.2092	0.0829
总体		0.3992=0.0967+0.3025				0.1714=0.0313+0.1401			

注：最后一行总体基尼系数的组群分解分别采用 Dagum（1997）方法和组数据方法。

第一节　Dagum 基尼系数组群分解

在 Dagum（1997）给出组群分解定理之前，有许多学者对不平等测度特别是基尼系数的可分解性展开了研究。Theil 指数的完全分解，无疑让研究者对基尼系数的分解充满了期待。

设有容量为 n 的总体被分为 k 个子群，用下标集表示为 $N_1+N_2+\cdots+$

$N_k = N$。其中 $N = \{1, 2, \cdots, n\}$，$n_1 + n_2 + \cdots + n_k = n$，$N_j \subset N$，$j = 1, 2, \cdots, k$。收入假定为 $y_1, y_2, \cdots, y_n$，那么总体的收入不平等 Theil 指数（记为 T）定义为 $T = \sum_{i=1}^{n} \frac{y_i}{n\bar{y}} \log\left(\frac{y_i}{\bar{y}}\right)$，$\bar{y} = \frac{1}{n} \sum_{i=1}^{n} y_i$。$T$ 指数可以解释为 n 个收入单元各自收入份额的线性组合，组合系数就是收入与所在总体平均收入比的自然对数值。T 指数的可分解性可以表示为：

$$T = \sum_{r=1}^{k} \frac{n_r \bar{y}_r}{n\bar{y}} \left(\sum_{j \in N_r} \frac{y_j}{n_r \bar{y}_r} \log \frac{y_j}{\bar{y}_r} \right) + \sum_{r=1}^{k} \frac{n_r \bar{y}_r}{n\bar{y}} \log \frac{\bar{y}_r}{\bar{y}}, \quad \bar{y}_r = \frac{1}{n_r} \sum_{j \in N_r} y_j \quad (6.1)$$

式（6.1）中，等式右边的第一部分是 k 个子群的组内 T 指数的收入份额加权，第二部分为 k 个子群平均收入的组间 T 指数。无论组内 T 指数还是组间 T 指数都是收入份额的线性组合，组合系数都是收入与所在群体平均收入比的自然对数值。第一部分称为组内不平等，第二部分称为组间不平等。由于 T 指数的完全分解性，使 T 指数成为不平等指数进行结构分解的最佳选择。

Dagum（1978，1980）在此之前一直致力于不同收入分布的差异性测度研究，给出两个不同收入分布的基尼平均差定义，将组内基尼系数拓展为组间基尼系数（Dagum，1987）：

$$G(X, Y) = \frac{E|X - Y|}{E(X) + E(Y)} \quad (6.2)$$

式（6.2）中，X 和 Y 是两个不同的收入分布变量，分子是两者的基尼平均差。当两个分布完全相同时，式（6.2）的组间基尼系数就变回了组内基尼系数。他将组间基尼系数定义为（Dagum，1997）：

$$G_{jh} = \frac{1}{n_j n_h (\bar{y}_j + \bar{y}_h)} \sum_{r \in N_j} \sum_{i \in N_h} |y_r - y_h| \quad (6.3)$$

设 X、Y 的分布函数分别为 $F_1(x)$ 和 $F_2(y)$，密度函数为 $f_1(x)$ 和 $f_2(y)$。假定 $E(Y) > E(X)$，将 Y 称为优势变量，X 称为劣势变量。Dagum（1987）定义了优势变量的总经济富余（gross economic affluence）和劣势变量的平等化经济富余（equal average economic affluence）：

$$d_1 = \int_0^\infty dF_2(y) \int_0^y (y - x) dF_1(x) \quad (6.4)$$

$$p_1 = \int_0^\infty dF_1(x) \int_0^x (x - y) dF_1(y) \quad (6.5)$$

改变式（6.4）、式（6.5）二次积分的顺序或分部积分，可以得到：

$$d_1 = E[YF_1(Y)] + E[XF_2(X)] - E(X) \quad (6.6)$$

第六章 Dagum 组群分解定理的改进：性质和应用

$$p_1 = E[YF_1(Y)] + E[XF_2(X)] - E(Y) \tag{6.7}$$

记 $\Delta_1 = E|X-Y|$，容易证明 $\Delta_1 = d_1 + p_1$，于是：

$\Delta_1 \geqslant d_1 = p_1 + E(Y) - E(X) > p_1 \geqslant 0$

Dagum（1987，1997）还定义了净经济富余（Net Economic Affluence）$d_1 - p_1$ 和相对经济富余（Relative Economic Affluence，REA）D：

$$D = \frac{d_1 - p_1}{\Delta_1} \tag{6.8}$$

式（6.8）右边的分母在文献中由 1987 年的 d_1 改为了 1997 年的基尼平均差 Δ_1，此时有 $0 \leqslant D \leqslant 1$ 且 $1 - D = 2p_1/\Delta_1$，余值凸显了平等化经济富余。

Dagum（1997）给出的基尼系数完全分解式为：

$$G = \sum_{j=1}^{k} s_j p_j G_{jj} + \sum_{j=2}^{k} \sum_{h=1}^{j-1} (s_j p_h + s_h p_j) G_{jh}, \quad s_j = \frac{n_j \bar{y}_j}{n \bar{y}}, \quad p_h = \frac{n_h}{n} \tag{6.9}$$

即把基尼系数分解为两大部分：组内不平等为 k 个子群组内基尼系数的线性组合，组合系数等于收入份额与人口份额的乘积；组间不平等为 k 个子群各组间基尼系数的线性组合，组合系数为相应两个子群的收入份额与人口份额的交叉乘积之和。

容易验证式（6.9）两大部分所有组合系数之和等于 1。Dagum（1997）将组间不平等进一步分解为两部分：凸显净经济富余的组间基尼系数（the extended Gini inequality between subpopulations）的净贡献、凸显平等化经济富余的组间收入超变密度（the income intensity between subpopulations）的贡献，基尼系数的最终分解式可以表示为：

$$G = \sum_{j=1}^{k} s_j p_j G_{jj} + \sum_{j=2}^{k} \sum_{h=1}^{j-1} (s_j p_h + s_h p_j) G_{jh} D_{jh} + \sum_{j=2}^{k} \sum_{h=1}^{j-1} (s_j p_h + s_h p_j) G_{jh} (1 - D_{jh}) \tag{6.10}$$

Dagum（1997）这篇文献的最大贡献是解决了基尼系数是否具有可分解性的问题。式（6.9）提供了基尼系数的完全分解式。式（6.10）将组间不平等的贡献进一步分解，提供了一种经济解释。对于 Dagum 组群分解定理，其中起关键核心作用的是组间基尼系数的定义，它将两个相同分布的组内基尼系数拓展为两个不同分布的组间基尼系数。Dagum 称该定义为拓展的基尼系数（the extended Gini ratio，1987），也称为拓展的组间基尼不平等（the extended Gini inequality between subpopulations，1997）。

对比 Theil 指数的组群分解公式，组间不平等部分 Theil 指数仅仅使用了各子群的平均收入信息，显然不及 Dagum 组间基尼系数的信息充分。

但两者都没有考虑收入单元的人口规模问题，应用于普遍存在的区域数据、家庭调查数据的不平等结构分析都显得有所欠缺。

第二节 Dagum 组群分解的组数据方法

一 组数据基尼系数的组群分解

考虑各收入单元的人口规模，记总人口数 $q=q_1+q_2+\cdots+q_n$，这里假设各收入单元相应的人口数为 q_1，q_2，$\cdots$，q_n。各单元人口份额可以分别表示为 $p_1=q_1/q$，$p_2=q_2/q$，$\cdots$，$p_n=q_n/q$，为了区别收入单元的人口数，记 k 组的人口数分别为 q^1，q^2，$\cdots$，q^k，各组总收入为 S^1，S^2，$\cdots$，S^k，于是各组的人口份额分别为 q^1/q，q^2/q，$\cdots$，q^k/q，各组收入份额分别为 S^1/S，S^2/S，$\cdots$，S^k/S，其中 $S=y_1+\cdots+y_n$。考虑人口规模后，在计算基尼平均差过程中使用人均收入要更为方便，记各单元人均收入为 $x_1=y_1/q_1$，$x_2=y_2/q_2$，$\cdots$，$x_n=y_n/q_n$。接下来在 Dagum 组群分解基础上，我们导出基尼系数组群分解的组数据方法。

定义 6.1 组数据基尼平均差为：

$$\Delta = \sum_{i=1}^{n} \sum_{j=1}^{n} |x_i - x_j| \frac{q_i}{q} \frac{q_j}{q} \tag{6.11}$$

定义 6.2 第 j 组与第 h 组的组间基尼系数为：

$$G_{jh} = \frac{1}{\bar{y}_j + \bar{y}_h} \sum_{i \in N_j} \sum_{r \in N_h} |x_i - x_r| \frac{q_i}{q^j} \frac{q_r}{q^h} \tag{6.12}$$

显然，当两组数据完全相同时，组间基尼系数变回组内基尼系数。因此组内基尼系数与组间基尼系数可以相互转化，具有一致性和可比性。

定理 6.1 在组数据条件下，基尼系数具有可分解性。完全分解式为：

$$G = \sum_{j=1}^{k} s^j p^j G_{jj} + \sum_{j=2}^{k} \sum_{h=1}^{j-1} (s^j p^h + s^h p^j) G_{jh}, \quad s^j = \frac{S^j}{S}, \quad p^h = \frac{q^h}{q} \tag{6.13}$$

证明 从基尼平均差入手，将和式按组分类。

$$2\bar{y}G = \Delta = \sum_{i=1}^{n} \sum_{r=1}^{n} |x_i - x_r| \frac{q_i}{q} \frac{q_r}{q} = \sum_{j=1}^{k} \sum_{h=1}^{k} \sum_{i \in N_j} \sum_{r \in N_h} |x_i - x_r| \frac{q_i}{q} \frac{q_r}{q}$$

$$= \sum_{j=1}^{k} \sum_{h=1}^{k} \left(\sum_{i \in N_j} \sum_{r \in N_h} |x_i - x_r| \frac{q_i}{q^j} \frac{q_r}{q^h} \right) \frac{q^j}{q} \frac{q^h}{q}$$

第六章 Dagum 组群分解定理的改进：性质和应用

$$= \sum_{j=1}^{k}\sum_{h=1}^{k}\Delta_{jh}\frac{q^j}{q}\frac{q^h}{q} = \sum_{j=1}^{k}\sum_{h=1}^{k}\left[(\bar{y}_j+\bar{y}_h)G_{jh}\right]\frac{q^j}{q}\frac{q^h}{q}$$

于是，我们有：

$$G = \frac{1}{2\bar{y}}\sum_{j=1}^{k}\sum_{h=1}^{k}\left[(\bar{y}_j+\bar{y}_h)G_{jh}\right]\frac{q^j}{q}\frac{q^h}{q} = \frac{1}{2}\sum_{j=1}^{k}\sum_{h=1}^{k}(s^j p^h + s^h p^j)G_{jh}$$

$$\Rightarrow G = \sum_{j=1}^{k} s^j p^j G_{jj} + \sum_{j=2}^{k}\sum_{h=1}^{j-1}(s^j p^h + s^h p^j)G_{jh}$$

定理得证。

式（6.13）与 Dagum 组群分解式（6.9）相对应，当收入单元的人口数等于 1 时（收入份额和人口份额符号可将上标改下标），两者的计算公式一致。说明 Dagum 组群分解定理只是定理 6.1 的特例，定理 6.1 改进了前者的适用性。通过对优势组总经济富余、劣势组平等化经济富余的组数据改造：

$$\Delta_{jh} = \sum_{i\in N_j}\sum_{r\in N_h}|x_i-x_r|\frac{q_i}{q}\frac{q_r}{q}, \quad \bar{y}_j > \bar{y}_h$$

$$\Delta_{jh} = \sum_{i\in N_j}\sum_{r\in N_h}(x_i-x_r)I_{\{x_i>x_r\}}\frac{q_i}{q}\frac{q_r}{q} + \sum_{i\in N_j}\sum_{r\in N_h}(x_r-x_i)I_{\{x_r>x_i\}}\frac{q_i}{q}\frac{q_r}{q}$$

式中，$I_{\{\cdot\}}$ 为示性函数，当 $h>0$ 时，$I_{\{h\}}=1$；当 $h\leq 0$ 时，$I_{\{h\}}=0$。

$$d_{jh} = \sum_{i\in N_j}\sum_{r\in N_h}(x_i-x_r)I_{\{x_i>x_r\}}\frac{q_i}{q}\frac{q_r}{q}$$

$$p_{jh} = \sum_{i\in N_j}\sum_{r\in N_h}(x_r-x_i)I_{\{x_r>x_i\}}\frac{q_i}{q}\frac{q_r}{q} \tag{6.14}$$

可以将两者的差 $d_{jh}-p_{jh}$ 进一步定义为净经济富余，同样可以计算相对经济富余：

$$D_{jh} = \frac{d_{jh}-p_{jh}}{\Delta_{jh}}, \quad 0\leq D_{jh}\leq 1$$

这样可以将式（6.13）右边第二部分的组间不平等进一步分解，得到：

$$G = \sum_{j=1}^{k} s^j p^j G_{jj} + \sum_{j=2}^{k}\sum_{h=1}^{j-1}(s^j p^h + s^h p^j)G_{jh}D_{jh} + \sum_{j=2}^{k}\sum_{h=1}^{j-1}(s^j p^h + s^h p^j)G_{jh}(1-D_{jh}) \tag{6.15}$$

式（6.15）是对应于式（6.10）的适用于组数据的 Dagum 组群分解公式，基尼系数分解为 3 个部分：第一部分为组内基尼系数的线性组合，称为基尼系数的组内不平等贡献；第二部分净经济富余的组间基尼系数净贡献,第三部分平等化经济富余的组间收入超变密度贡献,将第二部分、第三部分统称为基尼系数的组间不平等贡献。个体数据是组数据的特例,对于个体数据只需将收入份额和人口份额符号的上标改为下标即可。

二 城乡收入基尼系数

设容量为 n 的总体,由 n_1 个城镇收入单元和 n_2 个农村收入单元构成,对应下标集分别为 N_1 和 N_2,$N_1+N_2=N=\{1, 2, \cdots, n\}$。利用定义 6.2 的组间基尼系数计算公式,我们可以计算城镇、农村组间基尼系数(样本法计算公式):

$$G_{12} = \frac{1}{\bar{y}_1+\bar{y}_2} \sum_{i\in N_1}\sum_{r\in N_2} |x_i-x_r| \frac{q_i}{q^1} \frac{q_r}{q^2} \tag{6.16}$$

式(6.16)中,q^1、q^2 分别表示城镇和农村人口数,q_i 表示第 i 个收入单元的人口数。

定理 6.2 若总体数据由城镇、农村两部分构成,则城镇、农村组间基尼系数(简称为城乡基尼系数)有分解法计算公式:

$$G_{12} = \frac{G-s^1p^1G_{11}-s^2p^2G_{22}}{s^1p^2+s^2p^1} \tag{6.17}$$

式(6.17)中,G、G_{11}、G_{22}、G_{12} 分别表示总体、城镇、农村和城乡收入基尼系数,s^1、s^2、p^1、p^2 分别表示城镇、农村的收入份额和人口份额。

证明 将总体数据分为城镇、农村两个组,利用基尼系数的组数据组群分解式(6.13)有:

$$G = s^1p^1G_{11}+s^2p^2G_{22}+(s^1p^2+s^2p^1)G_{12}$$

从等式可以直接导出城乡基尼系数公式,于是定理 6.2 得证。

定理 6.3 若城镇、农村收入分布函数分别为 $F_1(x)$ 和 $F_2(x)$,则城乡基尼系数有函数法计算公式:

$$G_{12} = \frac{1}{\bar{y}_1+\bar{y}_2} \int_0^\infty [F_1(1-F_2)+F_2(1-F_1)]dx \tag{6.18}$$

证明 总体收入分布函数 $F(x)=[q^1F_1(x)+q^2F_2(x)]/q$,由基尼系数积分表达式:

$$G = \frac{1}{\bar{y}} \int_0^\infty F(x)[1-F(x)]dx = \frac{1}{\bar{y}} \int_0^\infty \frac{q^1F_1+q^2F_2}{q}\left(1-\frac{q^1F_1+q^2F_2}{q}\right)dx$$

$$= \frac{1}{\bar{y}} \int_0^\infty (p^1F_1+p^2F_2)[p^1(1-F_1)+p^2(1-F_2)]dx$$

$$= \frac{1}{\bar{y}} \int_0^\infty [p^1p^1F_1(1-F_1) + p^2p^2F_2(1-F_2) + p^1p^2F_2(1-F_1) + p^1p^2F_1(1-F_2)]dx$$

$$= s^1p^1G_{11} + s^2p^2G_{22} + \frac{\bar{y}_1+\bar{y}_2}{\bar{y}_1+\bar{y}_2}\frac{p^1p^2}{\bar{y}}\int_0^\infty [F_2(1-F_1)+F_1(1-F_2)]dx$$

$$\Rightarrow G = s^1p^1G_{11} + s^2p^2G_{22} + \frac{s^1p^2+s^2p^1}{\bar{y}_1+\bar{y}_2}\int_0^\infty [F_2(1-F_1)+F_1(1-F_2)]dx$$

将最后导出的关系与式 (6.17) 对比, 可以得到式 (6.18), 于是定理 6.3 得证。

三 基尼系数的城乡分解

通常城镇居民的人均收入高于农村居民的人均收入，下面讨论城镇居民的总经济富余、相对经济富余和农村居民的平等化经济富余。

设城镇、农村居民的收入变量分别为 Y 和 X，$E(Y) > E(X)$。城乡收入基尼平均差使用组数据可以表示为：

$$\Delta_1 = \sum_{i \in N_1}\sum_{r \in N_2} |y_i - x_r|\frac{q_i}{q^1}\frac{q_r}{q^2} = d_1 + p_1$$

$$d_1 = \sum_{i \in N_1}\sum_{r \in N_2} (y_i - x_r)I_{\{y_i > x_r\}}\frac{q_i}{q^1}\frac{q_r}{q^2}$$

$$p_1 = \sum_{i \in N_1}\sum_{r \in N_2} (x_r - y_i)I_{\{x_r > y_i\}}\frac{q_i}{q^1}\frac{q_r}{q^2}$$

如果总体中城镇居民收入单元的人均收入 $\{x_i, i \in N_1\}$ 全部高于农村居民收入单元的人均收入 $\{y_r, r \in N_2\}$，那么城镇居民的总经济富余 d_1 就与城乡收入基尼平均差 Δ_1 相等。因此 d_1 的取值上限就是 Δ_1，同时满足 $d_1 > p_1$。对于农村居民的平等化经济富余就有 $d_1 > p_1 \geq 0$。

因为利用 X 和 Y 的分布函数可以证明在 $E(Y) > E(X)$ 的条件, 我们有：

$$d_1 = E[YF_1(Y)] + E[XF_2(X)] - E(X)$$

$$p_1 = E[YF_1(Y)] + E[XF_2(X)] - E(Y)$$

定理 6.4 相对经济富余是城乡基尼系数的单调减函数。

证明 由相对经济富余的定义, 我们有：

$$D_{12} = \frac{d_1 - p_1}{\Delta_1} = \frac{E(Y) - E(X)}{[E(X) + E(Y)]G_{12}} \qquad (6.19)$$

因此，相对经济富余 D_{12} 是城乡基尼系数 G_{12} 的单调减函数，故定理 6.4 得证。

由定理 6.4 的式（6.19）可以得到相对经济富余的简便计算公式。

在经济学领域的实证研究中，不少学者将城镇、农村的人均收入之差作为城乡收入差距的代理变量，而两者的人均收入之差恰好就是城镇居民的净经济富余。基尼平均差作为城镇、农村收入分布的差异测度，也同样提供了城乡收入差距的信息，因而相对经济富余实际上是两种城乡收入差距测度的比率。由于一个差值可以对应着许多的城镇、农村收入分布，以两个变量的均值之差作为城乡收入差距的测度显然只是权宜之计。因此，将城镇、农村组间基尼系数即城乡基尼系数作为反映城乡收入差距的测度，这种选择显然更为合理。城乡基尼系数是一个相对数，它与总体、城镇、农村的内部基尼系数具有可比性，在基尼系数的结构分析中扮演着十分重要的角色。

总体基尼系数的城乡分解可以表示为：

$$G = s^1 p^1 G_{11} + s^2 p^2 G_{22} + (s^1 p^2 + s^2 p^1) G_{12} D_{12} + (s^1 p^2 + s^2 p^1) G_{12} (1 - D_{12}) \quad (6.20)$$

式（6.20）右边有 4 项：第一项、第二项构成组内不平等的贡献，第三项为净经济富余贡献，第四项是超变密度贡献。实证研究中，更注重基尼系数的可分解特征，将第三项、第四项合并为组间不平等的贡献。

定理 6.5 设 μ、μ_1、μ_2 分别为总体、农村和城镇的收入均值，而 p^1、p^2 分别表示城镇和农村人口份额。净经济富余的贡献可以表示为：

$$(s^1 p^2 + s^2 p^1) G_{12} D_{12} = p^1 p^2 \frac{\mu_2 - \mu_1}{\mu} \quad (6.21)$$

证明 根据定理 6.4 我们有：

$$G_{12} D_{12} = \frac{\mu_2 - \mu_1}{\mu_2 + \mu_1} \Rightarrow (s^1 p^2 + s^2 p^1) G_{12} D_{12} = \left(p^1 p^2 \frac{\mu_1}{\mu} + p^1 p^2 \frac{\mu_2}{\mu} \right) \frac{\mu_2 - \mu_1}{\mu_2 + \mu_1}$$

$$\Rightarrow (s^1 p^2 + s^2 p^1) G_{12} D_{12} = p^1 p^2 \frac{\mu_2 - \mu_1}{\mu}$$

故定理 6.5 得证。

定理 6.5 表明，总体基尼系数的净经济富余贡献，与城镇、农村的收入均值之差成正比，是总体、农村、城镇收入均值和农村人口份额的函数。对于组群分解的任意两个子群第 j 组和第 h 组，优势组对劣势组的净经济富余可以表示为：

$$(s^j p^h + s^h p^j) G_{hj} D_{hj} = p^j p^h \frac{\mu_h - \mu_j}{\mu}, \quad \mu_h > \mu_j \quad (6.22)$$

等式对基尼系数的一般组群分解都适用。由定理 6.5 可进一步推出超变密度贡献的一个表达式。

定理 6.6 基尼系数城乡分解的超变密度贡献可以表示为：

$$(s^1 p^2 + s^2 p^1) G_{12}(1 - D_{12}) = \frac{2 p^1 p^2}{\mu} \int_0^\infty F_1(1 - F_2) dx \qquad (6.23)$$

证明 沿用前面的符号，我们将基尼系数按积分公式展开：

$$G = \frac{1}{\mu} \int_0^\infty [p^1 F_1 + p^2 F_2][1 - (p^1 F_1 + p^2 F_2)] dx$$

$$= \frac{\mu_1 (p^1)^2}{\mu} G_1 + \frac{\mu_2 (p^2)^2}{\mu} G_2 + \frac{p^1 p^2}{\mu} \int_0^\infty [F_2(1-F_1) + F_1(1-F_2)] dx$$

$$= s^1 p^1 G_1 + s^2 p^2 G_2 + \frac{p^1 p^2}{\mu} \Big[\int_0^\infty (F_2 - F_1) dx + 2 \int_0^\infty F_1(1 - F_2) dx \Big]$$

$$\Rightarrow G = s^1 p^1 G_1 + s^2 p^2 G_2 + p^1 p^2 \frac{\mu_2 - \mu_1}{\mu} + \frac{2 p^1 p^2}{\mu} \int_0^\infty F_1(1 - F_2) dx$$

对比式（6.20）结合定理 6.5，于是可得定理 6.6 的结果，定理得证。更一般地：

$$(s^j p^h + s^h p^j) G_{jh}(1 - D_{jh}) = \frac{2 p^j p^h}{\mu} \int_0^\infty F_j(1 - F_h) dx, \quad \mu_h > \mu_j \qquad (6.24)$$

在定理 6.6 的证明过程中最后一个表达式，曾经由胡志军等(2011) 给出了结果。下面给出组数据基尼系数的完全分解式：

$$G_y = \frac{1}{\mu_y} \int_0^{+\infty} (F - F^2) dy = \frac{1}{\mu_y} \int_0^{+\infty} \Big[\sum_{i=1}^k p^i F_i - \Big(\sum_{i=1}^k p^i F_i \Big)^2 \Big] dy$$

$$= \frac{1}{\mu_y} \int_0^{+\infty} \Big[\sum_{i=1}^k p^i F_i - \sum_{i=1}^k (p^i)^2 F_i + \sum_{i=1}^k (p^i)^2 F_i - \Big(\sum_{i=1}^k p^i F_i \Big)^2 \Big] dy$$

$$= \frac{1}{\mu_y} \int_0^{+\infty} \Big[\sum_{i=1}^k p^i(1 - p^i) F_i + \sum_{i=1}^k (p^i)^2 (F_i - F_i^2) - \sum_{i=1}^k \sum_{j \neq i} p^i p^j F_i F_j \Big] dy$$

由右边的第一项、第三项就有：

$$\int_0^{+\infty} \Big[\sum_{i=1}^k p^i(1 - p^i) F_i - \sum_{i=1}^k \sum_{j \neq i} p^i p^j F_i F_j \Big] dy$$

$$= \int_0^{+\infty} \Big[\frac{1}{2} \sum_{i=1}^k \sum_{j \neq i} p^i p^j (F_i + F_j) - \sum_{i=1}^k \sum_{j \neq i} p^i p^j F_i F_j \Big] dy$$

$$= \int_0^{+\infty} \Big[\sum_{i=2}^k \sum_{j=1}^{i-1} p^i p^j (F_i + F_j - 2 F_i F_j) \Big] dy$$

$$= \int_0^{+\infty} \Big\{ \sum_{i=2}^k \sum_{j=1}^{i-1} p^i p^j [F_i - F_j + 2 F_j(1 - F_i)] \Big\} dy$$

利用分部积分可得基尼系数的组数据组群分解公式：

$$G_y = \sum_{i=1}^{k} p^i s^i G_{ii} + \sum_{i=2}^{k}\sum_{j=1}^{i-1} p^i p^j \frac{\mu_i - \mu_j}{\mu_y} + \frac{2}{\mu_y}\sum_{i=2}^{k}\sum_{j=1}^{i-1} p^i p^j \int_0^{+\infty} F_j(1-F_i)\,dy$$

第三节 应用实例

一 家庭调查数据

下面利用北京大学中国社会科学调查中心的中国家庭追踪调查 CFPS（China Family Panel Studies）数据库的调查数据，说明组数据基尼系数组群分解定理的应用。CFPS 目前开放的有 CFPS2010、CFPS2012、CFPS2014、CFPS2016 和 CFPS2018 五个年度的数据。根据研究需要，各年度我们抽取了省份、家庭代码、家庭属性、家庭规模、家庭收入五个字段的数据。

（一）城镇、乡村组间基尼系数

对五个年度数据库中字段存在缺失的记录进行了清洗，留下可用于收入分析的记录，各年度的记录数（户数）参见表 6.2。所有记录划入城镇、农村两类，对人口数、人均收入进行了初步的统计，然后按式（6.16）计算了城镇、农村组间基尼系数（城乡基尼系数），可以计算城镇、农村内部基尼系数。按式（6.19）可以计算相对经济富余，再结合城镇、农村两部分的收入份额和人口份额，代入分解式（6.20）可以得到各年度收入基尼系数的城乡组群分解表达式。根据本书的定理 6.5，式（6.20）第三项的净经济富余贡献的含义就更具体了。定理 6.6 的超变密度贡献，体现更多的是理论意义。

表 6.2　　CFPS 家庭调查户数、人口数和收入基尼系数

单位：户、人、元

年度	城镇 户数	城镇 人数	城镇 收入	农村 户数	农村 人数	农村 收入	基尼系数 城镇	基尼系数 农村	基尼系数 总体	基尼系数 城乡
2010	7044	24244	9135	7648	32007	3530	0.5508	0.5851	0.6054	0.6428
2012	6050	21222	15608	7126	29347	8844	0.5129	0.4857	0.5167	0.5339
2014	6592	22248	18246	6840	27336	9909	0.4778	0.4702	0.4976	0.5199
2016	6827	23031	21964	6698	26585	11081	0.4973	0.5392	0.5456	0.5758

续表

年度	城镇			农村			基尼系数			
	户数	人数	收入	户数	人数	收入	城镇	农村	总体	城乡
2018	7039	23278	25544	6595	25341	11739	0.4846	0.4875	0.5223	0.5579

注：表中数据全部由笔者根据 CFPS 数据库计算整理得到。

CFPS2018 的调查数据，可用记录城镇居民 7039 户有 23278 人，农村居民 6595 户有 25341 人。由计算式（6.16）可以得到城乡基尼系数为 0.5579，城镇、农村和总体收入基尼系数分别为 0.4846、0.4875 和 0.5223；城镇居民的收入份额、人口份额分别为 0.6665 和 0.4788，于是总体收入基尼系数的完全分解式为 0.5223 = 0.2394+0.2829，右边部分的 0.2394 是组内不平等贡献，0.2829 是组间不平等贡献，组间不平等贡献率为 54%；组间不平等贡献进一步分解 0.2829 = 0.2829×(0.6637+0.3363)= 0.1877+0.0951，0.1877 是经济富余净贡献，0.0951 是超变密度的贡献，其中相对经济富余根据式（6.19）计算等于 0.6637。表 6.2 还说明，各年度城乡基尼系数都大于总体基尼系数，总体基尼系数都大于城镇、农村基尼系数。从变化趋势看，2010—2018 年四项不平等都有不同程度的改善。

其余年度收入基尼系数的组数据城乡分解结果与 CFPS2018 一起列于表 6.3，组群分解为不平等结构分析提供了工具（见图 6.1）。表 6.3 计算中，组内不平等是城镇、农村收入基尼系数的线性组合，收入份额与人口份额乘积作为组合系数；组间不平等是城乡基尼系数与组合系数的乘积，由净经济富余、超变密度的城乡基尼系数组成。参见式（6.20）基尼系数的组数据城乡分解表达式。我们发现在各年度的收入基尼系数的分解式中，组间不平等的贡献率都大于组内不平等的贡献率。说明城乡收入不平等是总体收入不平等的主要部分，因为各年度由净经济富余、超变密度构成的组间不平等贡献都超过了 50%。

表 6.3 CFPS 收入基尼系数的组数据城乡分解 单位：%

年度	相对经济富余	总体基尼系数	组内不平等		组间不平等		组内贡献率		组间贡献率	
			城镇	农村	净富余	超密度	城镇	农村	净富余	超密度
2010	0.6885	0.6054	0.1572	0.1125	0.2312	0.1046	26	19	38	17
2012	0.5181	0.5167	0.1207	0.1238	0.1410	0.1311	23	24	27	25

110　拓展基尼系数理论及其应用

续表

年度	相对经济富余	总体基尼系数	组内不平等		组间不平等		组内贡献率		组间贡献率	
			城镇	农村	净富余	超密度	城镇	农村	净富余	超密度
2014	0.5696	0.4976	0.1286	0.1037	0.1511	0.1142	26	21	30	23
2016	0.5720	0.5456	0.1459	0.1063	0.1678	0.1256	27	19	31	23
2018	0.6637	0.5223	0.1546	0.0847	0.1877	0.0951	30	16	36	18

注：相对经济富余根据式（6.19）计算得到，各部分不平等由式（6.20）确定，组内不平等是基尼系数与组合系数的乘积。

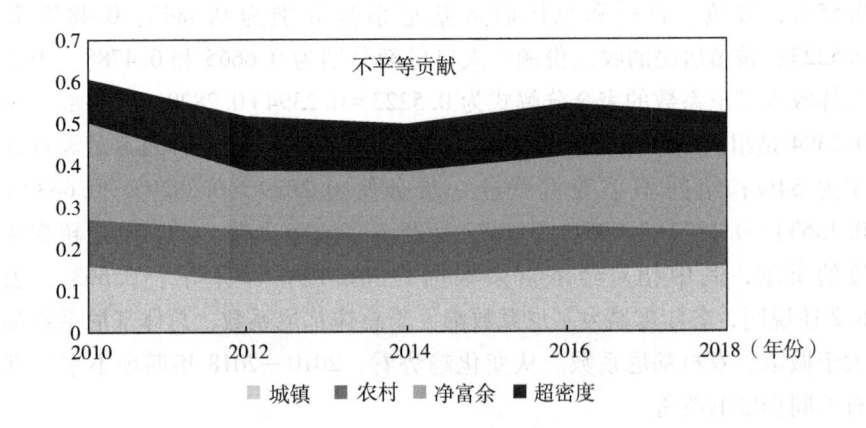

图 6.1　CFPS 收入基尼系数的组数据城乡分解

（二）四大区域的组群分解

我们将 CFPS2010、CFPS2018 家庭收入调查数据进行基尼系数的四大区域分解。考虑到 31 个省份中海南、内蒙古等 6 个省份于 2018 年刚加入少量的调查家户，我们将研究范围限定在 25 个省份。按照国家统计局的区域划分标准把 25 个省份分入东部、中部、西部和东北部四个区域。东部地区有 9 个省份（海南除外），中部地区有 6 个省份，西部地区有 7 个省份（内蒙古、宁夏、青海、西藏和新疆除外），东北地区有 3 个省份。表 6.4 计算了四大区域所形成的域间收入基尼系数、人均收入，进行了总体基尼系数的组内不平等、净经济富余、超变密度贡献的分解。

以 CFPS2018 的东部地区为例。东部地区收入基尼系数为 0.5235，它与中部、西部和东北地区的组间基尼系数分别为 0.5280、0.5723、0.5078，说明东部地区与其他三大区域存在较大的收入差距，同时东部地区也是四大区域中内部收入差距最大的地区。东部地区与中部地区的相对经济富余，如式（6.19）所示：

$$D_{12} = \left(\frac{25517.1 - 15871.4}{25517.1 + 15871.4}\right) / 0.5280 = 0.4414$$

式中的 25517.1、15871.4 分别是 CFPS2018 的东部和中部地区的人均收入，0.5280 是东部和中部地区的组间基尼系数。类似可以得到 D_{13} = 0.5972、D_{14} = 0.2924、D_{23} = 0.2370、D_{24} = 0.1848 和 D_{34} = 0.4000。CFPS2018 收入基尼系数按组数据组群分解式（6.15）可以得到 0.5220 = 0.1425 + 0.1594 + 0.2201，其中 0.1425 是组内不平等贡献，0.1594、0.2201 分别是来自组间不平等的净经济富余和超变密度贡献。对净经济富余的计算也可以用定理 6.5 中的公式计算，如东北地区关于西部经济富余的净贡献：

$$(s^3 p^4 + s^4 p^3) G_{34} D_{34} = p^3 p^4 \frac{\mu_4 - \mu_3}{\mu} = 0.3116 \times 0.1144 \times \frac{18918.63 - 12518.51}{18313.08}$$
$$= 0.01246$$

式中上下标的数字代表四大地区，收入均值是大的减小的。四大地区 6 种组合，把 6 种组合的净经济富余相加就等于总的净经济富余贡献。

表 6.4 的计算结果，基尼系数在四大区域的分解中 CFPS2010、CFPS2018 的组间不平等贡献率分别为 73.13% 和 72.70%，说明区域差异是造成总体收入不平等的主要原因。

表 6.4　CFPS2010、CFPS2018 四大区域收入基尼系数的组群分解

区域		2010 年				2018 年			
		东部	中部	西部	东北	东部	中部	西部	东北
东部		0.5827	0.5962	0.6616	0.5841	0.5235	0.5280	0.5723	0.5078
中部		0.4218	0.5589	0.6009	0.5715	0.4414	0.4743	0.4983	0.4739
西部		0.6387	0.3185	0.6165	0.6273	0.5972	0.2370	0.5068	0.5089
东北		0.2674	0.1735	0.4546	0.5699	0.2924	0.1848	0.4000	0.4642
人均收入		8610.86	5150.39	3495.43	6284.32	25517.1	15871.4	12519.5	18919.6
份额	人口	0.3298	0.2450	0.2968	0.1284	0.3253	0.2486	0.3116	0.1144
	收入	0.4776	0.2122	0.1745	0.1357	0.4533	0.2155	0.2130	0.1182
总体		0.6054 = 0.1627 + 0.1919 + 0.2508				0.5220 = 0.1425 + 0.1594 + 0.2201			

注：数据由笔者计算得到，使用了组数据组群分解方法。两个年度四大区域的 4×4 矩阵中对角线上为组内基尼系数，上三角为组间基尼系数，下三角为相对经济富余。CFPS2018 总体为 25 个省份。

二 《中国统计年鉴》数据

历年《中国统计年鉴》中早期农村居民的收入分组数据是按农民纯收入区间分组的户数占调查户比重的数据，城镇居民的收入分组数据是城镇最低收入户（10%）、低收入户（10%）、较低收入户（20%）、中等收入（20%）、较高收入户（20%）、高收入户（10%）和最高收入户（10%）家庭的人均可支配收入数据。从 2012 年第四季度起国家统计局实施城乡一体化住户调查，并对 1978—2012 年的数据根据城镇住户调查和农村住户调查的历史数据，依据住户收入与生活状况调查的可比口径进行了推算。不同于城镇、农村居民相互独立的住户调查，城乡一体化住户调查提供了全国、城镇和农村按调查户比重的五等份人均收入数据。因采用的数据是家庭人均收入数据，本书讨论和计算的是基于中国家庭人均收入的基尼系数，而不是基于个人收入的基尼系数，两者存在着一定的差异。胡志军等（2011）利用《中国统计年鉴》数据估算了 1985—2008 年中国总体收入基尼系数，并对总体基尼系数进行了城乡分解。在他们的研究基础上，本书从基尼系数完全分解的视角说明 2000—2021 年组数据城乡分解的应用。

下面利用各年度城镇、农村和总体基尼系数的估计结果，并结合城镇、农村人均收入和人口数据计算城乡基尼系数和相对经济富余，并由组群分解得到总体基尼系数的组内不平等贡献、净经济富余贡献和超变密度贡献。由于前面的多数年度仅有城镇、农村居民五等份人均收入数据，下面采用拟合收入分布的做法。Chotikapanich 等（2007）发现 Beta-2 型分布能够很好地拟合国家或地区的居民收入，给出该分布在分组收入均值条件下参数的 GLS 估计方法。Beta-2 型分布具有 3 个参数 b、p 和 q，密度函数和基尼系数计算公式为：

$$f(y) = \frac{y^{p-1}}{b^p B(p, q)(1+y/b)^{p+q}}, \quad y>0, \quad G = \frac{2B(2p, 2q-1)}{pB^2(p, q)} \quad (6.25)$$

胡志军等（2011）证实了 Beta-2 型分布对中国数据的适用性，并改善了 Chotikapanich 等（2007）的参数估计方法，减少需要估计的参数个数极大地提高了效率。利用他们的方法通过 R 软件中的 MaxLik 程序包本书对 2000—2021 年城镇、农村的五等份收入分组数据进行 Beta-2 型分布的拟合及基尼系数的估算，再合成总体分布函数利用积分公式计算总体基尼系数。同时由定理 6.3 的式（6.18）计算了城乡基尼系数，相关的计算结果由表 6.5 给出。

第六章 Dagum 组群分解定理的改进：性质和应用

表 6.5 城镇、农村收入分组五等份数据的基尼系数估算（2000—2021 年）

年度	Beta-2 型分布（城镇）				Beta-2 型分布（农村）				总体基尼系数	城乡基尼系数
	p	q	b	G	p	q	b	G		
2000	9.38	10.93	0.6847	0.2519	4.36	5.99	0.2792	0.3553	0.4029	0.4881
2001	137.7	5.43	0.0227	0.2648	4.25	5.64	0.2797	0.3632	0.4135	0.5015
2002	6.35	6.62	0.6898	0.3166	4.52	5.08	0.2435	0.3688	0.4406	0.5284
2003	6.72	5.84	0.6217	0.3253	4.07	5.06	0.2852	0.3780	0.4517	0.5434
2004	6.51	5.56	0.6860	0.3326	4.11	5.3	0.3392	0.3723	0.4516	0.5433
2005	5.83	5.66	0.8852	0.3381	3.68	5.86	0.4664	0.3727	0.4581	0.5540
2006	6.28	5.6	0.9060	0.3342	3.62	6.13	0.5521	0.3704	0.4561	0.5558
2007	6.56	5.53	0.9935	0.3327	3.43	6.56	0.7292	0.3704	0.4546	0.5569
2008	6.47	5.25	1.10	0.3395	3.14	7.08	1.00	0.3742	0.4589	0.5624
2009	5.49	6.28	1.76	0.3321	2.85	7.47	1.27	0.3817	0.4572	0.5658
2010	10.48	4.67	0.7060	0.3298	3.13	7.05	1.25	0.3749	0.4450	0.5493
2011	8.71	4.96	1.05	0.3299	2.45	10.43	2.935	0.3835	0.4404	0.5413
2012	13.75	4.97	0.7519	0.3109	2.60	8.88	2.615	0.3832	0.4285	0.5366
2013	4.87	6.92	3.45	0.3332	2.61	15.11	5.45	0.3620	0.4227	0.5186
2014	5.15	7.77	4.03	0.3194	2.07	72.71	38.61	0.3746	0.4143	0.5103
2015	7.25	5.96	2.25	0.3184	2.01	549.46	334.81	0.3749	0.4088	0.5008
2016	7.75	5.48	2.06	0.3237	1.93	8224.7	5586.5	0.3809	0.4139	0.5072
2017	4.33	8.53	6.76	0.3286	1.96	47.92	34.08	0.3861	0.4191	0.5138
2018	3.99	8.29	7.629	0.3385	2.42	8.16	4.49	0.3968	0.4302	0.5240
2019	4.85	6.14	4.79	0.3440	3.09	6.85	3.08	0.3783	0.4301	0.5237
2020	8.66	4.54	1.87	0.3422	3.40	5.31	2.23	0.3895	0.4226	0.5078
2021	3.69	8.89	10.73	0.3423	2.24	15.07	12.35	0.3835	0.4191	0.5014

注：2000—2013 年城镇、农村居民收入的五等份数据和城镇人口比重都来源于《中国统计年鉴（2014）》，2014—2021 年的数据取自随后各年的《中国统计年鉴》。表中尺度参数 b 的单位为万元，各参数的估计和基尼系数的估算由笔者计算得到。Beta-2 型分布的参数估计对初始值的设置较为敏感，其结果可能并不唯一。

以 2021 年城镇居民收入基尼系数的估算为例：要估计 Beta-2 型分布的参数需要三组数据，一是五等份组人均收入（16745.5，30132.6，42498.0，59005.2，102595.8）。二是四个分位数上的累计收入份额

(0.0667，0.1868，0.3561，0.5912）。三是参数 p、q 和 b 的初始值（49.46，13.72，12908.77）。其中，参数初始值的确定需要收入均值 μ、众数 m 和方差 σ^2，众数可取中间组的人均收入 42498.0，方差要由五等份人均收入估算。各参数的计算公式为：

$$p=\frac{\mu}{b}\left(\frac{2m+b}{\mu-m}\right),\quad q=\frac{\mu+m+b}{\mu-m},\quad b=\frac{\mu^2(\mu-m)-(3m-\mu)\sigma^2}{\sigma^2-\mu^2+\mu m} \qquad(6.26)$$

参见 Chotikapanich 等（2007），三个参数的初始值要大于 0。构造目标函数：

$$\log L = \sum_{k=1}^{K}\left\{\frac{1}{\mu_k^2}\left[\frac{\int_{a_{k-1}}^{a_k} y f(y;\beta)dy}{\int_{a_{k-1}}^{a_k} f(y;\beta)dy}-\mu_k\right]^2+\left[\frac{\int_{a_{k-1}}^{a_k} f(y;\beta)dy-p_k}{p_k}\right]^2\right\}$$

$$=\sum_{k=1}^{K}\frac{1}{y_k^2}\left\{\frac{bp}{q-1}\left[\frac{B_{a_k/(a_k+b)}(p+1,q-1)-B_{a_{k-1}/(a_{k-1}+b)}(p+1,q-1)}{B_{a_k/(a_k+b)}(p,q)-B_{a_{k-1}/(a_{k-1}+b)}(p,q)}\right]-y_k\right\}^2+$$

$$\sum_{k=1}^{K}\left[\frac{B_{a_k/(a_k+b)}(p,q)-B_{a_{k-1}/(a_{k-1}+b)}(p,q)}{p_k}-1\right]^2 \qquad(6.27)$$

式（6.27）中，$B(p,q,b)$ 为 Beta 分布函数，a_k 为对应于累计人口份额 20%、40%、60% 和 80% 的 Beta 分布分位数（$k=1,2,3,4$），$a_0=0$。Chotikapanich 等（2007）把这些分位数作为参数处理，胡志军等（2011）认为第 k 组的收入上、下限 a_{k-1} 和 a_k 可以通过 Beta-2 型分布的累计收入份额 l_k 满足：

$$l_k=\frac{1}{\mu}\int_0^{a_k} y f(y)dy=\frac{1}{\text{Beta}(p+1,q-1)}\int_0^{\frac{a_k}{b+a_k}}t^p(1-t)^{q-2}dt=B_{a_k/(b+a_k)}(p+1,q-1)$$

由 Beta 分布的反函数 qbeta（·）来确定：

$$\frac{a_k}{a_k+b}=\text{qbeta}(l_k,p+1,q-1)\Rightarrow a_k=\frac{b\times\text{qbeta}(l_k,p+1,q-1)}{1-\text{qbeta}(l_k,p+1,q-1)}$$

从而减少了需要估计的参数，提高了计算效率。利用 R 软件的 maxLik 程序包中的 maxLik 函数，代入 p、q 和 b 的初始值可以获得唯一的参数估计。由上述给出的三组数据得到了 Beta-2 型分布函数 p、q 和 b 的参数估计分别为 3.6945、8.8932 和 10.7338 万元，于是得到了 2021 年城镇收入基尼系数为 0.3423。

由表 6.5 的计算结果再结合各年度城镇、农村居民的人均收入，利用定理 6.4 的式（6.19）就可以计算相对经济富余，然后由式（6.20）对

第六章 Dagum 组群分解定理的改进：性质和应用   115

总体基尼系数进行城乡分解，给出各年度组内不平等贡献、净经济富余和超密度的组间不平等贡献。如 2021 年，城镇、农村人均收入分别为 50195 元和 19847 元，计算得到的相对经济富余满足 $D_{12} = (50195 - 19847)/(50195+19847)/0.5014 = 0.8641$。由城镇人口份额、收入份额分别为 0.5758 和 0.7744（两者直接由《中国统计年鉴》中全国、城镇和农村人均收入计算得到），代入式（6.20）可得总体基尼系数的分解式 $0.4191 = 0.1526 + 0.0567 + 0.1986 + 0.0312$。其他年度可以类似地分解，各个部分的不平等贡献参见图 6.2。显然，净经济富余的不平等贡献最大，其次是城镇不平等的贡献，超变密度的不平等贡献最小。

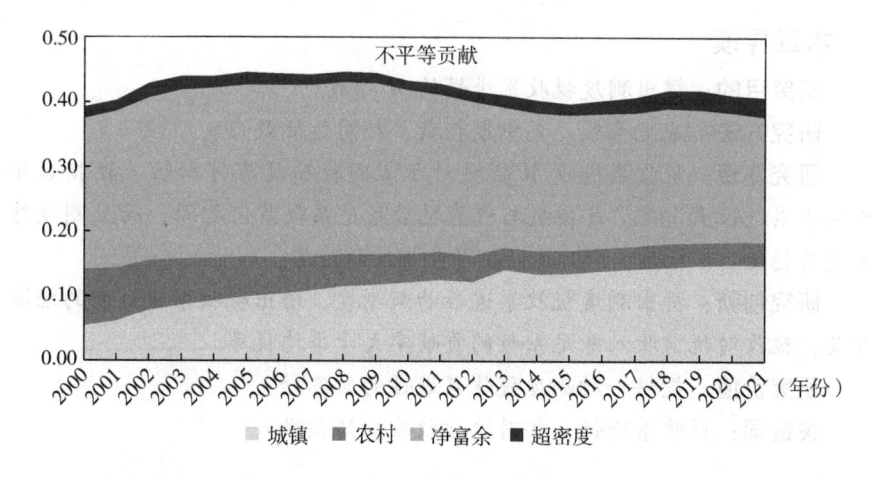

图 6.2　中国收入基尼系数的城乡分解（2000—2021 年）

对比胡志军等（2011）对《中国统计年鉴》（2000—2008 年）的城镇住户调查收入分组数据、农村住户调查收入区间数据的 Beta-2 型分布的拟合结果，表 6.5 对应年度的城镇、农村基尼系数估计与前者相当接近的。Chotikapanich 等（2006）用拟合 Beta-2 型分布对中国 1985 年、1991 年、1995 年、2000 年和 2003 年收入基尼系数也进行了估计，其中 2003 年的总体基尼系数为 0.4018，胡志军等的估计是 0.4493，本书的估计是 0.4517。产生估计差异的原因：一是表 6.5 中 2000—2008 年的住户五等份数据是在实施城乡住户一体化调查后经过国家统计局重新调整的，不同于相应年度的分组数据和区间数据。二是参数估计对初始值的设置较为敏感可能导致不是收敛到全局极值，而是收敛于局部极值。两大因素中主要是统计数据的重新调整。

第七章 税收累进性测度的改进：方法、比较和应用

本章导读

研究目的：提出测度税收累进性的 M 指数。

研究方法：基尼系数、集中度指数、相对边际效应。

研究发现：税收累进性 M 指数对于不同税项具有可加性。M 指数介于税收累进性 K 指数、S 指数与税前税后基尼系数差值之间，而且测度结果更为稳健。K 指数、S 指数存在符号相反的情形。

研究创新：提出测度税收累进性的新测度，给出税收累进性新的经济含义：税收对税前收入基尼系数的贡献率大于平均税率。

研究价值：提供一种测度税收累进性的新选择。

关键词：税收累进性；相对边际效应；M 指数

税收是政府获得收入的主要来源，同时也是政府调整个人收入再分配的重要手段。国内外学者对税收在调节贫富差距、促进社会公平方面的作用一直保持着极大的关注，产生相当数量的实证研究。

累进税、比例税和累退税是评价税收调节收入差距、调整收入公平性的量化工具，Musgrave 和 Thin（1948）对 1948 年美国联邦税和居民收入分组数据进行了测算，计算的结果表明联邦收入税具有累退性；Khetan 和 Poddar（1976）对 1961—1971 年加拿大个人收入税进行研究，发现各年的联邦收入税都具有累进性特征；Kakwani（1977）对澳大利亚 1969—1972 年、加拿大 1968—1970 年、英国 1965—1967 年和美国 1968—1970 年个人收入税进行对比分析，发现它们都是累进的，但累进性都在逐年下降；Suits（1977）利用美国 1966 年和 1970 年住户调查数据计算发现，两年的结果相当一致，个人所得税、公司所得税、财产税都是累进的，消费税、工薪税、个人财产汽车消费税都是累退的，综合而言总体税收是累进

的。国内这方面的研究起步较晚,刘怡和聂海峰(2004)利用了广东省城市调查资料分析增值税、消费税和营业税对居民收入分配的影响,发现增值税、消费税是累退的,营业税具有轻微的累进性,三税综合为累退的;王亚芬等(2007)利用中国城镇居民按收入等级分组数据分析1985—2005年广义税负对收入分配的影响,发现直至2002年起四年的广义税负才是累进的;刘小川和汪冲(2008)考察2002—2006年各地区人均收入个人所得税税负,发现只有工薪税具有累进性,财产所得税和经营所得税都具有累退性,各年的情况基本一致;万莹(2012)利用2002—2009年中国城镇居民按收入等级分组的收入和消费数据分析流转税对收入分配的影响,发现增值税累退、营业税累进,消费税前三年累退但从2005年起出现累进,综合后的流转税呈弱势累退的特点。在以上的实证研究中有多种测度税收累进性的方法,那么不同的方法是否可能产生不一样的结论呢?从国外学者的研究结果看,除1948年西方国家的税收综合效应基本上都呈现累进的特点;但国内研究呈现的税收综合影响多为累退的,新的数据分析是否会向综合累进变化呢?

本章的第一节对现有累进性测度的方法进行综述,第二节提出一种测度累进性的新方法,第三节揭示各种测度方法的关系、说明新方法的特点和优势,第四节分析中国城镇居民收入的广义税收累进性等事例。

第一节 文献综述

累进税作为一种税制设计是不同于税收累进性的。累进税与税收累进性本是两个不同的概念。当税率随着收入水平的提高而上升时,该项税收被认为是累进税;当税率为固定常量时,该项税收称为比例税;当税率随着收入水平的提高而下降时,该项税收就被认为是累退税。中国现阶段实施的个人所得税,其税率根据个人收入呈现从5%—45%的阶梯形变化,就是一个累进的税制设计,其结果是纳税人的收入水平越高其平均税率也越大;税收累进性则更多地体现为一种税制的效果,反映税收对收入分配公平性的调节作用,是一个全局性的概念。一项税负按纳税人的收入等级从低到高分组后计算平均税率,平均税率可以是随着收入水平的提高单调递增的,也可能较低收入组的平均税率高于较高收入组,尽管前者的税收额低于后者的税收额,只要税后收入的公平性提高了就认为该项税负具有累进性。由于累进税也可以理解为具有累进性的税收,因而通常并不是严格区分这两个概念。

早期对税收累进性有着不同的理解和观点，Musgrave 和 Thin (1948) 认为累进性是一个全局观念，基本原理是税前、税后基尼系数的变化，因此他们采用税前基尼系数与税后基尼系数的差值或比例测度税收累进性，差值大于 0 或比值大于 1 就意味着税收是累进的；而 Slitor (1948) 选择采用边际税率与平均税率的差值定义累进性，当差值持续大于 0 时，税收是累进的；小于 0 时税收是累退的，等于 0 时税收是比例的。这种方式无论在理论研究还是在实证分析中都相当不便，因而在研究中常常被变通使用。Khetan 和 Poddar (1976) 不满足税前税后的基尼系数比较，认为这种做法受平均税率影响，即当税收增加一个固定比例时累进性测度也会增大显得较不合理，因此提出了两个新的测度指数。但不幸的是他们的成果发表在加拿大的经济学杂志上，来不及在国际学术界产生影响。两个新测度后来一个成为 K 指数，另一个则成为 S 指数，因为 Kakwani (1977) 发表文章专门论述一种新的累进性测度指标，也是基于消除平均税率影响的考虑提出了该指数，将累进性测度定义为税收集中度指数与税前收入基尼系数的差值，而两位加拿大学者用两者的比值定义；与此同时，Suits (1977) 给出另一种测度税收累进性的新指数，根据基尼系数的几何算法原理，用累计收入份额代替累计人口份额计算税收集中度指数作为税收累进性测度，新定义与两位加拿大学者的成果完全一致。由于两位美国学者在各自新指数研究中进行了相当充分的讨论，他们的成果很快就受到了其他学者的关注和肯定，部分著名的经济学杂志还组织专门文章进行评论和比较，并将两个新指数分别命名为 K 指数和 S 指数。此后不同国家的学者利用 K 指数和 S 指数对许多国家的收入和税收资料进行研究，发现两个指数的计算结果对累进性的判断不仅毫无例外的一致，而且它们与传统计算税前税后基尼系数变化进行推断的结论也完全相同。它们对累进性判断结果的一致性并非偶然，是因为它们都与收入基尼系数的计算有关。

第二节 基尼系数分解和税收边际效应

基尼平均差是计算基尼系数的理论算法，它有多种形式的等价计算公式。

一 基尼系数的两种线性算法

设 $y_1 \leq y_2 \leq \cdots \leq y_n$ 依次为 n 组人群的平均收入（已按递增排列），q_1，q_2，$\cdots$，q_n 为相应各组的人口数，q 为总人口数；记 $p_i = q_i/q$ 为第 i 组人口占总人口的比例，简称第 i 组的人口份额；记 $F_0 = 0$，F_i 称为至第 i 组的累计人口份额（$i = 1, 2, \cdots, n$），作为基尼系数的一个等价定义，收入份额法可以表示为（戴平生、林文芳，2012）：

$$G = \sum_{i=1}^{n} \frac{q_i y_i}{S_y} \omega_i, \quad S_y = q_1 y_1 + \cdots + q_n y_n, \quad \omega_i = F_i + F_{i-1} - 1 \ (i = 1, \cdots, n) \quad (7.1)$$

式（7.1）就是用收入份额的线性组合计算基尼系数，而组合系数等于当前累计人口份额加上前一项累计人口份额再减 $1(F_i + F_{i-1} - 1)$，显然该组合系数都是纯小数。记 $L_0 = 0$，L_i 称为至第 i 组的累计收入份额（$i = 1, 2, \cdots, n$），类似于式（7.1）的证明还可以得到：

$$G = \sum_{i=1}^{n} \frac{q_i}{q} (1 - L_i - L_{i-1}), \quad L_i = \frac{q_1 y_1 + \cdots + q_i y_i}{q_1 y_1 + \cdots + q_n y_n} \ (i = 1, \cdots, n) \quad (7.2)$$

式（7.2）可以称为计算基尼系数的人口份额法，它是国家统计局对外公布基尼系数的组数据算法的等价形式，用人口份额的线性组合计算基尼系数。

$$G = 1 - \sum_{i=1}^{n} P_i (2 \sum_{k=1}^{i} W_k - W_i), \quad P_i = \frac{q_i}{q}, \quad W_i = \frac{q_1 y_1 + \cdots + q_i y_i}{q_1 y_1 + \cdots + q_n y_n}$$
$$(i = 1, \cdots, n)$$

二 基尼系数按收入来源分解

设收入 y 有 r 个不同的来源 $(y^1, y^2, \cdots, y^r)$，满足 $y = y^1 + y^2 + \cdots + y^r$。于是：

$$G = \sum_{i=1}^{n} \frac{q_i y_i}{S_y} \omega_i = \sum_{k=1}^{r} \sum_{i=1}^{n} \frac{q_i y_i^k}{S_y} \omega_i = \sum_{k=1}^{r} S(k)$$
$$= \sum_{k=1}^{r} \frac{S_k}{S_y} G_k + \sum_{k=1}^{r} \sum_{i=1}^{n} \frac{q_i y_i^k}{S_y} (\omega_i - \omega_i^k) \quad (7.3)$$

式（7.3）中，$S(k)$ 表示在收入份额法的线性组合中将第 k 个来源合并，S_k 表示第 k 个来源的总收入，ω^k 表示按第 k 个来源递增排序由人口份额产生的组合系数，G_k 表示第 k 个来源的基尼系数（$k = 1, 2, \cdots, r$）。$S(k)$ 反映第 k 个来源对总体基尼系数 G 的贡献，可以用 $s(k)$ 表示第 k 个来源的贡献率$[s(k)=S(k)/G k=1, 2, \cdots, r]$。

三 基尼系数的相对边际效应

利用基尼系数的计算式（7.1），在假定第 m 个收入来源增长固定比例 e，其他收入来源保持不变的条件下，可以得到基尼系数的增量表达式：

$$\Delta G = \frac{eG}{1+eS_m/S}\left[s(m)-\frac{S_m}{S}\right]+\Delta_1, \quad \Delta_1 = \sum_{i=1}^{n}\frac{q_i y'_i}{S'}(\omega'_i-\omega_i) \qquad (7.4)$$

式（7.4）中，$s(m)$ 表示第 m 个收入来源对总体基尼系数的贡献率。S、S' 分别表示第 m 个收入来源增长 e 前后的全体收入总量，ω、ω' 分别表示增长前后通过排序由人口份额产生的组合系数。通常 e 较小，排序差异 Δ_1 可以忽略不计。因为数据是离散的，必定存在 $e>0$ 在第 m 个来源增长 e 时保持总体收入的前后排序不变，即使 $\Delta_1=0$。这样总体基尼系数增量的符号就由 $s(m)-S_m/S$ 的差值确定，前者是第 m 个收入来源对总体基尼系数的贡献率，后者为第 m 个收入来源在总收入中的收入份额。

式（7.4）表明若第 m 个来源对总体基尼系数的贡献率小于它的收入份额时，该收入来源的增长会使总体基尼系数下降；反之也成立。贡献率与收入份额的差值被 Stark 等（1986）称为第 m 个来源关于总体基尼系数的相对边际效应（relative marginal effect），并作为政府宏观决策的重要依据。但他们的结论仅适用于个体微观数据（本书讨论的是组平均数据，个体数据是组平均数据的特例），实际上式（7.4）的结论同样适用于组群分解的情形，因此式（7.4）可以作为基尼系数边际效应分析的通用工具。

四 税收边际效应

在基尼系数分解的边际效应分析中，考察对象是在其他收入来源不变的条件下一种收入来源增长变化对总体基尼系数的影响。下面结合收入税模型，分析在税前收入不变的情况下税收变化对税后收入基尼系数的影响。设收入模型为 $X=Y+T$，其中，X 表示总收入（税前收入）、Y 为可支配收入（税后收入）、T 为税收，这样相当于将总收入分解为税后收入与税收之和。Dalton（1936）从公共财政的角度认为税收的结果应该是使收入分配朝着公平性变迁，即通过税收使得税后收入的基尼系数小于总收入基尼系数。首先，比例税不会改变收入基尼系数。因为在比例税的情况下税收 T 的结构与总收入结构是一致的，由于等量关系必然有税后收入结构与总收入结构一致,因而它们组数据收入份额相同基尼系数相等。一项税收是否具有累进性,关键在于税前税后收入基尼系数的变化。若税后基尼系数小于税前基尼系数,则认为该项税收具有累进性;否则,该项税收就是累退的。对于税收前后的基尼系数变化,我们给出下面的定理。

定理 7.1 税前基尼系数与税后基尼系数的变化,可以表示为:

$$G_x - G_y = \sum_{i=1}^{n} \frac{q_i y_i}{S_y}(\omega_i^x - \omega_i^y) + \frac{S_x}{S_y}\left(s(T) - \frac{S_T}{S_x}\right) G_x \tag{7.5}$$

式(7.5)中,ω^x、ω^y 分别按各组税前人均收入和各组税后人均收入递增排序后相应累计人口份额形成的收入份额法组合系数;S_x、S_y、S_T 分别表示税前总收入、税后总收入以及总税收,S_T/S_x 就是宏观平均税率;而 $s(T)$ 表示税收对税前收入基尼系数的贡献率。

证明 将 $X=Y+T$ 代入 G_x 的计算公式有:

$$G_x = \sum_{i=1}^{n} \frac{q_i y_i}{S_x}(\omega_i^x - \omega_i^y + \omega_i^y) + \sum_{i=1}^{n} \frac{q_i T_i}{S_x}\omega_i^x = \sum_{i=1}^{n} \frac{q_i y_i}{S_x}(\omega_i^x - \omega_i^y) + \frac{S_y}{S_x}G_y + s(T)G_x$$

$$\Leftrightarrow \frac{S_y}{S_x}(G_x - G_y) = \sum_{i=1}^{n} \frac{q_i y_i}{S_x}(\omega_i^x - \omega_i^y) + \left[s(T) - \frac{S_T}{S_x}\right]G_x \Leftrightarrow$$

$$G_x - G_y = \sum_{i=1}^{n} \frac{q_i y_i}{S_y}(\omega_i^x - \omega_i^y) + \frac{S_x}{S_y}\left(s(T) - \frac{S_T}{S_x}\right)G_x$$

式(7.5)右侧的第一部分小于等于 0,税后收入 Y 的收入份额乘上按自身组平均排序产生的组合系数之和(税后收入基尼系数)总是不小于乘上按其他变量的组平均值排序产生的组合系数之和(税后收入关于 X 的集中度指数);是税后收入 Y 因排序变化产生的差异,我们称其为序差。通常合理的税收制度应不改变纳税人税前税后相对的排序位置,因此在一般情况下该序差部分很小近似于 0(因为 Y 的收入份额为纯小数,组合系数变化不大并且也是纯小数)。这样税前税后收入基尼系数差值的符号取决于第二部分,即税前收入基尼系数的税收相对边际效应,这说明基尼系数的相对边际效应分析还可以应用于测度税收的累进性:当税收对收入基尼系数的相对边际效应大于 0 时,就可以判断税收具有累进性;当边际效应等于 0 时,判断税收是比例税;当边际效应小于 0 时,判断税收是累退的。

定义 7.1 记 $D = G_x - G_y$,将 D 作为测度税收 T 累进性的统计指标,它是由 Dalton 提出的,简称为税收累进性测度的 D 指数。

定义 7.2 记 $M = s(T) - S_T/S_x$,将 M 作为测度税收 T 累进性的统计指

标，它就是税前收入基尼系数的税收边际效应，简称税收累进性测度的 M 指数。M 指数中贡献率与平均税率对应的计算公式为：

$$s(T) = \frac{1}{G_x} \sum_{i=1}^{n} \frac{q_i T_i}{S_x} \omega_i^x, \quad \frac{S_T}{S_x} = \frac{q_1 T_1 + q_2 T_2 + \cdots + q_n T_n}{q_1 x_1 + q_2 x_2 + \cdots + q_n x_n}$$

累进性 K 指数和 S 指数具有这样的性质：综合税收累进性等于不同税种累进性的加权平均。K 指数以不同税种在综合税收中的收入份额为权，S 指数以不同税种的平均税率与综合平均税率的比值为权（实际上与 K 指数是一样的），D 指数不具备综合税收累进性等于不同税种累进性加权平均的性质。对于累进性 M 指数，我们发现边际效应测度虽然不具备平均加权的性质，但它具有更为完美的属性：可加性。

定理 7.2 边际效应 M 指数对不同税种的累进性具有可加性。

证明 设综合税收 T 由 m 个不同的税种 T^k 组成（$m=1, 2, \cdots, k$），根据前面计算公式和定义我们有：

$$s(T) = \frac{1}{G_x} \sum_{i=1}^{n} \frac{q_i T_i}{S_x} \omega_i^x = \frac{1}{G_x} \sum_{k=1}^{m} \sum_{i=1}^{n} \frac{q_i T_i^k}{S_x} \omega_i^x = \sum_{k=1}^{m} s(T^k), \quad T = \sum_{k=1}^{m} T^k$$

$$\frac{S_T}{S_x} = \sum_{i=1}^{n} \frac{q_i T_i}{S_X} = \sum_{i=1}^{n} \frac{q_i (T_i^1 + T_i^2 + \cdots + T_i^m)}{S_X} = \sum_{k=1}^{m} \frac{S_{T_k}}{S_X}, \quad S_{T_k} = \sum_{i=1}^{n} q_i T_i^k$$

于是：

$$s(T) - \frac{S_T}{S_x} = \sum_{k=1}^{m} \left[s(T^k) - \frac{S_{T_k}}{S_X} \right] \Rightarrow M = \sum_{k=1}^{m} M_k$$

M 指数的可加性表明，利用边际效应测度税收累进性可以更好地反映不同税种间的叠加效果，因此在利用累进性曲线进行动态分析时 M 指数更具直观性。用 D 指数、K 指数、S 指数和 M 指数都可以测度税收累进性，它们之间的关系随后将进一步讨论。

第三节 各种税收累进性测度的关系及比较

任何一种税收累进性测度都有两个关键要素：一个是符号；另一个是强度。其中符号是最为根本的，因为它决定了税收是累进还是累退的性质。强度会因不同的测度方法而变化，一般研究者虽然希望观察到累进性的动态变化，然而并不希望细微的变化就引起极大的波动，即要求尽可能稳健一些。

一 D 指数与 M 指数

由式（7.5）可以得到 D 指数与 M 指数的关系式。当 Y 与 X 的组平均值递增排序一致或差异很小时，我们有如下结果：

$$G_x - G_y \approx \frac{S_x}{S_y}\left[s(T) - \frac{S_T}{S_x}\right]G_x \Leftrightarrow D \approx \frac{S_x G_x}{S_y}M \Leftrightarrow |D| \approx \frac{G_x}{S_y/S_x}|M|$$

其中，S_y/S_x 为全部税后收入占全部税前收入比重，由于平均税率通常小于 30%，税后收入比重就会大于 70%，而税前收入基尼系数 G_x 大于 70% 几乎不可能，于是通常不等式 $|D| < |M|$ 成立。

二 M 指数与 K 指数

根据 K 指数的定义我们有如下关系：

$$K = C_T - G_x = \sum_{i=1}^{n}\frac{q_i T_i}{S_T}\omega_i^x - G_x = \frac{S_x}{S_T}\sum_{i=1}^{n}\frac{q_i T_i}{S_x}\omega_i^x - G_x = \frac{S_x}{S_T}s(T)G_x - G_x$$

$$= \frac{S_x}{S_T}\left[s(T) - \frac{S_T}{S_x}\right]G_x = \frac{S_x}{S_T}G_x M \Leftrightarrow K = \frac{S_x}{S_T}G_x M \Leftrightarrow |K| = \frac{G_x}{S_T/S_x}|M|$$

说明 M 指数与 K 指数构成比例关系，两者的符号完全一致。由于税前收入基尼系数通常大于平均税率，因此我们有不等式 $|K| > |M|$ 成立。

从以上讨论可以导出 M 指数满足 $|K| > |M| > |D|$，说明 M 指数通常介于 D 指数与 K 指数之间。K 指数与 M 指数的定义有一个共同的出发点，即认为税后收入与税前收入的组平均值递增排序是一致的，或者其中差异的影响微弱到可以忽略不计（Kakwani，1977）。

三 K 指数与 S 指数

四种指数计算的一个共同特点：各变量值都是按税前收入组的平均数递增排序的。只是 S 指数与前三种指数不同，它不是用基于累计人口份额、累计收入份额坐标（F_i, L_i）的洛伦兹曲线计算面积，而是用基于累计收入份额、累计税收份额坐标（L_i, L_i^T）的曲线，该曲线作用类似于洛伦兹曲线，不妨称为 Suits 曲线。因此，在 S 指数的计算上我们也有类似于式（7.1）和式（7.2）的计算公式：

$$S = \sum_{i=1}^{n}\frac{q_i T_i}{S_T}(L_i + L_{i-1} - 1), \quad L_i = \frac{q_1 x_1 + \cdots + q_i x_i}{q_1 x_1 + \cdots + q_n x_n}, \quad S_T = q_1 T_1 + \cdots + q_n T_n$$

$$(i = 1, \cdots, n) \tag{7.6}$$

式（7.6）表明 S 指数由各组税收份额的线性组合计算。它还有另一计算式：

$$S=\sum_{i=1}^{n}\frac{q_{i}x_{i}}{S_{x}}(1-L_{i}^{T}-L_{i-1}^{T}),\ L_{i}^{T}=\frac{q_{1}T_{1}+\cdots+q_{i}T_{i}}{q_{1}T_{1}+\cdots+q_{n}T_{n}},\ S_{x}=q_{1}x_{1}+\cdots+q_{n}x_{n}(i=1,\ \cdots,\ n) \quad (7.7)$$

式（7.7）用各组税前收入份额的线性组合计算 S 指数。下面再导出 S 指数与 K 指数的关系，要从税收关于税前收入的集中度指数切入。利用式（7.6）和税收集中度指数计算公式我们有：

$$S-C_{T}=\sum_{i=1}^{n}\frac{q_{i}T_{i}}{S_{T}}(L_{i}+L_{i-1}-1)-\sum_{i=1}^{n}\frac{q_{i}T_{i}}{S_{T}}(F_{i}+F_{i-1}-1)=\sum_{i=1}^{n}\frac{q_{i}T_{i}}{S_{T}}[(L_{i}-F_{i})+(L_{i-1}-F_{i-1})]$$

$$\Leftrightarrow S-K=G_{x}+\sum_{i=1}^{n}\frac{q_{i}T_{i}}{S_{T}}[(L_{i}-F_{i})+(L_{i-1}-F_{i-1})] \quad (7.8)$$

式（7.8）右边的第二项为税前收入基尼系数，通常情况下它大于第三部分税收份额因两类组合系数产生序差的绝对值，此时不等式 $S>K$ 成立。这里第三部分的序差小于等于 0，因为坐标 (F_i, L_i) 是洛伦兹曲线上的点，位于单位正方形的对角线下方有 $L_i \leqslant F_i (i=0, 1, 2, \cdots, n)$，因而总有 $S \leqslant C_T$。

四　S 指数和 D 指数

由之前指数 D、M、K 的关系，利用式（7.8）我们有：

$$K\approx\frac{S_{y}}{S_{T}}D\longrightarrow S\approx\frac{S_{y}}{S_{T}}D+G_{x}+\sum_{i=1}^{n}\frac{q_{i}T_{i}}{S_{T}}[(L_{i}-F_{i})+(L_{i-1}-F_{i-1})] \quad (7.9)$$

Kakwani（1977）发现当平均税率等于 0.5 即 $S_y=S_T$ 时 $K=D$，然而这么高的税率在现实中几乎不可能。因此可以认为绝对值不等式 $|K|>|M|>|D|$ 总是成立的。通常在税收具有累进性的情况下，四种指数满足不等式 $S>K>M>D>0$。从 D 指数、K 指数和 M 指数的数量关系看，三者对于税收累进性的判断具有高度的一致性，尽管累进性强度有所不同；S 指数脱胎于基尼系数的几何算法，对税收累进性的判断自然也与 D 指数具有高度的一致性。

比较四种测度税收累进性的指数，它们的经济含义都十分明显，而 S 指数、K 指数和 D 指数都可以用各自相应的区域面积表示，具有较为直观的特点；D 指数作为最基础的税收累进性测度，在计算上需要分别按税前收入、税后收入的组平均值两次递增排序，M 指数、S 指数、K 指数都是一次排序相对简单，在多税种累进性的研究中具有明显的计算优势；S 指数、K 指数都与税收规模无关，它们可以通过各自的税收份额、累计税前收入份额和累计人口份额直接计算，而 D 指数、M 指数则与税收规模有关。正是由于 S 指数、K 指数的税收规模不变，Sykes 等（1987）发现两个平均税率相等的不同税收方案，会导致税收累进性的比较失效；Formby 等（1981）发现对相同数据分别计算 K 指数、S 指数，部分年度出现了 K 指数的税收累进性上升而 S 指数的税收累进性下降，或者反过来即两者动态变化出现不一致的结果。他们认为从社会福利和伦理学角度，D 指数是一个测度税收累进性更好的指数。在本书的第四部分也给出了一个事例，发现 K 指数与 S 指数出现了对累进性判断相反的结果。

M 指数作为税前收入基尼系数的税收边际效应，它与从局部动态反映税收累进性的边际税率与平均税率差值符号的表述形式相一致，但本质上 M 指数是一个全局指标，与局部指标是不同的。另外，从计量税收累进性的强度看，M 指数介于 D 指数和 K 指数之间，显然选择 M 指数更为合意。根据 M 指数与 K 指数的比例关系，可以把 D 指数看作是 K 指数的改进形式。它介于 D 指数与 K 指数之间，使累进性测度更为稳健，修正了 K 指数对比例税收过于敏感的不足，同时由于其中 M 指数对不同税种具有可加性也反映了这一稳健特征。计算上 M 指数只要一次排序并在税前收入基尼系数来源分解的算法框架内给出贡献率和平均税率，作为两者的差值即税收关于税前收入基尼系数的边际效应，它与总体平均税率具有线性关系，并赋予税收累进性新的经济含义：税收对税前收入基尼系数的贡献率大于平均税率。

第四节　中国城镇居民收入和地区国民收入的税收累进性分析

一　城镇居民收入的广义税负累进性

下面以 1985—2012 年中国城镇居民按收入等级分的平均总收入（2013 年起城乡一体化住户调查实施后该指标不再统计）、平均可支配收入数据对个人收入广义税负的税收累进性测度为例，说明四种指数的关系同时揭示中国城镇居民个人收入宏观税负的变化趋势。基础数据来自相应年度《中国统计年鉴》，城镇居民按最低收入户（10%）、低收入户（10%）、中等偏下收入户（20%）、中等收入户（20%）、中等偏上收入户（20%）、高收入户（10%）、最高收入户（10%）分为七组。用前面介绍的计算公式，将户数份额作为人口份额得到了表7.1的结果。同时为了方便对各年度税收累进性测度动态变化的观察，图7.1还给出了四种测度值的动态变化曲线。

由表7.1可以发现中国城镇居民可支配收入即税后收入的基尼系数从1985—1994年持续增大，说明当时实行的收入分配政策使收入分配的公平性有所降低。1995年有所回落，但随后的1996—2005年十年间可支配收入基尼系数进一步增大，2006年以来总体又出现一定程度的回落；城镇居民收入宏观税负的税率（平均税率）呈现出"U"形变化，说明中国税制改革正处于一个转型期。从表7.1的计算结果及图7.1可以看到，中国城镇居民收入的广义税负只有2002—2008年是累进的，其余年度都是累退的。

表7.1　中国城镇居民按收入分组1985—2012年广义税负的税收累进性测度

指标年度	税前收入基尼系数	税后收入基尼系数	税收集中度指数	税收贡献	平均税率	D指数	M指数	K指数	S指数
1985	0.1608	0.1634	0.1318	0.0673	0.0821	−0.0026	−0.0148	−0.0290	−0.0286
1986	0.1637	0.1658	0.1435	0.0807	0.0921	−0.0021	−0.0114	−0.0202	−0.0196
1987	0.1632	0.1666	0.1309	0.0753	0.0939	−0.0034	−0.0186	−0.0324	−0.0313
1988	0.1718	0.1750	0.1220	0.0430	0.0606	−0.0032	−0.0176	−0.0498	−0.0473
1989	0.1771	0.1804	0.1444	0.0744	0.0912	−0.0033	−0.0168	−0.0327	−0.0308
1990	0.1733	0.1772	0.1354	0.0723	0.0925	−0.0039	−0.0202	−0.0379	−0.0371
1991	0.1644	0.1677	0.1345	0.0802	0.0981	−0.0033	−0.0179	−0.0300	−0.0282
1992	0.1801	0.1848	0.1377	0.0769	0.1005	−0.0047	−0.0237	−0.0424	−0.0405
1993	0.1988	0.2047	0.1427	0.0681	0.0948	−0.0059	−0.0268	−0.0561	−0.0548
1994	0.2114	0.2149	0.1770	0.0769	0.0918	−0.0035	−0.0150	−0.0345	−0.0330
1995	0.2046	0.2083	0.1673	0.0751	0.0918	−0.0038	−0.0167	−0.0373	−0.0366
1996	0.2046	0.2088	0.1652	0.0777	0.0962	−0.0042	−0.0185	−0.0394	−0.0381
1997	0.2188	0.2194	0.1133	0.0028	0.0054	−0.0006	−0.0026	−0.1056	−0.0995
1998	0.2261	0.2266	0.1291	0.0034	0.0060	−0.0006	−0.0026	−0.0970	−0.0893
1999	0.2338	0.2343	0.1436	0.0036	0.0058	−0.0005	−0.0022	−0.0902	−0.0826
2000	0.2448	0.2451	0.1962	0.0046	0.0058	−0.0003	−0.0011	−0.0486	−0.0388
2001	0.2559	0.2562	0.2060	0.0055	0.0068	−0.0003	−0.0013	−0.0499	−0.0396
2002	0.3077	0.3057	0.3410	0.0644	0.0581	0.0021	0.0063	0.0332	0.0313

第七章 税收累进性测度的改进：方法、比较和应用　127

续表

指标 年度	税前收入 基尼系数	税后收入 基尼系数	税收集 中度指数	税收贡献	平均税率	D 指数	M 指数	K 指数	S 指数
2003	0.3179	0.3154	0.3529	0.0723	0.0652	0.0024	0.0072	0.0351	0.0375
2004	0.3256	0.3227	0.3638	0.0784	0.0702	0.0029	0.0082	0.0382	0.0430
2005	0.3309	0.3280	0.3671	0.0817	0.0736	0.0029	0.0081	0.0362	0.0388
2006	0.3272	0.3247	0.3585	0.0831	0.0759	0.0026	0.0073	0.0313	0.0358
2007	0.3224	0.3208	0.3418	0.0801	0.0755	0.0016	0.0045	0.0194	0.0245
2008	0.3299	0.3284	0.3486	0.0800	0.0758	0.0015	0.0043	0.0187	0.0237
2009	0.3218	0.3229	0.3103	0.0859	0.0891	−0.0011	−0.0032	−0.0114	−0.0087
2010	0.3154	0.3165	0.3042	0.0880	0.0913	−0.0011	−0.0033	−0.0113	−0.0102
2011	0.3154	0.3166	0.3030	0.0867	0.0903	−0.0012	−0.0035	−0.0124	−0.0111
2012	0.3022	0.3032	0.2926	0.0858	0.0886	−0.0009	−0.0028	−0.0096	−0.0086

注：税前收入是指城镇居民的总收入，税后收入是指城镇居民的可支配收入，税收等于两者的差即为城镇居民的广义税负。

1985—2012 年的 28 年来，四种测度累进性的指数都具有相同的符号，说明它们对城镇居民收入广义税负的累进性判断是一致的。除 2002 年，S 指数都大于 K 指数，而 K 指数的绝对值大于 M 指数的绝对值、M 指数的绝对值大于 D 指数的绝对值却总是成立。从累进性指数的增减性来看，四种指数的变化具有较好的一致性，其中 S 指数与 K 指数、D 指数与 M 指数除极个别年度增、减变化趋势基本上保持一致。此外，从图 7.1 可以明显地发现，M 指数比 K 指数、S 指数更为稳健。特别在 D 指数接近于 0 即比例税收时，K 指数、S 指数会更倾向于放大累进性或累退的结果。

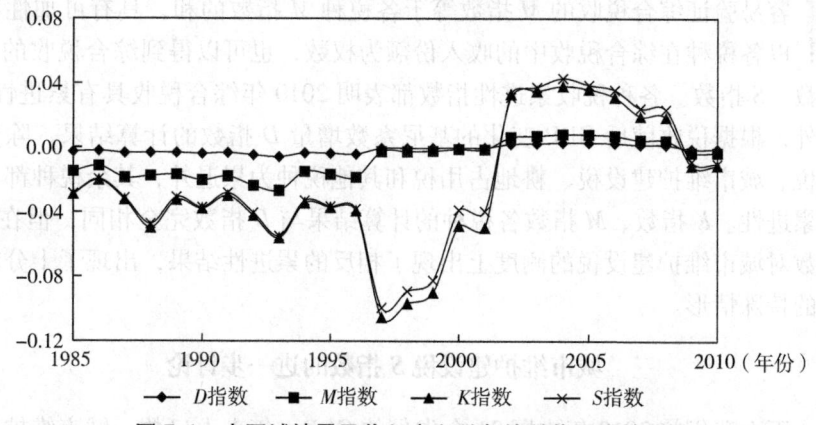

图 7.1　中国城镇居民收入广义税负的税收累进性曲线

二 地区国民收入的各项税收的累进性

下面考察各种税收累进性测度指数关于截面数据的适用性。这里使用了2010年中国31个省份的国内生产总值（GRP）、财政收入中预算的各税种分项收入数据（不同于实际发生数）、年末人口数的数据，这些数据直接取自《中国统计年鉴（2012）》。表7.2给出地区国民收入（以GDP为代理变量）地方税收各税种的累进性测度，它们分别由D指数、M指数、K指数和S指数计算得到。

表7.2 中国2010年地区国民收入（GDP）地方税收各税种的累进性测度

税种	D指数	M指数	K指数	S指数	税种	D指数	M指数	K指数	S指数
总税收	0.0083	0.0343	0.1040	0.1273	印花税	0.0002	0.0008	0.1506	0.1728
增值税	0.0010	0.0045	0.0852	0.0996	地用税	0.0001	0.0005	0.0499	0.0376
营业税	0.0023	0.0100	0.0904	0.1172	地增税	0.0005	0.0021	0.1661	0.1884
企得税	0.0025	0.0108	0.2111	0.2482	车船税	0.0000	0.0001	0.0215	0.0235
个得税	0.0010	0.0043	0.2179	0.2612	耕地税	-0.0003	-0.0012	-0.1377	-0.1428
资源税	-0.0002	-0.0010	-0.2281	-0.2533	契税	0.0007	0.0029	0.1159	0.1377
城建税	-0.00005	-0.0002	-0.0122	0.0035	其他	-0.0001	-0.0006	-0.7816	-0.7030
房产税	0.0003	0.0015	0.1646	0.1875					

注：这里国内增值税简称增值税，企得税、个得税即企业所得税、个人所得税；城建税、地用税、地增税、耕地税即城市维护建设税、城镇土地使用税、土地增值税和耕地占用税；其他表示除以上之外的其他税收。

容易验证综合税收的M指数等于各税种M指数的和，具有可加性特征；以各税种在综合税收中的收入份额为权数，也可以得到综合税收的K指数、S指数。各种税收累进性指数都表明2010年综合税收具有累进性。此外，根据税收前后GDP变化的基尼系数增量D指数的计算结果，除资源税、城市维护建设税、耕地占用税和其他税种为累退外，其余税种都具有累进性。K指数、M指数各税种的计算结果与D指数完全相同，但在S指数对城市维护建设税的测度上出现了相反的累进性结果，出现了十分罕见的特殊情形。

三 城市维护建设税S指数的进一步讨论

下面我们将2010年中国31个省份的GDP、年末人口数、城市维护建设税列于表 7.3，对该税种的累进性测度展开进一步的讨论。

表 7.3　　2010 年城市维护建设税累进性分析的基础数据

单位：亿元、万人、%

地区	GDP	年末人口	城建税	地区	GDP	年末人口	城建税
北京	14113.58	1961.90	80.00	湖北	15967.61	5727.91	50.49
天津	9224.46	1299.29	37.40	湖南	16037.96	6570.10	62.01
河北	20394.26	7193.60	64.30	广东	46013.06	10440.96	135.97
山西	9200.86	3574.11	47.39	广西	9569.85	4610.00	29.67
内蒙古	11672.00	2472.18	44.59	海南	2064.50	868.55	9.42
辽宁	18457.27	4374.90	71.62	重庆	7925.58	2884.62	34.94
吉林	8667.58	2746.60	26.30	四川	17185.48	8044.92	66.61
黑龙江	10368.60	3833.40	43.89	贵州	4602.16	3478.94	29.18
上海	17165.98	2302.66	87.66	云南	7224.18	4601.60	67.66
江苏	41425.48	7869.34	164.81	西藏	507.46	300.72	1.87
浙江	27722.31	5446.51	143.06	陕西	10123.48	3735.23	50.22
安徽	12359.33	5956.71	54.40	甘肃	4120.75	2559.98	21.22
福建	14737.12	3693.00	43.11	青海	1350.43	563.00	5.69
江西	9451.26	4462.25	30.75	宁夏	1689.65	632.96	8.10
山东	39169.92	9587.86	130.74	新疆	5437.47	2185.11	31.84
河南	23092.36	9405.47	61.35	平均税率		5.31	

K 指数和 S 指数与基尼系数一样，都有着十分直观的几何意义。基尼系数是单位正方形中的收入洛伦兹曲线与对角线形成区域面积的两倍，就组数据而言，收入洛伦兹曲线的横纵坐标分别为收入分布函数与累计收入份额，收入分布函数对应于按组平均收入递增排序的累计人口份额。K 指数是分别以累计税收份额、累计收入份额为纵坐标，累计人口份额为横坐标两曲线定义的集中度指数与基尼系数差值（见图 7.2 的 GDP 曲线和城建税曲线）。当城建税曲线位于 GDP 曲线下方时，K 指数大于 0 说明城建税具有累进性、小于 0 累退、等于 0 是比例的。从图 7.2 可以看出两条曲线交错在一起，不易直接判断其累进性。通过计算结果 K 指数为 -0.0122，说明是累退的，只是累退性相当微弱。

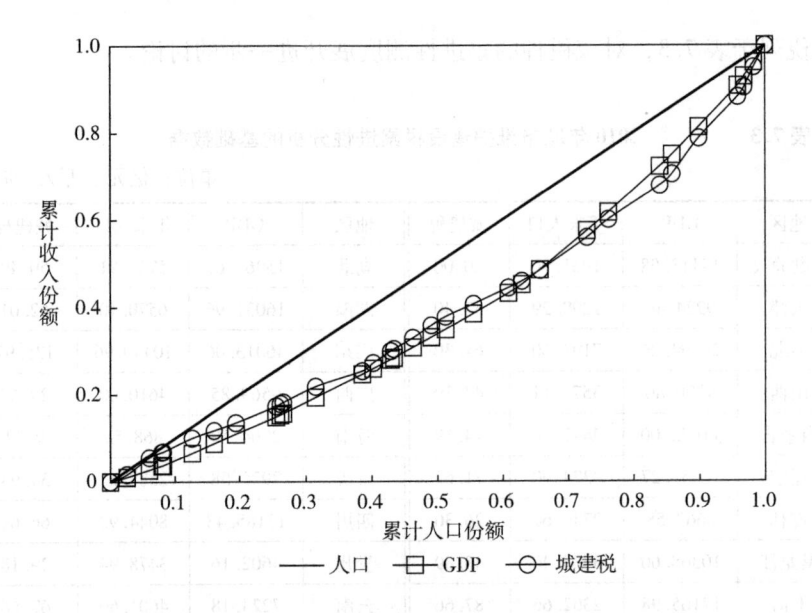

[图 7.2 城建税累进性的 K 指数测度]

从城建税曲线可以看到，城建税直到累计人口份额等于 62.93% 之时都表现为略微的累退性，累计人口份额 65.70% 开始才具备一定的累进性，但总体上 K 指数小于 0。由于测度城建税前后的国民收入基尼系数变化的 D 指数也是小于 0，即基尼系数增加，因此可以认为 K 指数的测度是正确的。

S 指数类似于基尼系数的定义，它以累计收入份额作为横坐标，对应的城建税收份额为纵坐标构造城建税曲线，收入 GDP 成为单位正方形的对角线（见图 7.3）。根据具体的数值可以发现，在直到累计收入份额等于 45.15%（累计人口份额等于 62.93%）之时城建税是累退的，累计收入份额等于 48.53%（累计人口份额等于 65.70%）开始才具备一定的累进性，虽然转折点对于累计人口份额都是一样的，但 S 指数中城建税曲线的横坐标为累计收入份额，即横坐标等于 48.53% 就开始转折，早于 K 指数的 65.70%，因此出现了 S 指数大于 K 指数且一正一负的异象。如果 K 指数的累退性判断是正确的话，那么就完全可以认为由 Suits 定义的税收累进性测度存在缺陷。当然这种评判最终要回到税收前后基尼系数的变化上来，即收入不平等状况是否得到改善？这里的城建税情形正是收入不平等出现略微的恶化，但 S 指数却等于 0.0035 给出了累进性的判断。

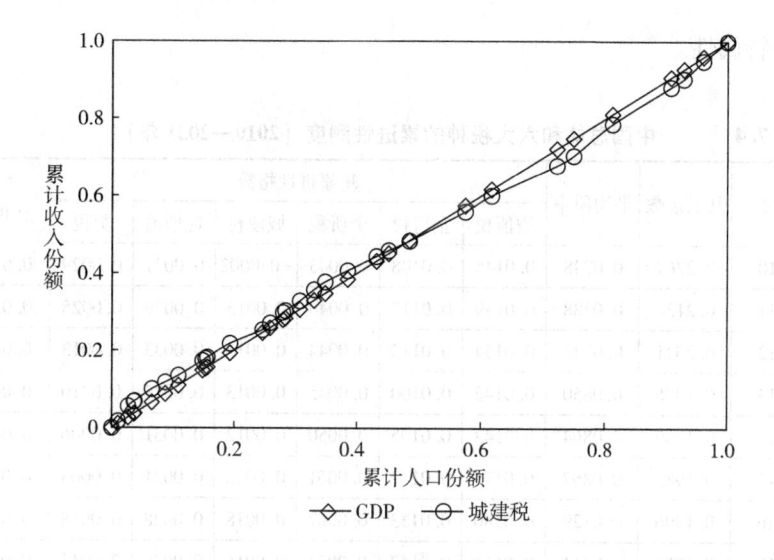

第七章 税收累进性测度的改进：方法、比较和应用　131

图 7.3　城建税累进性的 S 指数测度

在大多数关于税收累进性的实证研究中，出现 S 指数与 K 指数计算的结果符号相反的情形只有在税收总体接近比例时才会产生。由于在同时分析多个税种的累进性时，S 指数、K 指数和 M 指数能够极大地简化 D 指数的计算，因此各种税收累进性的测度方法受到了不少研究者的追捧，只是当 S 指数很小时要注意不同测度的参照和比较。城建税累进性测度的事例表明，K 指数要优于 S 指数，因为它更能体现税收在收入分配过程中调整社会公平的基本原则。

本书提出的基于相对边际效应的 M 指数，脱胎于税收收入对基尼系数的边际贡献，不仅与 K 指数的符号完全一致，而且作为多税种累进性测度具有可加性，它的绝对值小于 K 指数的绝对值，表现得更为稳健，因此明显优于 K 指数。考虑到 S 指数可能存在的缺陷，在各种税收累进性的测度中 M 指数有其独特的优势。

下面我们利用《中国统计年鉴》各年度分地区一般公共预算收入2010—2021 年的数据，计算各年度主要税种国内增值税（2010—2016 年营业税并入）、企业所得税、个人所得税、城市维护建设税（以下简称城建税）、土地增值税、契税税收累进性 M 指数（其余税种都归入其他税收），以各省 GRP 为宏观收入，人数取年末人口数。计算结果列入表 7.4，同时计算省域宏观收入基尼系数和平均税率。通过图 7.4 给出了六大税种累进性对整体税收累进性的叠加效果，展示了 M 指数具有可加性的独特属性。

表 7.4　中国总体和六大税种的累进性测度（2010—2021 年）

年度	基尼系数	平均税率	M 累进性指数						总体 M 指数
			增值税	企得税	个所税	城建税	地增值	契税	
2010	0.2267	0.0748	0.0145	0.0108	0.0043	-0.0002	0.0021	0.0029	0.0343
2011	0.2134	0.0788	0.0139	0.0117	0.0046	0.0013	0.0029	0.0025	0.0371
2012	0.2041	0.0748	0.0154	0.0113	0.0044	0.0015	0.0033	0.0013	0.0368
2013	0.1996	0.0850	0.0142	0.0100	0.0045	0.0013	0.0029	0.0010	0.0336
2014	0.1969	0.0864	0.0142	0.0105	0.0050	0.0012	0.0031	0.0006	0.0336
2015	0.1985	0.0867	0.0175	0.0117	0.0061	0.0016	0.0021	0.0008	0.0367
2016	0.1996	0.0829	0.0180	0.0133	0.0067	0.0018	0.0028	0.0018	0.0413
2017	0.1976	0.0811	0.0161	0.0147	0.0074	0.0016	0.0038	0.0014	0.0402
2018	0.1935	0.0830	0.0164	0.0146	0.0081	0.0016	0.0029	0.0016	0.0411
2019	0.1966	0.0781	0.0149	0.0123	0.0062	0.0014	0.0031	0.0016	0.0347
2020	0.1932	0.0738	0.0138	0.0124	0.0072	0.0014	0.0038	0.0032	0.0365
2021	0.1939	0.0736	0.0140	0.0134	0.0077	0.0013	0.0040	0.0022	0.0382

注：这里国内增值税简称增值税，企得税、个得税即企业所得税、个人所得税；城建税、地增税即城市维护建设税和土地增值税。

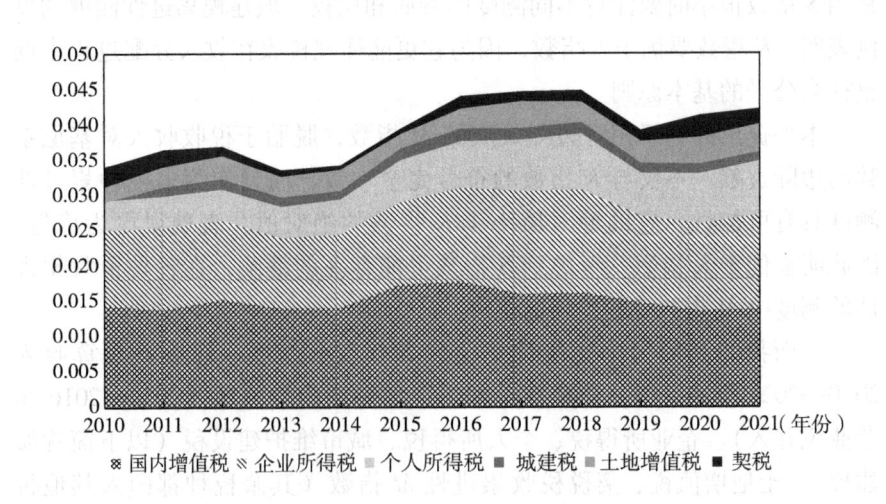

图 7.4　中国六大税种的累进性测度

从表 7.4 的计算结果可以发现，除 2010 年城市维护建设税具有累退性外，各主要税种和总体税收都具有累进性。2010—2021 年收入基尼系数呈现总体下降的趋势，税收累进性则呈现总体上升的趋势。从六大税种看，国内增值税对税收累进性的贡献最大，企业所得税、个人所得税、土地增值税的税收累进性都呈现出总体的上升趋势。根据 M 指数的可加性，整体税收的累进性扣除六大税种累进性可以得到其余税种的累进性 M 指数，除去 2011 年它们都是累退的（各年数值都较小）。

第八章 税收累进性 M 指数的方差估计及其应用

本章导读

研究目的：给出税收累进性 M 指数的方差估计。

研究方法：构造 U-统计量，渐近正态分布法、辅助向量估计法。

研究发现：税收累进性 K 指数、S 指数和 M 指数都是 U-统计量函数，存在渐近正态分布。分税制以来实施的若干税制改革都显著改进了中国税收的累进性。

研究创新：提出税收累进性 M 指数的方差估计方法，给出 S 指数的 U-统计量表达式。

研究价值：为税收累进性 K 指数、S 指数、M 指数（都是纯小数）是否显著异于 0 提供检验方法。

关键词：税收累进性 M 指数；U-统计量；方差估计

税收累进性 M 指数是由国内学者根据税收关于税前收入基尼系数相对边际效应提出的一种税收累进性测度（戴平生，2014）。M 指数从经济学角度解释了税收累进性为税收对税前收入基尼系数的贡献率与平均税率之差。即当该贡献率大于平均税率时税收是累进的，当其小于平均税率时税收是累退的，当其等于 0 时税收是成比例的。同时，M 指数对不同税项具有可加性，十分方便对整个税收累进性进行结构性分析，可以给出不同税种在累进性中贡献程度。M 指数大于 0 意味着相对边际效应大于 0，即税收有利于收入不平等的改善。由于 M 指数与其他传统的税收累进性 K 指数（Kakwani，1977）和 S 指数（Suits，1977）等测度值通常都为纯小数，实证分析中需要知道它们在统计意义上是否真正异于 0，以及不同时期或不同区域的税收累进性之间是否存在显著差异。因此知道税收累进性指数的分布是以正态分布为极限的，在大样本情况下就可以用正态分布来近似,这对区域的财税政策、税收改革评价有着十分重要的意义。

由于 M 指数本质上是税收对基尼系数的相对边际效应,从理论上得到它的渐近正态分布性质就可以在若干领域对基尼系数的相对边际效应进行统计推断,对宏观或微观社会经济现象不同来源、不同组群在区域收入或者资源配置不平等方面的影响进行分析。例如,对产业集中度、转移支付财力均等化、旅游改善收入不平等诸多研究都提供了一种推断检验方法。基尼系数相对边际效应的研究在国内外学者中屈指可数,从 Lerman 和 Yitzhaki 1983 年在其工作论文中提出以来更多的是具体的应用(该文正式发表于 1985 年),他们将某一收入来源增长引起收入基尼系数的相对变化率定义为该项来源关于收入基尼系数的相对边际效应。若其相对边际效应大于 0,则该项来源的增长趋向于缩小收入差距;若相对边际效应小于 0,则趋向于扩大收入差距。不仅各种来源的相对边际效应之和等于 0,国内学者后来由于改进税收累进性测度又发现相对边际效应具有可加性(戴平生,2014)。因此,对 M 指数的方差估计可以推进基尼系数相对边际效应统计推断的研究。

本章的主要贡献体现在以下四个方面:一是给出了 M 指数的渐近正态分布性质,获得基尼系数相对边际效应的推断检验。二是极大地简化了 Arcarons 和 Calonge(2015)在税收累进性 S 指数中对 U-统计量的探寻,直接给出 M 指数、K 指数和 S 指数辅助向量公式,使它们的方差估计变得十分便捷。三是给出计算 K 指数和 S 指数的协方差表达式,利用回归系数法估计它们的标准差。四是将文献中仅限于个体数据应用的方法拓展到分组数据,从而有助于使用统计年鉴的宏观数据进行财税政策分析。本章安排如下:第一节对相关研究的文献进行综述,第二节推导税收累进性 M 指数的渐近分布估计其方差,第三节使用《中国税务年鉴》的真实数据进行实证分析,在此基础上给出结论。

第一节 文献综述

税收累进性 M 指数、K 指数和 S 指数都脱胎于以基尼系数为特例的集中度指数。基尼系数对应以累计人口份额为横坐标、累计收入份额为纵坐标的洛伦兹曲线(根据人均收入递增排序),而 S 指数是在此基础上,以累计税前收入份额为横坐标、累计税收份额为纵坐标类比洛伦兹曲线的集中度指数;K 指数是税收集中度指数与税前收入基尼系数之差来定义的，M 指数则是税收关于税前收入基尼系数的相对边际效应。因此，对税收累进性指数的方差估计通常可以从基尼系数或集中度指数入手。

一 U-统计量法

基尼系数源于测度数据离散程度的基尼平均差，是基尼平均差除以两倍收入均值。如果通过样本可以分别估计基尼平均差和收入均值两者的方差，那么通过一阶泰勒展开在大样本情况下就可以估计基尼系数的方差。Langel 和 Tillé（2013）对多种估计基尼系数或基尼平均差方差的做法进行了分析评论，他们把这些研究分为三个大的主要方向：调查抽样方法、稳健统计方法和经济学方法。按本章的思路这里只关注那些与估计税收累进性方差关系较为密切的做法，如基尼平均差、U-统计量、回归系数和重抽样等方法进行必要的评述和讨论。基尼平均差的方差估计可以追溯到 Nair 的研究（1936），Glasser（1962）给出基尼平均差和集中度指数的方差公式；基尼平均差、均值关于样本都满足对称性分别为一阶、二阶的 U-统计量，可以利用 U-统计量函数的渐近正态分布进行方差的估计（Hoeffding, 1948）。Schechtman 和 Yitzhaki（1985）利用 U-统计量讨论基尼相关系数的渐近正态分布性质，其中的基尼相关系数等于基尼系数 G_x 与集中度指数 C_y 的比值。Bishop 等（1998）在该研究的基础上归纳出一类基于基尼系数的税收累进性的推断检验，他们把税收累进性 K 指数作为该类指数的一种特例，因为它等于税收集中度指数 C_y 与税前收入基尼系数 G_x 之差。Arcarons 和 Calonge（2015）构造了一个税收累进性 S 指数的 U-统计量，从而获得其渐近正态分布的性质及其方差估计。

二 回归系数法

构造线性回归方程是通过估计回归方程的系数获得一类集中度指数及其相应标准差（Kakwani et al., 1997），该方法对基尼系数也适用。税收累进性 K 指数等于集中度指数与基尼系数之差，可以构造出一个线性回归方程对其参数进行估计并获得相应方差。

不妨设 n 个研究单元（如中国的 31 个省级行政区）的人均收入按递增排序为 $x_1 \leqslant x_2 \leqslant \cdots \leqslant x_n$，对应单元的人口数为 q_1，q_2，$\cdots$，q_n；记 q、S_x 分别为总人口数、总税前收入，即 $q = q_1 + q_2 + \cdots + q_n$ 和 $S_x = q_1 x_1 + q_2 x_2 + \cdots + q_n x_n$；记 $p_i = q_i/q$ 为第 i 个单元在总人口中的人口份额，F_i、L_i 分别是累计至第 i 组的累计人口份额、累计收入份额（$F_0 = 0$，$F_i = p_1 + p_2 + \cdots + p_n$，$L_0 = 0$，$L_i = (q_1 x_1 + q_2 x_2 + \cdots + q_n x_n)/S_x$，$i = 1, 2, \cdots, n$）；对应人均税收记

为 t_1，t_2，$\cdots$，t_n，总税收收入记为 $S_t = q_1 t_1 + q_2 t_2 + \cdots + q_n t_n$。由收入份额法可以得到税前收入基尼系数和税收集中度指数的协方差表达式（戴平生，2013）：

$$G_x = Cov\left(\frac{x}{\bar{x}}, \omega\right), \quad C_t = Cov\left(\frac{t}{\bar{t}}, \omega\right), \quad \bar{x} = \frac{S_x}{q}, \quad \bar{t} = \frac{S_t}{q} \tag{8.1}$$

式（8.1）中，$\omega_i = F_i + F_{i-1} - 1$（$i = 1, 2, \cdots, n$），满足 $\omega_1 p_1 + \cdots + \omega_n p_n = 0$。构造回归方程：

$$\sigma_\omega^2 \left(\frac{t_i}{\bar{t}} - \frac{x_i}{\bar{x}}\right)\sqrt{p_i} = \alpha\sqrt{p_i} + \beta\omega_i\sqrt{p_i} + \varepsilon_i \tag{8.2}$$

式（8.2）中 σ_ω^2 为 $\{\omega_i, i = 1, 2, \cdots, n\}$ 的方差。由残差平方和最小可以得到参数估计：

$$\hat{\beta} = Cov\left(\frac{t}{\bar{t}} - \frac{x}{\bar{x}}, \omega\right) = C_t - G_x = K$$

对于税收累进性 S 指数，以累计税前收入份额为横坐标、累计税收收入份额为纵坐标的类比洛伦兹曲线，通过几何算法可以得到：

$$S = \sum_{i=1}^n \frac{q_i t_i}{S_t}(L_i + L_{i-1} - 1) = \sum_{i=1}^n \frac{q_i x_i}{S_x}\left(\frac{t_i/x_i}{S_t/S_x}\right)\omega_i^* = Cov\left(\frac{t/x}{S_t/S_x}, \omega^*\right) \tag{8.3}$$

式（8.3）中，$\omega_i^* = L_i + L_{i-1} - 1$（$i = 1, 2, \cdots, n$），它满足 $\omega_1^* x_1 q_1 + \cdots + \omega_n^* x_n q_n = 0$。我们注意到 S 指数的协方差公式由两个因素构成：一个因素是各研究单元平均税率与总体平均税率的比值，另一个因素是累计税前收入份额形成的组合系数。因此，可构造以下回归方程：

$$\sigma_{\omega^*}^2 \cdot \left(\frac{t_i/x_i}{S_t/S_x}\right)\sqrt{\frac{q_i x_i}{S_x}} = \alpha\sqrt{\frac{q_i x_i}{S_x}} + \beta\omega_i^*\sqrt{\frac{q_i x_i}{S_x}} + \varepsilon_i \tag{8.4}$$

式（8.4）中，$\sigma_{\omega^*}^2$ 为 $\{\omega_i^*, i = 1, \cdots, n\}$ 的方差。由残差平方和最小就可以得到税收累进性 S 指数的参数估计，获得估计值的标准差。

三　重抽样方法

通过构造相应的回归方程得到税收累进性的方差估计，由于回归模型中含有数据的求和、平均使得各观测值的独立性受到一定程度的影响，估计值可能出现一定程度的偏离。为弥补这一缺陷，Kakwani 等（1997）在其论文的附录中提供了一种集中度指数按一阶泰勒公式展开的方差估计方法。随着计算机技术的发展，一些学者利用 Quenouille（1949）提出的刀切法（Jackknife）和 Efron（1979）的自助法（bootstrap），通过重抽样估计税收累进性指数的方差（Yitzhaki，1991；Mills and Zandvakili，1997；Xu，2000）。

税收累进性 M 指数没有单纯的协方差表达形式，无法参照 K 指数、S 指数那样通过构建回归方程获得方差估计。但 M 指数也是一种基于基尼系数的税收累进性指数，它可转化为集中度指数与均值的函数，而集中度指数和均值都可以用 U-统计量来表示（集中度指数包含了基尼系数）。因此，M 指数的方差估计可以使用 U-统计量法，或者使用重抽样方法。

第二节 税收累进性 M 指数的方差估计

税收累进性指数的方差估计有非参数方法和参数方法。非参数方法目前人们更多地采用更适合非线性变化的 Bootstrap 重抽样技术，而参数方法则需要找出税收累进性的分布或渐近分布。M 指数、K 指数、S 指数如果能获得相应的渐近正态分布，那么就方便处理不同时点和不同区域的测度比较，因此选择参数方法有其独特的优势。

沿用本章第一节的变量及指标符号，下面先给出 M 指数的计算公式：

$$M = s(t) - \frac{S_t}{S_x}, \quad s(t) = \frac{\sum q_i t_i \omega_i}{\sum q_i x_i \omega_i} \tag{8.5}$$

即税收累进性 M 指数等于税收对税前收入基尼系数的贡献率减去平均税率。M 指数对各个税项具有可加性，且与 K 指数（Kakwani，1977）具有相同符号。一些学者发现 K 指数和 S 指数在部分税前税后收入基尼系数相差很小的情况下变化十分敏感，有时还出现符号相反的情形（李香菊和祝丹枫，2016）。而 M 指数的符号与税收关于税前收入基尼系数的相对边际效应保持一致，作为测度具有更为稳健的性质。

下面具体讨论税收累进性 M 指数的方差估计问题。将式（8.1）略作变形就可以得到下面的表达形式：

$$M = \frac{S_t C_t}{S_x G_x} - \frac{S_t}{S_x} = \frac{\bar{t} C_t}{\bar{x} G_x} - \frac{\bar{t}}{\bar{x}} = \frac{\bar{t}}{\bar{x} G_x} K \tag{8.6}$$

式（8.6）表明税收累进性 M 指数是均值与集中度指数的函数。下面先引进两个 U-统计量 $\theta_x = \sum_{i,j}(x_i - x_j) I_{(x_i > x_j)} p_i p_j$ 和 $\theta_t = \sum_{i,j}(t_i - t_j) I_{(x_i > x_j)} p_i p_j$，其中：

$$I_{(x_i>x_j)} = \begin{cases} 1 & \text{如果 } x_i > x_j \\ 0 & \text{如果 } x_i = x_j \\ -1 & \text{如果 } x_i < x_j \end{cases}$$

组数据可以看作将个体数据进行归并的结果。这里是将 Bishop 等（1998）研究中的个体数据替换为组数据，把 $q(q-1)$ 变为 q^2（不会影响渐近性质）。显然 θ_x 就是组数据的基尼平均差，θ_t 是在基尼平均差的基础上由成对随机变量定义的。于是基尼系数和集中度指数被分别表示为 $G_x = \theta_x/2\bar{x}$、$C_t = \theta_t/2\bar{t}$ 及税收累进性指数 $K = \theta_t/2\bar{t} - \theta_x/2\bar{x}$ 和 $M = \theta_t/\theta_x - \bar{t}/\bar{x}$。在 $x_1 \leq x_2 \leq \cdots \leq x_n$ 的递增排序假定下，以上两个 U-统计量可以表示为：

$$\theta_x = 2\sum_{i=1}^{n}\sum_{j=1}^{i}(x_j - x_i)p_i p_j \tag{8.7}$$

$$\theta_t = 2\sum_{i=1}^{n}\sum_{j=1}^{i}(t_i - t_j)p_i p_j \tag{8.8}$$

对于税收累进性 S 指数，Arcarons 和 Calonge（2015）给出的 U-统计量过程相当复杂，其实根据税收累进性 S 指数的定义，利用几何算法可以大大简化其中的过程。即从 $S = \sum_{i=1}^{n}\frac{q_i t_i}{S_t}(L_i + L_{i-1} - 1)$ 可以导出：

$$S = \sum_{i=1}^{n}\frac{q_i t_i}{S_t}\left(2L_i - \frac{q_i x_i}{S_x}\right) - 1 = \sum_{i=1}^{n}\left(2t_i\sum_{j=1}^{i}x_j p_i p_j - t_i x_i p_i p_i\right)/(\bar{x} \times \bar{t}) - 1 \tag{8.9}$$

这样就引入了第三个 U-统计量：

$$\theta_z = \sum_{i=1}^{n}\left(2\sum_{j=1}^{i}t_i x_j p_i p_j - t_i x_i p_i^2\right) \tag{8.10}$$

于是，就有 $S = \frac{\theta_z}{(\bar{x} \times \bar{t})} - 1$。由于 $\bar{x}$ 和 $\bar{t}$ 本身就是 U-统计量，因此 M、K、S 都是 U-统计量的函数，它们都收敛于正态分布函数（Bishop et al., 1998; Arcarons and Calonge, 2015）。这样税收累进性指数可以通过渐近正态分布，获得各自方差的近似估计。但由于上述引入的三个 U-统计量都是二阶的，要估计这些指数的协方差矩阵需要计算繁杂的三阶的样本 U-统计量。为了避免类似于 Bishop 等（1998）论文中的烦琐计算，下面通过一阶泰勒展开计算各个税收累进性关于 U-统计量函数的方差。总体税收累进性 M 指数的微分形式为：

$$dM = \frac{\mu_t}{\mu_x^2}d\mu_x - \frac{1}{\mu_x}d\mu_t - \frac{\theta_t}{\theta_x^2}d\theta_x + \frac{1}{\theta_x}d\theta_t \tag{8.11}$$

于是,可得(Arcarons and Calonge,2015):

$$\sqrt{n}(\hat{M}-M) \xrightarrow{d} N\left[0, \ \sigma_M^2 \equiv \frac{\partial M}{\partial \boldsymbol{\theta}_M} \Sigma \left(\frac{\partial M}{\partial \boldsymbol{\theta}_M}\right)'\right] \tag{8.12}$$

式 (8.12) 中,向量:$\boldsymbol{\theta}_M = (\mu_x, \mu_t, \theta_x, \theta_t)$,$\frac{\partial M}{\partial \boldsymbol{\theta}_M} = \left(\frac{\mu_t}{\mu_x^2}, -\frac{1}{\mu_x}, -\frac{\theta_t}{\theta_x^2}, \frac{1}{\theta_x}\right)$。我们还有:

$$\sqrt{n}(\hat{K}-K) \xrightarrow{d} N\left[0, \ \sigma_K^2 \equiv \frac{\partial K}{\partial \boldsymbol{\theta}_K} \Sigma \left(\frac{\partial K}{\partial \boldsymbol{\theta}_K}\right)'\right], \sqrt{n}(\hat{S}-S) \xrightarrow{d} N\left[0, \ \sigma_S^2 \equiv \frac{\partial S}{\partial \boldsymbol{\theta}_S} \Sigma\right.$$
$$\left.\left(\frac{\partial S}{\partial \boldsymbol{\theta}_S}\right)'\right] \Rightarrow n v\hat{a}r(M) = \frac{\bar{t}^2}{q\bar{x}^4} v\hat{a}r(x) + \frac{1}{q\bar{x}^2} v\hat{a}r(t) + \frac{\theta_t^2}{\theta_x^4} v\hat{a}r(\theta_x) + \frac{1}{\theta_x^2} v\hat{a}r(\theta_t) - \frac{2\mu_t}{\mu_x^3} c\hat{o}v$$
$$(x, t) - \frac{2\mu_t \theta_t}{\mu_x^2 \theta_x^2} c\hat{o}v(x, \theta_x) + \frac{2\mu_t}{\mu_x^2 \theta_x} c\hat{o}v(x, \theta_t) + \frac{2\theta_t}{\mu_x \theta_x^2} c\hat{o}v(t, \theta_x) - \frac{2}{\mu_x \theta_x} c\hat{o}v(t, \theta_t) -$$
$$\frac{2\theta_t}{\theta_x^3} c\hat{o}v(\theta_x, \theta_t)$$

它等价于:

$$n v\hat{a}r(M) = var(\omega_M) = \sum_{i=1}^{n} \omega_i^2 p_i - \left(\sum_{i=1}^{n} \omega_i p_i\right)^2 \tag{8.13}$$

式 (8.13) 中:

$$\omega_M^i = -\frac{1}{\bar{x}} t_i + \frac{\bar{t}}{\bar{x}^2} x_i + \frac{1}{\theta_x} \theta_t^i - \frac{\theta_t}{\theta_x^2} \theta_x^i \Rightarrow \sigma_M^2 = \frac{1}{n} \sigma_{\omega_M}^2 \tag{8.14}$$

这里 $\theta_x^i = 2\sum_{j=1}^{i}(x_i - x_j)p_j$,$\theta_t^i = 2\sum_{j=1}^{i}(t_i - t_j)p_j$ 和 $\theta_z^i = 2\sum_{j=1}^{i} t_i x_j p_j - t_i x_i p_i$,它们都可以从三个 U-统计量中直接剥离出来。

Arcarons 和 Calonge (2015) 在实证中推荐了这一辅助向量方法,Kakwani 等 (1997) 在其附录中也给出了类似的集中度指数的方差估计。该辅助向量确实能极大地简化 Bishop 等 (1998) 的计算。对于税收累进性 K 指数、S 指数,也可以对方差进行类似的估计。对应的辅助向量为:

$$\omega_K^i = -\frac{\theta_t}{2\bar{t}^2} t_i + \frac{\theta_x}{2\bar{x}^2} x_i + \frac{1}{2\bar{t}} \theta_t^i - \frac{1}{2\bar{x}} \theta_x^i \tag{8.15}$$

$$\omega_S^i = -\frac{\theta_z}{\bar{x}^2 \bar{t}} x_i - \frac{\theta_z}{\bar{x} \bar{t}^2} t_i + \frac{1}{\bar{x}\bar{t}} \theta_z^i \tag{8.16}$$

税收累进性 M 指数、K 指数和 S 指数都服从渐近正态分布。表明在大样本条件下,可以用正态分布进行近似。它们近似地服从正态分布,一方面可以检验税收累进性指数是否异于 0（税收的效果是成比例的，不累退也不累进）；另一方面可以对不同时间、空间的税收累进性是否存在显著差异进行比较，这种检验对于讨论不同时期、不同区域税收政策改善区域收入不平等的作用效果显得十分重要。

第三节　中国分税制以来的财税政策评价

1994 年实行的分税制，在中国财税体制改革进程中具有重要的历史地位。有专家学者把改革开放以来 40 多年的中国税制改革划分为三个阶段：第一阶段是有计划的商品经济时期，时间为 1978—1993 年；第二阶段是社会主义市场经济初期，时间为 1994—2000 年；第三阶段是社会主义市场经济完善期，时间从 2001 年至今。我们可以考察财税改革过程中若干重大事件下的税收累进性变化。

税收作用通常体现在两个方面：一是产生财政收入为政府运行提供资金来源；二是实现二次分配增进社会群体与个人的收入公平。税收是否增进了社会公平，税收累进性指数可以对这一作用的方向和大小进行测度。利用《中国税务年鉴》各年的省级税收统计数据（不同于《中国统计年鉴》的预算数），以各省份行政单元的 GDP 为宏观收入（以省级行政区为社会群体单元），配合相应人口数可以计算税收累进性 M 指数、K 指数和 S 指数。这里采用 1993—2016 年的数据，主要讨论 1994 年分税制以来一些重要的税制改革对税收累进性的影响，因此除综合税收之外，还将计算分析增值税、消费税、营业税、企业所得税和个人所得税等主要税种的累进性分析它们的变化。其中，1993 年仍处于分税制改革前，增值税等税种的统计口径不同（1993 年外资企业的统一工商税尚未细分），将该年度税收数据也纳入研究的范围主要是观察分税制改革前后综合税收的累进性变化。此外，为保持税收统计口径的相对一致，从 1993—1997 年的总税收入中扣除教育费附加、国家能源交通重点建设基金、国家预算调节基金及其他收入。表 8.1 给出总税收三种税收累进性指数和标准差，同时还列出总税收前后宏观收入基尼系数和标准差。图 8.1 给出 1993—2016 年中国总体税收三种税收累进性的测度变化。同时为便于不同方法的比较，各年度税前税后基尼系数的相对变化率也标示在其中。

表 8.1　1993—2016 年税前税后基尼系数、M 指数、K 指数和 S 指数及其标准差（10^{-6}）

年份	M	σ_M	K	σ_K	S	σ_S	G_0	σ_0	G_1	σ_1
1993	0.0145	1.6280	0.0359	4.8012	0.0544	43.2578	0.2537	4.0916	0.2508	3.8444
1994	0.0282	1.9603	0.0706	6.7876	0.0955	48.5582	0.2597	4.2048	0.2538	3.8356
1995	0.0148	1.3976	0.0566	6.8418	0.0847	48.1139	0.2569	4.0489	0.2539	3.8258
1996	0.0343	1.8424	0.0904	7.3508	0.1171	49.2226	0.2537	3.9516	0.2455	3.5499
1997	0.0248	2.2559	0.0690	8.4814	0.0989	52.9304	0.2578	4.0757	0.2517	3.6789
1998	0.0371	2.0736	0.0943	8.0861	0.1229	52.3237	0.2624	4.2392	0.2524	3.7357
1999	0.0498	2.4755	0.1188	9.8426	0.1520	57.3604	0.2685	4.4660	0.2546	3.7929
2000	0.0707	2.6953	0.1513	10.8668	0.1868	58.2217	0.2577	4.0244	0.2374	3.2162
2001	0.0836	3.0031	0.1686	11.9012	0.2062	61.6786	0.2770	4.6256	0.2507	3.5626
2002	0.0873	2.9788	0.1705	11.6130	0.2064	60.1551	0.2694	4.3454	0.2425	3.3099
2003	0.0930	3.2136	0.1790	12.4250	0.2172	61.8766	0.2764	4.5091	0.2467	3.3766
2004	0.0974	3.2988	0.1760	11.9554	0.2122	60.2154	0.2716	4.3278	0.2407	3.1853
2005	0.0978	3.3590	0.1681	11.2512	0.2051	57.4142	0.2682	4.1190	0.2377	3.0457
2006	0.1010	3.5476	0.1641	11.0106	0.2004	55.8030	0.2653	3.9578	0.2336	2.9055
2007	0.1296	4.4391	0.1856	12.7217	0.2262	58.4810	0.2569	3.6642	0.2173	2.4920
2008	0.1292	4.0172	0.1788	11.1368	0.2157	53.0822	0.2446	3.2601	0.2081	2.2783
2009	0.1170	3.7599	0.1631	10.1035	0.1975	50.3960	0.2409	3.1578	0.2083	2.2845
2010	0.1241	3.3697	0.1589	8.5258	0.1884	45.2456	0.2267	2.7728	0.1947	1.9964
2011	0.1344	3.4564	0.1576	8.0835	0.1836	42.9171	0.2153	2.4836	0.1834	1.7735
2012	0.1368	3.4490	0.1479	7.2887	0.1709	4.01426	0.2077	2.3005	0.1781	1.6690
2013	0.1353	3.4046	0.1462	7.1747	0.1695	3.95683	0.2045	2.2258	0.1765	1.6380
2014	0.1365	3.5318	0.1466	7.3688	0.1710	3.99868	0.2033	2.1971	0.1762	1.6265
2015	0.1406	3.7810	0.1543	8.1385	0.1802	4.20852	0.2064	2.2638	0.1788	1.6725
2016	0.1374	3.6435	0.1599	8.4796	0.1878	4.34605	0.2097	2.3428	0.1803	1.7004

注：σ_M、σ_K、σ_S、σ_0、σ_1 分别表示税收累进性 M、K、S 和税前税后基尼系数 G_0、G_1 的标准差。由于各省份数据经过汇总求和在很大程度消除了个体数据的波动性，使在大的人口数下这些标准差极小保证了各种指数显著异于 0；下同。

显然三种税收累进性指数中，M 指数与税前税后基尼系数相对变化率曲线最为接近。相对变化率，等于税前基尼系数减税后基尼系数之差除以税前基尼系数，它相当于税收关于税前基尼系数的相对边际效应。而 M

指数就是从相对变化率中剥离出来的核心因子,因此两者的联系自然最为紧密。从图 8.1 中可以看出,当相对变化率较小时,税收累进性 K 指数和 S 指数更为敏感。而且各曲线都在横轴上方,表明 1993 年以来中国税收都能改善省份收入不平等。

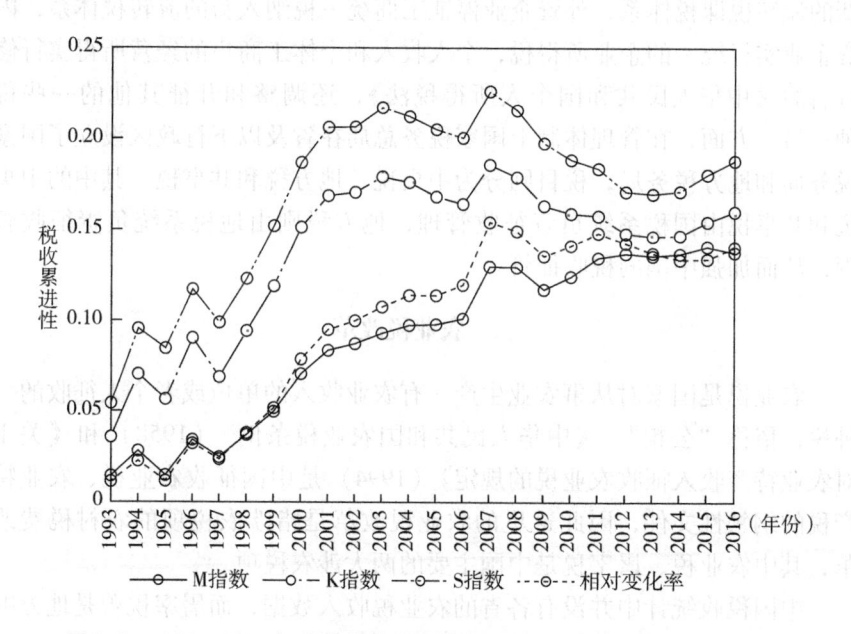

图 8.1　1993—2016 年中国税收累进性及税前税后基尼系数相对变化率

一　分税制改革

根据税收累进性 M 指数的计算结果,1994 年中国的税收累进性大于分税制改革前的 1993 年,利用 1993 年和 1994 年税收累进性 M 指数及其标准差的估计容易验证:不仅两个年度各地区的税收具有显著的累进性($0.0145\times10^6/1.628>3$、$0.0282\times10^6/1.960>3$ 检验统计量远远超出了显著性水平 1% 的临界值);而且由 $(0.0282-0.0145)\times10^6/(1.628^2+1.960^2)^{1/2}>3$ 表明两者存在着显著的差异。同样,1995—2016 年的税收累进性都显著大于 0,也显著大于 1993 年的税收累进性指数。

中国分税制改革的确定,对于建立公共财政体系和推进市场经济体制具有里程碑意义。分税制是市场经济国家普遍实行的一种财政体制,实践证明它能较好地解决中央集权与地方分权的问题。党的十四大将建立社会主义市场经济作为经济体制改革的目标,分税制的实施不仅推动社会主义市场经济的建立，理顺中央与地方的分配关系，调动中央、地方的两个积极性，同时为当时中国恢复在《关税与贸易总协定》中的缔约国地位和加入世界贸易组织，积极融入世界贸易体系奠定了基础。一方面对中国的工商税制进行了全面的改革。建立了以增值税、消费税和营业税为内容的新的流转税课税体系，外资企业停征工商统一税纳入新的流转税体系，内资企业实行统一的企业所得税，个人收入和个体工商户的经营所得实行修订后的《中华人民共和国个人所得税法》，还调整和开征其他的一些税种；另一方面，在管理体制上国家税务总局在省及以下行政区设立了国家税务局和地方税务局，税目则分为中央税、地方税和共享税。其中的中央税和共享税由国税系统负责征收管理，地方税则由地税系统负责征收管理，从而加强中国的税收征管。

二　农业税改革

农业税是国家对从事农业生产、有农业收入的单位或者个人征收的一种税，俗称"公粮"。《中华人民共和国农业税条例》（1958）和《关于对农业特产收入征收农业税的规定》（1994）是中国征收农业税、农业特产税的纲领性文件，因此这里的农业税改革是指涉农税项的农村税费改革，其中农业税、屠宰税是中国主要的两大涉农税项。

中国税收统计中并没有各省的农业税收入数据，而屠宰税曾是地方财政收入的重要来源之一，作为单一税项统计。农村税费改革从 2001 年开始，当时中央政府计划五年内完全取消农业税。作为农村税费改革的最终成果，各种涉农税项于 2006 年完全废止。为了评估取消农业税对改善中国区域收入不平等的影响，这里以各省份第一产业增加值作为农业收入的代理变量，并根据农业税全国平均税率为常年产量的 15.5% 估算农业税。时间以农村税费改革的前三年 1998 年、1999 年和 2000 年作为观察点，如果农业税显著恶化了省域的收入不平等即农业税收入具有累退性，那么农业税的废止就有利于提高收入公平性。表 8-2 给出三年农业税收入累进性 M 指数及标准差的估计结果。

测算农产品征收 15.5% 比例税的税收累进性表明该税项具有显著的累退性，屠宰税的 M 指数计算也给出了具有显著累退性的结果。例如，对 1998 年农业税 $-0.0185\times10^6/0.51>-3$，2000 年的屠宰税 $-0.0005\times10^6/0.0103>-3$。因此，由 M 指数的可加性可以得出取消涉农税项能提高其他税项综合税收的累进性。表 8.2 宏观收入一栏还给出了扣除两项税收前后的基尼系数变化情况，税后基尼系数的提高说明涉农税项恶化了宏观收入分配的公平性。农业税的免除，提高了农民纯收入从而改善区域收入不平等。

表 8.2　　　　农村税费改革前涉农税项税收累进性 M 指数及其标准差（10^{-6}）

年份	农业税 M	σ_M	屠宰税 M	σ_M	宏观收入 G_0	σ_0	G_1	σ_1
1998	-0.0185	0.5100	-0.0004	0.0092	0.2624	4.2392	0.2679	4.4391
1999	-0.0176	0.4847	-0.0004	0.0092	0.2685	4.4660	0.2737	4.6582
2000	-0.0185	0.4394	-0.0005	0.0103	0.2577	4.0244	0.2627	4.1964

注：农业税按第一产业增加值的 15.5% 测算，实际上 GDP 基尼系数因征收两税项而增大。

三　中央与地方共享企业所得税

1994 年分税制改革后，增值税、消费税、营业税、企业所得税、个人所得税、关税成为中国财税收入的六大税种。在进入 21 世纪之前中央税以消费税、关税为主，地方税以营业税、企业所得税和个人所得税为主，中央与地方的共享税则以增值税为主。当时，增值税收入占财税收入的 35% 以上，是中国的第一大税种；然后依次是营业税、企业所得税、关税和个人所得税，其中企业所得税与营业税的收入规模相近。2000 年中央政府开始实施"西部大开发"，要把东部沿海地区剩余的经济发展能力用于提高西部地区的经济和社会发展水平，以巩固国防。2002 年中央政府决定将企业所得税从地方税转为中央和地方共享税五五分成，后又调整为六四分成。

企业所得税的税收征管权从地税系统转为国税系统，中央政府将企业所得税的收入用于西部大开发等区域发展战略的建设。作为中央与地方的共享税，通过中央政府的转移支付不仅有利于缩小中国的区域收入差距，同时收入规模极大的企业所得税能够得到更好的税收征管。自 2001 年以来企业所得税收入在中国综合税收中的占比稳步提高，目前已成为仅次于增值税收入的第二大税项，约占中国财税收入总量的 20%。表 8.3 给出企业所得税在 2002 年前后各三年 M 指数的计算结果。

表 8.3　　　　　　　企业所得税的 M 指数及其标准差

年份	M	σ_M	年份	M	σ_M
1999	0.0118	5.3929×10^{-7}	2003	0.0222	8.7958×10^{-7}
2000	0.0167	6.9700×10^{-7}	2004	0.0249	9.3608×10^{-7}
2001	0.0203	8.7374×10^{-7}	2005	0.0293	1.2630×10^{-6}

企业所得税的 M 指数都显著异于 0，且后三年也都显著大于前三年的税收累进性水平。可以认为作为中央和地方共享税，提高了企业所得税的征管水平，企业获得了一个更为公平、公开、公正的纳税环境，促进了区域收入公平的税收累进性有了显著的提高。

四　内外资企业所得税合并

中国改革开放初期，为了引进和规范外商来华投资开展对外经济合作，中央政府形成了一系列涉外的企业所得税、个人所得税、工商统一税、城市房地产税等税法。1994 年的分税制改革取消了外资企业的工商统一税，实行了增值税、消费税等新的流转税制度。在相当长的一段时期外资企业享有各种税收优惠政策，企业所得税的实际税率明显低于内资企业。为适应建立社会主义市场经济体制和扩大改革开放的要求，根据统一税法、简化税制、公平税负、促进竞争的原则，从 2008 年起内外资企业统一所得税税率。

许多研究表明，外商直接投资扩大了中国沿海地区与内陆地区的收入差距。2000 年后随着中国一系列区域发展战略的实施，经济更为发达的沿海地区陆续将剩余生产能力向中部和西部地区转移。内外资企业所得税的统一有利于内外资企业在中西部地区的公平竞争，为中部和西部地区的社会经济发展提供一个更加规范、统一、公平、透明的税收法律制度环境。以 2008 年前后三年企业所得税 M 指数变化为考察对象，表 8.4 给出了内外资企业所得税税率合并前后 M 指数的变化。各年企业所得税 M 指数都显著异于 0，且后三年的数值显著大于前三年的数值，表明内外资企业所得税的税率合并有利于增进区域收入的公平性。

表 8.4　　　　　　　企业所得税的 M 指数及其标准差

年份	税率合并前 M	税率合并前 σ_M	年份	税率合并后 M	税率合并后 σ_M
2005	0.0293	1.2630×10^{-6}	2009	0.0418	1.8981×10^{-6}
2006	0.0319	1.4838×10^{-6}	2010	0.0400	1.3468×10^{-6}
2007	0.0384	1.6476×10^{-6}	2011	0.0451	1.4663×10^{-6}

五　"营改增"增进区域收入公平

增值税是对商品生产、流通、劳务服务中各环节的新增价值或商品的附加值征收的一种流转税。中国采用国际上普遍认可的税款抵扣方式，即按规定税率对销售的商品或劳务计算出销售税额，然后扣除取得该商品或劳务时所支付的增值税费（进项税额）即为所交税款。中国从 2009 年 1 月 1 日开始全面实施消费型的增值税。"营改增"是指将以前缴纳营业税的应税项目改成缴纳增值税，可以避免营业税重复征税、不能抵扣、不能退税的弊端。增值税抵扣有利于企业降低税负、提高盈利能力，同时也是引导企业转型升级的重要经济手段。

中国从 2012 年开始进行"营改增"试点，经过近五年的实践"营改增"在降低企业税负、增加企业发展活力方面取得良好的效果。2017 年 10 月 30 日，中央政府宣布废止营业税暂行条例，营业税在中国正式退出了历史舞台。营业税作为地方税曾是地方政府的主要财政收入来源之一，营业税逐步退出意味着增值税收入在国家财税综合税收总量中的比重将进一步提高。增值税是最大的中央和地方共享税，共享税收入的增加必然通过转移支付对区域收入不平等的改善产生积极的作用。中国消费型增值税的全面实施，以及"营改增"过程一方面会带来增值税 M 指数自身的变化；另一方面营业税与增值税收入的此消彼长也会带来综合税收累进性变化。由于 M 指数具有可加性，通过观察营业税与增值税两税项收入叠加后的 M 指数，可以判断"营改增"过程对综合税收累进性的影响。为此我们对比了 2012 年"营改增"试点前后三年营业税和增值税收入合体 M 指数的变化，观察该税制改革是否增进了区域收入公平性（见表 8.5）。

表 8.5　　　　　　　增值税、营业税 M 指数及其标准差

	年份	增值税 M	增值税 σ_M	营业税 M	营业税 σ_M	叠加处理 M	平均值	对应 σ_M
合并前	2009	0.0540	1.3290×10^{-6}	0.0122	5.0801×10^{-7}	0.0662		
	2010	0.0590	1.3192×10^{-6}	0.0111	4.4421×10^{-7}	0.0701	0.0696	2.7061×10^{-7}
	2011	0.0613	1.3326×10^{-6}	0.0113	4.4025×10^{-7}	0.0726		
合并中	2013	0.0658	1.3202×10^{-6}	0.0072	3.1315×10^{-7}	0.0730		
	2014	0.0639	1.3414×10^{-6}	0.0069	2.7266×10^{-7}	0.0708	0.0708	2.5760×10^{-7}
	2015	0.0582	1.2484×10^{-6}	0.0104	3.1902×10^{-7}	0.0686		

"营改增"的前后三年，增值税、营业税的 M 指数都显著异于 0，前三年的增值税 M 指数略呈上升变化，而营业税的 M 指数略呈下降变化；但后三年两者都略呈反向变化，即没有出现因增值税在税收总量中的份额上升而 M 指数上升，营业税的份额下降而 M 指数下降的情形。可以判断增值税与营业税在各省份的分布结构较为相似，即营业税改增值税一方面提高自身在区域收入分配中的均衡能力；另一方面成为增值税后略微削弱了增值税的累进性，因此"营改增"是否增进区域收入均衡性的判断过程较为复杂。但通过前后两者 M 指数的叠加进行简单平均，计算标准差后（假定各年 M 指数相互独立）对前后三年平均数进行统计意义上是否相等的检验，发现前后 M 指数存在着显著的差异，即可以认为"营改增"能够显著改善区域收入不平等。

六　中国东部、中部、西部地区的个税累进性

个人所得税是以个人取得的各项应税所得为对象征收的一个税种。中华人民共和国个人所得税始于 1980 年，当时的主要征税对象是外国人。1986 年开始对中国公民征收个人收入调节税，1994 年的分税制改革将个人收入调节税、个体工商户所得税一起并入个人所得税。《中华人民共和国个人所得税法》先后经过了数次的修订，起征点也从 1980 年的 800 元到 2005 年的 1600 元、2008 年的 2000 元、2011 年的 3500 元；2018 年 10 月 1 日又起调至 5000 元。个税起征点的变化，一方面反映了中国居民收入水平的逐步提高；另一方面是中央政府让人民群众共享改革开放成果的重要体现。长期以来许多学者讨论在不同社会经济发展水平下适宜的起征点问题。显然从税收作为一种调节社会收入公平的重要手段来看，个税起

征点并非越高越好。

自1994年分税制改革以来，个税起征点经历了2005年、2008年和2011年的三次调整。为了观察个税起征点的变化对个人所得税改善区域收入不平等的作用，我们计算比较了个税起征点2005年调整前三年到2011年后三年 M 指数的变化，同时考虑了中国东部、中部和西部地区个人所得税累进性的情况（见表8.6）。

表8.6　起征点调整下个人所得税 M 指数及其标准差（10^{-7}）

年份	全国 M	全国 σ_M	东部 M	东部 σ_M	中部 M	中部 σ_M	西部 M	西部 σ_M
2002	0.0069	2.4921	0.0155	3.7948	0.0031	0.6196	−0.0013	0.9893
2003	0.0074	2.7522	0.0175	4.1678	0.0028	0.4961	−0.0024	0.8693
2004	0.0077	2.8506	0.0175	4.3431	0.0029	0.4818	−0.0023	0.8258
2005	0.0077	2.9498	0.0196	4.5841	0.0033	0.8435	−0.0023	0.8289
2006	0.0080	3.0189	0.0193	4.7345	0.0022	0.9334	−0.0025	0.8796
2007	0.0091	3.2560	0.0229	5.1372	0.0031	1.0515	−0.0023	1.0381
2008	0.0103	3.4827	0.0274	5.7155	0.0031	1.2356	−0.0013	1.1535
2009	0.0097	3.2674	0.0260	5.3715	0.0024	1.1697	−0.0018	1.1965
2010	0.0106	3.1746	0.0279	5.2700	0.0010	1.1884	−0.0018	1.3143
2011	0.0116	3.2968	0.0294	5.6554	0.0032	1.4403	−0.0018	1.7288
2012	0.0111	3.1431	0.0280	5.4141	0.0041	1.3259	−0.0024	3.0696
2013	0.0119	3.2286	0.0294	5.6591	0.0029	1.5310	−0.0013	1.6520
2014	0.0132	3.4429	0.0310	6.0382	−0.0014	1.2899	−0.0013	1.5311

注：这里将中国31个省份划分为东部、中部、西部三个区域，其中北京、天津、河北、辽宁、上海、江苏、浙江、福建、山东、广东、海南11个省份划入东部地区；山西、吉林、黑龙江、安徽、江西、河南、湖北、湖南8个省份划入中部地区，其余的12个省份划入西部地区。

各年全国、东部、中部和西部的个人所得税 M 指数都显著异于0，同时可以验证不同 M 指数的显著差异。从全国来看，历次个税起征点的调整总体上带来了中国个人所得税累进程度的提高，即提高个税起征点可以增进中国各省份收入公平性。从东部、中部、西部来看，个税起征点变化对东部、中部和西部的影响并不相同。东部地区的个人所得税 M 指数不仅数值上明显大于中部和西部地区，而且总体呈现出上升趋势，表明个税起征点的调整有利于增进东部地区各省份的收入公平性；但个税起征点的调整在中西部地区的作用并不明显，两者的 M 指数的数值小且总体都出现了上下波动的变化。西部地区个人所得税 M 指数呈现出长期的微弱累退特征，2014年中部地区的个人所得税也是累退的，表明中西部地区在个人所得税税收征管方面可能各省份执行力度出现了差异。因为个人所得税的征收使用了累进税率，在同等力度下不会出现累退的情形。

第四节　本章小结

本章给出税收累进性 M 指数的方差估计，理论是建立在分组数据基础之上的，这为大量存在于各级统计年鉴的财税数据提供一种可以进行统计推断的重要工具。个体数据作为分组数据的一种特例，也可以使用该方法。书中推导了税收累进性 K 指数和 S 指数的协方差表达式，给出两者方差估计的回归系数法。税收累进性 M 指数是定义在基尼系数相对边际效应的基础上，上述方法也适用于各领域涉及边际效应的研究。将该方法应用于对中国1994年分税制改革后的财税政策评估研究，发现分税制实施后总体税收的累进性呈现显著的上升趋势，取消农业税显著地增进中国各省份收入公平性，企业所得税等原地方税种转变为中央和地方共享税后显著地改善地区收入不平等。合并内外资企业所得税的税率提升了企业所得税在改善地区收入不平等的作用。"营改增"总体上有利于增进中国大陆地区的收入公平性，个税起征点数次调整在总体上能够增强个税在改进地区收入不平等中的作用，但对东部、中部、西部地区收入不平等的作用存在显著差异。

第九章 区位基尼系数的计算、性质及其应用

本章导读

研究目的： 基于产业规模探索区位基尼系数的简化计算、区域和两位数产业分解。

研究方法： 基尼系数要素分解、相对边际效应、回归标准差。

研究发现： 对中国2004年、2008年经济普查数据的国民经济19个字母产业区位基尼系数的计算表明，用产业份额计算的区位基尼系数更能反映产业聚集程度。

研究创新： 将基尼系数理论引入产业聚集研究，对比产业份额、产业份额加权和区位商计算区位基尼系数的适用性。

研究价值： 为产业聚集提供基尼系数测度，通过区位基尼系数组群、要素分解进行产业聚集的结构分析。

关键词： 产业份额；区位基尼系数；显著性检验；产业结构分析

"区位基尼系数"（Locational Gini Indices）一词，通常认为最早出现在著名新经济地理学创始人克鲁格曼的《地理和贸易》（Krugman, 1991）一书中。随着新贸易理论在世界范围内的兴起，区位基尼系数逐渐成为国内外经济学者研究产业聚集测度的重要工具。

作为基尼系数在产业经济学中的应用，区位基尼系数因其计算简单、对应的洛伦兹曲线直观且广为人知而被众多研究者使用。一些学者提出了利用区位基尼系数测度产业聚集可能存在的某些问题（Brülhart and Traeger, 2005；蒲业潇, 2011），这些问题中一部分是该指数自身无法克服的缺陷，更多的则是由于人们对基尼系数的认识需要一个过程。如国内外学者对基尼系数在区域（组群）分解、要素（来源）分解方面的研究，自20世纪80年代以来陆续取得了一些进展：Mookherjee 和 Shorrocks

(1982)、程永宏（2008）等对基尼系数组群分解的研究；Lerman 和 Yitzhaki（1985）、戴平生和林文芳（2012）等对基尼系数来源分解的研究。此外，关于基尼系数相对边际效应的分析，Stark 等（1986）和戴平生（2013）的研究都得到了一些十分有意义的结果。因此目前利用区位基尼系数对产业聚集程度的研究，存在一个如何把上述基尼系数的研究成果运用到解释分析产业聚集变化的问题。同时，区位基尼系数具有自身的特殊性，它研究的主要对象是产业份额、区位商，两者的变化都以产业规模的变化为起点，因而在算法上与通常的基尼系数具有较大的差别，呈现出自己的特点。

产业份额、区位商是产业规模的函数，因此区位基尼系数是变量函数的基尼系数。本章探讨基尼系数的相关性质和算法，如何应用于区位基尼系数。希望给出相应区位基尼系数的组群分解和要素分解，并讨论它们的相对边际效应、增量分解等问题。

第一节　两类属性值的区位基尼系数

区位基尼系数的计算公式通常以基尼平均差的方式给出。它与信息熵指数（含两类泰尔指数、变异系数平方）、方差（标准差）、极差、赫芬达尔指数和 Moran's I 等指标一样，都可以用于反映研究对象的差异程度。基尼系数被大量用于对收入分配以及资源配置的不平等研究，基尼系数越大说明收入分配越不公平，少数人拥有绝大部分的收入，或者资源配置越不均衡，少数群体占有大量的资源；区位基尼系数越大说明产业份额、区位商差距越大，少数区域的产业优势越明显，产业的聚集程度越高。

一　基尼系数的简化计算公式

设研究对象是具有 n 个取值的离散分布，它们分别以概率 p_i 取属性值 y_i（$i=1, 2, \cdots, n$），那么相对基尼平均差（它与基尼系数等价）可以定义为：

$$G = \frac{1}{2\mu} \sum_{i=1}^{n} \sum_{j=1}^{n} |y_i - y_j| p_i p_j, \quad \mu = p_1 y_1 + \cdots + p_n y_n \tag{9.1}$$

这里不妨设属性值 y_i 已按从小到大的顺序排列，即 $y_1 \leq y_2 \leq \cdots \leq y_n$，

用 L_i、F_i 分别表示至第 i 个值的累计收入份额和累计人口分布 $L_i = \frac{p_1y_1+\cdots+p_iy_i}{p_1y_1+\cdots+p_ny_n}$、$F_i = p_1+\cdots+p_i$，$i = 1, 2, \cdots, n$。记 $F_0 = 0$、$L_0 = 0$ 还有 $F_n = 1$、$L_n = 1$，洛伦兹曲线是由点 (F_i, L_i) 形成的折线，其中 $i = 0, 1, 2, \cdots, n$；而相对基尼平均差 G 就等于对角线与折线围成面积 S_A 的两倍（见图 1.1）。

通过计算梯形 $L_{i-1}P_{i-1}P_iL_i$ 的面积并依次相加，再减去 $1/2$ 可以得到：

$$S_A = \sum_{i=1}^{n} \frac{F_i+F_{i-1}}{2}(L_i-L_{i-1}) - \frac{1}{2} = \frac{1}{2}\sum_{i=1}^{n} \frac{p_iy_i}{\mu}(F_i+F_{i-1}-1)$$

$$G = \sum_{i=1}^{n} \frac{p_iy_i}{\mu}(F_i+F_{i-1}-1), \quad \mu = p_1y_1+\cdots+p_ny_n \tag{9.2}$$

其中，μ 为研究对象属性值的平均水平。

式（9.2）表明基尼系数等于各属性值在总平均中所占份额的线性组合。其中的组合系数为 $F_i+F_{i-1}-1$，且对不含组合系数的因子求和，它恰好等于 1。

二 几种区位基尼系数的简化计算

（一）以产业份额为属性值

利用区位基尼系数计算产业的聚集程度，其研究对象的属性值通常会考虑各区域单元的产业份额，第 i 个区域单元某一产业的产业份额，等于其该产业规模占全部区域单元该产业规模的份额。相应的区位基尼系数采用的计算公式为：

$$G = \frac{1}{2n^2\mu}\sum_{i=1}^{n}\sum_{j=1}^{n}|y_i-y_j|, \quad \mu = \frac{y_1+\cdots+y_n}{n} \tag{9.3}$$

式（9.3）中，产业份额 y_i 表示第 i 个区域单元产业规模（就业人数、产值或增加值）占所有研究单元总产业规模的比重（$i = 1, 2, \cdots, n$），且已按从小到大排列。对应式（9.2）相当于 $p_i = 1/n$，$y_1+y_2+\cdots+y_n = 1$，此时式（9.3）可以简化为：

$$G = \sum_{i=1}^{n} y_i \frac{2i-(n+1)}{n} \tag{9.4}$$

在 Amiti 和 Wen（2001）、文玫（2004）、贺灿飞和谢秀珍（2006）等研究中，都采用式（9.3）计算产业区位基尼系数。

（二）以区位为属性值

由于用式（9.4）的区位基尼系数测度产业聚集程度，并没有考虑到区域单元所拥有的人口规模或经济规模等因素,所以一些学者将产业份额替换成区位商(Location quotient)作为属性值,希望尽可能消除区域单元因为经济规模不同的影响。设第 i 个单元第 k 个产业的区位商为 $s_{ik}(i=1, 2, \cdots, n)$,且已经按从小到大排列。此时式(9.3)可以简化为:

$$G_k = \sum_{i=1}^{n} \frac{s_{ik}}{S} \frac{2i-(n+1)}{n}, \quad S = s_{1k}+\cdots+s_{nk} \tag{9.5}$$

区位商本身也是一个反映产业聚集程度、专业化水平的指标。设总共有 m 个产业,记第 i 个单元第 j 个产业的产业规模为 x_{ij},按定义第 i 个单元第 k 个产业的区位商 s_{ik} 计算公式如下:

$$s_{ik} = \frac{y_{ik}}{T_i}, \quad y_{ik} = \frac{x_{ik}}{\sum_{h=1}^{n} x_{hk}}, \quad T_i = \frac{\sum_{j=1}^{m} x_{ij}}{\sum_{h=1}^{n}\sum_{j=1}^{m} x_{hj}}$$

y_{ij} 表示第 i 个单元第 k 个产业的产业份额,T_i 表示第 i 个单元各个产业规模总和占所有区域单元各产业规模总和的份额。当 $s_{ik}>1$ 时,就说明第 i 个区域单元第 k 个产业具有比较优势;当 $s_{ik}<1$ 时,则处于劣势;当 $s_{ik}=1$ 时,处于均势($i=1, \cdots, n; k=1, \cdots, m$)。第 i 个单元某产业的区位商,实际上等于其该产业份额除以其全体产业规模在所有区域单元中全体产业规模的份额。

以区位商作为基尼平均差的属性值,就是研究各区域单元区位商的差异性,以反映产业的聚集程度。根据区位商的计算公式可以看出,产业份额是区位商的分子,分母 $0<T_i\leq 1$ 则说明产业份额被不同程度放大,第 i 个区域单元总的产业规模越小就被放大的越多。因此区位商代替产业份额的结果,倾向于缩小该产业的区位基尼系数。

在 Krugman(1991)、Amiti(1999)、梁琦(2003)、Bai 等(2004)等的研究中,都采用了区位商计算产业区位基尼系数。

(三)加权处理产业份额

在计算区位基尼系数时,式(9.3)的另外一种变化就是考虑各区域单元资源禀赋、人口等因素对产业的影响。一些学者认为产业聚集本身就是产业空间分布的一种状态,产业份额应与区域单元的地理空间相联系,区位基尼系数的计算要以空间测度为权重。若设第 i 个区域单元的空间测度为 $A_i(i=1, \cdots, n)$,则把式(9.3)调整为:

$$G = \frac{1}{2\mu} \sum_{i=1}^{n}\sum_{j=1}^{n} |y_i-y_j| p_i p_j, \quad p_i = \frac{A_i}{A_1+\cdots+A_n}, \quad \mu = p_1 y_1 + L + p_n y_n \tag{9.6}$$

空间测度可以是区域单元的土地面积、农用地面积等。Mori 等（2005）将区域单元的土地面积在扣除森林、未开发地、湖泊和沼泽等所占面积后称为经济土地面积，应用于日本 3 位数私人制造业的产业分布研究；蒲业潇（2011）则将省域土地面积减去未利用地、林用地和牧草地面积之后称为经济土地面积，应用于计算中国两位数制造业的产业聚集区位基尼系数。式（9.6）的简化计算公式是前面的式（9.2），F_i 就是从第 1 个至第 i 个区域单元的空间测度（经济土地面积等，$i=1,\cdots,n$）累计份额。

利用空间测度对产业份额加权，空间测度越大，权重也越大。通常空间测度越大越有利于产业份额提高，因此与各区域单元产业份额不加权（相当于等权重）的情形相比，加权倾向于增大区位基尼系数。

第二节 区位基尼系数的重要性质

根据上述分析，三种计算区位基尼系数的方法所获得的结果，通常出现按区位商计算的基尼系数小于直接按产业份额计算的基尼系数，按空间测度加权计算的基尼系数最大。下面接下来讨论区位基尼系数的区域分解和下位数产业分解，以及相对边际效应分析。

为了便于叙述，我们将以上三种计算区位基尼系数的算法分别称为产业份额直接算法（简称直接算法）、区位商算法和产业份额加权算法（简称加权算法），它们的简化计算公式分别与式（9.4）、式（9.5）和式（9.2）对应。其中式（9.2）就是通式，可以表述为 $G = \sum_{i=1}^{n} \frac{p_i y_i}{\mu} \omega_i$，组合系数 $\omega_i = F_i + F_{i-1} - 1$ 是累积分布的函数，与各区域单元属性值的排序有关。由于 G 的表达式是产业份额或区位商的线性组合，十分方便区位基尼系数组群分解和要素分解。$p_i = 1/n$ 表示没有对产业份额进行空间测度加权（$i=1,\cdots,n$），对应于直接算法；将产业份额替换为区位商，就对应于区位商算法，对计算任一产业区位基尼系数都是适用的。

一 区位基尼系数的区域分解（组群分解）

设 n 个区域单元被划入 r 个子区域，满足 $n_1+n_2+\cdots+n_r=n$，记 $N=\{1, 2,\cdots,n\}$，N_k 为 N 的 r 个真子集（$k=1,2,\cdots,r$）。我们有：

$$G=\sum_{i=1}^{n}\frac{p_i y_i}{\mu}\omega_i = \sum_{k=1}^{r}\sum_{i\in N_k}\frac{p_i y_i}{\mu}\omega_i = \sum_{k=1}^{r}\frac{\mu_k}{\mu}\sum_{i\in N_k}\frac{p_i y_i}{\mu_k}(\omega_i^k + \omega_i - \omega_i^k),$$

$$\mu_k = \sum_{i\in N_k} p_i y_i$$

$$G = \sum_{k=1}^{r}\frac{\mu_k}{\mu}G_k + \sum_{k=1}^{r}\sum_{i\in N_k}\frac{p_i y_i}{\mu}(\omega_i - \omega_i^k) \tag{9.7}$$

式（9.7）中，G_k 是对应于第 k 个子区域的区位基尼系数，ω^k 是对应于第 k 个子区域单元的组合系数，它与总体的组合系数 ω 完全不同，它要依靠子区域 k 内部产业份额的重新排序去计算累积分布函数然后才能获得。

式（9.7）按区域分解将区位基尼系数拆为两大部分，第一部分为 r 个子区域区位基尼系数的加权平均数，它反映全体产业份额或区位商在子区域的内部差异（组内差异），第二部分为各子区域因排序变化产生的外部性差异（组间差异）。通过获得这两部分的具体数值，计算它们在总的区位基尼系数中的贡献，就可以分析产业分布差异主要是因为子区域的内部差异引起，还是由各子区域间差异引起的。这是基尼系数组群分解的常用分析手法，例如全国基尼系数可以按东部、中部、西部三个子区域分解，由组内差异和组间差异的贡献率去判断两者哪一部分的作用更大。

对于直接算法，某产业区位基尼系数的区域分解由式（9.7）可以表述为：

$$G = \sum_{k=1}^{r} t_k G_k + \sum_{k=1}^{r}\sum_{i\in N_k} y_i(\omega_i - \omega_i^k),\ t_k = \sum_{i\in N_k} y_i \tag{9.8}$$

式（9.8）中，t_k 表示子区域 k 某产业的总份额。

对于区位商算法，某产业区位基尼系数的区域分解由式（9.7）可以表述为：

$$G = \sum_{k=1}^{r}\frac{S_k}{S}G_k + \sum_{k=1}^{r}\sum_{i\in N_k}\frac{s_i}{S}(\omega_i - \omega_i^k),\ S_k = \sum_{i\in N_k} s_i,\ S = \sum_{i\in N} s_i \tag{9.9}$$

式（9.9）中，第 k 个子区域区位基尼系数的组合系数 ω^k，由子区域内部区位商重新排序产生的累积分布函数计算得到。

二　区位基尼系数的下位数产业分解（要素分解）

（一）以产业份额为属性值

设某产业具有 r 个不同的下位数产业，由产业规模 $x = x^1 + x^2 + \cdots + x^r$ 可推出对应的产业份额满足：

$$y_i = \frac{x_i}{b = \sum_{j=1}^{n} x_j} = \frac{x_i^1 + x_i^2 + \cdots + x_i^r}{b} = \frac{b_1}{b} y_i^1 + \cdots + \frac{b_r}{b} y_i^r, \quad b = \sum_{k=1}^{r} b_k$$

即当前产业份额等于下位数产业份额加权平均，权数就是下位数产业的规模份额。于是有：

$$G = \sum_{i=1}^{n} \frac{p_i y_i}{\mu} \omega_i = \sum_{k=1}^{r} \sum_{i=1}^{n} \frac{b_k p_i y_i^k}{b\mu} \omega_i = \sum_{k=1}^{r} \frac{b_k \mu_k}{b\mu} \sum_{i=1}^{n} \frac{p_i y_i^k}{\mu_k} (\omega_i^k + \omega_i - \omega_i^k),$$

$$\mu_k = \sum_{i=1}^{n} p_i y_i^k \quad G = \sum_{k=1}^{r} \frac{b_k \mu_k}{b\mu} G_k + \sum_{k=1}^{r} \frac{b_k}{b} \sum_{i=1}^{n} \frac{p_i y_i^k}{\mu} (\omega_i - \omega_i^k) \quad (9.10)$$

式（9.10）中，μ_k、G_k 分别对应于第 k 个下位数产业的产业份额均值水平和区位基尼系数，ω^k 是对应于第 k 个下位数产业的组合系数，它依靠下位数产业内部的新排序所产生累积分布函数计算获得，由于排序变化通常它与上位数产业的组合系数 ω 不同。式（9.10）将当前位数产业的区位基尼系数分拆为两个部分：第一部分是各下位数产业区位基尼系数的线性组合，第二部分为排序差异产生的变化。

对于直接算法，某产业区位基尼系数的下位数产业分解根据式（9.10）可以表述为：

$$G = \sum_{k=1}^{r} \frac{b_k}{b} G_k + \sum_{k=1}^{r} \frac{b_k}{b} \sum_{i=1}^{n} y_i^k (\omega_i - \omega_i^k), \quad b = \sum_{k=1}^{r} b_k \quad (9.11)$$

式（9.11）中，b_k 表示第 k 个下位数产业的总规模。

（二）以区位商为属性值

由于区位商等于区域单元当前产业份额除以当前位数的全体产业规模在全部区域单元当前位数全体产业规模中的份额，即不再是仅仅涉及单一的产业，使得当前位数与下位数的产业区位商关系变得更为复杂。设第 i 个区域单元当前位数的全部产业规模占全体区域单元当前位数全部产业规模份额为 a_{0i}，下位数相应份额为 a_{1i}，那么当前位数的产业区位商与下位数的产业区位商有如下关系：

$$s_i = \frac{y_i}{a_{0i}} = \frac{1}{a_{0i}} \left(\frac{b_1}{b} y_i^1 + \cdots + \frac{b_r}{b} y_i^r \right) = \frac{a_{1i}}{a_{0i}} \left(\frac{b_1}{b} s_i^1 + \cdots + \frac{b_r}{b} s_i^r \right) = \frac{a_{1i}}{a_{0i}} \sum_{k=1}^{r} \frac{b_k}{b} s_i^k$$

通常 a_{0i} 与 a_{1i} 两者相等（若少数当前位数产业不再细分，当前位数产业就保留到下位数产业），因此相应的区位基尼系数为：

$$G = \sum_{i=1}^{n} \frac{s_i}{S} \omega_i = \sum_{k=1}^{r} \frac{b_k}{bS} \sum_{i=1}^{n} s_i^k \omega_i = \sum_{k=1}^{r} \frac{b_k S_k}{bS} \sum_{i=1}^{n} \frac{s_i^k}{S_k} (\omega_i^k + \omega_i - \omega_i^k),$$

$$S_k = \sum_{i=1}^{n} s_i^k$$

$$G = \sum_{k=1}^{r} \frac{b_k S_k}{bS} G_k + \sum_{k=1}^{r} \frac{b_k}{b} \sum_{i=1}^{n} \frac{s_i^k}{S}(\omega_i - \omega_i^k) \tag{9.12}$$

区位基尼系数无论以产业份额作为属性值,还是以区位商作为属性值,或者对产业份额考虑土地面积权重,都可以进行下位数产业的分解。只是与区域分解中子区域区位基尼系数的系数之和等于1的性质略有不同,下位数产业区位基尼系数的系数之和不一定恒等于1。

三 区位基尼系数的相对边际效应

Stark 等(1986)在收入基尼系数要素分解中提出了相对边际效应的概念,用于判断各要素对总体收入基尼系数变化的可能影响。相对边际效应定义为要素关于总体收入基尼系数的贡献率,减去该要素在总收入中的收入份额。

(一)下位数产业分解的相对边际效应

设某产业具有 r 个不同的下位数产业,由产业规模 $x = x^1 + x^2 + \cdots + x^r$ 可推出对应的产业份额满足:

$$y_i = \frac{b_1}{b} y_i^1 + \cdots + \frac{b_r}{b} y_i^r, \quad b_k = \sum_{j=1}^{n} x_j^k, \quad b = \sum_{j=1}^{n} x_j = \sum_{k=1}^{r} b_k$$

在产业区位基尼系数中,第 k 个下位数产业对当前位数产业区位基尼系数的贡献率 $s(k)$ 就可以表述为($k=1, 2, \cdots, r$):

$$G = \sum_{i=1}^{n} \frac{p_i y_i}{\mu} \omega_i = \sum_{k=1}^{r} \sum_{i=1}^{n} \frac{p_i b_k y_i^k}{b\mu} \omega_i = \sum_{k=1}^{r} S(k), \quad S(k) = \frac{b_k}{b} \sum_{i=1}^{n} \frac{p_i y_i^k}{\mu} \omega_i$$

$$s(k) = \frac{S(k)}{G}, \quad s(1) + \cdots + s(r) = 1$$

现在假定第 k 个下位数产业规模获得了增长率为 e 的增长变化,即从 x^k 变化为 $x^k(1+e)$,那么第 i 个区域单元当前位数产业份额就从 y_i 变成了 y'_i,产业份额总平均从 μ 变成了 μ':

$$y'_i = \frac{x_i + e x_i^k}{b + e b_k} = \frac{b y_i + e b_k y_i^k}{b + e b_k}, \quad \mu' = \sum_{i=1}^{n} p_i y'_i = \frac{b\mu + e b_k \mu_k}{b + e b_k}$$

如果增长率 e 足够小,不会造成产业份额的排序变化(对于离散数据来说,这样的 e 是一定存在的),即组合系数不变,那么变化引起的区位基尼系数增量可以表示为:

第九章 区位基尼系数的计算、性质及其应用 159

$$\Delta G = \sum_{i=1}^{n} \frac{p_i y'_i}{\mu'} \omega_i - G = \sum_{i=1}^{n} \frac{b p_i y_i + e b_k p_i y_i^k}{b\mu + e b_k \mu_k} \omega_i - G = \frac{e b \mu G}{b\mu + e b_k \mu_k} \left[s(k) - \frac{b_k \mu_k}{b\mu} \right]$$
(9.13)

根据下位数产业份额与当前位数产业份额的关系，我们有：

$$y_i = \frac{b_1}{b} y_i^1 + \cdots + \frac{b_r}{b} y_i^r, \quad \mu = \sum_{i=1}^{n} p_i y_i = \sum_{i=1}^{n} \sum_{k=1}^{r} \frac{b_k}{b} p_i y_i^r = \sum_{k=1}^{r} \frac{b_k}{b} \mu_k$$

可见，式（9.13）中中括号内减去的第二部分，恰好就是第 k 个下位数产业份额平均在当前位数产业份额平均中所占的比例。因此，该中括号内的 $s(k) - (b_k \mu_k)/(b\mu)$ 就是第 k 个下位数产业份额的相对边际效应，它大于 0 时增大第 k 个下位数产业规模可以增大区位基尼系数，即可提高当前产业的聚集程度，否则聚集程度下降。

（二）区域分解的相对边际效应

实际上这一边际分析方法不仅适用于区位基尼系数的下位数产业分解，也适用于区位基尼系数的区域分解，下面给出区位基尼系数区域分解中子区域相对边际效应的结果。

设 n 个区域单元被划入 r 个子区域，满足 $n_1 + n_2 + \cdots + n_r = n$，记 $N = \{1, 2, \cdots, n\}$，N_k 为 N 的 r 个真子集（$k = 1, 2, \cdots, r$）。现在假定子区域 k 的产业规模获得了增长率为 e 的增长变化，其他子区域不变。同时假定 e 足够小，使增长前后组合系数保持不变。第 k 个子区域中各区域单元的产业规模都从 x_i 变化为 $x_i(1+e)$，区域单元的产业份额从 y_i 变成了 y'_i，$i \in N_k$，产业份额总平均从 μ 变成了 μ'，有：

$$y'_i = \frac{b y_i}{b + e b_k} (1 + e I\{i \in N_k\}), \quad \mu' = \sum_{i \in N} p_i y' = \frac{b\mu + e b_k \mu_k}{b + e b_k}$$

其中，$b_k = \sum_{i \in N_k} x_i$，$\mu_k = \sum_{i \in N_k} p_i y_i$，$I\{i \in N_k\}$ 为示性函数（当 $i \in N_k$ 时，函数值取 1，否则就取值为 0）。

在产业区位基尼系数中，第 k 个子区域对总体产业区位基尼系数的贡献率 $s(k)$ 可以表述为（$k = 1, 2, \cdots, r$）：

$$G = \sum_{i=1}^{n} \frac{p_i y_i}{\mu} \omega_i = \sum_{k=1}^{r} \sum_{i \in N_k} \frac{p_i y_i}{\mu} \omega_i = \sum_{k=1}^{r} S(k), \quad S(k) = \sum_{i \in N_k} \frac{p_i y_i}{\mu} \omega_i$$

$$s(k) = \frac{S(k)}{G}, \quad s(1) + \cdots + s(r) = 1$$

由于产业份额排序不变，可以得到第 k 个子区域某一产业规模增长所引起的产业区位基尼系数变化公式：

$$\Delta G = \sum_{i=1}^{n} \frac{p_i y'_i}{\mu'} \omega_i - G = \frac{e\mu G}{\mu + e\mu_k}\left[s(k) - \frac{\mu_k}{\mu}\right] \tag{9.14}$$

中括号中的部分即为因第 k 个子区域各区域单元某一产业规模增长所产生的相对边际效应。式（9.14）表明当第 k 个子区域某一产业相对边际效应 $s(k) - \mu_k/\mu$ 大于 0 时，产业在该子区域的增长会增大总体的区位基尼系数，即提高产业总体的聚集程度，否则就会减弱该产业总体的聚集程度。

以上讨论的相对边际效应分析，适用于以产业份额为属性值的区位基尼系数，不论是否进行土地面积加权。但当以区位商为属性值计算区位基尼系数时，由于产业规模增长所带来的区位商变化相当复杂，本书在这里没有进行讨论。

第三节　显著性检验和财税政策的产业聚集效应

产业区位基尼系数具有其独特的经济背景和蕴含的经济意义。如研究人员可能关心产业聚集是否具有统计显著性，产业聚集的形成极可能包含了各级政府诸如财政、税收等政策的有力推动。因此，接下来探讨产业区位基尼系数的显著性检验，研究政府财政、税收政策是否存在产业聚集效应。

一　回归方程与显著性检验

对区位基尼系数进行显著性检验，可以从计算基尼系数的回归系数法入手。戴平生（2013）给出了利用一元线性回归模型计算基尼系数的方法，该方法通过对回归参数的估计不仅提供了计算区位基尼系数的又一途径，同时还提供了区位基尼系数的显著性检验。一元线性回归方程的具体形式为：

$$\frac{\sigma_\omega^2}{\mu} y_i = \alpha + \beta \omega_i + \varepsilon_i \, (i=1, \cdots, n) \tag{9.15}$$

式（9.15）中，y_i、ω_i 分别表示第 i 个区域单元的产业份额（区位商）和组合系数，σ_ω、μ 分别表示由 ω_i、y_i 计算的标准差和平均水平，ε_i 表示扰动项。对应于计算区位基尼系数的产业份额直接法和区位商法，利用普通最小二乘法估计出的 β 值，就得到所要的区位基尼系数；对应于产业份额加权法，利用以 p_i 的算术根为权数的加权最小二乘法 WLS 估计出的 β 值，就是以空间测度（土地面积等）为权重的区位基尼系数。由 Eviews 软件在获得参数估计的同时，根据区位基尼系数估计的 t 统计量或

p 值，可以进行区位基尼系数的显著性检验。

二　财税政策的产业聚集效应

政府为扶持某一产业或实现一定的产业发展目标，通常会制定财税、货币等方面的政策加以引导。如对农业的若干产业进行财政补贴，对工业的新能源产业给予税收减免，都可能对该产业的空间聚集产生重大的影响。假定某一产业得到了政府的财政补贴，以增加值计算的产业规模从 x_1 增加到 x_1+x_2，记为 $x=x_1+x_2$。这里的 x_2 不一定是 x_1 的某一倍数，通常其变化前后的产业份额排序不一致，组合系数发生了变化。记 y、y_1 和 y_2 分别表示相应的产业份额，且 y、y_1 的组合系数分别为 ω、ω^1，我们可以得到如下关系：

$$y_i = \frac{b_1}{b}y_i^1 + \frac{b_2}{b}y_i^2, \quad G = \frac{b_1}{b}\sum_{i=1}^{n}\frac{p_iy_i^1}{\mu}\omega_i + \frac{b_2}{b}\sum_{i=1}^{n}\frac{p_iy_i^2}{\mu}\omega_i$$

这里沿用前面的符号含义，那么财政补贴后 x 与原来 x_1 的区位基尼系数变化：

$$\Delta G = \sum_{i=1}^{n}\frac{p_iy_i^1}{\mu_1}\omega_i^1 - \sum_{i=1}^{n}\frac{p_iy_i}{\mu}\omega_i = \sum_{i=1}^{n}\left(\frac{p_iy_i^1}{\mu_1} - \frac{p_iy_i}{\mu}\right)\omega_i + \sum_{i=1}^{n}\frac{p_iy_i^1}{\mu_1}(\omega_i^1 - \omega_i)$$

这样该变化分为两个部分，第一部分反映产业份额占比的变化，第二部分是排序变化。将区位基尼系数的贡献率代入第一部分可得到式（9.16）：

$$\Delta G = \frac{b\mu G}{b_1\mu_1}\left[S(1) - \frac{b_1\mu_1}{b\mu}\right] + \sum_{i=1}^{n}\frac{p_iy_i^1}{\mu_1}(\omega_i^1 - \omega_i) \qquad (9.16)$$

若财政补贴有利于产业在区域单元间的均衡分布，区位基尼系数的变化值大于 0；否则财政补贴就有利于产业的空间聚集。式（9.16）表明财政补贴产业均衡效应由两部分组成，第一部分是产业份额的占比变化通常称为垂直效应，它由该产业的相对边际效应决定；第二部分是排序变化称为水平效应。产业的均衡效应越强，产业的聚集效应就越弱。

对于税收的产业聚集效应，在关系式 $y=y_1+y_2$ 中，y_1 表示不含税的产业增加值，y_2 表示税收。那么税前税后对应的产业份额区位基尼系数的变化可以分解为：

$$\Delta G = \sum_{i=1}^{n}\frac{p_iy_i}{\mu}\omega_i - \sum_{i=1}^{n}\frac{p_iy_i^1}{\mu_1}\omega_i^1 = \sum_{i=1}^{n}\left(\frac{p_iy_i}{\mu} - \frac{p_iy_i^1}{\mu_1}\right)\omega_i^1 + \sum_{i=1}^{n}\frac{p_iy_i}{\mu}(\omega_i - \omega_i^1)$$

Lerman 和 Yitzhaki（1995）认为基尼系数变化分解式不是唯一的，因此不同分解方式不具有可比性,他们更倾向于非负的水平效应方式。对财政补贴和税收的产业聚集效应分解,以上公式遵循了这一原则。更一般地对某一产业区位基尼系数变化的分析,可以参照以上的垂直效应与水平效应分解模式。

第四节 区位基尼系数的应用

下面利用2004年和2008年的《中国经济普查年鉴》,计算中国产业的区位基尼系数。按国民经济行业划分,中国经济分为19个门类、94个大类;每个大类下又依次划分为若干中类和小类。对经济总体而言,就业人数、产值指标都能够很好地反映产业规模,但它们却有多种不同的统计口径。如就业人数的统计,《中国经济普查年鉴》中就出现了若干种指标。其中的法人单位从业人员数、企业法人单位从业人员数,涵盖了较为固定的从事各行业的就业人口,前者的人数大于后者。这两个指标都小于实际的各行业就业人数,2004年和2008年的法人单位从业人数(没有特别说明,都不含港澳台地区),总数分别为21262万人和27154万人,而相应年度的全部就业人数分别为75200万人和77480万人(数据来自相应年度的《中国统计年鉴》)。考虑到分析各行业的产业聚集程度需要分门别类计算区位基尼系数,以及数据的可靠性和可得性,在本章的研究中采用法人单位从业人员数作为产业规模的代理变量。

一 中国国民经济19个门类的产业聚集

我们在计算31个省份19个字母门类产业份额、产业区位商的基础上,再结合以各省份的陆地面积作为权重,获得了表9.1各字母产业区位基尼系数的结果。为了便于比较三种不同算法下的区位基尼系数的差异特点,图9.1以字母产业为横向坐标、产业聚集指数为纵向坐标呈现三种区位基尼系数和CR4的位置关系。

表9.1 2008年中国国民经济各门类区位基尼系数

门类(字母产业)	产业份额		区位商		产业份额加权		CR4(%)
	测度值	标准差	测度值	标准差	测度值	标准差	
总计	0.4321	0.0439			0.4855	0.0655	

续表

门类（字母产业）	产业份额 测度值	产业份额 标准差	区位商 测度值	区位商 标准差	产业份额加权 测度值	产业份额加权 标准差	CR4（%）
A. 农、林、牧、渔业	0.8461	0.2470	0.8569	0.2267	0.7362	0.1097	85
B. 采矿业	0.4865	0.0396	0.4088	0.0337	0.4466	0.0343	37
C. 制造业	0.5656	0.0795	0.2268	0.0089	0.6500	0.1310	50
D. 电力、燃气及水的生产和供应业	0.3355	0.0145	0.2328	0.0095	0.3988	0.0172	27
E. 建筑业	0.4909	0.0558	0.1910	0.0061	0.5599	0.0773	41
F. 交通运输、仓储和邮政业	0.4012	0.0299	0.1404	0.0103	0.4535	0.0519	33
G. 信息传输、计算机服务和软件业	0.4702	0.0600	0.2580	0.0599	0.4703	0.0643	41
H. 批发和零售业	0.4337	0.0387	0.1466	0.0157	0.4903	0.0657	37
I. 住宿和餐饮业	0.4320	0.0460	0.2146	0.0265	0.4945	0.0734	35
J. 金融业	0.3621	0.0231	0.1312	0.0093	0.4202	0.0388	29
K. 房地产业	0.4277	0.0493	0.1954	0.0213	0.4830	0.0748	36
L. 租赁和商务服务业	0.5193	0.0746	0.2722	0.0590	0.5004	0.1075	47
M. 科学研究、技术服务和地质勘查业	0.3991	0.0410	0.2358	0.0423	0.4094	0.0397	33
N. 水利、环境和公共设施管理业	0.3304	0.0182	0.1869	0.0061	0.3681	0.0259	27
O. 居民服务和其他服务业	0.4667	0.0477	0.2841	0.0541	0.5214	0.0847	37
P. 教育	0.3296	0.0181	0.1889	0.0072	0.3783	0.0274	28
Q. 卫生、社会保障和社会福利业	0.3504	0.0207	0.1381	0.0064	0.4040	0.0316	29
R. 文化、体育和娱乐业	0.3726	0.0331	0.1977	0.0286	0.4146	0.0429	31
S. 公共管理和社会组织	0.3396	0.0207	0.2854	0.0376	0.3326	0.0284	28

注：测度值除以其标准差等于显著性的 t 检验值，其中 $t_{0.025}(29) = 2.36$ 和 $t_{0.005}(29) = 3.04$。

我们发现以产业份额直接计算的区位基尼系数，除个别字母产业外，总体上介于其他的两种算法之间；即以区位商计算的区位基尼系数位置最低，以产业份额土地面积加权的区位基尼系数位置最高，这些特点与我们前面所做的分析一致。

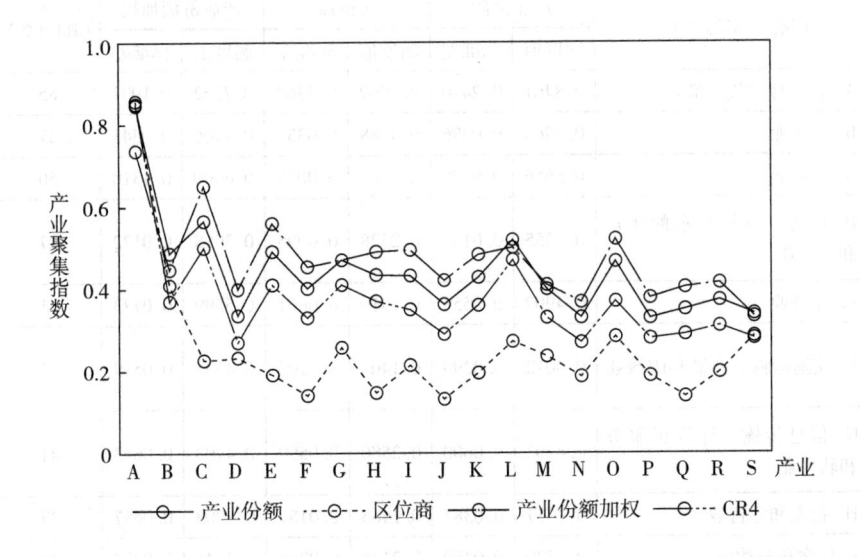

图 9.1 中国 2008 年字母产业区位基尼系数不同处理方法下的比较

表 9.1 的最后一栏是各产业的集中度指数 CR4，它与三种区位基尼系数的皮尔逊相关系数分别为 0.99、0.85 和 0.90，说明三种区位基尼系数与产业集中度指数具有很好的一致性。根据计算公式，以产业份额区位基尼系数与 CR4 关系更为直接。字母产业中 A 类产业最为特别，按区位商计算的区位基尼系数不仅高于产业份额算法，也高于产业份额土地面积加权算法。我们发现海南、新疆、黑龙江 3 个省份的农林牧渔产业在 31 个省份中区位商分别为 27.63、22.91 和 18.11，这在其他字母产业中是极为罕见的。在其他 18 个字母产业中各省份区位商最高的不超过 5，且都较为均衡。根据对图 9.1 的分析可以发现，以产业份额作为属性值计算的区位基尼系数，不论其是否进行土地面积加权，两者的计算结果都十分相近，因此两种算法以不加权作为自然选择。再考虑以区位商为属性值的区位基尼系数总体偏低，通常基尼系数在 0.4 以上才认为资源配置差异较大，因而三种算法中采用产业份额直接计算区位基尼系数的做法更为适宜。在本章随后对产业聚集程度的讨论中，我们采用直接算法的结果进行分析。

根据表 9.1 的计算结果，国民经济总体的区位基尼系数为 0.4321，说明中国 31 个省份的国民经济总体存在一定程度的产业聚集。19 个字母产业中有 11 个存在产业聚集，聚集程度依次是 A、C、L、E、B、G、O、H、I、K 和 F，即农林牧渔业、制造业、租赁和商务服务业的产业聚集程度较为突出。不同于以上字母产业，教育（P）的产业区位基尼系数为 0.3296，水利、环境和公共设施管理业（N）的测度值为 0.3304，电力、燃气及水的生产和供应业（D）的测度值为 0.3355，它们在 31 个省份的分布最为均衡，都与人们最基本的生存条件关系密切。

表 9.1 还给出了三种算法区位基尼系数的标准差，区位基尼系数与相应标准差的比值即为反映系数显著性的 t 统计量值，它们与 5%、1% 对应的分位数比较就可以得出相应的显著性水平。计算比较可以发现，以上区位基尼系数全都在 1% 的水平上显著。利用标准差还可以得到不同置信水平下区位基尼系数的区间估计。表 9.1 中区位基尼系数 0.4321 的标准差为 0.0439，其 95% 的置信区间可以表示为 (−1.96×0.0439+0.4321, 1.96×0.0439+0.4321) = (0.3461, 0.5181)。

二 中国两次经济普查产业聚集变化的效应分解

通过计算 2004 年中国国民经济 19 个字母产业区位基尼系数，我们可以比较两次经济普查 4 年间字母产业区位基尼系数的变化。表 9.2 给出了与 2004 年测度值的比较，2008 年字母产业区位基尼系数的变化量，并利用财税聚集效应中介绍的分解方法，将变化量分解为垂直效应和水平效应两部分。

表 9.2　中国两次经济普查产业聚集程度变化

门类（字母产业）	区位基尼系数		产业聚集变化效应分解			
	测度值	变化量	垂直效应	占比（%）	水平效应	占比（%）
总计	0.4138	0.0182	0.0166	91	0.0017	9
A. 农、林、牧、渔业	0.8255	0.0206	−0.0020	8	0.0226	92
B. 采矿业	0.5012	−0.0147	−0.0187	82	0.0041	18
C. 制造业	0.5452	0.0204	0.0187	92	0.0017	8
D. 电力、燃气及水的生产和供应业	0.3373	−0.0018	−0.0084	56	0.0067	44
E. 建筑业	0.4539	0.0370	0.0239	65	0.0131	35
F. 交通运输、仓储和邮政业	0.3633	0.0379	0.0316	83	0.0063	17

续表

门类（字母产业）	区位基尼系数		产业聚集变化效应分解			
	测度值	变化量	垂直效应	占比（%）	水平效应	占比（%）
G. 信息传输、计算机服务和软件业	0.4380	0.0322	0.0055	17	0.0267	83
H. 批发和零售业	0.4122	0.0215	0.0105	49	0.0110	51
I. 住宿和餐饮业	0.4171	0.0149	0.0072	49	0.0076	51
J. 金融业	0.4097	-0.0476	-0.0774	72	0.0298	28
K. 房地产业	0.4877	-0.0600	-0.0644	94	0.0044	6
L. 租赁和商务服务业	0.4973	0.0220	0.0148	67	0.0072	33
M. 科学研究、技术服务和地质勘查业	0.3621	0.0370	0.0251	68	0.0119	32
N. 水利、环境和公共设施管理业	0.3310	-0.0006	-0.0072	52	0.0066	48
O. 居民服务和其他服务业	0.5006	-0.0340	-0.0644	68	0.0304	32
P. 教育	0.3225	0.0071	0.0066	93	0.0005	7
Q. 卫生、社会保障和社会福利业	0.3404	0.0101	0.0086	85	0.0015	15
R. 文化、体育和娱乐业	0.3600	0.0126	-0.0002	2	0.0128	98
S. 公共管理和社会组织	0.3395	0.0001	-0.0034	50	0.0035	50

2008年省份间国民经济区位基尼系数总体上升，即产业聚集程度有所增强，将其分解表明，省份间原有国民经济优势省份的份额继续增强，垂直效应的贡献率占91%；省份间国民经济排序变化较小，水平效应的贡献率仅占9%。

农、林、牧、渔业（A）产业聚集程度4年间有所上升。黑龙江的产业份额从30%递增到43%，而其余5个优势省份新疆、海南、云南、内蒙古、广西等都出现一定程度的下降。从效应分解来看，由于农林牧渔业产业份额的增减分化，导致垂直效应很小且为负值，水平效应较大。水平效应的贡献率为92%，垂直效应的贡献率仅为8%。这里将正负变化量进行绝对值相加，按变化的绝对值所占百分比计算贡献率。

根据表9.2的计算结果，19个字母产业区位基尼系数变化量最大的是房地产业，其次是金融业。两大产业区位基尼系数都出现了较大幅度的下降，省份间的产业份额变化较大。房地产业份额在3%以上省份从

2004年的10家发展到2008年的14家,但优势省份变化较小,因而垂直效应的贡献率达到94%;金融业产业份额在3%以上的省份从2004年15家发展到16家,其中产业份额5%以上的从8家减为7家,4年间金融业产业份额变化较大。19个字母产业中变化大的还有文化、体育和娱乐业(R),信息传输、计算机服务和软件业(G)和农、林、牧、渔业(A),说明这些产业优势省份在布局上存在较大程度的洗牌。总体上字母产业区位基尼系数的变化,以垂直效应作用为主,即产业份额的逐渐变化产生主要影响。

三 金融产业聚集的两位数产业和东中西部的结构分解

(一)金融业两位数产业分解的结构分析

下面讨论产业的两位数产业和区域结构作分解。房地产业、金融业4年间区位基尼系数的变化最大,我们将其作为进行结构分析的对象。由于房地产业的两位数产业只有自身,这里就把金融业作为研究对象。金融业的两位数产业有4个:银行业(J68)、证券业(J69)、保险业(J70)和其他金融活动(J71),2004年、2008年两位数产业的分解结果如表9.3所示。

表9.3　　　　　中国两次经济普查金融业两位数产业分解　　　　单位:%

金融业两位数产业	区位基尼系数		分业贡献率		分业份额		相对边际效应	
	2004年	2008年	2004年	2008年	2004年	2008年	2004年	2008年
银行业	0.3913	0.3281	0.6228	0.4955	0.6612	0.5536	-0.0384	-0.0581
证券业	0.5778	0.6532	0.0257	0.0429	0.0271	0.0291	-0.0013	0.0138
保险业	0.4770	0.4076	0.3427	0.4152	0.2987	0.3739	0.0440	0.0414
其他金融活动	0.5366	0.4210	0.0088	0.0463	0.0130	0.0434	-0.0042	0.0029
业内贡献	97	98						

金融业的就业人数从2004年的374.5万人发展到2008年的509.5万人。其中银行业从247.7万人增加到282.1万人,4年间区位基尼系数从0.3913下降到0.3281,省份产业聚集程度明显减弱,省份间银行业的服务均衡性得到了极大的改善。2004年银行业对整个金融业区位基尼系数的贡献率为0.6228,在金融业中的份额占0.6612,两者相减得到银行业关于金融业的相对边际效应为-0.0384,它小于0说明银行业的增长会减

弱金融业的产业聚集程度。2008年银行业相对边际效应也小于0,对之后年度金融业的影响也倾向于减弱产业聚集程度；2004年证券业、其他金融活动关于整个金融业的相对边际效应也小于0,都倾向于减弱金融业的产业聚集程度,2008年它们的相对边际效应大于0,都倾向于提高金融业的产业聚集程度；2004年和2008年的保险业关于整个金融业的相对边际效应都大于0,也倾向于提高金融业的产业聚集程度。

金融业区位基尼系数可按4个两位数产业分解,形成各产业内差异和各产业间差异,对整个金融业差异(产业聚集)的贡献,2004年分别为97%和3%、2008年分别为98%和2%,说明省份间两位数产业的内部差异是其主要原因。根据分解式(9.8),金融业的产业区位基尼系数的变化,是4个两位数产业共同作用的结果。由于银行业在整个金融业中占据了50%以上的份额(2004年66%、2008年55%),因而在内部差异中具有决定性的作用,同时两位数产业的产业间差异对金融区位基尼系数影响十分微弱(2004年3%、2008年2%),银行业产业聚集程度的弱化必然推动整个金融业向省份间服务均衡化方向发展。

(二)金融业东部、中部、西部分解的结构分析

中国东部、中部、西部省份具有较大的差异性,通过区位基尼系数的区域分解有助于进一步揭示金融业产业聚集的内部规律。参照国家统计部门东中西部省份的划分标准,我们将北京、天津、河北、辽宁、上海、江苏、浙江、福建、山东、广东、海南11个省份划入东部地区,重庆、四川、贵州、云南、西藏、陕西、甘肃、青海、宁夏、新疆10个省份划入西部地区,其余10个省份划入中部地区。将2004年和2008年金融业区位基尼系数按东部、中部、西部分解,可以得到表9.4的结果。

表9.4　　　中国两次经济普查金融业东部、中部、西部分解　　　单位:%

子区域	区位基尼系数		子区域贡献率		子区域产业份额		相对边际效应	
	2004年	2008年	2004年	2008年	2004年	2008年	2004年	2008年
东部	0.3021	0.2807	0.8233	0.9745	0.5328	0.5299	0.2905	0.4446
中部	0.2610	0.1651	0.2035	0.0991	0.3156	0.2985	-0.1121	-0.1994
西部	0.4671	0.4007	-0.0267	-0.0736	0.1516	0.1715	-0.1783	-0.2451
组内贡献	77	74						

根据表9.4的数据,中国东部、中部、西部省份金融业区位基尼系数

从 2004 年到 2008 年都出现了一定幅度的下降，即三大子区域金融业的产业聚集程度减弱，金融业的服务均衡性提高。4 年间东部地区金融业就业人数从 200 万人增加到 270 万人，增长 35%；中部地区从 118 万人增加到 152 万人，增长 29%；西部地区从 57 万人增长到 87 万人，增长 54%。2004 年和 2008 年东部地区金融业关于整个金融业的相对边际效应都大于 0，说明东部省份金融业就业人数的增长都倾向于提高整个金融业的产业聚集；中西部地区金融业的相对边际效应都小于 0，说明中西部省份金融业就业人数的增长则倾向于整个金融业的产业布局均衡。

金融业区位基尼系数按东中西部省份分解，也形成区域内差异和区域间差异。对于整个金融业差异的贡献，2004 年分别为 77% 和 23%，2008 年分别为 74% 和 26%，说明区域内部的差异是构成总体差异的主要原因，但区域间的差异也不容忽视。根据分解式（9.7），东部地区的产业份额最大，具有主导作用。4 年间由于东中西部区位基尼系数都出现了不同程度的下降，使整个金融业的产业聚集程度出现大幅下降。中西部省份金融业就业人数的较快增长，是均衡中国金融业服务的重要推手。

第五节 本章小结

产业份额、区位商是产业规模的函数，因此区位基尼系数是产业规模函数的基尼系数。基于产业规模变化的视角，本章给出了产业份额、区位商、产业份额土地面积加权区位基尼系数的简化计算公式，并在此基础上进行区位基尼系数的区域分解和下位数产业分解。这些分解式在原有区位基尼系数的基尼平均差算法中，是根本无法得到的。

利用区位基尼系数的区域分解和下位数产业分解，我们获得了区域相对边际效应公式和产业相对边际效应公式。区域、产业的相对边际效应分析，具有十分重要的产业政策意义：若某一产业在子区域的相对边际效应大于 0，那么在这一区域内实施有利于该产业发展的财税政策就能整体提高该产业的聚集水平，相反就能推进该产业的均衡发展；若某一产业在下位数产业的相对边际效应大于 0，那么实施有利于该下位数产业发展的财税政策就能够提高当前位数产业的聚集程度。因此，相对边际效应分析在指导如何通过区域、子产业发展改变整体产业的聚集水平，制定区域和产业发展战略等方面能够发挥重要作用。

利用 2004 年、2008 年两次《中国经济普查年鉴》数据，我们对

31个省份字母产业的区位基尼系数进行测算和对比。对比2004年，2008年国民经济总体区位基尼系数有所增大，但省份间差异相对温和，区位基尼系数为0.4321。观察和对比19个字母产业，我们发现区位基尼系数大于0.4的产业2004年11个，虽然这11个字母产业的测度有所变化，但到了2008年区位基尼系数大于0.4的产业并没有增减。农、林、牧、渔业（A）的产业聚集程度最高，2004年区位基尼系数为0.8255，而2008年为0.8461，说明产业聚集程度进一步提高，该产业的分布与优势省份的自然禀赋相契合。制造业（C）的区位基尼系数也出现类似的变化，居民服务和其他服务业（O）的区位基尼系数4年间有所下降；教育（P）电力、燃气及水的生产和供应业（D）水利、环境和公共设施管理业（N）的区位基尼系数小，聚集程度低，房地产业（K）和金融业（J）的区位基尼系数4年间下降最多。促使金融业服务更为均衡化的重要原因：一是中西部省份从业人员较大幅度的增长；二是在银行业主导下的证券业、保险业和其他金融服务业区位基尼系数的下降。

第十章 两种估计洛伦兹曲线的新方法

本章导读

研究目的： 基于 Kakwani 的三参数洛伦兹曲线提出两种参数估计的新方法。

研究方法： Dirichlet 分布法、最小离差平方和、蒙特卡罗法和拟合优度指数。

研究发现： 现行拟合十等份数据的 Dirichlet 分布法在估计洛伦兹曲线时需要增加一个辅助参数的估计，且拟合效果在大多数场合不如最小离差平方和以及本章提出的两种新方法：回归方程法和联立方程法。该结论在 HILDA 调查数据、对数正态分布和随机游走蒙特卡罗模拟数据中得到了验证。

研究创新： 提出两种新的基于 Kakwani 洛伦兹曲线的两参数拟合方法。

研究价值： 两种新方法不需要极值求解，方便拟合洛伦兹曲线和基尼系数估计。

关键词： 洛伦兹曲线；回归方程法；联立方程法；蒙特卡罗模拟

利用十等份数据估算收入基尼系数主要通过两种渠道。一是拟合收入分布，一些学者提出了若干类收入分布如对数正态分布、Beta-2 型分布和混合分布等（McDonald，1984；Chotikapanich et al.，1997，2007）的拟合方式再计算基尼系数。二是拟合收入洛伦兹曲线，洛伦兹曲线由累计人口份额（收入的经验分布函数）、累计收入份额为横纵坐标的点形成，十等份数据恰好构成了洛伦兹曲线上 11 个点，其中包括正方形 45°线上的两个端点，因此十等份数据为拟合洛伦兹曲线提供了极大的便利。洛伦兹曲线的函数形式常见的有单参数（Kakwani and Podder，1973；Aggarwal，1984；Chotikapanich，

1993；Paul and Shankar，2020）、双参数（Rasche et al.，1980；Ortega et al.，1991；Sitthiyot and Holasut，2021）和三参数（Kakwani，1980；Sarabia et al.，1999）。

  Chotikapanich 等（2002）给出了拟合洛伦兹曲线估计参数的方法。该方法假定各个等份收入份额服从联合的 Dirichlet 分布，在洛伦兹曲线参数的基础上增加一个与方差相关的调整参数通过 ML 法获得参数估计。一些学者发现，Chotikapanich 等（2002）的方法虽然具有较好的拟合效果，但增加了参数的数量将问题复杂化。因为直接通过最小化累计收入份额的拟合偏差平方和，可以得到参数估计（Jordá et al.，2021）。且各等份收入份额是否服从联合 Dirichlet 分布也不便验证，可能导致参数估计出现较大的偏离影响基尼系数的估算。

  本章主要的关注点在于如何通过洛伦兹曲线获得与真实收入基尼系数最为接近的估计结果，对采用何种洛伦兹曲线的函数形式，其中含有几个参数却成为次要的考虑。本章主要有两个贡献点：一是基于 Kakwani（1980）的洛伦兹曲线提出简化参数的形式。二是在简化形式的基础上给出估计洛伦兹曲线参数的两种处理方式。本章的随后部分这样安排：第一节是洛伦兹曲线的参数估计，第二节是蒙特卡罗模拟，第三节是应用举例。

第一节 洛伦兹曲线的参数估计

  Kakwani（1980）给出的三参数洛伦兹曲线形式为：
$$L(x, a, p, q) = x - a x^p (1-x)^q \quad a>0,\ 0 \leqslant p \leqslant 1,\ 0 \leqslant q \leqslant 1 \quad (10.1)$$
记累计人口份额为 x，累计收入份额为 y，于是我们有线性回归模型：
$$\log(x-y) = \log a + p \log x + q \log(1-x) + \varepsilon \quad (10.2)$$
  式（10.2）中，ε 为拟合余项。式（10.2）是一个含有截距项的二元线性回归模型。记：

$$\mathbf{Y} = \begin{pmatrix} \log(x_1-y_1) \\ \log(x_2-y_2) \\ \vdots \\ \log(x_{N-1}-y_{N-1}) \end{pmatrix},\ \mathbf{X} = \begin{pmatrix} 1 & \log x_1 & \log(1-x_1) \\ 1 & \log x_2 & \log(1-x_2) \\ \vdots & \vdots & \vdots \\ 1 & \log x_{N-1} & \log(1-x_{N-1}) \end{pmatrix},\ \boldsymbol{\beta} = \begin{pmatrix} \beta_0 \\ p \\ q \end{pmatrix}$$

$$(10.3)$$

式（10.3）中，$\beta_0 = \log a$，N 为等份数。由最小二乘法可得：

$$\hat{\boldsymbol{\beta}} = (\mathbf{X}'\mathbf{X})^{-1}\mathbf{X}'\mathbf{Y}, \quad \text{Var}(\hat{\boldsymbol{\beta}}) = (\mathbf{X}'\mathbf{X})^{-1}\sigma^2 \tag{10.4}$$

由式（10.4）不仅可以得到洛伦兹曲线的参数估计，而且还可以得到估计参数的协方差矩阵。再由估计出的参数计算基尼系数及其方差：

$$G = 2aBeta(p+1, q+1), \quad \text{Var}(G) = \left(\frac{\partial G}{\partial \boldsymbol{\beta}}\right)' \text{Var}(\boldsymbol{\beta}) \frac{\partial G}{\partial \boldsymbol{\beta}} \tag{10.5}$$

下面通过具体的事例引出我们关注的参数个数问题。事例采用 HILDA（澳大利亚家庭、收入和劳动力动态调查）形成的 2001—2010 年十等份收入份额数据（Paul and Shankar, 2020），如表 10.1 所示。

表 10.1　　　　　　　　HILDA 调查的实际收入份额

组别＼年度	2001	2002	2003	2004	2005	2006	2007	2008	2009	2010
1	0.0009	0.0009	0.0010	0.0012	0.0013	0.0012	0.0009	0.0011	0.0011	0.0009
2	0.0146	0.0145	0.0135	0.0166	0.0186	0.0193	0.0161	0.0164	0.0164	0.0170
3	0.0364	0.0364	0.0365	0.0386	0.0401	0.0400	0.0389	0.0389	0.0395	0.0387
4	0.0494	0.0505	0.0526	0.0544	0.0547	0.0547	0.0526	0.0528	0.0545	0.0533
5	0.0705	0.0713	0.0733	0.0736	0.0738	0.0746	0.0727	0.0733	0.0765	0.0714
6	0.0944	0.0947	0.0952	0.0956	0.0951	0.0946	0.0932	0.0949	0.0960	0.0943
7	0.1176	0.1177	0.1179	0.1178	0.1155	0.1149	0.1126	0.1147	0.1174	0.1138
8	0.1443	0.1440	0.1450	0.1432	0.1409	0.1393	0.1366	0.1389	0.1406	0.1384
9	0.1804	0.1804	0.1793	0.1782	0.1759	0.1744	0.1717	0.1737	0.1738	0.1729
10	0.2915	0.2896	0.2857	0.2808	0.2841	0.287	0.3047	0.2949	0.2842	0.2993

注：数据来源于 HILDA 的年度收入调查。

表 10.2 给出了拟合收入份额数据的结果，它与表 10.1 对应数值的绝对误差都在小数点千分位，线性回归模型的处理方式产生很好的效果（因累计人口份额存在增大趋势，以 x 乘以模型的两边即采用逆标准差加权回归）。估计洛伦兹曲线参数，通常可以考虑以累计收入份额与相应曲线函数值的偏差平方和最小为目标（Jordá et al., 2021），简称最小化技术即：

$$\hat{\theta} = \min_{\theta} \sum_{i=1}^{N} [y_i - L(x_i, \theta)]^2, \quad \theta = (p, q) \tag{10.6}$$

表 10.2　回归模型拟合 HILDA 调查数据的收入份额（三参数模型）

组别＼年度	2001	2002	2003	2004	2005	2006	2007	2008	2009	2010
1	0.0008	0.0008	0.0008	0.0011	0.0012	0.0011	0.0007	0.0009	0.0009	0.0008
2	0.0162	0.0163	0.0160	0.0186	0.0204	0.0209	0.0189	0.0188	0.0190	0.0192
3	0.0330	0.0332	0.0332	0.0358	0.0374	0.0378	0.0353	0.0356	0.0363	0.0358
4	0.0510	0.0513	0.0517	0.0539	0.0548	0.0550	0.0522	0.0529	0.0542	0.0528
5	0.0706	0.0710	0.0717	0.0731	0.0732	0.0731	0.0703	0.0714	0.0733	0.0710
6	0.0921	0.0926	0.0937	0.0941	0.0932	0.0928	0.0903	0.0918	0.0940	0.0910
7	0.1166	0.1171	0.1185	0.1178	0.1159	0.1151	0.1132	0.1150	0.1174	0.1139
8	0.1460	0.1464	0.1479	0.1458	0.1432	0.1421	0.1413	0.1431	0.1452	0.1418
9	0.1859	0.1860	0.1868	0.1834	0.1805	0.1795	0.1810	0.1820	0.1826	0.1809
10	0.2877	0.2853	0.2796	0.2764	0.2802	0.2827	0.2967	0.2884	0.2769	0.2929

注：本表为线性回归模型法对 HILDA 年度收入调查十等份收入份额的估计结果。

表 10.3 参数估计的结果表明：相比于最小化技术，线性回归方程法估计的基尼系数除 2008 年，其余年度与机构基尼系数的偏差都更小，按 10 个年度基尼系数估计的均方误差（MSE）远小于最小化技术的 MSE。但从两种方法的参数估计看，2001—2010 年参数 a 的估计值全都在 1 的附近，表明该参数取值为 1 即 $a=1$，可以减少模型参数估计个数。对式（10.1）中的三个参数，若按 Chotikapanich 等（2002）的 Dirichlet 分布估计法，ML 估计就要处理四个参数，初始值的设定难度增大很多。于是尝试将 Kakwani（1980）的三参数模型简化为两参数模型：

$$L_1(x, p, q) = x - x^p(1-x)^q, \quad p>0, \quad 0 \leqslant q \leqslant 1 \quad (10.7)$$

表 10.3　拟合 HILDA 调查数据的参数估计（三参数模型）

类别＼年度		2001	2002	2003	2004	2005	2006	2007	2008	2009	2010
机构基尼系数		0.4633	0.4613	0.4572	0.4464	0.4442	0.4446	0.4619	0.4547	0.4455	0.4579
线性回归方程	a	1.0810	1.0827	1.0991	1.0438	0.9960	0.9794	1.0032	1.0176	1.0305	1.0018
	p	1.0047	1.0050	1.0108	0.9901	0.9715	0.9644	0.9742	0.9802	0.9841	0.9734
	q	0.7144	0.7205	0.7404	0.7267	0.6981	0.6852	0.6629	0.6876	0.7204	0.6708
	G	0.4630	0.4609	0.4572	0.4467	0.4441	0.4445	0.4618	0.4554	0.4457	0.4579
	Δ	0.0003	0.0004	0.0000	0.0003	0.0001	0.0001	0.0001	0.0007	0.0002	0.0000

续表

类别	年度	2001	2002	2003	2004	2005	2006	2007	2008	2009	2010
最小化技术	a	1.0479	1.0407	1.0309	0.9964	0.9553	0.9358	0.9256	0.9494	0.9530	0.9422
	p	0.9855	0.9808	0.9722	0.9622	0.9464	0.9367	0.9253	0.9379	0.9364	0.9359
	q	0.6981	0.6995	0.7057	0.7015	0.6755	0.6607	0.6193	0.6503	0.6786	0.6379
	G	0.4624	0.4602	0.4562	0.4460	0.4436	0.4440	0.4610	0.4545	0.4446	0.4572
	Δ	0.0009	0.0011	0.0010	0.0004	0.0006	0.0006	0.0009	0.0002	0.0009	0.0007

注：数据来源于 HILDA 的年度收入调查，除机构基尼系数外其他数据由本章估计。其中 G、Δ 分别表示基尼系数和基尼系数估计偏差。

式（10.7）对应的线性回归模型中没有截距项，即：

$$\log(x-y) = p\log x + q\log(1-x) + \varepsilon \tag{10.8}$$

式（10.8）中的参数 p 和 q 估计出来，可以计算基尼系数 $G = 2Beta(p+1, q+1)$。

于是结合 Rasche 等（1980）、Ortega 等（1991）与 Sitthiyot 和 Holasut（2021）的洛伦兹曲线就共有四个双参数模型。另外，三个的函数形式为：

$$L_2(x, p, q) = [1-(1-x)^p]^q, \quad 0<p\leq 1, \ q\geq 1 \tag{10.9}$$

$$L_3(x, p, q) = x^p[1-(1-x)^q], \quad p\geq 0, \ 0<q\leq 1 \tag{10.10}$$

$$L_4(x, p, q) = (1-q)x^p + q[1-(1-x)^{\frac{1}{p}}], \quad p\geq 1, \ 0\leq q\leq 1 \tag{10.11}$$

式（10.11）中，L_4 是两个洛伦兹曲线的组合，两个函数的积分都等于 $1/(p+1)$，因而基尼系数相等。事实上，四个三参数模型由任何两个的线性组合（两个非负组合系数相加等于1）都可以构造出一个四参数模型。同理任意两个双参数模型，可以组合为一个三参数模型。显然两个洛伦兹曲线组合后还是洛伦兹曲线，因为仍然满足非负，且一阶导数、二阶导数大于0。

洛伦兹曲线 L_4 是由 Sitthiyot 和 Holasut（2021）提出的。他们发现该洛伦兹曲线由两个十等份对称点，如最低10%和最高10%人群的收入份额，再加上基尼系数 G 三个数可以确定洛伦兹曲线的具体形式即解出 L_4 中的参数 $k、p$。本章也发现从第五个等份点的两侧各取一个点：即从对应（10%、20%、30%、40%）中取一个点，对应（60%、70%、80%、90%）中取另一个点，将两个点代入式（10.12）的联立方程解出参数 p、q，可以确定式（10.7）中洛伦兹曲线 L_1 的具体形式，从而估算基尼系数。这相当于从 4×4 的组合试验中，寻找基尼系数估计值与真实值最接近的组合。

$$\begin{cases} \log(x_s-y_s) = p\log x_s + q\log(1-x_s) & s=1,2,3,4 \\ \log(x_t-y_t) = p\log x_t + q\log(1-x_t) & t=6,7,8,9 \end{cases} \quad (10.12)$$

试验结果表明，从 16 种组合中得出最低 40%、90% 人群的累计收入份额是最佳组合，产生的基尼系数估计最接近机构基尼系数。试验的意义在于仅仅使用两个等份点，就以最集约的方式得到总体基尼系数的精确估计。具体参数估计为：

$$\hat{p} = \frac{\log(0.4-y_4)\log 0.1 - \log(0.9-y_9)\log 0.6}{\log 0.4 \log(1-0.9) - \log 0.9 \log(1-0.4)}$$

$$\hat{q} = \frac{\log 0.4 \log(0.9-y_9) - \log 0.9 \log(0.4-y_4)}{\log 0.4 \log(1-0.9) - \log 0.9 \log(1-0.4)} \quad (10.13)$$

这样对于洛伦兹曲线 L_1，我们给出两种估计模型参数的方法：一是式（10.8）的线性回归模型法（以下简称回归法）；二是式（10.13）的由 40%、90% 累计人口份额的联立方程法（以下简称联立法），两种方法都不涉及偏差平方和的最小化技术。下面我们利用 HILDA 十等份数据对四个双参数洛伦兹曲线进行参数估计，比较在不同方法、不同洛伦兹曲线下拟合效果和基尼系数估计的表现。针对四种双参数洛伦兹曲线，我们得到表 10.4、表 10.5 的结果。

表 10.4　拟合 HILDA 调查数据的参数估计（两参数模型 L_1）

类别	年度	2001	2002	2003	2004	2005	2006	2007	2008	2009	2010
机构基尼系数		0.4633	0.4613	0.4572	0.4464	0.4442	0.4446	0.4619	0.4547	0.4455	0.4579
回归	p	0.9718	0.9715	0.9710	0.9720	0.9732	0.9732	0.9728	0.9729	0.9714	0.9726
	q	0.6572	0.6622	0.6710	0.6952	0.7011	0.7004	0.6606	0.6747	0.6984	0.6695
	G	0.4637	0.4616	0.4579	0.4470	0.4441	0.4444	0.4618	0.4556	0.4459	0.4579
	Δ	0.0004	0.0003	0.0007	0.0006	0.0001	0.0002	0.0001	0.0009	0.0004	0.0000
联立	p	0.9426	0.9438	0.9436	0.9645	0.9842	0.9900	0.9864	0.9775	0.9718	0.9852
	q	0.6747	0.6790	0.6880	0.6987	0.6899	0.6829	0.6437	0.6646	0.6902	0.6554
	G	0.4660	0.4637	0.4598	0.4481	0.4452	0.4463	0.4648	0.4585	0.4492	0.4599
	Δ	0.0027	0.0024	0.0026	0.0017	0.0010	0.0017	0.0029	0.0038	0.0037	0.0020

续表

类别	年度	2001	2002	2003	2004	2005	2006	2007	2008	2009	2010
最小化技术	p	0.9540	0.9540	0.9518	0.9646	0.9771	0.9812	0.9777	0.9728	0.9685	0.9761
	q	0.6718	0.6770	0.6885	0.7036	0.7013	0.6981	0.6623	0.6794	0.7059	0.6712
	G	0.4633	0.4610	0.4568	0.4460	0.4427	0.4427	0.4594	0.4535	0.4437	0.4560
	Δ	0.0000	0.0003	0.0004	0.0004	0.0015	0.0019	0.0025	0.0012	0.0018	0.0019
Dirichlet 分布	p	0.9816	0.9814	0.9814	0.9820	0.9830	0.9827	0.9816	0.9828	0.9839	0.9823
	q	0.6833	0.6855	0.6973	0.7147	0.7124	0.7083	0.6704	0.6876	0.7118	0.6697
	G	0.4489	0.4480	0.4430	0.4355	0.4361	0.4379	0.4545	0.4467	0.4361	0.4546
	Δ	0.0144	0.0133	0.0142	0.0109	0.0081	0.0067	0.0074	0.0080	0.0094	0.0033

注：数据来源于 HILDA 的年度收入调查，除机构基尼系数外其他数据由本章估计。其中 G、Δ 分别表示基尼系数和基尼系数估计偏差。10 年基尼系数的偏差平方和可以用均方偏差 MSE 表示，由于数值太小，这里采用了均方偏差的算术根 RMSE 表示。RMSE 自上而下分别为 0.0004、0.0026、0.0014 和 0.0102。即回归法拟合最佳，联立法也优于 Dirichlet 分布拟合。

表 10.5　　拟合 HILDA 调查数据的参数估计

（两参数模型 L_2、L_3 和 L_4）

类别	年度	2001	2002	2003	2004	2005	2006	2007	2008	2009	2010
机构基尼系数		0.4633	0.4613	0.4572	0.4464	0.4442	0.4446	0.4619	0.4547	0.4455	0.4579
L_2 最小化技术	p	0.8400	0.8426	0.8514	0.8454	0.8266	0.8176	0.7910	0.8123	0.8360	0.8020
	q	2.1473	2.1436	2.1480	2.0818	2.0145	1.9891	1.9836	2.0189	2.0423	2.0011
	G	0.4585	0.4562	0.4517	0.4418	0.4392	0.4393	0.4552	0.4493	0.4394	0.4519
	Δ	0.0048	0.0051	0.0055	0.0046	0.0050	0.0053	0.0067	0.0054	0.0061	0.0060
L_2 Dirichlet 分布	p	0.8565	0.8615	0.8691	0.8657	0.8499	0.8439	0.8205	0.8354	0.8570	0.8277
	q	2.1897	2.1949	2.1985	2.1371	2.0846	2.0736	2.0889	2.1009	2.1110	2.0895
	G	0.4568	0.4547	0.4508	0.4407	0.4396	0.4411	0.4589	0.4520	0.4407	0.4545
	Δ	0.0065	0.0066	0.0064	0.0057	0.0046	0.0035	0.0030	0.0027	0.0048	0.0034
L_3 最小化技术	p	1.1829	1.1775	1.1771	1.1118	1.0478	1.0241	1.0286	1.0580	1.0724	1.0437
	q	0.7179	0.7220	0.7341	0.7314	0.7099	0.6996	0.6636	0.6892	0.7205	0.6771
	G	0.4592	0.4568	0.4522	0.4425	0.4400	0.4401	0.4562	0.4502	0.4400	0.4529
	Δ	0.0041	0.0045	0.0050	0.0039	0.0042	0.0045	0.0057	0.0045	0.0055	0.0050
L_3 Dirichlet 分布	p	1.2100	1.2110	1.2132	1.1527	1.1038	1.0903	1.1124	1.1189	1.1633	1.1202
	q	0.7343	0.7410	0.7551	0.7520	0.7343	0.7269	0.6894	0.7112	0.7664	0.7013
	G	0.4575	0.4552	0.4506	0.4416	0.4400	0.4405	0.4590	0.4514	0.4383	0.4555
	Δ	0.0058	0.0061	0.0066	0.0048	0.0042	0.0041	0.0029	0.0033	0.0072	0.0024

续表

类别	年度		2001	2002	2003	2004	2005	2006	2007	2008	2009	2010
L_4	最小化技术	p	2.6879	2.6718	2.6418	2.5785	2.5615	2.5616	2.6636	2.6256	2.5619	2.6429
		q	0.2068	0.2042	0.1930	0.2058	0.2346	0.2478	0.2785	0.2503	0.2201	0.2640
		G	0.4577	0.4553	0.4508	0.4411	0.4384	0.4385	0.4541	0.4484	0.4385	0.4510
		Δ	0.0056	0.0060	0.0064	0.0053	0.0058	0.0061	0.0078	0.0063	0.0070	0.0069
	Dirichlet 分布	p	2.6294	2.6162	2.5945	2.5296	2.5165	2.4708	2.6163	2.5795	2.5429	2.5983
		q	0.0902	0.0862	0.0810	0.0885	0.1061	0.0985	0.1234	0.1139	0.1079	0.1131
		G	0.4489	0.4469	0.4436	0.4334	0.4313	0.4238	0.4470	0.4413	0.4355	0.4442
		Δ	0.0144	0.0144	0.0136	0.0130	0.0129	0.0208	0.0149	0.0134	0.0100	0.0137

注：数据来源于 HILDA 的年度收入调查，除机构基尼系数外其他数据由本章估计。其中 G、Δ 分别表示基尼系数和基尼系数估计偏差。10 年的 RMSE 自上而下分别为 0.0055、0.0049、0.0047、0.0050、0.0064 和 0.0144。

表 10.4 表明，针对简化后的 Kakwani（1980）双参数洛伦兹曲线（以下简称为 Kakwani 洛伦兹曲线），两种新的参数估计方法对基尼系数的估计都优于 Dirichlet 分布拟合法。这可能意味着两种新方法对基尼系数估计的有效性，我们通过第二节的蒙特卡罗模拟将进一步验证。根据表 10.4 备注的 RMSE 综合指数，最小化技术对基尼系数的估计效果介于线性回归法和联立法之间，明显优于 Dirichlet 分布拟合法。其次，简化 Kakwani 洛伦兹曲线 L_1 相对于 L_2、L_3 和 L_4，比较基尼系数估计的偏差平方和都具有明显优势（见表 10.4、表 10.5 的注）。从最小化技术的估计效果来看，表 10.4 中 L_1 的 RMSE = 0.0014 都远小于表 10.5 中其他三条洛伦兹曲线，佐证了简化 Kakwani 洛伦兹曲线的良好表现。在 Dirichlet 分布拟合法的基尼系数估计中，简化 Kakwani 洛伦兹曲线仅优于 L_4。同时表明 L_4 应用于 HILDA 数据的基尼系数估计，无论采用偏差最小化技术还是 Dirichlet 分布拟合都处于劣势。随后通过计算洛伦兹曲线的拟合 IIM 指数和 MSE 指数，对比四种洛伦兹曲线对十等份数据的拟合程度（见表 10.6）。

表 10.6　拟合 HILDA 十等份数据的 IIM、MSE 指数比较

类别综合		年度	2001	2002	2003	2004	2005	2006	2007	2008	2009	2010
回归联立	IIM		0.0012	0.0005	0.0005	0.0007	0.0002	0.0001	0.0002	0.0004	0.0003	0.0003	0.0003
			0.0064	0.0037	0.0035	0.0035	0.0005	0.0006	0.0010	0.0011	0.0004	0.0004	0.0009
	MSE		0.0035	0.0045	0.0044	0.0048	0.0022	0.0022	0.0032	0.0040	0.0031	0.0033	0.0032
			0.0038	0.0032	0.0028	0.0026	0.0017	0.0033	0.0045	0.0059	0.0046	0.0047	0.0048
最小化技术	IIM (L_{1-4})		0.0041	0.0022	0.0022	0.0024	0.0005	0.0002	0.0005	0.0005	0.0003	0.0008	0.0003
			0.0060	0.0015	0.0016	0.0017	0.0016	0.0018	0.0019	0.0024	0.0021	0.0021	0.0022
			0.0054	0.0014	0.0014	0.0015	0.0015	0.0016	0.0018	0.0021	0.0018	0.0019	0.0020
			0.0128	0.0035	0.0035	0.0035	0.0035	0.0038	0.0041	0.0051	0.0043	0.0041	0.0047
	MSE (L_{1-4})		0.0025	0.0024	0.0021	0.0020	0.0012	0.0029	0.0038	0.0054	0.0029	0.0030
			0.0049	0.0041	0.0043	0.0048	0.0043	0.0044	0.0047	0.0060	0.0055	0.0056	0.0054
			0.0043	0.0036	0.0038	0.0043	0.0038	0.0038	0.0041	0.0052	0.0048	0.0051	0.0047
			0.0069	0.0060	0.0062	0.0066	0.0061	0.0064	0.0068	0.0083	0.0075	0.0074	0.0076
Dirichlet 分布	IIM (L_{1-4})		0.0026	0.0009	0.0009	0.0011	0.0007	0.0006	0.0006	0.0009	0.0008	0.0010	0.0007
			0.0057	0.0015	0.0015	0.0016	0.0015	0.0017	0.0018	0.0023	0.0019	0.0020	0.0021
			0.0052	0.0014	0.0014	0.0015	0.0014	0.0015	0.0017	0.0020	0.0017	0.0017	0.0019
			0.0122	0.0033	0.0032	0.0031	0.0031	0.0036	0.0042	0.0051	0.0042	0.0037	0.0047
	MSE (L_{1-4})		0.0053	0.0078	0.0071	0.0075	0.0055	0.0041	0.0040	0.0046	0.0045	0.0049	0.0032
			0.0057	0.0047	0.0049	0.0053	0.0049	0.0052	0.0057	0.0073	0.0063	0.0062	0.0063
			0.0051	0.0040	0.0042	0.0048	0.0043	0.0045	0.0050	0.0063	0.0054	0.0067	0.0057
			0.0137	0.0127	0.0128	0.0123	0.0124	0.0131	0.0166	0.0160	0.0143	0.0119	0.0152

注：数据来源于 HILDA 的年度收入调查，表中数据由本章估计得到。综合 MSE 是计算 10 年 RMSE 的平均数，综合 IIM 是计算各 IIM 平方和的算术根。

IIM 指数和 MSE 分别定义在十等份收入份额和累计收入份额上。具体计算公式为：

$$IIM = \sum_{i=1}^{N} q_i \ln(q_i/\hat{q}_i), \quad MSE = \frac{1}{N} \sum_{i=1}^{N} [y_i - L(x_i, \hat{\theta})]^2 \qquad (10.14)$$

式（10.14）中，N 为等份数，q_i 为第 i 个等份的收入份额，$\hat{q}_i$ 是拟合洛伦兹曲线对应于 q_i 的收入份额估计值（$i=1, 2, \cdots, N$）（Paul and Shankar，2020）。

从表 10.6 可以发现，洛伦兹曲线拟合度 MSE 指数具有以下特点：一是各个双参数洛伦兹曲线拟合采用偏差平方最小化技术的 MSE，都小于采用 Dirichlet 分布拟合法的 MSE。二是四类洛伦兹曲线在采用最小化技术估计参数的情形下，洛伦兹曲线 L_1 的综合 MSE 指数是最优的。同时 IIM

指数在最小化技术和 Dirichlet 分布拟合两种估计方法下,洛伦兹曲线 L_1 的综合 IIM 指数也是最优的。两种新的参数估计方法也有不错的表现,其中采用回归法估计的洛伦兹曲线 L_1 综合 IIM 指数是最小的。第二节的蒙特卡罗模拟,将提供更一般性的论证。

第二节 蒙特卡罗模拟

为了分析本章新提出的两种洛伦兹曲线拟合法的样本表现,我们考虑了两种情形:一是收入服从对数正态分布,参考了 Arcarons 和 Calonge (2015) 的做法;二是收入数据产生于随机游走过程,类似的数据生成过程在单位根时间序列文献中很常见 (Chen et al., 2022)。四类洛伦兹曲线在最小化技术和 Dirichlet 分布法下对随机收入数据的基尼系数估计,也被用于参照对象进行比较。

一 收入服从对数正态分布

我们假定收入产生于对数正态分布:
$y_t = \exp[9.1171 + 1.1021 \times U(0, 1)]$

随机数的样本容量分别为 100、500、1000、2000、5000、10000,数据产生后按从小到大排序,可以得到由累计人口份额、累计收入份额构成的十等份数据,同时计算样本基尼系数。为避免一组数据可能出现的偶然性,对每个样本容量各取了 10 组数据,洛伦兹曲线的拟合效果主要比较相应基尼系数估计与样本基尼系数的根均方误差 RMSE 的大小。综合评价是将同类方法各样本容量下的 RMSE 计算平方平均组的算术根。例如,对 $n=10000$ 产生的随机样本,第一步形成 10 组的十等份数据、10 个样本基尼系数、回归法基尼系数、联立法基尼系数。第二步对每组十等份数据,再将四类洛伦兹曲线按两种方法进行参数估计:各等份收入份额服从 Dirichlet 分布的最大似然法,累计收入份额的均方差最小化技术。总共形成了 10 种基尼系数估算(含回归方程法、联立方程法),这样十分方便不同方法间的比较。随机样本($n=10000$)的计算结果列于表 10.7。

表 10.7　对数正态随机数（n=10000）十等份数据和基尼系数估计

方法	组别	1	2	3	4	5	6	7	8	9	10
十等份数据	1	0.0082	0.0087	0.0085	0.0087	0.0087	0.0085	0.0083	0.0087	0.0085	0.0084
	2	0.0168	0.0173	0.0177	0.0178	0.0176	0.0172	0.0168	0.0175	0.0175	0.0172
	3	0.0255	0.0257	0.0263	0.0267	0.0263	0.0258	0.0253	0.0262	0.0262	0.0255
	4	0.0349	0.0352	0.0361	0.0369	0.0359	0.0358	0.0352	0.0360	0.0358	0.0351
	5	0.0466	0.0469	0.0476	0.0491	0.0475	0.0476	0.0469	0.0482	0.0474	0.0472
	6	0.0622	0.0624	0.0625	0.0644	0.0624	0.0626	0.0620	0.0636	0.0625	0.0619
	7	0.0831	0.0831	0.0837	0.0850	0.0834	0.0835	0.0826	0.0850	0.0832	0.0828
	8	0.1150	0.1133	0.1161	0.1170	0.1163	0.1142	0.1141	0.1169	0.1160	0.1136
	9	0.1734	0.1712	0.1740	0.1769	0.1750	0.1711	0.1727	0.1739	0.1770	0.1716
	10	0.4342	0.4362	0.4275	0.4176	0.4269	0.4335	0.4362	0.4242	0.4260	0.4365
预先计算	样本	0.5698	0.5689	0.5626	0.5549	0.5624	0.5672	0.5708	0.5605	0.5632	0.5694
	回归	0.5710	0.5693	0.5634	0.5561	0.5635	0.5671	0.5717	0.5613	0.5642	0.5704
	联立	0.5674	0.5669	0.5599	0.5524	0.5596	0.5648	0.5685	0.5582	0.5598	0.5679
最小化技术	L_1	0.5731	0.5714	0.5658	0.5583	0.5659	0.5692	0.5738	0.5633	0.5668	0.5726
	L_2	0.5729	0.5716	0.5661	0.5586	0.5663	0.5692	0.5737	0.5634	0.5671	0.5727
	L_3	0.5759	0.5745	0.5689	0.5613	0.5691	0.5721	0.5767	0.5663	0.5699	0.5756
	L_4	0.5709	0.5696	0.5642	0.5568	0.5644	0.5672	0.5717	0.5616	0.5652	0.5706
Dirichlet分布	L_1	0.5570	0.5570	0.5509	0.5430	0.5504	0.5551	0.5582	0.5479	0.5505	0.5579
	L_2	0.5526	0.5526	0.5456	0.5382	0.5445	0.5495	0.5552	0.5431	0.5461	0.5527
	L_3	0.5516	0.5505	0.5446	0.5372	0.5451	0.5485	0.5525	0.5423	0.5451	0.5514
	L_4	0.5557	0.5543	0.5490	0.5421	0.5491	0.5521	0.5544	0.5464	0.5425	0.5554

注：数据由对数正态分布随机产生，十等份数据和各基尼系数由本章计算给出。

线性方程回归法、联立方程法拟合洛伦兹曲线估算基尼系数效果，可从两个方面来考虑：一是估算结果与样本基尼系数的偏差；二是与现有估计方法的结果相比较。表 10.8 给出了不同方法、不同洛伦兹曲线拟合的基尼系数估算，它们与样本基尼系数偏差在 6 个样本容量下的各自评价和综合评价结果。我们发现线性回归方程法的基尼系数估算偏差的评价值，在对数正态随机数据下优于其余的基尼系数估算方法（评价值小说明偏差小）。联立方程法估算的基尼系数也有较好的表现，评价值介于最小化技术与 Chotikapanich 等（2002）的 Dirichlet 分布法之间。两种方法与样本基尼系数的偏差都在小数点的千分位，表明新的估计具有良好的效果。

二　收入服从随机游走过程

收入函数可以表示为：

$y_t = y_{t-1} + U(0, 1) \quad y_0 = 0$

其中，随机游走的初始值为 0。考虑到通常收入是非负的，对收入序列取了绝对数。处理方式与前面的对数正态随机数相似，10 种方法的基尼系数估算列入表 10.8。

表 10.8　随机收入数据 10 种基尼系数估计方法的 RMSE 比较

方法	数据来源	曲线类型 L	综合评价	$n=100$	$n=500$	$n=1000$	$n=2000$	$n=5000$	$n=10000$
回归	对数正态	1	0.0016	0.0025	0.0019	0.0012	0.0014	0.0009	0.0009
	随机游走	1	0.0049	0.0049	0.0051	0.0054	0.0027	0.0036	0.0069
联立	对数正态	1	0.0033	0.0056	0.0032	0.0029	0.0018	0.0024	0.0025
	随机游走	1	0.0094	0.0105	0.0087	0.0092	0.0099	0.0097	0.0083
最小化技术	对数正态 $y_t = \exp[\mu + \sigma U(0, 1)]$ $\mu = 9.1171, \sigma = 1.1021$	1	0.0036	0.0049	0.0038	0.0032	0.0032	0.0030	0.0031
		2	0.0039	0.0056	0.0041	0.0034	0.0032	0.0031	0.0032
		3	0.0066	0.0084	0.0068	0.0061	0.0061	0.0060	0.0061
		4	0.0023	0.0041	0.0025	0.0017	0.0015	0.0013	0.0014
	随机游走 $y_t = y_{t-1} + U(0, 1)$ $y_0 = 0$	1	0.0039	0.0040	0.0041	0.0040	0.0028	0.0033	0.0049
		2	0.0038	0.0026	0.0031	0.0044	0.0034	0.0048	0.0041
		3	0.0040	0.0027	0.0033	0.0046	0.0035	0.0051	0.0040
		4	0.0037	0.0025	0.0031	0.0043	0.0031	0.0046	0.0040
Dirichlet 分布	对数正态 $y_t = \exp[\mu + \sigma U(0, 1)]$ $\mu = 9.1171, \sigma = 1.1021$	1	0.0147	0.0197	0.0186	0.0114	0.0120	0.0118	0.0122
		2	0.0166	0.0156	0.0163	0.0161	0.0158	0.0184	0.0170
		3	0.0176	0.0163	0.0170	0.0179	0.0184	0.0179	0.0181
		4	0.0138	0.0117	0.0132	0.0141	0.0142	0.0141	0.0150
	随机游走 $y_t = y_{t-1} + U(0, 1)$ $y_0 = 0$	1	0.0156	0.0071	0.0114	0.0241	0.0123	0.0148	0.0182
		2	0.0106	0.0092	0.0091	0.0120	0.0115	0.0126	0.0089
		3	0.0185	0.0208	0.0199	0.0193	0.0197	0.0177	0.0122
		4	0.0097	0.0115	0.0083	0.0098	0.0098	0.0097	0.0087

注：随机数产生于对数正态和随机游走模型，表中的 RMSE 是每个样本容量下各拟合 10 组数据估算基尼系数的 MSE 的算术平方根，综合 MSE 是计算 6 个样本容量下 RMSE 的平均数，所有数据由本章整理计算得到。

我们发现对随机游走产生的收入数据，本章提出的两种新方法都有良好表现：一是它们与样本基尼系数的偏差都保持在小数点千分位；二是明显优于 Dirichlet 分布法的结果。实际上，Dirichlet 分布法在参数估计过程中估计结果对初始值的设置十分敏感，有时其迭代过程只是收敛于局部最大值，导致无法得到唯一的参数估计。对于两类随机收入数据，Dirichlet 分布法对基尼系数的估计都呈现出较大的偏差。另外，在四类双参数洛伦兹曲线中，由 Sitthiyot 和 Holasut（2021）提出的洛伦兹曲线 L_4 表现最为突出，在最小化技术和 Dirichlet 分布两大类方法中基尼系数估算的偏差都是最优的，这与在 HILDA 数据中的表现截然相反（参见表 10.6 的 MSE 结果）。洛伦兹曲线 L_4 在一些具体的收入分布中例如对数正态分布，对基尼系数的估计仍不及回归法。

第三节 应用举例

回归法和联立法用于通过十等份数据估算基尼系数都具有独特优势。对于 HILDA 调查数据，两类方法就有很好的表现。通过蒙特卡罗模拟又进一步验证了回归法、联立法的基尼系数估计效果介于偏差最小化技术与 Dirichlet 分布法之间，说明线性回归方程法模型（10.8）和联立方程法模型（10.13）适合于十等份数据的基尼系数估计。

下面再以世界银行给出的 2010—2019 年中国居民消费十等份数据举例验证（《中国统计年鉴》仅提供五等份数据）。原始的十等份数据与相应的拟合数据、基尼系数估计、拟合 IIM 指数和 MSE 指数分别列于表 10.9 和表 10.10。

表 10.9　　中国居民消费基尼系数的估计（2010—2019 年）

方法	年度	2010	2011	2012	2013	2014	2015	2016	2017	2018	2019
十等份数据	1	0.0199	0.0209	0.0205	0.0254	0.0254	0.0264	0.0266	0.0262	0.0268	0.0282
	2	0.0309	0.0331	0.0329	0.0368	0.037	0.0379	0.0382	0.0375	0.0381	0.039
	3	0.0408	0.043	0.043	0.0466	0.0472	0.048	0.0482	0.0475	0.0482	0.0487
	4	0.0513	0.0534	0.0537	0.0567	0.0576	0.0583	0.0584	0.0577	0.0585	0.0587
	5	0.0639	0.0656	0.0662	0.0681	0.0691	0.0697	0.0697	0.069	0.0697	0.0696

184 拓展基尼系数理论及其应用

续表

方法	年度	2010	2011	2012	2013	2014	2015	2016	2017	2018	2019
十等份数据	6	0.0795	0.0806	0.0813	0.0817	0.0827	0.0831	0.0831	0.0824	0.0829	0.0825
	7	0.0989	0.0992	0.0998	0.0989	0.0999	0.0999	0.0998	0.0991	0.0994	0.0987
	8	0.1243	0.1237	0.1242	0.1224	0.1232	0.1227	0.1226	0.1221	0.1222	0.1211
	9	0.1641	0.1624	0.1628	0.1606	0.1609	0.1597	0.1598	0.1599	0.1599	0.1584
	10	0.3264	0.3181	0.3156	0.3028	0.297	0.2943	0.2936	0.2986	0.2943	0.2951
基尼系数	机构	0.4374	0.4241	0.4224	0.3974	0.3918	0.386	0.3848	0.3908	0.385	0.3817
	回归	0.4336	0.4198	0.4188	0.3935	0.3885	0.3827	0.3815	0.3871	0.3817	0.3782
	联立	0.4364	0.4227	0.4216	0.3961	0.3906	0.3851	0.3837	0.3896	0.3839	0.3810

注：十等份数据、机构基尼系数来源于世界银行，线性回归方程法（回归）和联立方程法（联立）基尼系数由本章计算给出。

表 10.10　中国居民消费十等份数据的估计（2010—2019 年）

方法	年度	2010	2011	2012	2013	2014	2015	2016	2017	2018	2019
回归	1	0.0218	0.0214	0.0265	0.0265	0.0275	0.0277	0.0273	0.0279	0.0294	0.0218
	2	0.0261	0.0261	0.0289	0.0292	0.0298	0.0299	0.0295	0.0300	0.0306	0.0261
	3	0.0373	0.0375	0.0397	0.0402	0.0407	0.0409	0.0403	0.0408	0.0410	0.0373
	4	0.0513	0.0516	0.0536	0.0544	0.0549	0.0550	0.0543	0.0549	0.0549	0.0513
	5	0.0677	0.0680	0.0701	0.0710	0.0715	0.0716	0.0708	0.0715	0.0714	0.0677
	6	0.0867	0.0871	0.0892	0.0902	0.0907	0.0908	0.0899	0.0907	0.0905	0.0867
	7	0.1092	0.1097	0.1115	0.1125	0.1130	0.1131	0.1123	0.1129	0.1127	0.1092
	8	0.1373	0.1376	0.1388	0.1395	0.1398	0.1399	0.1393	0.1397	0.1395	0.1373
	9	0.1768	0.1769	0.1758	0.1757	0.1754	0.1753	0.1755	0.1753	0.1749	0.1768
	10	0.2859	0.2841	0.2660	0.2609	0.2567	0.2558	0.2608	0.2563	0.2551	0.2859
	IIM	0.0016	0.0022	0.0021	0.0030	0.0029	0.0032	0.0032	0.0032	0.0033	0.0036
	RMSE	0.0117	0.0138	0.0135	0.0163	0.0161	0.0167	0.0161	0.0168	0.0170	0.0178
联立	1	0.0375	0.0369	0.0447	0.0449	0.0465	0.0469	0.0461	0.0471	0.0490	0.0375
	2	0.0310	0.0308	0.0351	0.0354	0.0364	0.0366	0.0360	0.0367	0.0377	0.0310
	3	0.0361	0.0362	0.0385	0.0390	0.0396	0.0397	0.0392	0.0397	0.0400	0.0361
	4	0.0458	0.0462	0.0472	0.0479	0.0481	0.0482	0.0476	0.0481	0.0479	0.0458
	5	0.0591	0.0596	0.0599	0.0608	0.0608	0.0608	0.0602	0.0607	0.0601	0.0591

续表

方法	年度	2010	2011	2012	2013	2014	2015	2016	2017	2018	2019
联立	6	0.0762	0.0768	0.0766	0.0776	0.0775	0.0775	0.0769	0.0773	0.0766	0.0762
	7	0.0979	0.0986	0.0982	0.0992	0.0991	0.0991	0.0984	0.0989	0.0980	0.0979
	8	0.1270	0.1277	0.1270	0.1279	0.1277	0.1277	0.1271	0.1275	0.1266	0.1270
	9	0.1712	0.1716	0.1701	0.1703	0.1700	0.1699	0.1699	0.1698	0.1691	0.1712
	10	0.3181	0.3156	0.3028	0.2970	0.2943	0.2936	0.2986	0.2943	0.2951	0.3181
	IIM	0.0021	0.0028	0.0028	0.0033	0.0034	0.0036	0.0036	0.0035	0.0036	0.0038
	RMSE	0.0080	0.0096	0.0096	0.0114	0.0115	0.0122	0.0122	0.0120	0.0122	0.0128

注：数据来源于世界银行，线性回归方程法（回归）和联立方程法（联立）的十等份拟合数据、拟合指数 IIM 和 MSE 由本章计算给出。计算 10 年的 RMSE 平均值（综合 MSE）分别为 0.0158、0.0112，计算各 IIM 平方和的算术根（综合 IIM）分别为 0.0092、0.0104，可见回归法的综合 MSE 指数大于联立法，综合 IIM 指数小于联立法。两种方法在不同拟合指数下各有优势。

从表 10.9 可以发现，2010—2019 年回归法、联立法给出的基尼系数估计与机构基尼系数（样本基尼系数）的偏差都小于小数点的千分位，而且每一年的基尼系数估计偏差，联立法都要优于回归法。通过洛伦兹曲线 L_1，可以得到两种方法拟合下的十等份数据估计，估计结果呈现在表 10.10 中。从基尼系数估计结果看，联立法更优，因为它的综合 MSE 指数更低；从信息熵（IIM）看，联立法的综合 IIM 指数高于回归法，即回归法更优。两种拟合指数 MSE 更注重累计收入份额的拟合，IIM 则注重于各等份收入份额的拟合。可见，标准不同，判断结果可能也不一样。对比表 10.6、表 10.8 洛伦兹曲线拟合的综合评价值，表 10.10 的综合评价值水平相当，表明两类方法在应用中十分稳健。

第十一章 基尼加权回归分析：
概念、方法与应用

本章导读

研究目的：在改进离散化拓展基尼平均差的条件下，讨论处理组数据一元和多元（高维）的基尼加权回归问题。

研究方法：基尼平均差的协方差算法，斜率权数法，基尼平均差最小化，U-统计量。

研究发现：斜率加权法脱胎于 OLS 法与洛伦兹曲线的应用、基尼协方差公式的转换。最小化基尼残差理论上主要依托基尼协方差的表达。实证研究表明，基尼回归能够较好地解释旅游发展对收入不平等的积极影响。

研究创新：给出拓展基尼平均差的协方差算法，增进基尼回归中相关理论的理解和应用。

研究价值：弥补 OLS 法对异常值、高收入人群敏感的不足，提供最小化基尼平均差的实用技术。

关键词：拓展基尼平均差；协方差算法；最小化基尼残差；斜率权数法

回归分析从本质上说就是利用样本点拟合回归曲线，使回归曲线与样本点尽可能地"近"。回归曲线通常可以通过若干参数的估计来确定，普通最小二乘法（OLS）是根据残差平方和最小准则来得到参数估计，而最小绝对偏差法（LAD）则是按残差绝对值之和最小准则对参数进行估计（Basset and Koenker，1978）。再考虑到数据中某些异常点的影响，从上述方法随后又发展出加权最小二乘法、LASSO 回归和分位数回归等分析工具（Tibshrani，1996；Koenker and Basset，1978），它们都可以看作以残差为基础的某一目标函数最小化的参数估计方法。以样本对应残差计算的组数据基尼平均差作为目标函数，将目标函数最小化的参数求解过程，我们称为基尼加权回归分析。

基尼系数是在社会经济领域广泛应用于测度收入不平等或资源配置均衡性的统计指标，是基尼平均差与洛伦兹曲线相互碰撞深度结合的产物。基尼平均差最早用于测度数据的变异性和分散程度（参见基础篇的引言），基尼系数仅仅是基尼平均差的一种应用形式。Oklin 和 Yitzhaki（1992）最早提出了基尼回归分析的概念，他们分析了传统最小二乘法可能出现的问题，认为经典的线性回归模型通常基于两个基本假设：一是自变量与因变量的条件期望之间客观上存在着线性关系。二是误差项应满足独立同正态分布且与自变量不相关。在样本小容量情况下，不仅需要对误差项正态分布假设进行有效性分析，而且残差平方和对极端值的过度反应会使 OLS 估计量对异常点极为敏感。因此他们提出了两种克服敏感性的方法：第一种是使用测度残差离散程度的替代方案。如果测度方案对异常点较不敏感，那么回归系数也将会更为正常。于是他们把基尼平均差作为替代方案；第二种是使用由成对样本点定义的斜率进行加权平均构造稳健的回归系数估计。他们把前者称为基尼回归分析的最小化方法，后者称为加权平均法，并导出了相关性质。无论是误差项的基尼平均差还是成对样本点的斜率，两者都具有 U-统计量的特征，他们利用 U-统计量渐近正态的性质对回归参数的估计进行显著性检验。

Yitzhaki（1996）从福利经济学政策评估角度认为关于消费的线性支出系统其回归系数的 OLS 估计严重依赖于高收入群体，占样本 10% 的最高收入群体对回归系数的 OLS 估计量的贡献可能会高于其余 90% 人口的贡献。这一问题正在困扰着福利经济学的研究，因为政策倾向于对低收入群体的需求给予更大的权重。然而，在回归参数的 OLS 估计中，低收入群体被忽略。如果他们的消费行为具有异质性，即恩格尔曲线是非线性的（消费收入弹性不等于常数），那么穷人将是无法影响 OLS 估计的参数。这意味着不得不对 OLS 参数估计的正确性进行特定的检验。因此，基于经济学与统计学的综合考量，他提出应引入拓展基尼平均差通过改变不平等厌恶参数减小高收入群体的相应权重。他在探讨参数 OLS 估计量与基尼回归分析中斜率加权法的等价形式过程中，通过实证得出了以上结论和推断，同时还验证了拓展基尼平均差在不同不平等厌恶参数下确实取得了预期的效果。

Schechtman 等（2008）在多元基尼回归分析的加权平均法研究中取得重大的进展。Oklin 和 Yitzhaki（1992）的研究奠定了基尼回归分析的基础，Yitzhaki（1996）的贡献则是引入了拓展基尼平均差，两者都以简单一元基尼回归分析为主要研究对象。通过对因变量条件期望函数关于各个自变量微分依据复合函数的求导法则获得的线性表达式，Schechtman 等找到了多元基尼回归分析中加权平均法的窍门。类似于多元线性回归模型参数 OLS 估计的正则方程，他们给出多元基尼回归分析加权平均法的参数估计定义，并得到了参数估计的若干性质，利用 U-统计量性质从理论上给出了这些估计量的标准差从而解决对应参数的显著性问题。但实际应用中要从渐近正态分布中计算各参数估计量的标准差却不是一件容易的事情，幸好他们想到了具有良好属性的 Jackknife 方法，利用样本重抽样获得估计量的标准差。

基尼回归分析在理论和应用研究方面都取得了很大的进展，但前人的研究也存在一些不足。一是基尼回归分析的最小化方法，现有研究并没有表明如何通过最小化误差项的基尼平均差获得参数估计。我们尝试从某一给定的初始值出发，用网格搜寻法获得。二是对样本基尼平均差的计算，现有研究都采用连续分布下的基尼平均差算法，当样本为组数据时它只能得到近似值，对于拓展基尼平均差更是如此。为弥补这一缺陷，这里采用一种同时适用个体数据和组数据拓展基尼平均差的新算法（个体观测值数据是组数据的特例）。由于新算法适用于组数据方便进行参数的加权回归估计，我们称参数求解过程为基尼加权回归分析。本章内容这样安排：第一节介绍基尼平均差及其拓展，第二节是基尼加权线性回归分析，第三节是拟合优度和假设检验，第四节为应用举例。

第一节　基尼平均差及其拓展

基尼平均差的提出最初是用于测度个体数据的波动性[①]。本章主要讨论组数据，将个体观测值数据（以下简称个体数据）作为它的特例。

一　基尼平均差的计算和性质

定义 11.1　设有 n 个单元各自的平均收入分别为 $x_1 \leqslant x_2 \leqslant \cdots \leqslant x_n$，相

[①] 基尼教授(1912)给出的公式为 $\dfrac{1}{n^2}\sum\limits_{i=1}^{n}\sum\limits_{j=1}^{n}|x_i-x_j|$，即 n 个不同个体两两收入差距的平均数。

应的人口份额为 $p_1, p_2, \cdots, p_n$，则基尼平均差 Γ 可以定义为：

$$\Gamma(x) = \sum_{i=1}^{n} \sum_{j=1}^{n} |x_i - x_j| p_i p_j \tag{11.1}$$

Oklin 和 Yitzhaki（1992）把基尼平均差 Γ 称为基尼指数（Gini Index），区别于基尼系数（Gini Coefficient）。式（11.1）中单元人口都等于 1 就变为个体数据的定义。

显然基尼平均差具有非负性。若 X 表示收入随机变量，$\mu = E(X)$ 表示收入期望，那么基尼平均差与基尼系数满足等式 $\Gamma = 2\mu G$，G 表示基尼系数亦称相对基尼平均差。与基尼系数对应的洛伦兹曲线就可以通过平面上的点 (F_i, L_i) 来描述，F_i、L_i 分别被称为至第 i 个单元的累计人口份额、累计收入份额（$i = 0, 1, 2, \cdots, n$），其中 $F_0 = 0$，$L_0 = 0$。由式（11.1）可以得到基尼平均差的基本计算公式：

$$\Gamma(x) = 2\mu \sum_{i=1}^{n} (L_i F_{i-1} - F_i L_{i-1}) \tag{11.2}$$

基尼平均差还有其他多种算法，这里给出两种算法的相关定理。

定理 11.1 基尼平均差等于收入赤字的线性组合。

证明 将式（11.2）稍加变形可以得到：

$$\begin{aligned}\Gamma(x) &= 2\mu \sum_{i=1}^{n} (L_i F_{i-1} - F_i L_{i-1}) \\ &= 2\mu \sum_{i=1}^{n} (F_{i-1} - L_{i-1}) F_i - 2\mu \sum_{i=1}^{n} (F_i - L_i) F_{i-1} \\ &= 2\mu \sum_{i=2}^{n} (F_{i-1} - L_{i-1})(F_i - F_{i-2}) = 2\mu \sum_{i=2}^{n} (F_{i-1} - L_{i-1})(p_i + p_{i-1})\end{aligned}$$
$$\tag{11.3}$$

洛伦兹曲线上每一点的横坐标、纵坐标即累计人口份额与累计收入份额两者之差 $F_i - L_i$ 称为收入赤字式，式（11.3）表明基尼平均差是收入赤字的线性组合。

定理 11.2 基尼平均差等于各项收入的线性组合。

证明 将式（11.2）稍加变形还可以得到：

$$\begin{aligned}\Gamma(x) &= 2\mu \sum_{i=1}^{n} (L_i F_{i-1} - F_i L_{i-1}) = 2\mu \sum_{i=1}^{n} (L_i - L_{i-1})(F_i + F_{i-1} - 1) \\ &= 2 \sum_{i=1}^{n} x_i (F_i + F_{i-1} - 1) p_i \\ &= 4 Cov(X, R) \quad R_i = \frac{F_i + F_{i-1}}{2}\end{aligned} \tag{11.4}$$

式（11.4）中分布列$\{R_i\}$是收入分布F的函数，满足$R_1p_1+\cdots+R_np_n=1/2$（戴平生，2013）。式（11.4）又称为基尼平均差的协方差算法，它不同于 Anand（1983）、Lerman 和 Yitzhaki（1984）的$Cov[X, F(x)]$算法，就离散数据而言后者仅仅是式（11.4）在个体数据下的特例。$Cov(X, R)$是两种不同类型变量的协方差。

基尼平均差的概念可推广到连续型随机变量，协方差算法是进行基尼平均差理论与应用研究的重要工具。

二 拓展基尼平均差的概念和性质

Yitzhaki（1983）的拓展基尼系数定义首先是从连续型拓展基尼平均差切入的。通过考察其做法可以得出：

$$\Gamma(x, \nu) = 2\left\{\int_a^b [1-F(x)]dx - \int_a^b [1-F(x)]^\nu dx\right\} \quad (11.5)$$

式（11.5）中，$F(x)$为随机变量X的分布函数，ν称为不平等厌恶参数，当$0<\nu<1$时，称为偏好不平等；当$\nu=1$时，称为不平等中性；当$\nu>1$时，称为厌恶不平等。将式（11.5）称为拓展基尼平均差，不平等厌恶参数$\nu=2$时它就是前面定义的基尼平均差。Yitzhaki（1983）根据洛伦兹曲线的定义并利用分部积分，导出了式（11.5）的等价形式：

$$\Gamma(x, \nu) = 2\mu\int_0^1 (F-L)\nu(\nu-1)[1-F(x)]^{\nu-2}dF \quad (11.6)$$

式（11.6）的拓展基尼平均差可以看作对收入赤字的加权积分，参见第二章的式（2.4），它与 Kakwani（1980）给出的贫困测度指数式（2.1）是一致的。

利用 Chotikapanich 和 Griffiths（2001）的拓展基尼系数的离散化公式及基尼平均差与基尼系数关系，可以定义离散型随机变量的拓展基尼平均差。

定义 11.2 不平等参数下的基尼平均差$\Gamma(\nu)$为（$\nu>0$）：

$$\Gamma(x, \nu) = 2\sum_{i=1}^n p_i x_i\left[1+\frac{(1-F_i)^\nu-(1-F_{i-1})^\nu}{p_i}\right] \quad (11.7)$$

将式（11.7）中的中括号部分记为ω_i，容易证明$p_1\omega_1+\cdots+p_n\omega_n=0$。因此可以得到拓展基尼平均差的协方差表达式：

$$\Gamma(x, \nu) = 2Cov(X, \omega), \quad \omega_i = 1+[(1-F_i)^\nu-(1-F_{i-1})^\nu]/p_i, \quad i=1, 2, \cdots, n \quad (11.8)$$

式（11.8）中，ω_i，$i=1, 2, \cdots, n$是变量X经验分布F的函数。

Oklin 和 Yitzhaki（1992）把协方差 $Cov[X, F_X(X)]$ 称为变量与排序（rank）的混合表达式，这个序就是变量 X 的分布函数。对于离散数据，排序就是变量值从小到大排列后对应的累计人口份额。式（11.8）的协方差就是关于变量与排序函数的混合表达式，ω_i 可以称为排序（rank）经验分布函数的函数。为了对基尼回归分析的相关表述进行规范，Yitzhaki 和 Oklin（1987）参照一元线性回归方程的 OLS 估计形式，定义了基尼协方差和基尼相关系数。基尼协方差、基尼相关系数分别记为 $GCov$、C：

$$GCov(Y, X) = Cov[Y, F_X(X)], \quad C(Y, X) = \frac{Cov[Y, F_X(X)]}{Cov[Y, F_Y(Y)]}$$

通过排序获得经验累计分布函数，基尼协方差 $Cov[Y, F_X(X)]$ 的样本估计量就是一个 U-统计量，基尼相关系数 $C(Y, X)$ 的样本估计量就是 U-统计量的比值。U-统计量具有渐近正态分布的性质（Schechtman and Yitzhaki, 1987）。

下面的定理 11.3 给出式（11.6）拓展基尼平均差中加权函数的离散数据形式。

定理 11.3 拓展基尼平均差具有如下收入赤字加权函数的离散表达式：

$$\Gamma(x, v) = 2\mu \sum_{i=1}^{n-1} (F_i - L_i)\Delta\omega_i \quad \Delta\omega_i = \omega_{i+1} - \omega_i \qquad (11.9)$$

证明

$$\Gamma(v) = 2\mu \sum_{i=1}^{n} (L_i - L_{i-1})\omega_i = 2\mu \sum_{i=1}^{n} (L_i - F_i + F_{i-1} - L_{i-1} + p_i)\omega_i$$

$$= 2\mu \sum_{i=1}^{n} (F_{i-1} - L_{i-1})\omega_i - 2\mu \sum_{i=1}^{n} (F_i - L_i)\omega_i$$

$$= 2\mu \sum_{i=1}^{n-1} (F_i - L_i)\Delta\omega_i \quad \Delta\omega_i = \omega_{i+1} - \omega_i$$

对比式（11.6）Yitzhaki（1983）定义的拓展基尼平均差的积分形式，根据定理 11.3 可以得到对应于加权函数的具体离散表达式：

$$\Delta\omega_i = \frac{[(1-F_{i+1})^v - (1-F_i)^v]}{F_{i+1} - F_i} - \frac{[(1-F_i)^v - (1-F_{i-1})^v]}{F_i - F_{i-1}}, \quad i = 1, \cdots, n-1$$

利用分部积分，由式（11.5）可推出收入连续分布条件下拓展基尼平均差公式：

$$\Gamma(x, v) = -2v Cov\{X, [1-F(x)]^{v-1}\} \qquad (11.10)$$

对于离散组数据，从拓展基尼平均差的定义式（11.7）出发，有极限表达式：

$$\Gamma(x,\nu) = 2Cov(X,\omega) = 2Cov\left[X, -\frac{\Delta(1-F)^\nu}{\Delta(1-F)}\right], \frac{\Delta(1-F_i)^\nu}{\Delta(1-F_i)} = \frac{(1-F_i)^\nu - (1-F_{i-1})^\nu}{(1-F_i)-(1-F_{i-1})} \Rightarrow \lim_{n\to\infty}\Gamma(x,\nu) = -2Cov\left[X, \lim_{n\to\infty}\frac{\Delta(1-F)^\nu}{\Delta(1-F)}\right] = 2\nu Cov\{X, -[1-F(X)]^{\nu-1}\}$$

说明离散组数据拓展基尼平均差以连续型拓展基尼平均差为极限，两者是一致的。

式（11.10）是 Schechtman 等（2008）给出的收入连续分布下拓展基尼平均差的定义①。他们默认该公式也同样适用于离散数据。当 $\nu=2$ 时，由式（11.10）可以得到 $\Gamma=4Cov(X,F)$，显然它与式（11.4）结果是不同的，在利用样本计算基尼平均差时，只有在等概率条件下两者才能相等。尽管部分学者也注意到两种算法的差异（Lerman and Yitzhaki，1989；Kakwani et al.，1997），但并没有引起相关研究者的足够重视，原因是没有人给出离散数据下拓展基尼平均差的对应算法。因此，在多数情况下式（11.10）只是作为离散数据的近似算式。可以验证，计算式（11.7）在 $\nu=2$ 情形下可以导出式（11.4）的结果，式（11.4）被称为式（11.7）的拓展基尼平均差的普通形式。

将组数据简化为个体数据，从式（11.7）可以得到个体数据的拓展基尼平均差：

$$\Gamma(x,\nu) = 2\sum_{i=1}^{n} x_i\left[\frac{1}{n} + \left(\frac{n-i}{n}\right)^\nu - \left(\frac{n-i+1}{n}\right)^\nu\right] \neq 2\nu Cov\left[X, -\left(1-\frac{i}{n}\right)^{\nu-1}\right]$$

不等号右边的协方差是 Yitzhaki（1991）定义的对应于个体数据的拓展基尼平均差。这表明 Yitzhaki 定义的连续型拓展基尼平均差对于个体数据并不适用，出现了理论与实证的严重脱节。

第二节 基尼加权线性回归分析

对多元线性模型的参数估计，下面将采用斜率权数法和最小基尼平均差方法进行讨论。

---

① 他们将不平等厌恶参数 $\nu-1$ 直接换为 ν，取值范围 $\nu>1$。

一 斜率权数法

(一) 一元线性模型

$$Y = a + bX + \varepsilon \tag{11.11}$$

式 (11.11) 中, X 为自变量, Y 为因变量, ε 为误差扰动项。

Olkin 和 Yitzhaki (1992) 对一元线性回归模型的参数估计使用了斜率权数法。为估计模型参数获得 n 个观测值: (x_1, y_1), $(x_2, y_2)\cdots(x_n, y_n)$, 他们给出了斜率权数法的一般形式:

$$\hat{b} = \sum_{i,j} w_{ij} m_{ij}, \quad m_{ij} = \frac{y_i - y_j}{x_i - x_j}, \quad \sum_{ij} w_{ij} = 1$$

斜率权数法被认为是一种非参数方法, 但各种参数估计的结果几乎都可以用它来表达。Yitzhaki (1996) 将 n 个观测值按 x 的取值递增排序, 通过相当复杂的运算给出式 (11.11) 参数 b 最小二乘估计 (OLS) 以相邻两点的斜率权数法表达式:

$$\hat{b}_{OLS} = \frac{\sum_{i=1}^{n}(x_i - \bar{x})(y_i - \bar{y})}{\sum_{i=1}^{n}(x_i - \bar{x})^2} = \sum_{i=1}^{n-1} w_i b_i, \quad w_i > 0, \quad \sum_{i=1}^{n-1} w_i = 1$$

$$b_i = \frac{y_{i+1} - y_i}{x_{i+1} - x_i} = \frac{\Delta y_i}{\Delta x_i}, \quad w_i = \frac{\left[\sum_{j=i}^{n-1} i(n-j)\Delta x_j + \sum_{j=1}^{i-1} j(n-i)\Delta x_j\right]\Delta x_i}{\sum_{k=1}^{n-1}\left[\sum_{j=k}^{n-1} k(n-j)\Delta x_j + \sum_{j=1}^{k-1} j(n-k)\Delta x_j\right]\Delta x_k} \tag{11.12}$$

利用本章介绍的基尼平均差性质, 可以极大地简化以上的推演过程。不同于个体数据的处理, 组数据可以假设 n 个观测值相应的概率为 $p_1, p_2, \cdots, p_n$, 由加权最小二乘法 (权数 p_i) 可以得到参数 b 的 OLS 估计。

对一元线性回归模型式 (11.11) 进行加权回归的正则方程为:

$$\sum_{i=1}^{n} y_i p_i - a - b\sum_{i=1}^{n} x_i p_i = 0$$

$$\sum_{i=1}^{n} x_i y_i p_i - a\sum_{i=1}^{n} x_i p_i - b\sum_{i=1}^{n} x_i^2 p_i = 0$$

消除参数 a 解出参数 b, 可得:

$$\hat{b}_{OLS} = \frac{\sum_{i=1}^{n}(x_i-\mu_x)(y_i-\mu_y)p_i}{\sum_{i=1}^{n}(x_i-\mu_x)^2 p_i}, \quad \mu_x = \sum_{i=1}^{n}x_i p_i, \quad \mu_y = \sum_{i=1}^{n}y_i p_i$$

因此，通过加权最小二乘法可以得到斜率 b 的估计。接下来对估计量的分子、分母分别进行处理。分子表达式：

$$\sum_{i=1}^{n}(x_i-\mu_x)(y_i-\mu_y)p_i = \sum_{i=1}^{n}(x_i p_i - \mu_x p_i)y_i = \sum_{i=1}^{n}(x_i p_i - \mu_x p_i)y_i$$

$$= \sum_{i=1}^{n}\left(\mu_x \frac{x_i q_i}{q\mu_x} - \mu_x p_i\right)y_i = \mu_x \sum_{i=1}^{n}\left(\frac{x_i q_i}{S_x} - p_i\right)y_i = \mu_x \sum_{i=1}^{n}(L_i - L_{i-1} - F_i + F_{i-1})y_i$$

$$= \mu_x \left[\sum_{i=1}^{n}(F_{i-1}-L_{i-1})y_i - \sum_{i=1}^{n}(F_i-L_i)y_i\right] = \mu_x \sum_{i=1}^{n-1}(F_i-L_i)\Delta y_i, \quad \Delta y_i = y_{i+1}-y_i$$

用 x_i 代替 $y_i(i=1,\cdots,n)$，可以得到分母关于收入赤字的表达式。于是有：

$$\hat{b}_{OLS} = \sum_{i=1}^{n}\frac{\Delta y_i}{\Delta x_i}\frac{(F_i-L_i)\Delta x_i}{\sum_{i=1}^{n}(F_i-L_i)\Delta x_i} \Rightarrow b_i = \frac{\Delta y_i}{\Delta x_i}, \quad w_i = \frac{(F_i-L_i)\Delta x_i}{\sum_{k=1}^{n-1}(F_k-L_k)\Delta x_k} \quad (11.13)$$

式 (11.13) 给出了一元线性回归模型斜率 OLS 估计的斜率权数法表达式，它适用于组数据。当 n 个观测值等概率时就是个体数据的结果。与式 (11.12) 相比该公式不仅推导简单且便于记忆，同时适用于组数据。其中 F_i、L_i 分别是 X 的累计人口份额 (分布函数) 和累计收入份额。

类似于式 (11.11) 参数 b 的最小二乘估计 (OLS)，Yitzhaki (1996) 给出拓展基尼回归系数的定义 ($\nu=2$ 为基尼回归系数，与 OLS 回归系数显然不同)：

$$\hat{b}(\nu) = \frac{Cov\{Y,[1-F(X)]^{\nu-1}\}}{Cov\{X,[1-F(X)]^{\nu-1}\}} \tag{11.14}$$

相应的斜率权数法表达式为：

$$b_i = \frac{\Delta y_i}{\Delta x_i}, \quad w_i = \frac{[n^{\nu-1}(n-i)-(n-i)^\nu]\Delta x_i}{\sum_{k=1}^{n-1}[n^{\nu-1}(n-k)-(n-k)^\nu]\Delta x_k} \tag{11.15}$$

利用本章提出的拓展基尼平均差式 (11.8) 的算法，可以得到以下的结果：

$$\hat{b}(\nu) = \frac{Cov(Y, \omega)}{Cov(X, \omega)}, \quad b_i = \frac{\Delta y_i}{\Delta x_i}, \quad w_i = \frac{[1 - F_i - (1 - F_i)^\nu] \Delta x_i}{\sum_{k=1}^{n-1} [1 - F_k - (1 - F_k)^\nu] \Delta x_k}$$

(11.16)

推导过程利用了下面的定理 11.4。

定理 11.4 设 $\omega_i = 1 + [(1-F_i)^\nu - (1-F_{i-1})^\nu]/p_i$，对变量 Y 有协方差公式：

$$Cov(Y, \omega) = \sum_{i=1}^{n-1} [1 - F_i - (1-F_i)^\nu] \Delta y_i$$

该定理将协方差表示为变量 Y 增量的线性组合，如果将它应用于式（11.8）可以得到拓展基尼平均差的另一个计算公式。

证明 直接由式（11.8）的协方差定义和 ω_i 的表达式进行恒等变形：

$$Cov(Y, \omega) = \sum_{i=1}^{n} y_i \omega_i p_i = \sum_{i=1}^{n} [p_i + (1-F_i)^\nu - (1-F_{i-1})^\nu] y_i$$

$$= \sum_{i=1}^{n} \{[F_i + (1-F_i)^\nu] - [F_{i-1} + (1-F_{i-1})^\nu]\} y_i$$

$$= y_n - y_1 - \sum_{i=1}^{n-1} [F_i + (1-F_i)^\nu] \Delta y_i$$

于是，就有：

$$Cov(Y, \omega) = \sum_{i=1}^{n-1} [1 - F_i - (1-F_i)^\nu] \Delta y_i \quad \Delta y_i = y_{i+1} - y_i$$

在证明过程中并没有声明 ω_i 与变量 Y 的关系，它是变量 X 的样本经验分布 F 的函数。

式（11.16）适用于组数据，当 n 个观测值等概率时就是个体数据的结果。如果是个体数据，该结果与式（11.15）完全一致，这说明拓展基尼回归系数的连续分布与离散分布不同定义造成的差异只是出现在组数据上。在获得参数 b 的估计之后，采用回归方程经过均值点估计参数 a，多元情形的截距项也是如此。另外：

$$\hat{b}(\nu) = \frac{Cov(Y, \omega)}{Cov(X, \omega)}, \quad \hat{b}(2) = \frac{Cov(Y, R)}{Cov(X, R)} \neq \frac{Cov(Y, X)}{Cov(X, X)}, \quad R_i = \frac{F_i + F_{i-1}}{2},$$

$i = 1, 2, \cdots, n$

（二）多元线性模型

设多元线性模型为：

$$Y = \alpha + \beta_1 X_1 + \cdots + \beta_k X_k + \varepsilon$$

参数的 OLS 估计是根据残差平方和最小的原理。残差平方和对各参数求导可以得到 $k+1$ 个正则方程的方程组：

$$\begin{cases} \sum_{i=1}^{n} Y_i = n\alpha + \beta_1 \sum_{i=1}^{n} X_{1i} + \cdots + \beta_k \sum_{i=1}^{n} X_{ki} \\ \sum_{i=1}^{n} X_{1i} Y_i = \alpha \sum_{i=1}^{n} X_{1i} + \beta_1 \sum_{i=1}^{n} X_{1i}^2 + \cdots + \beta_k \sum_{i=1}^{n} X_{1i} X_{ki} \\ \sum_{i=1}^{n} X_{2i} Y_i = \alpha \sum_{i=1}^{n} X_{2i} + \beta_1 \sum_{i=1}^{n} X_{1i} X_{2i} + \cdots + \beta_k \sum_{i=1}^{n} X_{2i} X_{ki} \\ \vdots \\ \sum_{i=1}^{n} X_{ki} Y_i = \alpha \sum_{i=1}^{n} X_{ki} + \beta_1 \sum_{i=1}^{n} X_{1i} X_{ki} + \cdots + \beta_k \sum_{i=1}^{n} X_{ki}^2 \end{cases}$$

利用方程组中的第一式，得到回归方程经过各变量均值点的结论。同时通过消去其余各式中的参数 α，可以得到下面用协方差表示的由 k 个正则方程转化的方程组：

$$\begin{cases} Cov(X_1, Y) = \beta_1 Cov(X_1, X_1) + \cdots + \beta_k Cov(X_1, X_k) \\ Cov(X_2, Y) = \beta_1 Cov(X_2, X_1) + \cdots + \beta_k Cov(X_2, X_k) \\ \vdots \\ Cov(X_k, Y) = \beta_1 Cov(X_k, X_1) + \cdots + \beta_k Cov(X_k, X_k) \end{cases}$$

这样就得到了一个关于 k 个参数的联立方程组，可以求解出各参数得到参数估计，最后再由均值点经过回归方程估计截距项 α。

Schechtman 等（2008）尝试对多元线性模型也采用斜率权数法来估计参数。经过各变量的中心化处理先除去了参数 α，他们给出了与参数最小二乘估计方法类似的正则方程：$\mathbf{V}'\mathbf{X}\boldsymbol{\beta} = \mathbf{V}'\mathbf{Y}$，其中 $\mathbf{V}$ 用本章的组数据公式可以表达为：

$$\mathbf{V}' = (\omega_{ij})_{k \times n}, \quad \omega_{ij} = F_j(x_{ij}) + F_{j-1}(x_{ij}) - 1 \tag{11.17}$$

正则方程可以表示为：

$$\begin{pmatrix} \omega_{11} & \omega_{21} & \cdots & \omega_{n1} \\ \omega_{12} & \omega_{22} & \cdots & \omega_{n2} \\ \vdots & \vdots & & \vdots \\ \omega_{1k} & \omega_{2k} & \cdots & \omega_{nk} \end{pmatrix} \begin{pmatrix} x_{11} & x_{12} & \cdots & x_{1k} \\ x_{21} & x_{22} & \cdots & x_{2k} \\ \vdots & \vdots & & \vdots \\ x_{n1} & x_{n2} & \cdots & x_{nk} \end{pmatrix} \begin{pmatrix} \beta_1 \\ \beta_2 \\ \vdots \\ \beta_k \end{pmatrix} =$$

$$\begin{pmatrix} \omega_{11} & \omega_{21} & \cdots & \omega_{n1} \\ \omega_{12} & \omega_{22} & \cdots & \omega_{n2} \\ \vdots & \vdots & & \vdots \\ \omega_{1k} & \omega_{2k} & \cdots & \omega_{nk} \end{pmatrix} \begin{pmatrix} y_1 \\ y_2 \\ \vdots \\ y_n \end{pmatrix}$$

这样参数向量 $\boldsymbol{\beta}$ 的估计可以由下式给出：

$$\hat{\boldsymbol{\beta}}_{k\times 1} = \left[Cov(\boldsymbol{\omega}_i, x_j) \right]_{k\times k}^{-1} \left[Cov(\boldsymbol{\omega}_i, y) \right]_{k\times 1} \tag{11.18}$$

式（11.8）中，$\boldsymbol{\omega}_j$ 表示由自变量 x_j 分布函数根据式（11.4）计算的分布列 $\boldsymbol{\omega}'_j = \{\omega_{1j}, \omega_{2j}, \cdots, \omega_{nj}\}$，即分布函数的函数。当 $k=1$ 时，由式（11.18）可以得到式（11.16）的结果。当 $k>2$ 时，由式（11.18）就可以得到 $\boldsymbol{\beta}$ 各分量斜率权数法的基尼回归估计。对于拓展基尼平均差，将式（11.17）的计算公式用式（11.8）代替也可以得到类似表达式，同时还允许不同自变量采用不同的不平等厌恶参数（Schechtman 等，2008）。由于本章的协方差公式将不平等厌恶参数 ν 内化在组合系数 $\boldsymbol{\omega}$ 中，计算处理十分方便。根据正则方程容易得到 $\mathbf{V}'\boldsymbol{\varepsilon} = \mathbf{V}'\mathbf{Y} - \mathbf{V}'\mathbf{X}\boldsymbol{\beta} = \mathbf{0}$，即各个解释变量组合系数与误差项的协方差满足：

$$Cov(e, \boldsymbol{\omega}_i) = 0, \quad i = 1, \cdots, k \tag{11.19}$$

二　最小基尼平均差法

（一）一元线性模型

式（11.11）中假设 b 就是在 n 个观测值给定条件下使残差 e 分布列基尼平均差最小的参数估计，即：

$$\Gamma(e) = \sum_{i=1}^{n}\sum_{j=1}^{n} |e_i - e_j| p_i p_j = \sum_{i=1}^{n}\sum_{j=1}^{n} |y_i - y_j - b(x_i - x_j)| p_i p_j$$

$$\Rightarrow \hat{b} = \underset{b}{\operatorname{argmin}} \sum_{i=1}^{n}\sum_{j=1}^{n} |y_i - y_j - b(x_i - x_j)| p_i p_j$$

于是，由绝对值不等式就有：

$$0 \leq \Gamma(e) \leq \sum_{i,j} |y_i - y_j| p_i p_j + |b| \sum_{i,j} |x_i - x_j| p_i p_j = \Gamma(y) + |b|\Gamma(x)$$

它表明残差的基尼平均差是有界的。不妨再设 n 个残差已按大小从小到大排列 $e_1 \leq e_2 \leq \cdots \leq e_n$，可以推出以下结果：

$$\Gamma(e) = 2\sum_{i>j}(e_i - e_j)p_i p_j = 2\sum_{i>j}(y_i - y_j)p_i p_j - 2b\sum_{i>j}(x_i - x_j)p_i p_j$$

$$= 2Cov(y, \boldsymbol{\omega}^e) - 2bCov(x, \boldsymbol{\omega}^e) \tag{11.20}$$

式（11.20）中，$\boldsymbol{\omega}^e$ 表示由残差分布计算的经验分布函数的函数，它由定理 11.5 导出。根据极值条件上式两边关于 b 求导应等于 0，可以得到

以下方程 $Cov(x, \omega^{e^G}) = 0$。不妨设 e^G 表示使得基尼平均差最小的残差序列，显然从它无法得到 b 的解析表达式。

定理 11.5 若 e 满足 $e_1 \leq e_2 \leq \cdots \leq e_n$，则 $\sum_{i>j}(y_i-y_j)p_ip_j = Cov(y, \omega^e)$。

证明 引入符号函数 $sign(x)$。

$$sign(x) = \begin{cases} +1 & x>0 \\ 0 & x=0 \\ -1 & x<0 \end{cases}$$

从等式的左边展开：

$$\sum_{i>j}(y_i-y_j)p_ip_j = \sum_{i\neq j}(y_i-y_j)sign(e_i-e_j)p_ip_j = \frac{1}{2}\sum_{i=1}^n\sum_{j=1}^n(y_i-y_j)sign(e_i-e_j)p_ip_j$$

$$= \frac{1}{2}\Big[\sum_{i=1}^n y_i \sum_{j=1}^n sign(e_i-e_j)p_ip_j - \sum_{j=1}^n y_j \sum_{i=1}^n sign(e_i-e_j)p_ip_j\Big]$$

$$= \sum_{i=1}^n y_i \sum_{j=1}^n sign(e_i-e_j)p_ip_j = \sum_{i=1}^n y_ip_i \sum_{j=1}^n sign(e_i-e_j)p_j$$

$$= \sum_{i=1}^n y_ip_i\Big(\sum_{j\leq i}p_j - \sum_{j\geq i}p_j\Big) = \sum_{i=1}^n y_ip_i[F_i^e-(1-F_{i-1}^e)]$$

$$= \sum_{i=1}^n y_ip_i(F_i^e+F_{i-1}^e-1) = Cov(y, \omega^e)$$

于是，等式得证。显然如果 $x_1 \leq x_2 \leq \cdots \leq x_n$，那么 $\sum_{i>j}(y_i-y_j)p_ip_j = Cov(y, \omega^x)$。

为了求解使残差基尼平均差最小的参数估计 b，一般情况下可以从 b 的最小二乘解出发，采取网格搜寻法获得使残差基尼平均差最小的参数 b 的估计（假定曲面或曲线是光滑的）。实证中，可利用 R 语言的程序包 maxLik 中 maxLik 函数由最大化目标函数的相反数，获得参数 b 的最小基尼解。

由式（11.19）可以得到一元线性模型的两个性质。

$$Cov(\hat{y}, \omega^{e^G}) = Cov(\hat{a}+\hat{b}x, \omega^{e^G}) = \hat{b}Cov(x, \omega^{e^G}) = 0 \qquad (11.21)$$

$$Cov(y, \omega^{e^G}) = Cov(\hat{a}+\hat{b}x+e^G, \omega^{e^G}) = Cov(e^G, \omega^{e^G}) = \frac{1}{2}\Gamma(e^G) \qquad (11.22)$$

式（11.22）表明，使残差序列基尼平均差最小的参数 b 估计对应着一个残差序列，该残差序列通常满足：

$$Cov(y, \omega^y) \geq Cov(y, \omega^{e^G}) = \frac{1}{2}\Gamma(e^G) \tag{11.23}$$

（二）多元线性模型

多元线性回归模型残差的基尼平均差为：

$$\Gamma(e) = \sum_{i=1}^{n}\sum_{j=1}^{n}|e_i - e_j|p_i p_j$$

$$= \sum_{i=1}^{n}\sum_{j=1}^{n}|y_i - y_j - \beta_1(x_{1i} - x_{1j}) - \cdots - \beta_k(x_{ki} - x_{kj})|p_i p_j$$

由绝对不等式性质可以得到：

$$0 \leq \Gamma(e) \leq \Gamma(y) + |\beta_1|\Gamma(x_1) + \cdots + |\beta_k|\Gamma(x_k)$$

残差从小到大排列即 $e_1 \leq e_2 \leq \cdots \leq e_n$，根据定理 11.5 可以得到：

$$\Gamma(e) = \sum_{i=1}^{n}\sum_{j=1}^{n}|e_i - e_j|p_i p_j = 2\sum_{i<j}(e_j - e_i)p_i p_j$$

$$= 2\sum_{i<j}[y_j - y_i - \beta_1(x_{1j} - x_{1i}) - \cdots - \beta_k(x_{kj} - x_{ki})]p_i p_j$$

$$= 2Cov(y, \omega^e) - 2\beta_1 Cov(x_1, \omega^e) - \cdots - 2\beta_k Cov(x_k, \omega^e)$$

关于偏导数等于 0 得到正则方程：

$$Cov(x_i, \omega^{e^G}) = 0, \quad i = 1, \cdots, k \tag{11.24}$$

同样，可以得到与一元基尼回归的性质式（11.21）和式（11.22）。一般情况下参数求解也是从 **β** 的最小二乘解出发，采取网格搜寻法获得参数 **β** 的最小基尼平均差估计，为了加快搜索的收敛速度可以通过诸如梯度法等一些改进方法实施（在 R 语言中 maxLik 函数采用 NR 方法即牛顿拉夫森法）。

（三）几种估计的关系

一元线性模型中估计 b 斜率权数法的权数不是唯一的。除了等价于最小二乘估计的式（11.13）外，Olkin 和 Yitzhaki（1992）给出的另外两种权数组数据化为：

$$w_{ij} = (x_i - x_j)^2 p_i p_j / \sum_{i>j}(x_i - x_j)^2 p_i p_j, \quad w'_{ij} = (x_i - x_j)p_i p_j / \sum_{i>j}(x_i - x_j)p_i p_j$$

由第一个权数，斜率估计 b^* 的具体表达式：

$$b^* = \sum_{i>j} w_{ij} m_{ij} = \sum_{i>j}(x_i - x_j)(y_i - y_j)p_i p_j / \sum_{i>j}(x_i - x_j)^2 p_i p_j$$

由第二个权数，可以导出两个有趣的结果（定理 11.6、定理 11.7）。

定理 11.6 一元线性模型斜率的基尼回归估计 b_G 是分段斜率的中位数。

证明 让目标函数：

$$D = \sum_{i>j}(x_i - x_j)|m_{ij} - b|p_i p_j$$

关于 b 最小化可以得到 b 是分段斜率的加权中位数。对目标函数进行简单变形：

$$D = \sum_{i>j}(x_i - x_j)|m_{ij} - b|p_i p_j = \sum_{i>j}(x_i - x_j)\left|\frac{y_i - y_j}{x_i - x_j} - b\right|p_i p_j$$

$$= \sum_{i>j}|(y_i - y_j) - b(x_i - x_j)|p_i p_j = \sum_{i>j}|e_i - e_j|p_i p_j$$

表明目标函数与误差项的基尼平均差是一致的，因此 b_G 等于分段斜率中位数。

定理 11.7 将个体数据权数 $w'_{ij} = (x_i - x_j)/\sum_{i>j}(x_i - x_j)$ 下分段斜率加权平均数 b_{NG} 作为一元线性模型斜率估计，在大样本情况下收敛于标准正态分布。

证明 由斜率权数法：

$$b_{NG} = \sum_{i>j} w'_{ij} m_{ij} = \sum_{i>j} \frac{y_i - y_j}{x_i - x_j}(x_i - x_j) / \sum_{i>j}(x_i - x_j)$$

$$= \sum_{i>j}(y_i - y_j) / \sum_{i>j}(x_i - x_j) = Cov[y, R(x)] / Cov[x, R(x)]$$

$R(x)$ 是变量 X 的经验分布函数。即该斜率估计等于两个协方差的比值。两个样本协方差都是 U-统计量，它们的比值仍是 U-统计量。在大样本情况下，该 U-统计量是以正态分布为极限的（Schechtman and Yitzhaki, 1987）。组数据可看作是对个体数据重复出现的归并，因此定理 11.7 也适用于组数据。

第三节 拟合优度与假设检验

一 总体的一致估计量

设 n 个观测值 (x_i, y_i) 按 x 从小到大排列 $x_1 \leq x_2 \leq \cdots \leq x_n$，一元线性模型参数的斜率权数法估计，有以下个体数据表达式：

$$\hat{b} = \sum_{i>j} w_{ij} m_{ij}, \quad m_{ij} = \frac{y_i - y_j}{x_i - x_j}, \quad w_{ij} = (x_i - x_j)/\sum_{i>j}(x_i - x_j)$$

它是 Schechtman 等（1992）定义的基尼回归系数，记为 b_{NG} 有：
$$b_{NG} = \sum_{i>j}(y_i-y_j) \Big/ \sum_{i>j}(x_i-x_j) = Cov[y, R(x)]/Cov[x, R(x)]$$

Schechtman 和 Yitzhaki（1985）发现上式第一个等号右侧的分子、分母两个和式都可以用 U-统计量来表达，因此样本基尼回归系数就是总体基尼回归系数 $Cov[Y, F_X(X)]/Cov[X, F_X(X)]$ 的一致估计，利用该 U-统计量收敛于正态分布，可以进一步做相关参数的假设检验。

二 基尼加权线性回归的拟合优度

参照 Olkin 和 Yitzhaki（1992）的做法，给出基尼加权线性回归的拟合优度定义：

$$GR = 1 - \left[\frac{Cov(e, \omega^e)}{Cov(y, \omega^y)}\right]^2$$

根据式（11.22），我们有：
$$Cov(y, \omega^y) \geq Cov(y, \omega^e) = Cov(e, \omega^e) \geq 0$$

因此，拟合优度 GR 的值介于 0—1，通常是一个非负纯小数。

三 斜率参数的假设检验

基尼回归系数对应于一元线性模型的残差还满足以下关系：
$$Cov[e_{NG}, R(x)] = Cov[y-a-b_{NG}x, R(x)]$$
$$= Cov[y, R(x)] - b_{NG}Cov[x, R(x)] = 0$$

类似于 Schechtman 和 Yitzhaki（1987）的处理，可以得到总体 $Cov[\varepsilon, F_X(X)]$ 和 $Cov[X, F_\varepsilon(\varepsilon)]$ 的 U-统计量估计分别为 $Cov[e, R(x)]$、$Cov[x, R(e)]$，由 U-统计量的渐近正态性质[①]，利用它们能够检验式（11.19）和式（11.24）的显著性水平，从而判断出线性关系中解释变量的显著性。

Yitzhaki（1991）给出了基尼回归估计量方差的 Jackknife 估计，计算公式为：

$$V_J = \frac{n-1}{n} \sum_{k=1}^{n} [U(n, k) - U(n, 0)]^2 \tag{11.25}$$

[①] 其中，在 x 取值未排序的情况下 $Cov[e, \omega(x_i)] = \sum_{i<j}[(e_j-e_i)I_{|x_i<x_j|} + (e_i-e_j)I_{|x_i>x_j|}]$ p_ip_j，I 为示性函数。分布列平方的数学期望就是 e 的方差，U-统计量的方差估计参见 Olkin 和 Yitzhaki（1992）。

式（11.25）中，基尼回归系数用 U-统计量表示，$U(n, k)$ 表示剔除样本的第 k 个观测值对应的估计量，当 $k=0$ 时表示完整样本的估计量。这一方法处理时间序列的基尼回归十分有效。

四　最小拓展基尼平均差估计

拓展基尼平均差源于对收入赤字的不同权重考虑，无法直接采用基尼平均差的绝对差值加权平均的代数算法，但可以从拓展基尼系数的协方差出发。对离散型随机变量 Lerman 和 Yitzaki（1989）给出的算式并不正确：

$$Cov\{Y, [1-F(Y)]^{\nu-1}\} = \sum_{i=1}^{n} p_i(y_i-\bar{y})[(1-\hat{F}_i)^{\nu-1}-m] \tag{11.26}$$

式（11.26）中，两个变量的表达式为：

$$\hat{F}_i = \frac{F_i+F_{i-1}}{2}, \quad m = \sum_{i=1}^{n} p_i(1-\hat{F}_i)^{\nu-1}$$

对离散型变量正确的表达式为：

$$\sum_{i=1}^{n} p_i(y_i-\bar{y})\left[1+\frac{(1-F_i)^\nu-(1-F_{i-1})^\nu}{(1-F_i)-(1-F_{i-1})}\right] = Cov\left[Y, \frac{\Delta(1-F)^\nu}{\Delta(1-F)}\right] = Cov(Y, \omega)$$

对于多元线性回归模型我们有：

$$\frac{1}{2}\Gamma(e, \nu) = \sum_{i=1}^{n} p_i(y_i-\beta_1 x_{1i}-\beta_2 x_{2i}-\cdots-\beta_k x_{ki})\omega_i^e = Cov(Y, \omega) - \sum_{j=1}^{k} \beta_j Cov(X_j, \omega)$$

让回归系数求导等于 0 可得：

$$Cov(x_j, \omega^{e_G}) = 0, \quad j=1, \cdots, k$$

对预先给定的不平等厌恶参数 ν，动态调整目标函数即残差序列的拓展基尼平均差是十分困难的（多参数网格搜寻很烦琐）。为此我们参照 Yitzhaki（1991）的做法选择按 y 取值递增排序，相当于把残差序列关于 y 分布的协方差作为目标函数进行最小化从而确定模型参数。

对于估计参数标准差，可以从三个渠道获得：一是通过 R 软件 maxLik 程序包中 maxLik 函数在实现参数估计的同时获得标准差；二是根据参数估计确定残差计算各个解释变量与残差分布的协方差（渐近服从标准正态分布）；三是参照 Yitzhaki（1991）的做法，但要按残差序列递增排序构造 Jackknife 方差估计处理时间序列（截面回归时对个体数据才有效果）：

$$U_\nu(n, 0) = \frac{1}{n-1} \sum_{i=1}^{n} p_i x_i \left\{1+\frac{\Delta[1-F(e)]^\nu}{\Delta[1-F(e)]}\right\}$$

同时，利用第 n 个观测值依次替代第 1、2、…、$n-1$、n 个观测值，取前 $n-1$ 个观测值重复参数估计过程（共 n 次，编程时每次替代前要先恢复数据），再利用式（11.25）估计方差。

第四节 应用举例

近年来，各级政府大力发展旅游业，作为推动地方产业升级和减贫增收的重要举措。关于旅游业特别是入境旅游在缩小收入差距方面的作用，长期以来受到了不少政府管理者和学者的关注。理论界存在这样两种观点：一种观点是入境旅游增加外汇收入和就业机会，促进外商投资，能够缩小城乡收入差距；另一种观点则是入境旅游与外商投资关系密切，而外商投资为方便产品的销售和服务更倾向于经济发达地区，从而扩大地区间的收入差距。两种观点看似矛盾，但实际上城乡收入差距与地区间的收入差距是两个完全不同的概念。中国的城乡收入差距是二元户籍制度的产物，与城乡劳动者所从事的主要职业有关；地区间的收入差距如各省份间收入差距，则与各省份的资源禀赋和发展机遇等因素相关联。国内外现有的实证研究主要是针对地区间的收入差距，所得到结果有三种形式：入境旅游扩大了地区间的收入差距、入境旅游缩小了地区间的收入差距、入境旅游开始扩大了收入差距但一定规模之后缩小收入差距。

本章的应用举例分别采用了 2015 年、2019 年省域截面数据，和 1994—2015 年的中国（不含港澳台）总量时间序列数据。数据以收入基尼系数为因变量，入境旅游的外汇收入（数据滞后 2 年）为主要解释变量，同时引入财政预算支出、外商投资额和国内旅游收入三个控制变量。省域截面数据中收入基尼系数使用各省份的城镇、农村人均可支配收入和人口数计算得到，入境旅游外汇收入（单位：亿元，通过美元年平均汇率换算）、地区财政预算支出（单位：亿元）、外商投资额（单位：亿元，通过美元年平均汇率换算）取自 2016 年、2020 年的《中国统计年鉴》，各省份国内旅游收入取自 31 个省份 2016 年、2020 年的《中国统计年鉴》；中国总量时间序列中收入基尼系数采用各省份 GDP 作为宏观收入结合人口数计算得到，各省份的 GDP、年末人口数，和总量的中央和地方财政预算支出（F）、外商直接投资（FDI）、入境旅游外汇收入（TR）、美元年平均汇率取自相应年度的《中国统计年鉴》，同时以 1978 年为基期利用商品零售价格指数（RPI）对各年财政支出、外商直接投资进行缩减，居民消费价格指数（CPI）对入境、国内旅游收入进行缩减。表 11.1 给出了相应收入基尼系数的计算结果。

其中测度城乡收入差距的基尼系数计算公式为（每个省份两个数据）：

$$G_i = \frac{(x_i - y_i) q_{i1} q_{i2}}{(q_{i1} x_i + q_{i2} y_i)(q_{i1} + q_{i2})}, \quad i = 1, 2, \cdots, 31$$

这里分别用 x_i、y_i 表示第 i 个省份城镇、农村居民人均可支配收入，q_{i1}、q_{i2} 表示城镇、农村年末人口。尽管省域截面数据的城乡收入基尼系数与中国总量数据的地区间的收入基尼系数计算方法有所不同，但模型都使用一元或者多元线性回归模型的形式。

对比 2015 年，表 11.1 中各省份城乡收入差距到 2019 年都有不同程度改善，利用 31 个省份的国内生产总值和年末人口数据，表 11.1 给出 1994—2015 年的省域收入基尼系数（不同于居民收入基尼系数），总体呈现下降趋势。

表 11.1　各省份城乡收入差距测度、省域收入基尼系数（2015—2019 年）

省份	基尼系数 2015 年	基尼系数 2019 年	省份	基尼系数 2015 年	基尼系数 2019 年	年度	基尼系数	年度	基尼系数
北京	0.0777	0.0769	湖北	0.1821	0.1721	1994	0.2597	2010	0.2409
天津	0.0715	0.0690	湖南	0.2222	0.2036	1995	0.2569	2011	0.2267
河北	0.2007	0.1835	广东	0.1639	0.1506	1996	0.2537	2012	0.2153
山西	0.2195	0.1959	广西	0.2421	0.2154	1997	0.2578	2013	0.2077
内蒙古	0.2088	0.1883	海南	0.1977	0.1835	1998	0.2624	2014	0.2045
辽宁	0.1684	0.1595	重庆	0.1924	0.1665	1999	0.2685	2015	0.2033
吉林	0.1781	0.1685	四川	0.2229	0.2036	2000	0.2577		
黑龙江	0.1689	0.1539	贵州	0.2867	0.2644	2001	0.2770		
上海	0.0655	0.0606	云南	0.2765	0.2555	2002	0.2694		
江苏	0.1544	0.1379	西藏	0.2651	0.2557	2003	0.2764		
浙江	0.1412	0.1246	陕西	0.2414	0.2166	2004	0.2597		
安徽	0.2125	0.1965	甘肃	0.2907	0.2747	2005	0.2716		
福建	0.1755	0.1573	青海	0.2548	0.2311	2006	0.2682		
江西	0.2012	0.1831	宁夏	0.2208	0.2007	2007	0.2653		
山东	0.1938	0.1768	新疆	0.2416	0.2213	2008	0.2569		
河南	0.2065	0.1874				2009	0.2446		

一 省份数据的截面回归分析

采用加权最小二乘法将城乡收入基尼系数关于入境旅游收入进行一元线性回归（模型Ⅰ），发现入境旅游收入能够显著解释收入差距，参数估计值为负表明了入境旅游有助于缩小城乡收入差距。模型Ⅰ中 G 表示各省份城乡收入基尼系数。

模型Ⅰ：$G = \alpha + \beta_1 TR + \varepsilon$

再加入入境旅游收入的平方作为解释变量，参数估计显著不为0且提高拟合优度，说明入境收入与城乡收入差距具有"U"形关系。于是得到了一元二次模型。

模型Ⅱ：$G = \alpha + \beta_1 TR + \beta_2 TR^2 + \varepsilon$

模型Ⅱ中 Y、TR 分别表示城乡收入基尼系数和入境旅游收入。然后以参数 OLS 估计为初始值，利用网格搜寻法可以确定相应模型参数的误差项最小基尼平均差估计。估计结果见表 11.2，表中用 MG 表示最小基尼平均差方法，LAD 表示最小绝对偏差法（下同）。我们对 2019 年的数据进行了类似的处理，结果列于表 11.3。

表 11.2　省域截面数据（2015）模型的加权参数估计
（权数为人口份额）

	模型Ⅰ MG	模型Ⅰ OLS	模型Ⅰ LAD	模型Ⅱ MG	模型Ⅱ OLS	模型Ⅱ LAD
C	0.2069 (0.0000)	0.2541 (0.0000)	0.2560 (0.0000)	0.2284 (0.0000)	0.2577 (0.0000)	0.2566 (0.0000)
TR	-5.11×10^{-5} (0.0468)	-4.98×10^{-4} (0.0000)	-5.22×10^{-4} (0.0006)	-2.85×10^{-4} (0.0281)	-7.62×10^{-4} (0.0000)	-7.39×10^{-4} (0.0004)
TR^2				2.07×10^{-7} (0.0000)	6.45×10^{-7} (0.0216)	5.89×10^{-7} (0.0286)
拟合度	0.2028	0.5558	0.2528	0.3793	0.6333	0.3490

注：MG 方法的常数项都由回归方程过均值点确定，截距标准差通过 Jackknife 重抽样得到。括号内的数据为反映系数显著性的截尾概率即 p 值，OLS 方法和 LAD 方法的显著性结果直接由 Eviews10 软件得出。

表 11.3　省域截面数据（2019）模型的加权参数估计
（权数为人口份额）

	模型 I			模型 II		
	MG	OLS	LAD	MG	OLS	LAD
C	0.1870	0.2538	0.2561	0.2042	0.2574	0.2566
	(0.0000)	(0.0000)	(0.0000)	(0.0000)	(0.0000)	(0.0000)
TR	-2.73×10^{-5}	-4.97×10^{-4}	-5.22×10^{-4}	-1.58×10^{-4}	-7.61×10^{-4}	-7.38×10^{-4}
	(0.0185)	(0.0000)	(0.0006)	(0.0810)	(0.0000)	(0.0004)
TR^2				8.79×10^{-8}	6.44×10^{-7}	5.88×10^{-7}
				(0.0119)	(0.0213)	(0.0285)
拟合度	0.1339	0.5558	0.2528	0.1889	0.6341	0.3482

注：MG 方法的常数项都由回归方程过均值点确定，截距标准差通过 Jackknife 重抽样得到。括号内的数据为反映系数显著性的截尾概率即 p 值，OLS 方法和 LAD 方法的显著性结果直接由 Eviews10 软件得出。

通常就 OLS 法而言截面数据线性回归的拟合优度不高，但在本例中还是较为理想的。从一元一次回归模型的结果看，三种方法对斜率参数的估计符号一致，具有相同的经济意义即入境旅游收入能够缩小城乡收入差距。一元二次回归模型的参数估计结果进一步揭示了入境旅游与城乡居民收入差距长期趋势的倒"U"形关系：入境旅游收入在相当长一段时间内能够缩小收入差距，但超过一定数值后会转而推动收入差距的扩大。如有一些学者认为香港地区前些年由于入境旅游人数的持续高涨，在一定程度上推高了香港的房租价格和部分基本生活用品的费用，扩大了穷人与富人的收入差距。

在最小基尼平均差的参数估计过程中，我们采用网格法确定斜率参数，同时为了估计截距标准差采用 Jackknife 重抽样方法（Yitzhaki，1991）。为了实现基尼平均差的最小化，参数估计采用 R 语言 maxLik 文件包中的 maxLik 函数。调用该函数不仅可以获得各参数的估计，而且可能得到估计参数标准差。其中选择了有约束的 NM 方法（Nelder-Mead）。对于迭代过程中无法产生标准差的参数估计，主要通过计算 $Cov(x_i, \omega^{e_G})$，$i=1,\cdots,k$ 由近似正态分布确定的截尾概率。

从解释变量参数估计的符号来看，2019 年与 2015 年的结果保持很好的一致性，说明三种方法都给出了稳健的结果。我们发现对于截面数据，Jackknife 方法针对截距都可以获得显著性结论，但对于基尼回归系数通常都会得到不显著结果，需要改用其他方法。

二 中国总量数据回归分析（1994—2015 年）

表 11.4 列出了模型Ⅲ与模型Ⅳ参数估计的结果。

表 11.4　　总量数据模型（1994—2015 年）的参数估计

	两类收入简单模型（模型Ⅲ）			收入控制变量模型（模型Ⅳ）		
	MG	OLS	LAD	MG	OLS	LAD
C	0.2613 (0.0000)	0.2627 (0.0000)	0.2563 (0.0000)	0.2903 (0.0000)	0.2905 (0.0000)	0.2950 (0.0000)
TR	4.49×10^{-5} (0.0007)	4.12×10^{-5} (0.0098)	5.04×10^{-5} (0.0455)	1.71×10^{-4} (0.0000)	1.75×10^{-4} (0.0000)	1.74×10^{-4} (0.0005)
TR^2				-7.72×10^{-8} (0.0001)	-8.02×10^{-8} (0.0005)	-7.86×10^{-8} (0.0074)
DTR	-1.89×10^{-5} (0.0001)	-1.87×10^{-5} (0.0000)	-1.94×10^{-5} (0.0001)			
F				-2.55×10^{-6} (0.0000)	-2.55×10^{-6} (0.0000)	-2.46×10^{-6} (0.0000)
FDI				-4.51×10^{-5} (0.0000)	-4.56×10^{-5} (0.0053)	-5.00×10^{-5} (0.0188)
拟合度	0.8816	0.8904	0.6467	0.9630	0.9583	0.8237

注：括号内数据为反映系数显著性的截尾概率 p 值。其中 MG 方法通过 Jackknife 重抽样得到，OLS 方法和 LAD 方法的显著性结果直接由 Eviews10 软件得出。

对中国总量数据模型的参数估计，根据考察对象和控制变量的重要性先采用 OLS 法进行模型变量选择（戴平生，2018）。因统计口径发生了变化，数据没有进一步更新。当仅用入境旅游收入对地区间的收入差距（因变量）线性回归时，发现拟合优度偏低（与截面数据不同，时间序列拟合度通常较高）而且系数为负不符合预期，加入入境旅游收入的平方项后尽管拟合度有所提高，但斜率参数的估计都不显著，于是剔除平方项加入了国内旅游总收入变量，得到效果较为理想、仅含两类旅游收入的简单模型。

模型Ⅲ：$G = \alpha + \beta_1 TR + \beta_2 DTR + \varepsilon$

对三个控制变量的选择主要考虑国内旅游收入与入境旅游收入具有较强的关联性，财政支出作为政府进行二次分配的重要手段具有平衡地区间收入差距的功能，外商直接投资通常被认为对省份间收入差距也具有重要影响。通过控制变量的相关性分析，发现国内旅游收入与财政支出的相关系数为 0.9866，为避免方程共线性由拟合优度准则在收入控制变量模型中仅保留财政支出。于是得到了以下的模型表达式：

模型Ⅳ：$G = \alpha + \beta_1 TR + \beta_2 TR^2 + \beta_3 F + \beta_4 FDI + \varepsilon$

从旅游两类收入模型看，入境旅游倾向于扩大地区间的收入差距，符合理论预期；国内旅游则缩小地区间的收入差距。从收入控制变量模型看，财政支出和外商直接投资都倾向于缩小地区间的收入差距。而且入境旅游与地区间收入差距具有倒"U"形关系，即长期趋势表现为随着入境旅游收入的增长，入境旅游会从扩大地区间的收入差距向缩小地区间的收入差距转化。

三 拓展基尼回归分析

斜率权数法在省际入境旅游对城乡居民收入差距（2015 年的截面数据）的作用，以及入境旅游对中国各省份收入差距的影响，通过拓展基尼回归一并分析（基尼平均差仅仅是 $\nu = 2$ 的情形）。由于斜率权数法对于一元线性回归模型斜率的解并没有固定的形式，但为了方便起见本章将讨论局限于正则方程式（11.18）的框架之下。如由模型Ⅳ，取不平等厌恶参数 $\nu = 0.5$，根据式（11.18）的计算公式可以计算出四个解释变量系数的斜率权数法估计：

$$\begin{pmatrix} \hat{\beta}_1 \\ \hat{\beta}_2 \\ \hat{\beta}_3 \\ \hat{\beta}_4 \end{pmatrix} = \begin{pmatrix} -164.2322 & -226160.7141 & -6098.5802 & -91.9005 \\ -164.2732 & -226204.0077 & -6143.0821 & -92.3249 \\ -158.4991 & -219416.3175 & -7887.0325 & -100.8000 \\ -70.9674 & -70423.8538 & -4437.2203 & -117.6472 \end{pmatrix}^{-1}$$

$$\begin{pmatrix} 9.2823 \times 10^{-3} \\ 9.4090 \times 10^{-3} \\ 1.4223 \times 10^{-2} \\ 9.7928 \times 10^{-3} \end{pmatrix} = \begin{pmatrix} 6.7351 \times 10^{-4} \\ -4.1884 \times 10^{-7} \\ -1.2244 \times 10^{-6} \\ -1.9261 \times 10^{-4} \end{pmatrix}$$

其中，逆矩阵中对角线上的元素为各个解释变量的拓展基尼平均差，它们都等于负值是因为 $\nu = 0.5$ 对应于偏好不平等[①]。对于模型Ⅰ、模型

---

① Yitzaki（1983）证明了拓展基尼平均差是不平等厌恶参数 ν 的增函数，由定义当 $\nu = 1$ 为不平等中性时，可得 $\Gamma(1) = 0$。因此，当 $0 < \nu < 1$ 为偏好不平等时，$\Gamma(\nu) < 0$；当 $\nu > 1$ 为厌恶不平等时，$\Gamma(\nu) > 0$。

Ⅱ和模型Ⅲ本章也做了类似的处理，参数估计的结果列于表 11.5。

表 11.5　　　　　　　　斜率权数法下各模型系数的估计

模型	解释变量	不平等厌恶参数值					
		$\nu=0.5$	$\nu=1.5$	$\nu=2$	$\nu=4$	$\nu=8$
Ⅰ	C	0.2449 (0.0000)	0.2226 (0.0000)	0.2216 (0.0000)	0.2259 (0.0000)	0.2368 (0.0000)
	TR	-2.41×10^{-4} (0.0000)	-1.29×10^{-4} (0.0000)	-1.24×10^{-4} (0.0000)	-1.46×10^{-4} (0.0000)	-2.00×10^{-4} (0.0000)
Ⅱ	C	0.2671 (0.0000)	0.2571 (0.0386)	0.2948 (0.0000)	0.2128 (0.0000)	0.2144 (0.0000)
	TR	-7.56×10^{-4} (0.0002)	-6.93×10^{-4} (0.3641)	-1.27×10^{-3} (0.0964)	-3.65×10^{-5} (0.3802)	4.41×10^{-5} (0.3933)
	TR^2	6.16×10^{-7} (0.0990)	6.31×10^{-7} (0.4085)	1.33×10^{-6} (0.1658)	-1.44×10^{-7} (0.2752)	-3.48×10^{-7} (0.1486)
Ⅲ	C	0.2644 (0.0000)	0.2645 (0.0000)	0.2636 (0.0000)	0.2581 (0.0000)	0.2413 (0.0000)
	TR	3.05×10^{-5} (0.0000)	3.36×10^{-5} (0.0000)	3.73×10^{-5} (0.0000)	5.67×10^{-5} (0.0000)	1.54×10^{-4} (0.0002)
	DTR	-1.70×10^{-5} (0.0000)	-1.78×10^{-5} (0.0000)	-1.82×10^{-5} (0.0000)	-2.01×10^{-5} (0.0000)	-3.51×10^{-5} (0.0000)
Ⅳ	C	0.3478 (0.0000)	0.2714 (0.0005)	0.1781 (0.2734)	0.1124 (0.6140)	0.1713 (0.0034)
	TR	6.74×10^{-4} (0.0075)	7.274×10^{-4} (0.0347)	7.62×10^{-4} (0.0894)	5.83×10^{-4} (0.1701)	4.51×10^{-4} (0.0005)
	TR^2	-4.19×10^{-7} (0.0121)	-5.51×10^{-7} (0.0634)	-6.52×10^{-7} (0.0606)	-5.85×10^{-7} (0.2745)	-4.42×10^{-7} (0.0044)
	F	-1.22×10^{-6} (0.0850)	-1.74×10^{-6} (0.0000)	-2.40×10^{-6} (0.0000)	-3.22×10^{-6} (0.0022)	-2.99×10^{-6} (0.0000)
	FDI	-1.93×10^{-4} (0.0148)	-1.30×10^{-4} (0.0002)	-5.37×10^{-5} (0.1381)	4.22×10^{-5} (0.6602)	1.62×10^{-5} (0.0000)

注：这里的参数估计全部使用了人口加权。基尼回归适用于模型中含虚拟变量、解释变量的二次项的情形，由于非负的解释变量平方后与原变量排序一致如果不进行人口加权就无法得到唯一解。本表的参数估计都分别通过 Eviews8.0 编程和 Excel2007 计算的相互验证给出。

根据表 11.5 参数估计的结果可以发现, 在使用基尼平均差 ($\nu=2$) 的情况下, 总体而言各个解释变量系数参数估计的符号都与理论预期一致, 说明在对收入差距的作用方向上效果与 MG、OLS 和 LAD 估计方法相同。然而, 拓展基尼平均差在不同的不平等厌恶参数取值下, 也可能对解释变量的系数估计带来一些意想不到的变化, 并带来新的经济学分析视角。

模型 I 中入境旅游收入的系数估计是最为稳健的, 无论是赋予入境旅游高收入省份更大的权重 ($\nu=0.5$, 偏好不平等), 还是赋予低收入省份更大的权重 ($\nu>1$, 厌恶不平等), 都能够保持缩小城乡收入差距的作用方向不变、力度大小也相对均衡。

模型 II 中入境旅游对城乡居民收入的影响, 随着不平等厌恶参数的增加从现期 (一次项) 缩小差距向扩大差距转变, 而远期 (二次项) 则相反。这种变化表明, 对于从入境旅游中获得高收入的省份 ($\nu=0.5$), 现期入境旅游缩小城乡居民收入差距的力度最大, 而远期则体现"U"形关系; 而对获得较少入境旅游收入的省份 ($\nu=8$), 入境旅游收入对城乡居民收入差距的影响远期呈现倒"U"形关系, 而现期则扩大城乡居民的收入差距。

模型 III 与模型 I 类似, 入境旅游和国内旅游对地区间的收入差距的影响都十分稳健。无论对入境旅游高收入的省份, 还是对入境旅游低收入的省份, 入境旅游都是扩大地区间的收入差距, 而且力度还随着入境旅游收入的减小而有所增强; 国内旅游的作用则恰好与入境旅游相反。

模型 IV 中入境旅游无论现期还是远期对地区间的收入差距影响都保持作用方向一致, 大小平稳变化, 与地区间的收入差距呈现倒"U"形关系; 财政支出对地区间收入差距的作用方向一致, 力度大小随着对较低财政支出的省份赋予较大权重而有所增强, 说明对财政支出较低省份更多的扶持可以增大缩小地区收入差距的效果。外商直接投资随着不平等厌恶参数的增大, 不仅缩小地区间收入差距的作用效果逐渐减弱, 而且从缩小差距向扩大差距转变。说明对于较多获得外商直接投资省份构成的群体 ($\nu=0.5$), 外商直接投资可以缩小这个群体内部的收入差距; 但对于较少获得外商直接投资的省份 ($\nu=8$), 则倾向于扩大他们的收入差距。

第十二章　中国城乡消费差距测度及其变化研究

📖 本章导读

研究目的：测度、分析中国城乡消费基尼系数。

研究方法：组数据城乡基尼系数，基尼系数组群分解定理，边际效应结构分析。

研究发现：1990—2019年，我们的消费不平等主要来自城乡消费不平等，城乡消费基尼系数在研究期内经历了1990—2010年的上升时期，于2010年达到峰值0.50后2010—2019年呈现明显的下降趋势。对CHIP微观数据的分析，同样表明城乡消费不平等是总体消费不平等的主要原因。

研究创新：给出了组数据城乡基尼系数定义，提出组数据基尼系数组群分解定理。

研究价值：推动Dagum基尼系数组群分解的正确使用，促进对中国消费不平等和城乡消费差距的认识，为消费政策制定提供参考。

关键词：组数据；城乡基尼系数；边际结构分析

高质量发展要求不断提高中国城乡居民的生活品质，逐渐改善城乡居民消费不平等状况；消费是城乡居民社会福利的重要体现形式，改善和消除城乡居民的消费不平等也是推进和实现共同富裕的主要内容。

随着中国脱贫攻坚的全面胜利，中华民族彻底摆脱了贫困。在教育、医疗、社会保障等重大民生领域，中国得到了极大的改善，消费不平等研究近十年来逐渐受到了人们的关注。满足人民日益增长的美好生活需要，扎实推动共同富裕成为党和国家为人民谋幸福的着力点。从社会经济角度来理解共同富裕，首先要求在现阶段的小康社会中人们拥有丰富的物质文化生活，生存型、发展型和享受型消费不断得到满足，在消费升级中激发能量和动力。消费是富有的重要表现形式，也是人们追求富裕的真谛与归宿。其次，社会主义的本质要求富裕以绝大多数人共享共建为目标，要求不断缩小城乡差距和区域差距。城乡消费差距是中国居民消费不平等的主体，城乡二元体制是形成城乡消费差距的根源（解垩，2008；林毅夫、陈斌开，2009）。以人们的消费水平反映富裕程度，使用城乡消费差距反映富裕的覆盖广度和深度，这样就可以从消费视角观测共同富裕。

测度城乡居民消费差距，分析消费不平等的动态变化，对于共同富裕政策的制定与评价具有一定的现实意义。基尼系数作为不平等测度在收入、消费、社会福利、资源配置等方面得到了政府和学者的广泛认可。但目前对城乡消费差距的测度以城乡消费比、泰尔指数为主，不方便与常用的测度收入不平等的基尼系数进行比较。本章尝试弥补这一缺憾，给出与城镇、农村、总体基尼系数具有同等效用且满足可比性的城乡消费基尼系数测度，同时探索在家庭调查数据不便获得的情况下，由城镇、农村、总体十等份消费数据估算城乡消费基尼系数的方法。

本章可能的主要贡献有以下三点：一是给出 1990—2016 年中国城乡消费差距的基尼系数测度，揭示中国消费不平等的重要特征。二是给出适用于组数据计算城乡之间、区域之间基尼系数的方法，利用消费基尼系数子群分解展开结构分析。三是提出由消费十等份数据逆推样本基尼系数的洛伦兹曲线拟合方法，可简单、高效估算总体消费基尼系数。

第一节　家庭消费不平等

关于居民家庭福利不平等的测度是要采用家庭收入调查数据还是家庭消费调查数据，存在两种不同的观点。Deaton 和 Zaidi（2002）分析实证文献发现，无论富国还是穷国居民消费都不与短期的收入波动紧密联系，消费要比收入更为平滑和稳定。特别是具有庞大农业部门的发展中国家，准确的收入数据很难获得。中国向世界银行提供的民生调查数据，最初的 1981 年、1984 年、1987 年都提供收入数据，但从 1990 年开始转为提供消费数据。Atkinson 和 Bourguignon（2000）并不认为消费数据相对于收入具有明显的优势，反而在生活用品和服务等方面产生概念、观测等问题。由于两种不同的观点，许多国家（特别是发达国家）向世界银行提供的是家庭收入调查数据，而发展中国家则更倾向于向世界银行提供家庭消费调查数据。

早期关于居民家庭消费不平等的研究，通常与收入不平等的分析安排在一起。例如 Cutler 和 Katz（1991，1992）、Slesnick（1993，1994）使用美国消费支出调查数据（CEX），Blundell 和 Preston（1998）使用英国家庭支出调查数据研究收入不平等、消费不平等的变化特征，讨论两类不平等之间的关系。Garner（1993）使用 CEX 数据对总体消费不平等进行了 9 大类消费分项的相对边际效应分析。国内的学者主要使用中国住户调查（CHIP）、城镇住户调查（UHS）、中国健康营养调查（CHNS）等微观数据测度居民家庭的消费不平等状况（魏众、B. 古斯塔夫森，2005；曲兆鹏、赵忠，2008；Cai et al.，2010；邹红等，2013），一些学者使用《中国统计年鉴》中的居民消费组数据测度分析消费不平等及其特征（解垩，2008；林毅夫、陈斌开，2009；戴平生、林文芳，2012；Wang and Wang，2021）。测度消费不平等方法早期常用的有福利效用模型、五等分或十等分消费份额（Slesnick，1993，1994；Blundell and Preston，1998）和基尼系数（Cutler and Katz，1991，1992；Garner，1993），随后出现对数值方差（Deaton and Paxson，1994；曲兆鹏、赵忠，2008）、相对平均离差、变异系数、阿特金森指数等或综合应用以上方法（Jappelli and Pistaferri，2010；邹红等，2013），此外，泰尔指数也被用于消费不平等的测度（解垩，2008）。

城乡消费差距是中国二元户籍制度下的一大特色。对城乡消费不平等测度，通常采用城乡消费比即城镇、农村家庭各自年人均生活消费支出的比值。林毅夫和陈斌开（2009）使用该指标作为因变量建立回归模型的研究发现，重工业优先发展战略导致更高城乡消费差距，城乡消费差距变化不满足库兹涅茨假说，具有城镇倾向的市场化进程和经济开放扩大城乡消费差距，城市倾向的政府财政支出拉大城乡消费差距，城乡消费差距越大的地方更需要农业支持和农业贷款；解垩（2008）利用泰尔指数的可分解性直接测度城乡消费不平等，就居民健康消费而言农村内部的健康消费不平等逐渐缩小，城镇内部健康消费不平等逐渐扩大，而城乡居民健康差距构成了居民总体健康消费的主体。魏众和 B. 古斯塔夫森（2005）用收入基尼系数的集中度指数分解发现医疗支出具有累退倾向，城市居民的平均医疗支出几乎是农村的六倍，认为中国城市与农村居民医疗支出严重失衡。

近年来，随着高质量发展和数字经济的兴起，家庭能源消费、水消费的不平等研究引起人们关注，数字金融对消费不平等的影响研究也进入人们的视野。Shi（2019）使用了中国综合社会调查（CGSS）的家庭调查数据分析发现，2015 年电力消费基尼系数为 0.57，其中机会不平等（IOR）贡献率占 10.02%，弱势群体如家庭背景差的西部农村女性在能源消费中面对更大的机会不平等；Wang 和 Wang（2021）发现中国水消费不平等并没有随着经济的发展而减小，东部、中部、西部水消费的内部不平等远大于三大地区间的不平等；张勋等（2020）研究发现数字金融通过支付便利性显著提升了总体居民消费，但对农村居民并不显著因而扩大了城乡消费差距。

现有对城乡消费不平等研究，虽然认识到城乡不平等在总体不平等中的重要作用，但仍缺乏一个好的测度工具。城乡消费比依赖于群体的人均消费不能充分利用个体数据的信息，而使用泰尔指数城乡分解的第二部分所定义的城乡不平等指数也存在同样的问题。泰尔指数的城乡分解公式可以表示为：

$$T = \sum_{j=1}^{2} \frac{n_j \overline{Y_j}}{n \overline{Y}} \left(\frac{1}{n_j} \sum_{i=1}^{n_j} \frac{y_{ij}}{\overline{Y_j}} \log \frac{y_{ij}}{\overline{Y_j}} \right) + \frac{1}{n} \sum_{j=1}^{2} n_j \frac{\overline{Y_j}}{\overline{Y}} \log \frac{\overline{Y_j}}{\overline{Y}}$$

$$T_j = \frac{1}{n_j} \sum_{i=1}^{n_j} \frac{y_{ij}}{\overline{Y_j}} \log \frac{y_{ij}}{\overline{Y_j}}, \quad T_{12} = \frac{1}{n} \sum_{j=1}^{2} n_j \frac{\overline{Y_j}}{\overline{Y}} \log \frac{\overline{Y_j}}{\overline{Y}}$$

其中，T_1、T_2 和 T_{12} 分别表示城镇、农村、城乡消费泰尔指数。

泰尔指数的子群分解，虽然满足可分解性且定义的城乡消费泰尔指数 T_{12} 含子群人口成分，但使用的是城镇、农村的人均消费，没有使用个体数据信息。Dagum（1997）认为该子群分解类似于方差分解，要求个体数据相互独立，显然这种要求不容易满足。于是给出了以下基尼系数的城乡分解公式：

$$G = p_1^2 \frac{\mu_1}{\mu} G_1 + p_2^2 \frac{\mu_2}{\mu} G_2 + p_1 p_2 G_{12}, \quad G_{12} = \frac{1}{\mu_1 + \mu_2} \sum_{i=1}^{n_1} \sum_{j=1}^{n_2} |y_{1i} - y_{2j}| \frac{1}{n_1 n_2}$$

其中，G_1、G_2 和 G_{12} 分别表示城镇、农村、城乡消费基尼指数。

Dagum（1997）完全解决了基尼系数子群分解的可加性问题，使用个体数据信息，然而与泰尔指数子群分解一样，也没有完全解决人口加权问题。因为他们的分解式中 n_1、n_2 仅仅是城镇、农村两个子群的户数，对于家庭调查消费数据而言，家庭人口规模显然不容忽视。显然，泰尔指数和 Dagum 基尼系数的子群分解公式都无法利用家庭人口数这一信息。下面提出的组数据城乡消费基尼系数可以解决 Dagum 基尼系数分解公式忽略家庭人口规模的问题，我们称为组数据 Dagum 基尼系数子群分解定理。

第二节 城乡消费基尼系数算法与数据

Dagum（1997）的基尼系数子群分解定理实现了基尼系数的可分解性。基尼系数的组内、组间不平等分解不仅经济意义明确，而且分解式没有余项。但其仅适用于个体收入数据的基尼系数分析，而消费数据以家庭为单位（家庭是组数据）。因此，消费不平等的测度需要组数据公式，下面就给出消费基尼系数 Dagum 城乡子群分解的组数据形式。

一 城乡消费基尼系数

设人群分为 n 组，各组消费水平按从小到大排列依次为 $y_1 \leqslant y_2 \leqslant \cdots \leqslant y_n$；各组人口数为 $q_1, q_2, \cdots, q_n$，总人口数为 q（显然总人口数要大于户数 n），这样第 n 组相应的人口份额就等于 $p_i = q_i/q (i=1, 2, \cdots, n)$。再将 n 组人分为城镇、农村两个子群，原下标集 $N=\{1, 2, \cdots, n\}$ 分解为两个子集 $N_j (j=1, 2)$，城镇为第一子群、农村为第二子群。根据组数据基尼平均差 Δ 的定义我们有：

$$\Delta = \sum_{i=1}^{n}\sum_{r=1}^{n}|y_i - y_r|p_i p_r = \sum_{i=1}^{n}\sum_{r=1}^{n}|y_i - y_r|\frac{q_i}{q}\frac{q_r}{q} = \sum_{j=1}^{2}\sum_{h=1}^{2}\sum_{i \in N_j}\sum_{r \in N_h}|y_i - y_r|\frac{q_i}{q}\frac{q_r}{q} \quad (12.1)$$

对于城镇、农村两个子群，子群间基尼平均差 Δ_{12} 为：

$$\Delta_{12} = \sum_{i \in N_1}\sum_{r \in N_2}|y_i - y_r|\frac{q_i}{q^j}\frac{q_r}{q^h}, \quad q^1 = \sum_{i \in N_1}q_i, \quad q^2 = \sum_{r \in N_2}q_r \quad (12.2)$$

为了区别原有组数据，本章将子群人口数、人口份额等符号的下标改为上标表示。我们定义下面的消费基尼系数：

$$G_{jh} = \frac{\Delta_{jh}}{\bar{y}_j + \bar{y}_h} = \frac{1}{\bar{y}_j + \bar{y}_h}\sum_{i \in N_j}\sum_{r \in N_h}|y_i - y_r|\frac{q_i}{q^j}\frac{q_r}{q^h}, \quad j, h=1, 2 \quad (12.3)$$

当 $j=h=1$ 时，G_{11} 为城镇消费基尼系数；当 $j=h=2$ 时，G_{22} 为农村消费基尼系数；当 $j \neq h$ 时，G_{12} 为城乡消费基尼系数。可见，三者效用相同，具有可比性。

于是由式（12.1）的基尼平均差可得总体（混合）消费基尼系数 G 的分解式：

$$G=s^1p^1G_{11}+s^2p^2G_{22}+(s^1p^2+s^2p^1)G_{12} \tag{12.4}$$

式（12.4）中，p^1、p^2、s^1 和 s^2 分别表示第一子群、第二子群的人口份额和收入份额。式（12.4）为消费基尼系数的城乡分解，它表明基尼系数满足可分解性。城乡消费基尼系数既可以由式（12.3）代入家庭消费调查数据直接计算得到，也可以从式（12.4）解得：

$$G_{12}=\frac{G-s^1p^1G_{11}-s^2p^2G_{22}}{s^1p^2+s^2p^1} \tag{12.5}$$

式（12.3）适用于微观家庭调查数据，式（12.5）则适用于宏观分组数据。类似地，可以定义两个区域间的消费不平等。

二 消费数据

宏观数据我们采用了 WIID（World Income Inequality Database）2022 年 6 月 30 日公布、由联合国发展经济学全球研究院提供的世界各国收入消费相关信息和基尼系数。WIID 用户指南表明有 200 个经济体的民生不平等资料以特定的组织形式为研究者提供访问，家庭作为统计单位，人均数作为基本测度，人口数作为权重。消费总量采用由 Deaton 和 Zaidi（2002）提出的社会福利测度口径：食品消费（市场购买、家庭生产和收到的礼品和付款实物）、非食品消费（日常用品、服装家居用品、医疗费用、教育费用、交通费用）、耐用品（耐用品使用或租用价值）、居住（租金或自有房屋的等值估算、水电垃圾收集等费用）4 个大类，不包括已缴税款、购买资产、偿还贷款和大额支出。

作为二手资料，WIID 其初始数据有若干来源。本章采用的消费数据都是经世界银行 PovalNet 处理的购买力平价（PPP）数据，这主要是考虑到同源数据更具可比性。消费数据按城镇、农村和总体分为 3 类，都以十等份消费份额给出。由于本章需要根据式（12.5）估计城乡消费基尼系数，还要计算城镇、农村家庭的人口份额和消费份额，因而同时借助世界银行 PovalNet 数据中相应年度的城镇、农村人口数、平均消费总量。

在使用 WIID 数据测度 1990—2019 年总体、城镇、农村、城乡消费基尼系数分析变化趋势的基础上，再利用 CHIP（China House Income Project）的家庭消费收入调查微观数据 CHIP2007 和 CHIP2013，对 1990—2010 年、2010—2019 年两个阶段的消费不平等进行结构性分析。CHIP 的家庭调查数据在消费分类上，为了与 WIID 的口径一致，同时又满足中国 8 大类消费统计的需要，在家庭问卷设计中将消费进行了细分：

食品、衣着、居住、耐用品、日常用品、医疗保健、交通、通信燃料、文化娱乐、教育、其他。调查对象分为城镇、农村、流动家庭三类。

第三节 中国消费基尼系数与微观结构分析

国家统计局为世界银行提供的家庭调查数据从 1981 年度开始，每三年一次。前三次为收入调查数据（1981 年、1984 年、1987 年），分别由中国城镇家庭调查、中国农村家庭调查完成。从 1990 年度起将收入调查改为消费调查，每三年一次直至 2008 年度；从 2010 年开始改为每年进行消费调查，到目前为止世界银行的中国消费数据截至 2016 年度（随后年度 PovalNet 数据库不再对外发布）。2017—2019 年的数据取自 WIID 和 WDI 数据库。

一 中国总体消费基尼系数

由 WIID 的中国消费基尼系数数据根据式（12.5）我们计算了若干年度中国城乡消费基尼系数，这些数据汇总于表 12.1。可以发现：一是各年度城镇、农村消费基尼系数都小于总体消费基尼系数；二是各年度城乡消费基尼系数都大于总体消费基尼系数；三是总体消费基尼系数的峰值在 2010 年；四是通常作为城乡消费差距的测度指标城乡人均消费比，在 2010 年达到峰值后就与城镇化率反向变化逐年下降。与城乡消费基尼系数先是增加、2010 年达到峰值、随后逐年下降变化趋势一致。这是否说明与城乡人均消费比指标比较，城乡消费基尼系数能更好地反映城乡消费差距？因为从两者的计算方法看，城乡消费基尼系数充分利用了样本信息，而不是简单地使用城镇、农村人均消费总量的比值。重要的是城乡消费基尼系数与城镇、农村基尼系数是可比的。

表 12.1 中国总体、城镇、农村和城乡消费基尼系数变化趋势　　单位：%

年份	消费基尼系数				城镇消费份额	城镇人口份额	城乡消费比
	混合	城镇	农村	城乡			
2019	0.3817	0.3705	0.3267	0.4055	70.00*	60.31	1.5358
2018	0.3850	0.3691	0.3354	0.4120	69.38*	59.15	1.5647
2017	0.3908	0.3694	0.3426	0.4222	69.49*	57.96	1.6517

续表

年份	消费基尼系数				城镇消费份额	城镇人口份额	城乡消费比
	混合	城镇	农村	城乡			
2016	0.3848	0.3612	0.3318	0.4191	70.82	56.74	1.8512
2015	0.3860	0.3616	0.3324	0.4208	69.89	55.50	1.8610
2014	0.3918	0.3643	0.3376	0.4289	69.29	54.26	1.9025
2013	0.3974	0.3669	0.3397	0.4374	68.95	53.01	1.9680
2012	0.4224	0.3535	0.3950	0.4812	70.21	51.76	2.1965
2011	0.4241	0.3556	0.3850	0.4843	69.76	50.51	2.2598
2010	0.4374	0.3574	0.4061	0.5013	69.20	49.23	2.3170
2008	0.4297	0.3515	0.3940	0.4895	66.48	46.54	2.2784
2005	0.4092	0.3480	0.3585	0.4618	61.56	42.52	2.1646
2002	0.4202	0.3346	0.3802	0.4769	58.16	38.42	2.2277
1999	0.3870	0.3155	0.3539	0.4332	51.53	34.87	1.9863
1996	0.3523	0.2909	0.3362	0.3831	44.54	31.92	1.7131
1993	0.3388	0.2847	0.3213	0.3686	41.18	29.27	1.6913
1990	0.3223	0.2559	0.3057	0.3546	37.38	26.44	1.6606

注：总体（混合）、城镇、农村消费基尼系数取自 WIID，其采用购买力平价数据计算；收入基尼系数取自《中国住户调查年鉴（2021）》，收入为可支配收入；城乡消费基尼系数由笔者根据公式（12.5）计算得到，其中的 2005—2016 年城乡人口份额、消费份额根据世界银行 PovalNet 中国部分的资料获得，2017—2019 年城镇人口份额取自 WDI 数据库，城镇消费份额按前三年移动平均估算，并导出相应的城乡消费比。

为说明城乡消费不平等对总体消费不平等的贡献，我们利用式（12.4）将总体消费不平等分解为三个部分：城镇、农村、城乡的不平等贡献，并计算了各自的贡献率，结果列于表 12.2。由于分解式中三者的权重不同，城镇消费基尼系数的权重为城镇消费份额与人口份额的乘积，在与农村消费基尼系数差距不大的情况下，其不平等贡献明显大于农村消费基尼系数；城乡消费基尼系数的权重是城镇农村消费份额与人口份额的交叉乘积之和，且自身的数值又大，其贡献超过了城镇消费不平等贡献。

表 12.2　城镇、农村和城乡消费不平等对总体消费不平等的贡献

年度	总消费不平等	贡献 城镇	贡献 农村	贡献 城乡	贡献率（%）城镇	贡献率（%）农村	贡献率（%）城乡
2019	0.3817	0.1564	0.0389	0.1860	40.98	10.19	47.94
2018	0.3850	0.1515	0.0420	0.1914	39.34	10.90	49.06
2017	0.3908	0.1488	0.0439	0.1980	38.07	11.25	50.28
2016	0.3848	0.1451	0.0419	0.1978	37.72	10.88	51.40
2015	0.3860	0.1403	0.0445	0.2012	36.34	11.54	52.12
2014	0.3918	0.1370	0.0474	0.2074	34.96	12.10	52.94
2013	0.3974	0.1341	0.0496	0.2137	33.75	12.47	53.78
2012	0.4224	0.1285	0.0568	0.2372	30.42	13.44	56.15
2011	0.4241	0.1253	0.0576	0.2412	29.54	13.59	56.87
2010	0.4374	0.1217	0.0635	0.2521	27.83	14.52	57.65
2008	0.4297	0.1088	0.0706	0.2503	25.31	16.43	58.26
2005	0.4092	0.0911	0.0792	0.2389	22.26	19.36	58.38
2002	0.4202	0.0748	0.0979	0.2475	17.80	23.31	58.89
1999	0.3870	0.0567	0.1117	0.2186	14.65	28.87	56.48
1996	0.3523	0.0414	0.1270	0.1840	11.74	36.03	52.23
1993	0.3388	0.0343	0.1337	0.1708	10.13	39.45	50.42
1990	0.3223	0.0253	0.1408	0.1562	7.85	43.69	48.46

注：2017—2019 年的城镇消费份额是本章按前两年的变化趋势估算，因而这三年的城乡消费基尼系数估算不一定合理。

从表 12.2 城镇、农村和城乡消费基尼系数的不平等贡献率看，城乡消费基尼系数的贡献率各年度在三者中都是最大的。虽然呈现逐年下降趋势，2016 年仍然达到 51.40%（2017—2019 年为估算值）。总体消费基尼系数的分解说明城乡消费差距是造成中国消费不平等的主要原因。同时，也说明近年来中国消费不平等得到改善的重要原因：一是随着农村家庭生活水平的提高，农村内部消费差距从大于城镇内部消费差距于 2013 年开始出现了反转，使城乡消费差距在不断缩小。二是城镇化对城乡居民结构产生了极大的影响。参见图 12.1 中的曲线变化。

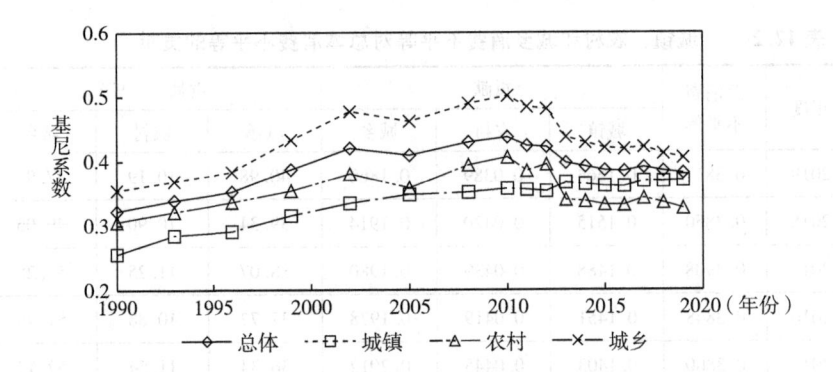

图 12.1 中国 1990—2019 年总体、城镇、农村和城乡消费基尼系数

二 消费基尼系数的微观结构分析

中国消费基尼系数的变化主要经历了两个时期，以 2010 年的峰值为拐点。1990—2010 年是消费基尼系数的上升时期，2010—2019 年是消费基尼系数的下降时期。CHIP 是 WIID 极为重视的中国家庭收入消费调查数据库。下面我们分别采用 CHIP2007 和 CHIP2013 的数据，通过经组数据改造的 Dagum（1997）子群分解和 Lerman 和 Yitzhaki（1985）基尼系数相对边际效应进行居民消费的微观结构分析。

（一）CHIP2007 和 CHIP2013 的子群分解

CHIP 从 2002 年度开始将调查对象分为城镇、农村和外来务工（以下简称流动）家庭三类。城镇住户指户主有非农业户口（包括改为居民户口时的户口性质是非农业户口）的本地和外地居民，农村住户指户主有农业户口（包括改为居民户口时的户口性质是农业户口）且户口所在地是现住的乡镇街道内，外来务工住户指农业户口（包括改为居民户口时的户口性质是农业户口）且户口所在地是现住的乡镇街道外。因而，本质上外来务工住户是外来的农业户。如果采用二分法，那么流动住户应该归入农村人口。

CHIP2007 的家庭调查数据共有 18007 条记录，其中城镇家庭 5000 户，人口 14675 人；农村家庭 8000 户，人口 31791 人；流动家庭 5007 户，人口 8446 人。考虑家庭人口权重，由 18007 条记录可以计算总体消费基尼系数为 0.4797。类似于式（12.3）的组数据处理，我们可以得到总体消费基尼系数的三个子群 Dagum 分解公式：

$$G = s^1 p^1 G_{11} + s^2 p^2 G_{22} + s^3 p^3 G_{33} + (s^1 p^2 + s^2 p^1) G_{12} + (s^2 p^3 + s^3 p^2) G_{23} +$$

$$(s^3p^1+s^1p^3)G_{31} \tag{12.6}$$

式（12.6）中，上标 1、2、3 分别对应于城镇、农村和流动家庭。式（12.6）右边前三项之和为群内贡献，后三项之和为群间贡献。式（12.6）的基尼系数计算基础是基尼平均差，不必按家庭人均消费总量递增排序。若按家庭人均消费总量递增排序，还可以采用家庭消费份额法计算消费基尼系数（戴平生，2013）：

$$G = \sum_{i=1}^{n}\frac{q_i y_i}{S_y}\omega_i = \sum_{i \in N_1}\frac{q_i y_i}{S_y}\omega_i + \sum_{i \in N_2}\frac{q_i y_i}{S_y}\omega_i + \sum_{i \in N_3}\frac{q_i y_i}{S_y}\omega_i, \quad \omega_i = F_i + F_{i-1} - 1 \tag{12.7}$$

即消费基尼系数分解为三个子群的贡献。式（12.7）中 S_y 为所有家庭的消费总量，F_i 为累计至第 i 个家庭的人口份额。各子群对消费基尼系数的贡献率，减去子群的消费份额就是该子群关于消费基尼系数的相对边际效应。相对边际效应小于0，表明增加该子群的消费将倾向于消费基尼系数的改善，因而具有十分明显的政策含义。CHIP2013 有效记录 16908 条，其中城镇家庭 6262 户，人口 18668 人；农村家庭 9973 户，人口 37090 人；流动家庭 673 户，人口 2063 人。总体消费基尼系数为 0.4366，与 CHIP2007 相比消费基尼系数有了明显的下降。利用 CHIP 的两个家庭调查数据库，我们将混合基尼系数按城镇、农村、流动家庭三子群进行分解，计算群间基尼系数。2007 年城乡消费基尼系数等于 0.5697，2013 年降到了 0.5071，说明城乡消费不平等有了明显的改善，如表 12.3 所示。

表 12.3　CHIP2007、CHIP2013 家庭调查消费基尼系数的 Dagum 子群分解

		人口份额(%)	消费份额(%)	子群贡献	边际效应	内部基尼系数	群内贡献	群间贡献	群间基尼系数
2007年	流动	15.38	8.96	0.0101	-0.0686	0.4113	0.0057	0.0643	0.5998
	城镇	26.72	54.12	0.4134	0.3207	0.3410	0.0493	0.2347	0.5697
	农村	57.89	36.92	0.0562	-0.2520	0.3849	0.0823	0.0434	0.3996
	混合	100	100	—	—	0.4797	0.1373	0.3424	—
2013年	流动	3.57	4.03	0.0197	0.0048	0.3615	0.0005	0.0127	0.3936
	城镇	32.29	53.66	0.3716	0.3145	0.3692	0.0640	0.2438	0.5071
	农村	64.15	42.30	0.0453	-0.3193	0.3630	0.0985	0.0171	0.4177
	混合	100	100	—	—	0.4366	0.1630	0.2736	—

注：数据来源于 CHIP2007、CHIP2013，群间基尼系数自上而下为流动与城镇、城镇与农村、农村与流动住户收入基尼系数。

群间消费基尼系数也被认为是两个子群间的消费距离测度（Shorrocks，1982；Ebert，1984），表 12.3 还计算了流动子群分别与城镇、农村子群的群间消费基尼系数，发现 CHIP2007 流动子群与农村子群的消费差距是 0.3996，与城镇子群的消费差距是 0.5998，说明流动子群与农村子群的距离更近，实际上流动子群主要来自农村。但 CHIP2013 发生本质上的变化，流动子群与城镇子群的消费差距更小，即距离城镇子群更近了。由 CHIP2007、CHIP2013 可以计算流动、农村子群的人均收入，流动子群的人均收入从 3365.38 元上升到 13183.82 元，农村子群的人均收入从 3684.71 元上升到 7694.30 元。总体可支配收入基尼系数也从 0.4797 下降到 0.4366，因而鼓励外来务工能够显著缩小总体的（混合）收入差距。同时也改善了总体的消费不平等。若将消费基尼系数分解为群内贡献和群间贡献，CHIP2007 的群间贡献率为 71.83%，CHIP2013 为 62.67%，说明群间消费差距是总体消费不平等的主要来源。

表 12.3 中还给出了 CHIP2007 流动、城镇、农村 3 子群的总体消费基尼系数的贡献，通过计算各子群的贡献率再减去各子群的消费份额就可以得到各自的相对边际效应：-0.0686、0.3207 和-0.2520。说明要缩小消费基尼系数，可采取促进流动、农村子群增加消费的政策。到了 CHIP2013，只有针对农村子群促进消费，才能获得缩小总体消费差距的政策效应。

（二）CHIP2007 和 CHIP2013 的要素分解

居民的消费总量可以按要素来源分解为八大类消费，表 12.4 给出了八大类消费基尼系数（含三子群内部与群间）、人均消费水平、八大类消费相对边际效应等指标的计算结果。从表 12.4 可以发现，CHIP2007 的八大类消费基尼系数都大于消费总量基尼系数。但 CHIP2013 的八大类消费基尼系数仅食品类小于消费总量基尼系数。

表 12.4　　CHIP2007、CHIP2013 家庭调查消费基尼系数的八大类消费要素分解

		CHIP	食品	衣着	居住	生活用品	交通通信	文教娱乐	医疗保健	其他	消费总量
内部基尼系数	城镇	2007	0.3206	0.4985	0.6249	0.6865	0.5815	0.6374	0.6353	0.7225	0.3410
		2013	0.3179	0.5007	0.4655	0.5817	0.6352	0.6329	0.7179	0.7614	0.3692

续表

		CHIP	食品	衣着	居住	生活用品	交通通信	文教娱乐	医疗保健	其他	消费总量
内部基尼系数	农村	2007	0.2999	0.5221	0.7301	0.6477	0.5954	0.7552	0.7364	0.7198	0.3849
		2013	0.3132	0.5325	0.5010	0.6036	0.6180	0.6973	0.7456	0.7505	0.3630
	流动	2007	0.3790	0.5988	0.6059	0.6262	0.4812	0.8385	0.7310	0.9489	0.4113
		2013	0.3440	0.4959	0.4725	0.5566	0.5855	0.6246	0.7205	0.7632	0.3615
人均消费	城镇家庭	2007	4903.50	1143.65	1141.52	756.00	1091.83	1318.09	857.60	488.78	11700.96
		2013	5635.57	1678.73	4616.85	1246.75	2319.45	2195.45	1164.16	534.89	19391.85
	农村家庭	2007	1625.66	201.37	624.82	187.93	378.93	339.52	233.29	93.19	3684.71
		2013	2549.75	501.84	1655.04	497.85	917.41	753.83	658.41	160.18	7694.30
	流动家庭	2007	309.36	85.90	155.34	902.48	922.23	475.40	415.05	99.63	3365.38
		2013	4335.59	1333.82	2750.05	733.30	1664.30	1340.33	675.47	350.96	13183.82
群间基尼系数	城镇农村	2007	0.5335	0.7456	0.7233	0.7819	0.6735	0.7852	0.7745	0.8384	0.5697
		2013	0.4442	0.6547	0.6028	0.6575	0.6873	0.7294	0.7504	0.8142	0.5071
	农村流动	2007	0.6865	0.6188	0.7542	0.7784	0.6519	0.8054	0.7529	0.9078	0.3996
		2013	0.3875	0.6087	0.5259	0.5952	0.6346	0.6824	0.7342	0.7856	0.4177
	流动城镇	2007	0.8816	0.8719	0.8139	0.6596	0.5374	0.8007	0.7144	0.9111	0.5998
		2013	0.3481	0.5063	0.5005	0.5945	0.6189	0.6480	0.7340	0.7696	0.3936
8大消费贡献		2007	0.1663	0.0419	0.0683	0.0361	0.0497	0.0614	0.0354	0.0207	0.4797
		2013	0.1014	0.0367	0.1047	0.0299	0.0659	0.0521	0.0320	0.0140	0.4366
相对边际效应		2007	−0.0513	0.0120	0.0227	−0.0026	−0.0095	0.0204	−0.0004	0.0086	—
		2013	−0.0772	0.0059	0.0126	0.0043	0.0312	0.0130	0.0029	0.0074	—
总体基尼系数		2007	0.4891	0.6711	0.7232	0.7250	0.6145	0.7625	0.7364	0.8157	0.4797
		2013	0.3799	0.5894	0.5454	0.6252	0.6550	0.6989	0.7430	0.7866	0.4366

注：数据来源于CHIP2007、CHIP2013，消费总量分解为八大类消费。同时将人口按城镇、农村、流动分为三个子群。消费基尼系数、人均消费、相对边际效应由笔者计算得到。我们还可以根据流动家庭性质，将流动家庭归入农村子群进行二分法分析，限于篇幅这里略去。

2010年度是中国消费基尼系数的拐点。CHIP2007作为上升期1990—2010年消费数据代表、CHIP2013作为下降期2010—2016年消费数据代表。从相对边际效应来看，CHIP2007增大食品、生活用品、交通通信、医疗保健的消费份额为缩小总量消费基尼系数提供政策空间。食品提质、家电下乡、智能手机、新农合等暗合了改善消费不平等的政策倾向；到了

CHIP2013 就只有食品提质可以作为缩小消费基尼系数的政策因子，但从反向看在居民降低成本方面发力，如教育、医疗等消费份额的减少都有利于消费不平等的改善。

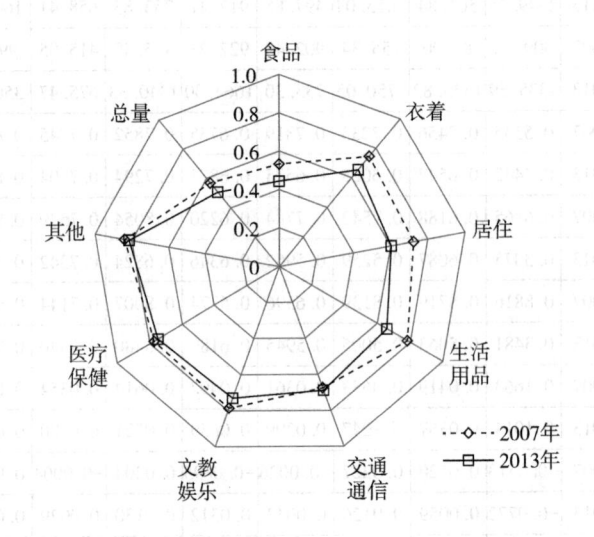

图 12.2 反映了 CHIP2007 与 CHIP2013 的城乡消费基尼系数变化，从雷达图中可以看出八大类消费基尼系数都大于 0.4，两个年度除食品类各消费基尼系数都在 0.6 以上。另外，除去交通通信，总量和各分量基尼系数都有了改善；CHIP2007 的交通通信消费基尼系数为 0.6735，CHIP2013 为 0.6873，两者都处在高位而略有增加，说明随着交通通信的发展城乡消费差距不但没有缩小反而有所增大，究其原因是近年来城镇家庭因为出行便利增加外出旅游等活动。

图 12.2 CHIP2007 与 CHIP2013 的城乡消费基尼系数变化

第四节 本章小结

为了测度中国 1990—2019 年的城乡消费基尼系数，参照 Dagum（1997）基尼系数的子群分解定理本章提出了适用于组数据的城乡消费基尼系数定义。利用 CHIP 家庭调查微观数据，计算了城乡消费基尼系数并验证了总体消费基尼系数的可分解性，发现城乡消费差距是产生总体消费不平等的主要原因。

总体消费基尼系数可完全分解为城镇、农村和城乡消费基尼系数三大部分。1990—2019 年城乡消费不平等对中国的总体消费不平等的贡献率都占 50%左右，城乡基尼系数在总体消费基尼系数中起着主导的作用。中国的总体消费基尼系数 1990—2010 年处于上升阶段，2010—2016 年处于下降阶段，2010 年达到峰值成为拐点。自 2013 年起农村消费基尼系数大于城镇消费基尼系数，说明农村消费潜力得到了较大程度的释放，农村内部的消费差距也随之拉开。2019 年度中国总体、城镇和农村消费基尼系数分别为 0.38、0.37 和 0.33，消费不平等程度并不高可以认为已经回归到适度的范围（都低于 0.4）；只有城乡消费基尼系数为 0.41，表明缩小城乡消费差距可以作为我们下一步的努力方向，也是中国倡导共同富裕发展消费经济的基本要求。

CHIP2007、CHIP2013 分别属于 1990—2010 年、2010—2016 年两个时期。通过对这两个家庭调查微观数据的分析（作为上升和下降时期的代表），本章发现 CHIP2007 促进食品、日常用品、交通通信、医疗保健 4 个方面的消费，增加消费份额有利于总体消费不平等的改善，食品提质、家电下乡、新农合以及发展普及智能手机等措施暗合了以上政策预期。CHIP2013 发现增大食品类消费份额，即促进食品提质仍是改善消费不平等的政策因子，同时在居民降成本方面发力都有利于改善中国的消费不平等。基于以上消费数据的微观分析，并结合中国现阶段的社会经济发展要求，以实现共同富裕为奋斗目标相应提出下面的若干建议。

第一，增大政府的民生投入，降低居民的生活必需支出。社会经济的持续发展为中国提供了丰富的资源和积累，中国用于民生的支出不断增加，同时拥有更多的选择。居民消费包含 8 大类支出，通常将食品、衣着、居住、交通即"衣食住行"的基本消费称为生存型消费，教育、医疗、通信中的基本消费称为发展型消费；而生活用品、文化娱乐、保健和其他类的大部分消费称为享受型消费。实际上一些中高端的非基本生存型消费、发展型消费，随着物质生活、精神生活的不断丰富已发展为享受型消费，或者说同时兼有了两种及两种以上的功能。让居民生活降成本，首先要从基本消费入手即居民生活的必需成本，这也符合共同富裕的基本要义。这些必需成本主要是"教育成本"、"医疗成本"和"住房成本"，中国政府已经出台了一系列的相关政策需要持续发力。居民在教育、医疗和住房等方面消费的必需支出降低，有利于释放居民家庭的消费潜力，增加其他方面的消费支出。

第二，扩大中等收入群体规模，推动居民调整消费结构。扩大中等收入群体是实现共同富裕的六条基本路径之一。随着中国居民可支配收入的持续增长和生活必需支出的降低，人们在体育健身、旅游休闲等方面的消费将持续扩容。八大类消费中过去作平衡项的其他类消费将焕发出无穷的活力，旅馆住宿、个人护理等支出的消费份额会不断提高。同时，食品、生活用品、交通通信、文教娱乐、医疗保健内部结构也发生了变化，对于大众消费品，市场将随着收入结构的变化逐渐向中高档次的品牌倾斜；对于价位相对较高的耐用品，中等收入群体的扩大意味着购买人群的扩大，汽车、小家电等普及率有望进一步提升。消费升级将会推动传统的生存型、发展型消费向兼具享受的多功能消费发展。智能化、数字化商品和服务不断提高居民的生活品质，食品提质使居民更多地享有安全、健康和保健的生活，通过扩大居民消费实现生产、生活的良性循环。

第十三章　中国财富基尼系数的测算：1995—2021 年

本章导读
研究目的：测度 1995—2021 年中国财富基尼系数。

研究方法：洛伦兹曲线拟合法、WID 和 CFPS 数据。

研究发现：中国财富基尼系数在观察年度呈现出明显上升趋势。近年来，中国财富不平等处于高位振荡状态。从区域结构看，城乡财富差距是中国财富不平等的主体；从资产结构看，房屋资产差距是中国财富不平等的主体。

研究创新：提出组数据城乡、地区群间财富差距测度，实现组数据基尼系数对组群的完全分解；提出具有良好拟合度的洛伦兹曲线两参数联立方程算法。

研究价值：利用有限数据测度财富基尼系数，为财富不平等研究提供结构分析工具。

关键词：共同富裕；财富基尼系数；洛伦兹曲线拟合；群间基尼系数

随着 2020 年中国脱贫攻坚的圆满收官，曾困扰中华民族数千年的绝对贫困问题得到了历史性的解决，人民对实现美好生活的向往充满信心。中央财经委员会第十次会议研究扎实促进共同富裕问题，认为共同富裕是社会主义的本质要求，是中国式现代化的重要特征，要在高质量发展中促进共同富裕。改善人民生活、缩小城乡和区域差距、分阶段实现共同富裕，已成为党和政府未来 30 年的主要奋斗目标。

从经济学角度看，人们的生活差距主要体现为收入和财富分配方面的差距。是否富裕通常指占有的财产即金融与非金融资产数量的多寡，收入要通过储蓄或投资才能转化为资产。贫富差距是穷人与富人的财产差距即财富不平等，通常由个体或家庭的财产分布状况确定。缩小贫富差距，首先要知道如何测度贫富差距（城乡、地区间贫富差距），基尼系数被广泛应用于度量收入、消费和资源配置的不平等，但传统的基尼系数要求测度对象满足非负性，而不少家庭的净资产为负数。要如何破解财富非负性和城乡财富差距的测度难题？其次，中国家庭财富调查起步较晚，同时研究机构无法进行逐年的家庭财富调查。国家统计局的生计调查关注重点是家庭收入与消费，并没有财产项目。WID结合核算账户、调查数据和税收信息，提供一个国家或地区逐年最低50%、最高10%和最高1%人群的收入与财富份额，如何根据有限的等份数据估算总体的财富基尼系数？

通过基尼平均差，本章尝试测度含有负值的家庭财富不平等。并提出组数据基尼系数子群分解定理，定义群间基尼系数测度城乡财富差距；同时，通过财富分布的洛伦兹曲线拟合估算总体的财富基尼系数。结合北京大学的中国家庭追踪调查（CFPS）历次家庭财富数据进行了实证分析，微观数据的研究发现在观测期间财富基尼系数从0.53上升到0.77，城乡财富差距对总体财富不平等贡献率占50%以上，房屋资产差距对总体财富不平等贡献率占80%以上。

本章可能的贡献主要有以下三点：一是给出有限数据推断财富基尼系数方法。二是提供财富基尼系数进行结构分析的工具。三是测度中国1995—2021年的财富基尼系数。本章的随后部分：第一节是财富基尼系数；第二节是财富基尼系数结构分析和洛伦兹曲线拟合方法；第三节是基于CFPS数据的中国财富不平等结构分析；第四节是基于WID数据的中国财富基尼系数测度，第五节是结论与启示。

第一节　财富基尼系数

20世纪80年代，财富不平等研究走入了人们的视野（Wolff，1980），40年来西方国家日趋严重的财富不平等问题激发了相当可观的研究成果，Piketty（2014）《21世纪资本论》的出版进一步激发了西方学术界对西方国家财产分配问题的关注（李实，2020）。一些研究机构和组织开始定期发布财富不平等报告，如瑞信研究院、WID实验室分别提供《全球财富报告》和《世界不平均报告》。对中国财富不平等的研究从20世纪90年代开始（McKinley and Wang，1992；李实等，2000），进入21世纪以来，随着中国经济的持续发展，中国学者关于财富不平等的研究伴随着收入不平等研究逐渐增加。

一　财富不平等的测度

适用于收入差距测度的方法都可用于财富不平等。基尼系数、信息熵（泰尔指数）、方差、极差（最高最低5%、10%、20%人群的收入比）和变异系数等，同时财富不平等测度还使用反映财富集中程度的最高1%、最高10%、最低50%人群的财富份额，以及财富收入比等方法。

（一）基尼系数

现有研究大量使用基尼系数测度财富不平等，特别对微观调查数据如家庭（个人）财富收入调查、财富排行榜等（Wolff，1983；李实等，2000；孙楚仁、田国强，2012）。瑞信研究院（2021）认为，基尼系数是一种更为宽泛的不平等衡量标准，它反映了财富范围两端的变化。同时，基尼系数在经济学方面与洛伦兹曲线关联，在数学方面与基尼平均差可以相互转换，极大地拓展了对贫富差距的研究空间。通常从抽样调查数据的个体记录中获得的财富（收入）值直接计算基尼系数，作为对总体贫富差距（财富不平等）的测度。样本基尼系数能否准确反映总体的情况？一些学者对中国住户调查中高收入人群的缺失问题进行讨论（罗楚亮、陈国强，2019；艾小青、祁磊，2021），WID（2018）认为，自我报告方式的抽样调查中部分富人可能倾向于误报或不回答相关问题。为进一步揭示个体财富与收入的分布特征，拟合总体财富与收入分布函数成为一种重要的补充形式。如Fisk（1961）发现用对数逻辑斯蒂函数能很好地拟合1954年美国居民的收入以及1955—1956年英格兰和威尔士的农业收入；程永宏（2006）用逻辑斯蒂函数很好地拟合中国农村和城镇的居民收入；段景辉和陈建宝（2010）分别将城镇、农村居民收入各自分为高、中、低三组依次用Pareto分布、正态分布和指数分布进行拟合。

（二）财富集中程度

现有的大多数财富不平等研究都对最高1%、10%人群的财富份额十分关注，这种表达方式更为直接、易于理解。WID实验室（2018）认为两个完全不同的财富分布可能具有相同的基尼系数，当贫困人群减少（基尼系数减小）和最高10%人群财富份额增加（基尼系数增大）一起发生时基尼系数就会保持不变，因此基尼系数测度存在缺陷。瑞信研究院（2018）则批评最高1%、10%人群的财富份额信息对于底部人群的财富份额变化不敏感，影响人们对总体财富分布的判断。实际上WID通过提供最低50%人群的财富份额，弥补以上不足。财富集中程度底部50%人群的财富份额等数据，并不总是通过一次次的实际调查获得。如美国联邦储备委员会根据分配财务账户（DFA）按季度公布主要财富分布的统计数据，通过最新官方家庭总资产负债表调整消费者财务调查（SCF）中各家庭资产和债务的记录（瑞信研究院，2021）。财富集中程度是由个体调查数据加工而成的组数据，体现数据从微观到宏观的过程。同时，还系统地结合财税数据、普查数据和国民账户数据，因而集中的程度为宏观层面的财富管理提供可能。利用最富有人群与最贫穷人群的财富比也是衡量贫富差距的常用指标，它等价于两大人群的财富集中程度比。赵人伟（2007）利用中国科学院2002年全国住户抽样调查数据分析财产分布情况，发现最高20%人群与最低20%人群财产份额比为21.18∶1，且城镇远高于农村。陈彦斌（2008）的研究发现奥尔多投资研究中心家庭资产调查数据库2007年最贫穷10%人群净财富为负值，因而更乐于使用最富有10%人群所拥有财富份额的指标。

（三）财富收入比

财富统计具有若干种不同口径，总量而言有总资产、净资产的不同，内容上有是否包含耐用消费品、雇主养老金等的区别。WID目前提供一些国家（地区）的财富收入比，其中财富为个人净资产、收入为净国民收入（有不同口径）。由财富收入比，可以根据一个地区的净国民收入估算其财富总量。李实认为，财富收入比越大，表明收入越高的群体其财富增长率越高，意味着富人的财富积累速度越快，财富与收入间相互影响越密切（杨灿明等，2018）。WID实验室研究发现中国的财富收入比，从改革开放初期1978年的3.72上升到2015年的7.10。其中农业土地在总资产比重从1978年的近50%下降到2015年的不足10%，财富收入比也从1978年的2.00下降到2015年的0.50；而相应时期房产财富收入比从0.50上升到2.00，其他国内资产财富收入比从1.00上升到3.50，净国外资产财富收入比始终不超过0.25，2015年中国农业土地、房产、其他国内资产、净国外资产结构为0.50∶2.00∶3.50∶0.25。如果将国民净资产分为私人（家庭）、公共（政府）两大部分，其结构从1978年的1.00∶2.30上升到2015年的4.50∶2.40，前者财富收入比发生了很大变化，但后者几乎保持不变。其间总国民收入（含负债）私有化程度都保持在70%以下，房产私有化从1978年的50%上升到2015年的98%（WID实验室，2018）。财富收入比的分析，有助于从总体上把握中国家庭财富总量的变化，探寻贫富差距产生、发展的变化原因。李实等（2000）由1995年中国城镇住户调查数据计算得到的财富（净资产）收入（可支配收入）比为3.6，加入农村地区总体的财富收入比会更高。Piketty等

（2019）认为中国的高储蓄、资产价格（房产、股票）的增长，推动国民财富的快速积累和财富收入比的提高。

二 财富不平等结构分析

常见用于结构分析的不平等指数有基尼系数和信息熵（泰尔指数等）。基尼系数可以按人群分解或来源分解，信息熵只有按人群分解。基尼系数按人群分解又称为组群或子群分解，有众多研究成果。Pyatt（1976）按人群分组将基尼系数分解为组内、组间和余项三个部分，Sundrum（1990）给出了由"穷人""富人"两个子群基尼系数分解的无余项方法，Dagum（1997）由定义组间基尼系数提出基尼系数的多子群无余项分解方法，程永宏（2006）定义城镇农村组间基尼系数提出全国基尼系数两子群无余项分解方法。这些分解方法都是针对抽样调查家庭或个体微观数据的（忽略家庭规模），中国学者用以上分解式进行财富基尼系数的子群结构分析（原鹏飞和王磊，2013）；基尼系数按来源分解也称按要素分解，Lerman 和 Yitchaki（1985）给出了仅适合个体数据的基尼系数协方差分解方法（类似于基尼系数按要素集中度指数的分解变形），戴平生和林文芳（2012）将基尼系数分解为要素贡献与排序变动两个部分。李实等（2005）利用中国科学院全国住户抽样调查数据，将财产不平等按财产结构分解计算房产、金融资产等各个部分的贡献率。杨灿明和孙群力（2019）用基尼系数协方差分解公式，分析生产经营性资产、房产净值、耐用消费品等资产对财富差距的贡献。Shorrocks（1980）给出信息熵的组群分解方法，部分学者采用该方法分析财富不平等的城乡组内不平等和组间不平等的贡献（李实等，2005；杨灿明、孙群力，2019）。除了分析各组群、各要素对基尼系数的贡献外，Stark 等（1986）对个体数据的要素分解提出基尼系数相对边际效应的概念，用于判断各要素对基尼系数趋势变化（增大或减小）的可能影响。戴平生（2013）给出了针对组数据适用组群和要素分解的基尼系数相对边际效应公式，通过对方向和大小的测度提供重要的决策参考。

三 财富不平等的影响因素

投资、储蓄是财富积累的源泉，房产、有价证券等资产价格的增长不仅加速资产增值推动财富的积累，同时也促使个体分化扩大贫富差距。个体财富的变化，既有个体内在的因素，也有外部环境的作用。

(一) 个体内在因素

李实等（2000）通过回归分析发现，家庭所在地的经济发展水平、家庭收入、家庭规模、户主年龄、户主学历、户主职业等因素都会显著影响家庭的财产状况，其中家庭收入的影响最大。原鹏飞和王磊（2013）从户籍、收入、教育三个方面对住房财产不平等展开研究，发现夫妻均为城镇户籍、中等收入和受教育程度低家庭对全国住房财产不平等的影响更大。伍再华等（2017）的研究认为金融素养（指对金融知识、产品等的认知）通过家庭的借贷行为，对家庭的财富水平产生重要影响，金融素养的城乡差异扩大了财富差距，同时财富不平等显著抑制家庭的借贷行为。

(二) 制度等外部因素

1. 二元户籍制度

李实等（2005）的研究表明城镇公有住房的私有化过程，缩小了城镇内部的财产差距，同时又扩大了城乡之间乃至全国的财产差距，财产分布不平等出现了快速而且明显的上升趋势。梁运文等（2010）的数据分析表明，全国人均财产按从低到高十等份，农村主要分布在中等（5—6组）、中等偏下（3—4组）和低（1—2组），城镇主要分布在中等偏上（7—8组）和高（9—10组），其中最高财产组（10组）城镇家庭占94%、农村家庭占6%，城乡之间存在较大差距。

2. 住房制度改革

何晓斌和夏凡（2012）通过数据分析发现20世纪80年代以来以住房商品化为特征的城镇住房制度改革，推动城镇居民家庭的财富积累，而且随着住房市场的繁荣国有和私营部门家庭的财富不平等不断扩大。李实等（2005）利用中国科学院1995年、2002年的全国住户抽样调查数据分析，发现净房产对财产不平等的贡献率都在60%以上。陈彦斌和邱哲圣（2011）认为，房价的高速增长引致富裕家庭投资性住房需求，部分年轻家庭为追赶房价提高储蓄率，部分贫穷家庭无法获得足够住房使城镇家庭住房不平等程度增加。杨灿明和孙群力（2019）的研究发现，房产净值的财产差距可以解释2016年全国财产不平等的70.4%、2017年的72.9%。

房产价格增长在本质上是土地价值的增加。Stieglitz（2014）认为财富增长的很大部分，是土地价值的增加而不是资本货物的增加。WID（2018）把房价的增长放在中国财富快速积累中价格因素的首位。

3. 税收制度改革

洪兴建和罗刚飞（2015）分析了增值税"扩围"对中国城镇居民收入分配呈现逐步减弱的不均等效应，表明这项税改对财富差距短期内可能产生一定的负向影响。Berman 等（2016）的研究发现，增加所得税有助于降低收入不平等，但可能导致财富不平等的温和上升。税收作为进行二次分配的重要手段在调节财富差距方面具有十分重要的作用（Stieglitz，2014；李实，2020），房产税、遗产税等税种可以直接增加富裕家庭的财产持有成本，并通过转移支付惠及贫穷家庭。

4. 资本市场变化

吴卫星等（2016）实证研究的结果表明，住房抵押贷款、融资等财务杠杆使富裕家庭拥有更快的财富增长速度，加剧家庭财富差距的放大趋势。杜两省和程博文（2020）研究发现金融摩擦（资本市场的交易成本）可以通过职业选择、自我保险和自融资影响个人的财富积累，从而导致财富的集中和不平等。不少研究表明在家庭财产结构中金融资产是仅次于房产的重要组成部分，对财产不平等的形成和变化具有重要的影响（李实等，2000；杨灿明、孙群力，2019）。WID（2018）也把证券市场的资本增值作用看作中国财富快速增长的重要原因之一。

5. 地区发展差异

原鹏飞和王磊（2013）对住房财产不平等的研究发现，地区间住房财产差距是全国住房财产不平等的主要原因，东部地区对全国住房的财产不平等贡献约等于中部、西部、东北地区三者的总和。

6. 其他因素

陈彦斌等（2009）认为资本灾难之后，穷人群体持有的财产份额会下降，富人群体的财产份额则上升。陈彦斌等（2013）研究发现通货膨胀率从 0 上升到 5%，城镇穷人家庭净财产减持比例达到富人家庭的 30 倍以上加剧总体的财产不平等程度。Stieglitz（2014）认为垄断力量如政府垄断租金、企业垄断技术等，对财富不平等产生重要影响。李实（2020）认为经济全球化、技术进步、公共政策调整，是加剧全球财富分配不平等的三大要素。Nolan 等（2021）研究发现，代际财产转移能够解释美国 1/9、德国和意大利 1/3 的财富不平等。

（三）财富不平等与收入不平等关系

李实等（2000）根据 1995 年城镇居民住户调查数据计算得到的家庭可支配收入基尼系数为 0.281，按可支配收入排序计算的总财产集中度为 0.331（类似于基尼系数，集中度是集中曲线与 45°线围成面积的两倍），高于前者说明总财产分配更向高收入居民倾斜，财产分配与收入分配存在较强的正相关。梁运文等（2010）的数据分析表明，高收入家庭倾向于拥有更多的财产，而且财产分布与收入分布表现出明显的正相关关系。根据李实（2015）的观点，财产差距和收入差距形成了一个相互影响、相互推进的过程。Berman等（2016）的研究发现，收入不平等与财富不平等存在反向变化的情形，认为通过控制收入不平等去调节财富不平等是一种不切实际的政策工具。

截至目前，国内外对财富不平等的研究已经产生相当丰富的成果。关于中国财富不平等的研究还有以下拓展空间：一是对财富基尼系数的测度可以形成一个具有一致可比的年度系列。不同机构调查由于起步晚抽样方法不同，样本量有多有少、财富口径不统一，限于人力和物力调查年度存在间隔。二是由等份财富份额数据（有限数据）拟合财富分布或洛伦兹曲线估算财富基尼系数的研究。现有对收入等份数据、按收入值分段数据拟合收入分布估计总体基尼系数（Blanchet et al.，2022；胡志军等，2011；Chotikapanich et al.，2007），可以借鉴到财富数据的处理。三是现有研究对于家庭财富调查数据的基尼系数估算通常忽略家庭人口规模。传统基尼系数不仅要求研究对象满足非负性，同时将每个家庭的财富数据作为一个记录以户为单位计算基尼系数忽略了家庭人口数（胡志军等，2011）。本章的研究试图解决上述三个问题。

第二节 财富基尼系数结构分析和洛伦兹曲线拟合方法

一 财富基尼系数的结构分析

Dagum（1997）的基尼系数子群分解定理实现了基尼系数的可分解性。基尼系数的组内、组间不平等分解不仅经济意义明确，而且分解式没有余项。但其不适用于家庭调查数据的基尼系数结构分析（没有考虑家庭人口规模），本章将其推广到家庭组数据。

设有 n 户家庭，各户财富均值按从小到大排列依次为 $y_1 \leqslant y_2 \leqslant \cdots \leqslant y_n$；各户人口数为 $q_1, q_2, \cdots, q_n$，总人口数为 $q = q_1 + q_2 + \cdots + q_n$，这样相应人口份额等于 $p_i = q_i/q$，$i = 1, \cdots, n$。将 n 户分为 k 个子群，原下标集 $N = \{1, 2, \cdots, n\}$ 分解为 k 个子集 $N_j \subset N$，$j = 1, 2, \cdots, k$，第 j、h 子群的群间基尼系数定义为：

$$G_{jh} = \frac{1}{\bar{y}_j + \bar{y}_h} \sum_{i \in N_j} \sum_{r \in N_h} |y_i - y_r| \frac{q_i q_r}{q^j q^h} \tag{13.1}$$

式（13.1）中，仅要求 $\bar{y}_j > 0$ 和 $\bar{y}_h > 0$。显然当 $j=h$ 时，群间基尼系数就成为群内基尼系数，即群内基尼系数是群间基尼系数的特例。由式（13.1）可以得出：

$$G = \frac{1}{2} \sum_{j=1}^{k} \sum_{h=1}^{k} G_{jh}(p^j s^h + p^h s^j) \tag{13.2}$$

式（13.2）中，p^j、p^h、s^j 和 s^h 分别表示第 j、h 个子群的人口份额、收入份额。

如果将 n 户调查家庭分为城镇、农村两个子群，那么可以定义城乡基尼系数：

$$G_{12} = \frac{1}{\bar{y}_1 + \bar{y}_2} \sum_{i \in N_1} \sum_{r \in N_2} |y_i - y_r| \frac{q_i q_r}{q^1 q^2} \tag{13.3}$$

式（13.3）中城镇、农村下标分别记为 1 和 2，根据分解式（13.2）可以得到：

$$G_{12} = \frac{G - s^1 p^1 G_{11} - s^2 p^2 G_{22}}{s^1 p^2 + s^2 p^1} \tag{13.4}$$

二 基尼系数的洛伦兹曲线推断方法

对于等份数据（又称为有限数据、不完全数据），一些学者通过拟合 Beta Ⅱ 型分布估算收入基尼系数（Chotikapanich et al.，2007；胡志军等，2011）。但 Beta Ⅱ 型分布要求自变量取值大于等于 0，不适用于可能负值的最低收入组十等份数据。对于拟合洛伦兹曲线，Chotikapanich 和 Griffiths（2002）以 Dilichlet 分布为基础用收入份额的十等份数据（decile data）拟合五类洛伦兹曲线，最大化似然函数获得参数估计，再估算基尼系数。然而该方法同样要求洛伦兹曲线满足非负性，因而同样是无法处理含有负值的最低收入组十等份数据。Blanchet 等（2022）提出了广义 Pareto 插值方法，利用总样本容量、收入总平均、收入分布上的四个收入分位数和分位数间的收入均值共十个参数，推断总体收入分布和洛伦兹曲线。由于缺乏收入分位数，也不方便用于处理十等份数据。

Kakwani（1980）提出的洛伦兹曲线：

$$L(x; a, p, q) = x - ax^p(1-x)^q, \quad a > 0, \; 0 < p \leq 1, \; 0 < q \leq 1 \tag{13.5}$$

如取 $a=1$，$p=0.96$，$q=0.68$，函数在 0.1 处的值为 -0.0021。因而

该函数为负值最低财富组的洛伦兹曲线拟合,提供了一种可能途径。因为允许最低财富负值,洛伦兹曲线要求在 0、1 区间右侧一阶、二阶导数大于 0(参见附录中的证明、附表中的说明)。我们将洛伦兹曲线进行了以下的调整:

$$L(x; p, q) = x - x^p(1-x)^q, \quad p>0, \quad 1 \geqslant q > 0 \tag{13.6}$$

我们采用简单的待定系数法来确定式(13.6)参数 p 和 q。WID 提供了两个十等份数据 50%、90% 人群的财富份额,将两点代入式(13.6)解联立方程组得:

$$p = \frac{\lg(50\%-a_{0.5})\lg(10\%) - \lg(90\%-a_{0.9})\lg(50\%)}{\lg(50\%)\lg(10\%) - \lg(90\%)\lg(50\%)}$$

$$q = \frac{\lg(50\%)\lg(90\%-a_{0.9}) - \lg(90\%)\lg(50\%-a_{0.5})}{\lg(50\%)\lg(10\%) - \lg(90\%)\lg(50\%)}$$

$a_{0.5}$ 和 $a_{0.9}$ 分别对应于 50%、90% 的财富份额。这时相应的基尼系数为:

$$G = 2\left\{\frac{1}{2} - \int_0^1 [x - x^p(1-x)^q] dx\right\} = 2Beta(p+1, q+1) \tag{13.7}$$

为了检验上述方法的有效性,在本章的第三节我们直接利用 CFPS2010、CFPS2018 数据,按家庭财富的均值大小递增排序确定总体、城镇、农村样本数据的十等份数据(实际上只需要对应 50%、90% 人口份额上的财富份额),比较基尼系数估计值与样本基尼系数的偏差。

第三节 基于 CFPS 数据的中国财富不平等结构分析

北京大学中国收入分配研究院的 CFPS(China Family Panel Studies)是 WID 较为认可的中国家庭收入与财产调查数据库。调查始于 2010 年,每两年进行一次,迄今为止公布了五个年度的调查数据。CFPS 样本开始覆盖 25 个省份,目标样本规模为 16000 户,调查对象包含样本户中的全部家庭成员。CFPS2018 样本中又纳入海南、内蒙古、宁夏、青海、新疆、西藏 6 个省份,至此 CFPS 覆盖了中国 31 个省份。

一 基于 CFPS 数据的中国财富基尼系数

利用 CFPS2010、CFPS2012、CFPS2014、CFPS2016 和 CFPS2018 的家庭收入与财产调查数据库,我们对调查家庭的净资产进行了处理,分别计算了各年度的总体、城镇、农村和城乡财富基尼系数。由于这些指标计算直接基于样本，我们把它们称为样本基尼系数。表13.1给出了5个年度CFPS数据的可用样本数（户数）、人口数、人均财富（财富均值）、人口份额和财富份额，还有总体、城镇、农村和城乡财富基尼系数的计算结果。

表13.1 基于CFPS数据的总体、城镇、农村和城乡财富基尼系数

单位：户、人、元、%

年份	范围	户数	人口	财富均值	财富份额	人口份额	样本基尼系数	城乡基尼系数 样本值	城乡基尼系数 贡献率
2010	总体	14797	56548	79313.07	—	—	0.7218	0.7679	56.75
	城镇	7103	24392	136673.99	74.33	43.14	0.6915		
	农村	7694	32156	35801.83	25.67	56.86	0.6196		
2012	总体	13176	50569	91018.95	—	—	0.6784	0.7208	56.54
	城镇	6050	21222	151806.11	69.99	41.97	0.6556		
	农村	7126	29347	47061.29	30.01	58.03	0.5870		
2014	总体	13831	51370	114124.53	—	—	0.6787	0.7163	55.10
	城镇	6789	23090	182284.32	71.79	44.95	0.6588		
	农村	7042	28280	58473.56	28.21	55.05	0.5935		
2016	总体	13699	50406	152402.01	—	—	0.7193	0.7546	54.31
	城镇	6917	23399	245281.14	74.71	46.42	0.7014		
	农村	6782	27007	71931.06	25.29	53.58	0.6301		
2018	总体	13998	50204	219412.12	—	—	0.7128	0.7597	54.36
	城镇	7246	24169	351532.70	77.13	48.14	0.6655		
	农村	6752	26035	96760.98	22.87	51.86	0.6591		

注：数据来源于中国收入分配研究院的CFPS，计算结果由笔者给出。

根据Blanchet、Piketty和Fournier（2022）的广义Pareto插值，图13.1给出了CFPS2010和CFPS2018的概率密度函数（直方图）、洛伦兹曲线以及广义Pareto曲线。它们是由样本量（人口数）、总财富平均、最低10%、最低50%、最高10%和最高1%人群的财富分位数、分位数右侧区间财富平均共十个参数由五次样条函数和洛伦兹曲线二次平滑进行分段处理。图13.1（a）、图13.1（b）、图13.1（c）、图13.1（e）、图13.1（f）、图13.1（g）分别对应于CFPS2010和CFPS2018财富概率密

度、洛伦兹曲线和广义 Pareto 曲线，图 13.1（d）、图 13.1（h）是 CFPS2010 和 CFPS2018 的收入广义 Pareto 曲线。

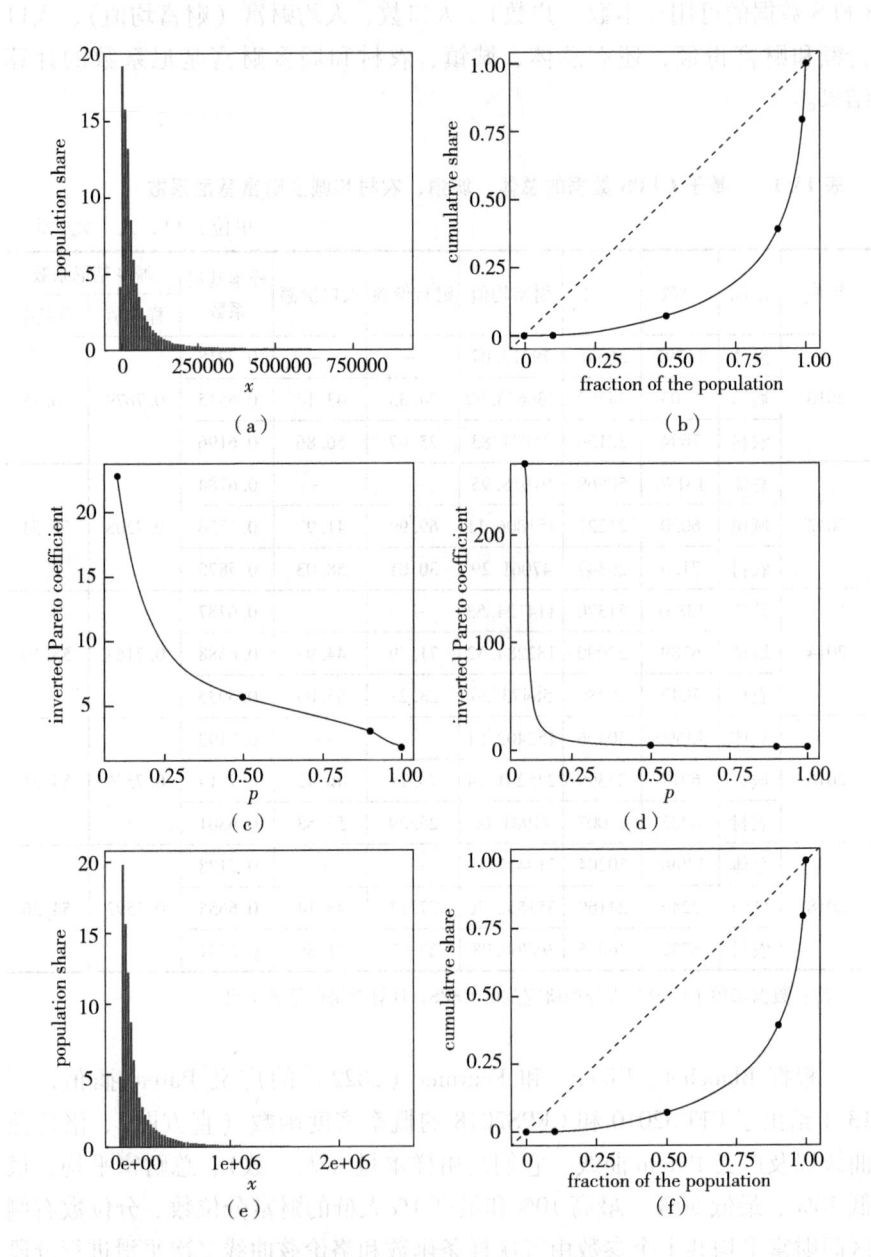

图 13.1　CFPS2010、CFPS2018 财富概率密度、
洛伦兹曲线和广义 Pareto 曲线

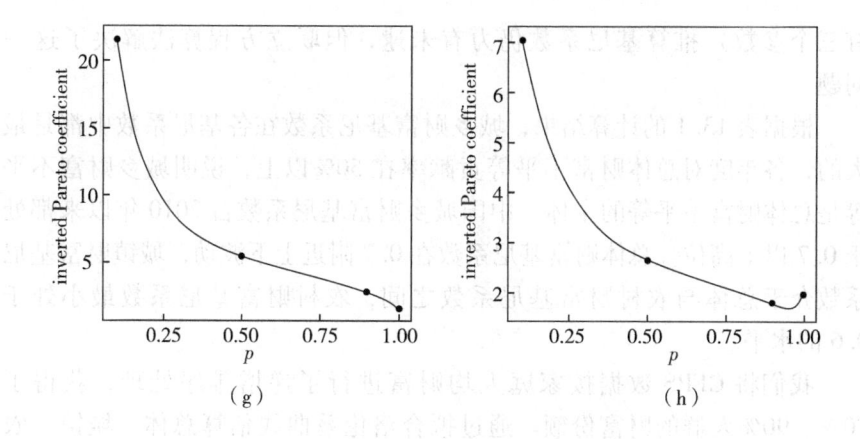

图 13.1　CFPS2010、CFPS2018 财富概率密度、
洛伦兹曲线和广义 Pareto 曲线（续图）

由于广义 Pareto 插值采用分段处理，无法得到财富概率密度、洛伦兹曲线和广义 Pareto 曲线的解析式。图 13.1 表明 CFPS2010 和 CFPS2018 的财富概率密度呈现出单峰特征，且明显右偏［见图 13.1（a）、（e）］；因为存在财富负值两条洛伦兹曲线的前端都略为下穿 x 轴，对应于最高 1%人群的财富份额都在 20%左右［可反映财富分布不平等，见图 13.1（b）、（f）］；广义 Pareto 曲线变化①说明常规 Pareto 函数不能很好地描述财富分布，否则是固定不变的。CFPS2010 的点都略高于 CFPS2018［见图 13.1（c）、（g）］，财富不平等程度略高；图 13.1（d）、（h）加入了 CFPS2010 和 CFPS2018 的收入广义 Pareto 曲线，图 13.1（d）表明 CFPS2010 的收入分布尾部适合用常规 Pareto 函数描述，图 13.1（h）则表明 CFPS2018 的收入分布具有一定的厚尾特征（概率密度函数呈现不出），呈现出为较为典型的"U"形特征收入广义 Pareto 曲线（Blanchet et al., 2022）。

广义 Pareto 插值在拟合收入或财富分布、洛伦兹曲线和估算基尼系数方面都有着十分出色的表现（CFPS2010 和 CFPS2018 的财富基尼系数分别为 0.7211、0.7128），方便对税收大数据的处理研究。但对于 WID 数据仅仅提供最低 50%、90%和最高 1%人群的财富份额数据（只

---

① 广义 Pareto 曲线由逆 Pareto 系数关于人口份额 p 变化形成 $b(p)\dfrac{\mu[1-L(p)]}{(1-p)Q(p)}$，其中 $Q(p)$ 为对应分位数。

有三个参数）推算基尼系数仍力有未逮，但联立方程算法解决了这一问题。

根据表 13.1 的计算结果，城乡财富基尼系数在各基尼系数中都是最大的，各年度对总体财富不平等贡献率在 50% 以上，说明城乡财富不平等是总体财富不平等的主体。中国城乡财富基尼系数自 2010 年以来都处于 0.7 以上高位。总体财富基尼系数在 0.7 附近上下波动，城镇财富基尼系数介于总体与农村财富基尼系数之间，农村财富基尼系数最小处于 0.6 的水平。

我们将 CFPS 数据按家庭人均财富进行了递增排序处理，获得了 50%、90% 人群的财富份额。通过拟合洛伦兹曲线估算总体、城镇、农村财富基尼系数，再由式（13.5）计算城乡财富基尼系数，计算结果列于表 13.2。结合表 13.1 中的样本基尼系数，可以计算各财富基尼系数估算结果的样本偏差，也列入其中。由表 13.2 可以发现，本章提出的联立方程算法拟合洛伦兹曲线所得到的基尼系数估计，其样本偏差都在千分位以下，说明了该方法对中国财富数据具有很好的基尼系数估算效果。

表 13.2　　基于 CFPS 数据总体、城镇、农村和城乡财富基尼系数的估算

年份	范围	本书方法						城乡基尼系数	
		50%	90%	p 值	q 值	G 值	样本偏差	估计值	样本偏差
2010	总体	0.0690	0.3865	0.9691	0.2450	0.7288	−0.0071	0.7679	−0.0099
	城镇	0.0734	0.4444	0.9304	0.2986	0.6997	−0.0082		
	农村	0.1195	0.4982	1.0461	0.3481	0.6140	0.0056		
2012	总体	0.0877	0.4395	0.9866	0.2916	0.6813	−0.0029	0.7208	−0.0047
	城镇	0.0905	0.4822	0.9525	0.3355	0.6608	−0.0051		
	农村	0.1330	0.5358	1.0560	0.3902	0.5808	0.0062		
2014	总体	0.0847	0.4454	0.9700	0.2979	0.6831	−0.0045	0.7163	−0.0065
	城镇	0.0882	0.4823	0.9440	0.3358	0.6641	−0.0054		
	农村	0.1241	0.5465	1.0057	0.4056	0.5893	0.0042		
2016	总体	0.0691	0.3968	0.9603	0.2543	0.7245	−0.0052	0.7546	−0.0059
	城镇	0.0727	0.4235	0.9481	0.2785	0.7087	−0.0073		
	农村	0.1070	0.5088	0.9851	0.3621	0.6275	0.0026		

续表

年份	范围	本书方法						城乡基尼系数	
		50%	90%	p值	q值	G值	样本偏差	估计值	样本偏差
2018	总体	0.0703	0.4053	0.9568	0.2618	0.7194	-0.0066	0.7597	-0.0093
	城镇	0.0872	0.4656	0.9584	0.3179	0.6719	-0.0064		
	农村	0.0992	0.4666	1.0019	0.3170	0.6546	0.0045		

注：数据来源于中国收入分配研究院的CFPS，计算结果由笔者给出。根据北京大学《中国民生发展报告（2016）》2012年、2014年的财富基尼系数分别为0.73和0.70，高于笔者计算的结果0.68和0.68，说明数据出现了一些变化。

联立方程算法的参数估计结果的优劣，还可以根据拟合洛伦兹曲线的效果来判定。有两种拟合优度指标：IIM和MSE指数。它们的定义为：

$$IIM = \sum_{i=1}^{N} q_i \ln(q_i/\hat{q}_i), \quad MSE = \frac{1}{N} \sum_{i=1}^{N} [y_i - L(x_i, \hat{\theta})]^2$$

其中，N为等份数，q_i为第i个等份的财富份额，$\hat{q}_i$是拟合洛伦兹曲线对应于q_i的财富份额估计值（$i = 1, 2, \cdots, N$）（Paul and Shankar, 2020）。

对CFPS财富份额的拟合，我们采用了五个年度的十等份数据。IIM指数是测度各等份组财富份额的拟合程度，RMSE是测度累计财富份额的拟合程度。从表13.3可以发现，各年度财富份额的拟合优度IIM指数都在小数点的万分位，RMSE指数都在小数点的千分位，具有很好的表现。根据各等份的估计财富份额与样本财富份额的相近程度，表明总体拟合效果好，联立方程算法具有很好的适用性。

表13.3　　CFPS调查数据的拟合财富份额（联立方程算法）

年份 组别	2010		2012		2014		2016		2018	
	样本	拟合	样本	拟合	样本	拟合	样本	拟合	样本	拟合
1	-0.0015	-0.0046	-0.0008	-0.0000	-0.0034	-0.0038	-0.0049	-0.0067	-0.0014	-0.0075
2	0.0079	0.0056	0.0107	0.0085	0.0098	0.0074	0.0079	0.0052	0.0080	0.0052
3	0.0139	0.0137	0.0179	0.0167	0.0173	0.0167	0.0145	0.0140	0.0140	0.0144
4	0.0204	0.0222	0.0255	0.0259	0.0256	0.0266	0.0215	0.0231	0.0208	0.0238
5	0.0283	0.0320	0.0343	0.0366	0.0343	0.0378	0.0302	0.0334	0.0288	0.0344
6	0.0389	0.0441	0.0459	0.0498	0.0478	0.0516	0.0419	0.0459	0.0400	0.0471
7	0.0544	0.0600	0.0625	0.0674	0.0647	0.0694	0.0577	0.0623	0.0571	0.0639

续表

年份 组别	2010 样本	2010 拟合	2012 样本	2012 拟合	2014 样本	2014 拟合	2016 样本	2016 拟合	2018 样本	2018 拟合
8	0.0815	0.0840	0.0911	0.0933	0.0930	0.0956	0.0847	0.0867	0.0866	0.0887
9	0.1427	0.1294	0.1523	0.1413	0.1552	0.1440	0.1434	0.1329	0.1512	0.1353
10	0.6135	0.6136	0.5605	0.5605	0.5546	0.5546	0.6032	0.6032	0.5947	0.5947
IIM		0.0002		-0.0006		0.0005		0.0006		-0.0002
RMSE		0.0063		0.0048		0.0049		0.0051		0.0085

注：IIM 是信息熵分组财富份额拟合度指数，RMSE 是根均方差累计财富份额拟合度指数（MSE 指标值太小，取平方根方便表达）。

二 基于 CFPS 数据财富基尼系数的要素分解

下面对 CFPS 数据的财富基尼系数进行结构分析。CFPS 的家庭收入与财产调查数据，以家庭净资产作为财富代理变量。并将净资产分为金融资产、净房产（扣除房贷可为负值）、生产性固定资产、耐用消费品和非住房贷款（后面三种资产简称生产性、耐用品和非房贷）五大类。限于篇幅，本章仅对 CFPS2010 和 CFPS018 即首尾两个年度进行分析，为了方便两者的比较对 CFPS2018 仅保留了与 CFPS2010 相同的 25 个省份数据。

我们计算了总净资产和五类资产的总体、城乡基尼系数，借助图 13.2 可以直观表现五类资产基尼系数的变化。对比图 13.2（a）与图 13.2（b），我们发现五类资产城乡基尼系数作为总体（混合）基尼系数的主体，与总体具有相同的变化趋势：金融资产、净房产、耐用品和非房贷四类资产基尼系数都有不同程度的减弱，但生产性资产基尼系数增大。生产性固定资产主要体现为农村、城镇经营性资产的投入，如农业机械、厂房设备等。生产性资产城乡差距的扩大，不仅意味着总体生产性资产差距扩大，同时使总净资产财富基尼系数呈现高位振荡趋势。同时耐用品资产的基尼系数出现了明显的改善，说明了城乡居民的生活品质有了很大的提高。

借鉴李实等（1998）对收入的集中度分析，我们计算了五类资产财富不平等对总净资产财富不平等的贡献率，同时计算了五类资产占总净资产的财富份额。各类资产不平等贡献率与财富份额之差就是各类资产的相对边际效应（戴平生，2013），我们得到了表 13.4 的计算结果。

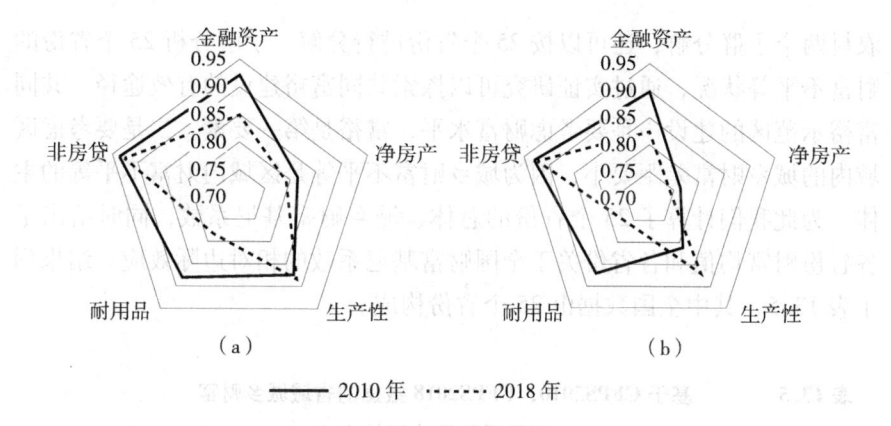

图 13.2　城乡财富基尼系数（a）与总体财富基尼系数（b）变化

表 13.4　基于 CFPS2010/CFPS2018 数据财富基尼系数及边际效应　单位：%

项目	2010 年				2018 年			
	基尼系数	集中度	贡献率	相对边际效应	基尼系数	集中度	贡献率	相对边际效应
总净资产	0.7218	—	100	—	0.7129	—	100	—
金融资产	0.8982	0.0408	5.66	−0.0020	0.8239	0.0662	9.29	−0.0065
净房产	0.7636	0.5985	82.93	0.0269	0.7425	0.5818	81.61	0.0173
生产性	0.8115	0.0356	4.94	−0.0385	0.8702	0.0342	4.80	−0.0172
耐用品	0.8706	0.0466	6.46	−0.0052	0.7597	0.0311	4.37	−0.0136
非房贷	0.9298	0.0002	0.02	0.0189	0.9236	−0.0005	−0.07	0.0199

注：数据来源于中国收入分配研究院的 CFPS，其中 CFPS2018 剔除了海南、新疆、西藏、内蒙古、宁夏、青海 6 个省份数据（CFPS2010 不包含这 6 个省份，为方便两个年度的比较），相应的基尼系数变化很小。计算结果由本章给出。

由表 13.4 我们发现，五类资产的基尼系数都高于总净资产的基尼系数，数值都在 0.7 以上。从五类资产不平等对总净资产不平等的贡献率看，净房产不平等的贡献率两个年度都在 80% 以上，因而在资产结构上房产差距是财富差距的主体。从相对边际效应看，增加生产性资产、耐用品资产和金融资产在总资产中的份额都有利于中国财富不平等的改善。控制房产价格、规范非房产贷款可以抑制财富差距的扩大。

三　基于 CFPS 数据财富基尼系数的省域分解

基于 CFPS2010 和 CFPS2018 数据的财富基尼系数，不仅可以按城镇、农村两个子群分解，还可以按 25 个省份进行分解。了解分析 25 个省份的财富不平等状况，通过实证研究可以探索共同富裕建设的有效途径。共同富裕示范区的建设一是要考虑财富水平，富裕是第一要素。二是要考虑区域内的城乡财富差距要小，因为城乡财富不平等是区域内财富不平等的主体。为此我们计算了 25 个省份的总体、城乡财富基尼系数，同时给出了各省份财富均值和各省份关于全国财富基尼系数的相对边际效应。结果列于表 13.5，其中全国数据由 25 个省份构成。

表 13.5　基于 CFPS2010、CFPS2018 数据的省域城乡财富基尼系数及边际效应

2010 年					2018 年				
省份	总体基尼系数	财富均值	城乡基尼系数	相对边际效应	省份	总体基尼系数	财富均值	城乡基尼系数	相对边际效应
上海	0.5724	417181	0.5406	0.1181	上海	0.4916	1206529	0.4923	0.0900
北京	0.6314	423375	0.6314	0.0089	北京	0.5873	1409382	0.5281	0.0143
天津	0.6552	216061	0.5736	0.0028	浙江	0.5816	379878	0.5741	0.0039
浙江	0.5730	120991	0.5477	0.0017	江苏	0.6029	365165	0.5775	0.0033
江苏	0.5807	103098	0.5692	0.0004	天津	0.7486	535289	0.6613	0.0027
湖南	0.7000	89674	0.6592	0.0000	湖北	0.6594	345730	0.6040	0.0019
湖北	0.6053	88378	0.5489	−0.0004	重庆	0.8013	237306	0.7668	0.0004
福建	0.6069	68260	0.5744	−0.0011	广东	0.7311	232576	0.6835	0.0000
重庆	0.6667	49995	0.5694	−0.0020	福建	0.6003	189849	0.5957	−0.0014
黑龙江	0.6904	38566	0.7040	−0.0031	湖南	0.6391	204398	0.5913	−0.0018
吉林	0.5132	32693	0.5114	−0.0038	安徽	0.5435	169330	0.5398	−0.0028
安徽	0.5564	41649	0.5221	−0.0040	吉林	0.6677	102892	0.6015	−0.0029
陕西	0.6396	29115	0.5757	−0.0042	山东	0.6699	200236	0.6184	−0.0032
江西	0.5961	33605	0.5568	−0.0044	陕西	0.6737	134388	0.5815	−0.0037
云南	0.6399	40831	0.6165	−0.0048	江西	0.6032	125414	0.5739	−0.0040
广西	0.5623	32018	0.5200	−0.0050	广西	0.6150	98336	0.6056	−0.0045
贵州	0.7840	28142	0.7267	−0.0052	黑龙江	0.5695	86645	0.5584	−0.0049
山西	0.7156	47730	0.6585	−0.0053	贵州	0.7172	100990	0.6779	−0.0053
山东	0.6091	56373	0.5687	−0.0054	云南	0.6147	119116	0.5891	−0.0059
河北	0.6401	53634	0.6236	−0.0064	河北	0.6970	160443	0.6585	−0.0060
广东	0.7141	59366	0.6725	−0.0101	山西	0.6639	98920	0.6244	−0.0074
辽宁	0.6016	60792	0.5767	−0.0106	四川	0.7066	109740	0.6745	−0.0088

续表

省份	2010年 总体基尼系数	财富均值	城乡基尼系数	相对边际效应	省份	2018年 总体基尼系数	财富均值	城乡基尼系数	相对边际效应
四川	0.5812	33537	0.5637	-0.0110	辽宁	0.6463	135651	0.5945	-0.0118
甘肃	0.7229	32288	0.6359	-0.0215	甘肃	0.7196	94084	0.6780	-0.0201
河南	0.5864	38286	0.5418	-0.0234	河南	0.6367	124713	0.5873	-0.0217
总体	0.7218	79313	0.7679	—	总体	0.7129	219292	0.7598	—

注：数据来源于中国收入分配研究院的CFPS，其中CFPS2018剔除了海南、新疆、西藏、内蒙古、宁夏、青海6个省份数据。计算结果由本章给出。

表13.5中各省份的相对边际效应，等于各省份对全国财富基尼系数的贡献率减去各省份的财富份额。不同于基尼系数要素分解中各类资产的集中度指数，各省份对全国财富基尼系数的贡献率由下式中的贡献计算（戴平生，2013）：

$$G = \sum_{i=1}^{n} \frac{q_i y_i}{S_y} \omega_i = \sum_{i \in N_1} \frac{q_i y_i}{S_y} \omega_i + \sum_{i \in N_2} \frac{q_i y_i}{S_y} \omega_i + \cdots + \sum_{i \in N_{25}} \frac{q_i y_i}{S_y} \omega_i, \quad \omega_i = F_i + F_{i-1} - 1$$

(13.8)

式（13.8）中，F_i为累计到第i户的人口份额（按人均财富递增排序）。G分解为25个省份的贡献，它们与基尼系数的比值就是贡献率。

相对边际效应越大，表明不平等贡献率与财富份额的差距越大，那么该子群对不平等影响的示范作用就越大。从CFPS2010的数据看，上海、北京、天津、浙江和江苏的相对边际效应都大于0（按相对边际效应从大到小排序），我们仅考虑前20%的省份，财富均值我们也仅考虑前20%的省份即富裕作为第一要素。再考虑公平性即财富差距要小，我们要求总体、城乡财富基尼系数要小于0.6。在以上关于相对边际效应、财富均值、总体和城乡财富基尼系数的4个约束条件下，只有上海、浙江和江苏满足。其中，上海的财富均值高、相对边际效应大、总体和城乡基尼系数小，但省份中由于上海是直辖市，显然浙江更适合作为共同富裕建设的示范区。

对于CFPS2018数据，按照上面的4个约束条件，仅上海、北京、浙江满足。江苏总体财富基尼系数上升超过0.6。因而浙江省成为全国共同富裕建设的示范区并非偶然，当然实际操作中不仅仅从经济学角度考量。纯粹从上面的4个约束条件看，上海、北京的表现都比浙江省更为出色。上海的总体、城乡财富基尼系数分别为0.4916和0.4923，都小于0.5，财富不平等处于较为理想的水平。类似于马克维兹投资组合理论的均值—方差模型，对于共同富裕发展进程的评判也可以采用关于财富均值与城乡财富基尼系数的上述观点。

第四节 基于 WID 数据的中国财富基尼系数

世界财富与收入数据库包含世界高收入数据库，它关注最高收入前 10%的人群，特别是最高收入前 1%的人群。WID 不仅提供了最高 10%、最高 1%、最低 50%人群税前国民收入份额的国别或地区数据，同时也提供最高 10%、最高 1%、最低 50%人群净资产份额的国别或地区数据。表 13.6 为 WID 提供的对于中国不同年份财富份额的测算数据，利用这些数据可以估算财富基尼系数（计算结果见表 13.6）。实际上由 WID 提供的中国最低 50%、最高 10%人群的财富、收入份额，融入 CHIP（Chinese Household Income Project）、CHFS（China Household Finance Survey）、CFPS 家庭调查、福布斯和胡润富豪榜等微观调查数据，以及中国国家统计局的城乡住户调查表数据，官方或非官方国民账户、资产负债表，中国财政税收（所得税）数据。技术上使用了 Pareto 插值等方法（WID，2018）。

表 13.6 中国净资产等份数据和财富基尼系数估算（1995—2021 年）

年度	前 10%	底 50%	参数 p	参数 q	G	年度	前 10%	底 50%	参数 p	参数 q	G
1995	0.4138	0.1585	1.0969	0.4532	0.5268	2009	0.582	0.1118	1.0984	0.2667	0.6575
1996	0.4391	0.1513	1.1006	0.4193	0.5462	2010	0.6276	0.0701	0.9853	0.2326	0.7331
1997	0.452	0.1475	1.1012	0.4031	0.5564	2011	0.6694	0.0653	1.0032	0.1987	0.7575
1998	0.4631	0.1443	1.1017	0.3896	0.5650	2012	0.6671	0.0658	1.0031	0.2004	0.7558
1999	0.4732	0.1414	1.1019	0.3776	0.5729	2013	0.6674	0.0657	1.0030	0.2002	0.7561
2000	0.4809	0.1391	1.1015	0.3688	0.5791	2014	0.6692	0.0654	1.0034	0.1988	0.7572
2001	0.4871	0.1373	1.1014	0.3618	0.5840	2015	0.6741	0.0644	1.0038	0.1951	0.7607
2002	0.4918	0.1359	1.1010	0.3566	0.5878	2016	0.6742	0.0644	1.0039	0.1950	0.7608
2003	0.4913	0.136	1.1009	0.3571	0.5875	2017	0.6743	0.0644	1.0040	0.1949	0.7608
2004	0.5077	0.1317	1.1018	0.3392	0.5999	2018	0.675	0.0642	1.0039	0.1944	0.7614
2005	0.5243	0.1272	1.1016	0.3219	0.6127	2019	0.6741	0.0644	1.0038	0.1951	0.7607
2006	0.5404	0.1229	1.1012	0.3058	0.6252	2020	0.6742	0.0644	1.0039	0.1950	0.7608
2007	0.5582	0.1182	1.1005	0.2886	0.6389	2021	0.6803	0.0632	1.0046	0.1904	0.7651
2008	0.5698	0.1151	1.0997	0.2778	0.6479						

注：数据取自世界财富与收入数据库（WID）。相应拟合洛伦兹曲线性质参见附录和附表。

基于 WID 数据库给出的 1995—2021 年最高 10%、最低 50%人群净资产财富份额，利用本章提出的联立方程算法拟合洛伦兹曲线，可以估算各年度的中国财富基尼系数。

从 2010 年的财富基尼系数看，CFPS2010 年的净资产基尼系数为 0.7218，WID2010 的净资产基尼系数为 0.7331，两者十分接近，相差仅为 0.0113。但随后 CFPS 的净资产基尼系数为下行振荡（因数据原因本章计算结果偏低），WID 的净资产基尼系数则上升振荡，两者产生较大的偏离，参见图 13.3 的曲线变化。

图 13.3 表明中国财富基尼系数在 1995—2021 年变化，经历了三个阶段：1995—2002 年的相对平缓上升期；2003—2011 年的相对快速上升期；2012—2021 年的相对波动调整期。总体呈现财富差距的不断扩大，近 10 年财富差距处于高位振荡。

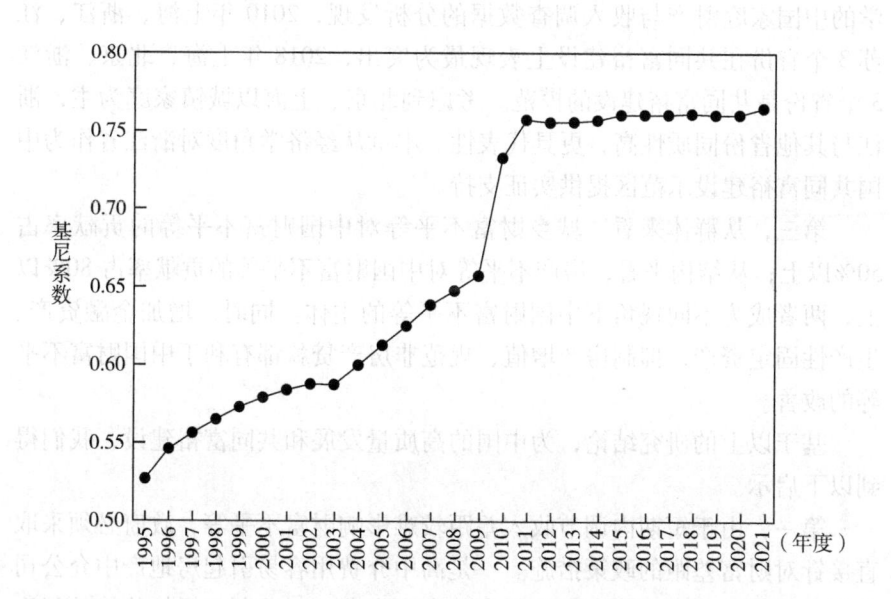

图 13.3 基于 WID 的中国财富（净资产）基尼系数（1995—2021 年）

第五节 本章小结

财富不平等通常被认为是各种社会不平等的根源。由于中国在进行家庭财产调查方面，不仅起步较晚而且尚无连续的调查数据，我们采用了世界财富与收入数据库的最高10%、最低50%人群财富收入份额信息对1995—2021年的中国财富基尼系数进行估算，同时利用CFPS微观数据探究浙江省作为中国共同富裕示范区的内在原因。为此，我们通过联立方程法拟合洛伦兹曲线估算中国财富基尼系数，拓展组数据基尼系数子群分解定理，定义城乡基尼系数挖掘共同富裕内涵。

研究发现以下结论：

第一，1995—2021年中国财富基尼系数的变化总体呈现上升趋势，经历了1995—2002年平缓上升、2003—2010年较快上升、2011—2021年高位调整的三个时期，目前中国财富基尼系数处于0.75的水平。鉴于中国经济的持续增长，今后一个时期中国财富差距继续扩大的可能性较高。

第二，共同富裕要求财富水平高、城乡区域财富差距小。基于北京大学的中国家庭财产与收入调查数据的分析发现，2010年上海、浙江、江苏3个省份在共同富裕建设上表现最为突出，2018年上海、北京、浙江3个省份是共同富裕建设的模范。考虑到北京、上海以城镇家庭为主，浙江与其他省份同质性高，更具代表性。本章从经济学角度对浙江省作为中国共同富裕建设示范区提供实证支持。

第三，从群体来看，城乡财富不平等对中国财富不平等的贡献率占50%以上；从结构来看，房产不平等对中国财富不平等的贡献率占80%以上，两者成为不同视角下中国财富不平等的主体。同时，增加金融资产、生产性固定资产，抑制房产增值、规范非房产贷款都有利于中国财富不平等的改善。

基于以上的研究结论，为中国的高质量发展和共同富裕建设，我们得到以下启示。

第一，由于短期内调节收入差距较难影响财富不平等，政府必须采取直接针对财富差距的政策措施。一是高中介费用容易引起房地产中介公司垄断市场抬价牟利，要大幅降低房地产中介费、对垄断和操控价格的行为进行惩罚。二是应尽快开展全国性住房普查，对空置和闲置房屋征税收费，促其出租出售调节住房资源。三是对超出一定面积或金额的房产所有者征收房产税，适时征收遗产税和赠与税，调节财富的代际转移。四是将利息、股息、红利等财产性收入的等比例计征所得税改为累进性税率，提高对高净值人群财产所得的计征比例。上述政策的实施可以有效抑制房价上涨，削弱房产不平等在财富差距中的主体作用。

第二，进一步规范、完善资本市场，引导居民家庭调整财产结构。一是鼓励居民家庭提高金融资产在财富中的配置比例。居民的金融资产以现金、储蓄为主，股票、债券和保险等金融资产份额远低于储蓄水平。由于股市持续波动，基金、期货等金融衍生产品的持有风险增大，居民家庭很难找到合适的理财产品。有权管理部门强力打击不法投机、炒作行为进一步规范资本市场，可以促进家庭财富的合理配置。同时加强对居民非房屋贷款的管理，可以避免居民家庭非理性投资、消费行为的发生，都有利于改善总体的财富不平等。二是要不断完善城乡居民的社会保障，降低居民家庭在教育、医疗和住房方面的必需成本，从而提高和改善耐用品消费。这样不仅可以提高家庭的生活品质，而且符合政府倡导的高质量发展和发展为了人民的理念。居民家庭合理调整财产结构，可缓解中国因财富过快增长向房产过度集中等问题。

第三，借力城镇化和乡村振兴，缩小城乡财富差距。城乡财富差距远高于城镇、农村的内部差距，是中国财富不平等持续扩大的主要原因。新型城镇化的高质量发展，以城乡统筹、城乡一体、产业互动、节约集约、生态宜居、和谐发展作为基本特征，通过提升公共设施和服务能力满足和适应农民日益增长的到城镇就业安家需求。城乡财富差距可以在城镇化过程中不断消弭，让共同富裕在共享共建中逐步实现。乡村振兴立足于巩固脱贫攻坚成果，促进农民增收、提升农业供给质量、提高城乡一体化水平，以推进农业农村现代化、实现全体人民共同富裕为目标。实施乡村振兴，一要合理规划村庄建设，保护传统村落民居，利用环境资源发展旅游休闲增加农民收入。二要推进公共基础设施往村覆盖、往户延伸，以城乡基本公共服务均等化为重点，提升乡村整体的公共服务水平。三要适应绿色发展需要，加快美丽乡村建设。"城里乡下一样美、居民农民一样富"就是共同富裕实现的直观表述。

第十四章 均值基尼平均差准则下的风险资产定价

本章导读

研究目的：在离散数据拓展基尼平均差精确表达式下获得 MG 准则下的 CAPM 公式，探索其在金融领域的应用。

研究方法：离散数据拓展基尼平均差、效用函数、线性回归方法。

研究发现：MG 准则下风险系数估计避免了内生性问题，同时方便投资者按个体风险偏好进行股票投资。传统 MV 准则下风险系数与 MG 准则下风险系数估计通常存在显著差异。在 MG 准则下以二阶随机占优为效用函数进行套期保值可以获得良好效果。

研究创新：提出离散拓展基尼平均差的协方差算法，简化风险系数的斜率分解式。

研究价值：应用离散数据拓展基尼平均差协方差算法推演 MG 准则下的资本资产定价模型，促进均值基尼平均差准则的准确理解及其在金融领域的应用。

关键词：均值基尼平均差准则；拓展基尼平均差；资本资产定价

《纽约时报》等 4 家机构各自公开发布了配置现金、债券、股票资产的大众方案，它们都将投资者分为保守型、温和型和激进型 3 类，各类投资者的债券、股票比例不同。Canner 等（1997）认为大众方案与传统金融理论相矛盾，因为它与资本资产定价模型（CAPM）两基金分离定理不一致。大众方案都建议投资者根据风险厌恶提高债券相对于股票的比例，而 CAPM 则要求保持相同风险资产的选择。Canner 等发现大众方案都远离最优化的资产组合，只是相应的损失并不大。因而他们无法解释这些具有经济模型的大众方案，于是提出了这个"资产配置谜题"。

Shalit 和 Yitzhaki（2003）认为均值方差准则是产生 Canner 等上述迷

思的根本原因。利用基于随机占优的理论模型，他们说明对于全体风险厌恶的投资者所有大众方案的资产组合都是有效的，因而无法断言《纽约时报》等机构的投资顾问确实提供了错误的方案。Yitzhaki（1982，1983）从理论上证明了二阶随机占优等价于均值减拓展基尼平均差的两项资产差值非负性，Shalit 和 Yitzhaki（1984）利用均值基尼平均差准则代替均值方差准则重构资产组合有效前沿、CAPM 等金融市场分析工具。由于均值基尼平均差准则不需要收益率的正态性假设也没有效用函数的二次设定，因而近 30 年来引起了不少研究者的关注。如 Cheung 等（1990）利用汇率期权、期货进行套期保值研究均值方差与均值基尼平均差有效前沿关系，Kolb 和 Okunev（1992）采用网格搜寻法确定商品、汇率、股指期货的最优套期保值率等，但从现有文献看国内在这方面的研究尚未展开。

本章的贡献主要体现在技术层面，为实证研究提供相应的离散化方法。其中克服现行样本拓展基尼平均差利用理论公式进行近似计算的不足，给出离散数据下拓展基尼平均差算法，并简化 Yitzhaki（1996）的协方差离散数据斜率分解式。

第一节 新基尼平均差及其拓展

基尼平均差是一个广泛应用于测度收入不平等的统计量，同时也应用于测度随机变量的波动性。它最初以离散数据的形式出现，设 x_1，x_2，…，x_n 为随机变量 X 的全部取值，其相应的概率等于 p_1，p_2，…，p_n，那么新基尼平均差 Γ 可以定义为：

$$\Gamma = \frac{1}{2} \sum_{i=1}^{n} \sum_{j=1}^{n} |x_i - x_j| p_i p_j \tag{14.1}$$

参见 Shalit 和 Yitzhaki（1984），这是为了理论表述方便用传统基尼平均差（GMD）的 1/2 定义了新的基尼平均差。如不特别说明，本章的基尼平均差都是指式（14.1）定义的新基尼平均差 Γ。

一 基尼平均差与基尼系数的关系

（一）离散型随机变量

用随机变量 X 的分布列可以构造相应的洛伦兹曲线。这里设 $F_0 = 0$、$L_0 = 0$，F_i、L_i 分别称为累计至第 i 个取值的人口份额和收入份额，所有坐标点(F_i, L_i)形成的折线段构成了洛伦兹曲线$(i=1, 2, \cdots, n)$。基尼系数等于单位正方形的对角线与洛伦兹曲线所围成面积的两倍,记基尼系数为G,由面积公式容易得到:

$$G = 1 - \sum_{i=1}^{n}(L_i+L_{i-1})(F_i-F_{i-1}) = \sum_{i=1}^{n}(F_i L_{i-1} - F_{i-1}L_i) \tag{14.2}$$

不妨假定式(14.1)中X的取值已按从小到大排列,可以得到以下关系:

$$\Gamma = \sum_{i=1}^{n}\sum_{j=1}^{i}(x_i-x_j)p_i p_j = \mu \sum_{i=1}^{n}[(L_i-L_{i-1})F_i - L_i(F_i-F_{i-1})] = \mu G$$

说明Γ除以X的均值μ等于G。因此相对于Γ,G被称为相对基尼平均差,这样非负实数Γ也称为绝对基尼平均差。基尼平均差类似于方差,用于测度波动性要比基尼系数更方便。

(二)连续型随机变量

设随机变量X的分布函数、密度函数分别为$F(x)$、$f(x)$,基尼平均差对应的定义为:

$$\Gamma = \frac{1}{2}E|X-Y| \tag{14.3}$$

式(14.3)中,Y是与X独立同分布的随机变量。

定理14.1 设随机变量的取值区间为$[a, b]$,满足$F(a)=0$,$F(b)=1$。由绝对值的性质并通过分部积分可以得到式(14.3)的一个等价形式:

$$\Gamma = \int_a^b [1-F(x)]dx - \int_a^b [1-F(x)]^2 dx \tag{14.4}$$

证明 先将式(14.4)右边简化为:

$$\int_a^b [1-F(x)]dx - \int_a^b [1-F(x)]^2 dx = \int_a^b [1-F(x)]F(x)dx$$

根据式(14.3)的定义我们有:

$$\Gamma = \frac{1}{2}E|X-Y| = \frac{1}{2}\int_a^b\int_a^b |x-y|f(x)f(y)dxdy$$

$$= \int_a^b f(x)dx \int_a^x (x-y)f(y)dy = \int_a^b xF(x)f(x)dx -$$

$$\int_a^b \left[\int_a^x yf(x)f(y)dy\right]dx$$

$$= \int_a^b xF(x)f(x)dx - \int_a^b \left[yf(y)\int_y^b f(x)dx\right]dy$$

$$= \int_a^b xF(x)f(x)dx - \int_a^b \{yf(y)[1-F(y)]\}dy$$

$$= 2\int_a^b xF(x)f(x)dx - \int_a^b yf(y)dy = \int_a^b xdF^2(x) - \int_a^b xdF(x)$$

$$= \int_a^b F(x)dx - \int_a^b F^2(x)dx = \int_a^b F(x)[1-F(x)]dx$$

故式（14.4）成立。

定理 14.2 由式（14.3）定义的连续型基尼平均差满足 $\Gamma = \mu G$。

证明 对于连续型洛伦兹曲线存在关系式 $L(x) = \dfrac{1}{\mu}\int_a^x tf(t)dt \Rightarrow dL(x) = \dfrac{x}{\mu}f(x)dx$ 由基尼系数的几何定义，利用分部积分有：

$$G = 2\int_0^1 (F-L)dF = F^2 \big|_0^1 - 2(LF)\big|_0^1 + 2\int_a^b F(x)\dfrac{x}{\mu}f(x)dx$$

$$= -1 + \dfrac{1}{\mu}\int_a^b xdF^2(x) = -1 + \dfrac{1}{\mu}\left[b - \int_a^b F^2(x)dx\right]$$

$$= \dfrac{1}{\mu}\left[b - \mu - \int_a^b F^2(x)dx\right] = \dfrac{1}{\mu}\left[\int_a^b F(x)dx - \int_a^b F^2(x)dx\right]$$

故对连续型随机变量 X 有 $\Gamma = \mu G$ 成立。

二 基尼平均差与方差的关系

式（14.1）中的绝对离差突出了基尼平均差对数据波动性的测度定义，方差 σ^2 也有相似的表达式。

定理 14.3 随机变量 X 的方差满足：

$$\sigma_X^2 = \dfrac{1}{2}\sum_{i=1}^n \sum_{j=1}^n (x_i - x_j)^2 p_i p_j \tag{14.5}$$

证明 从等式的右边出发，我们有：

$$\sum_{i=1}^n \sum_{j=1}^n (x_i - x_j)^2 p_i p_j = \sum_{i=1}^n \sum_{j=1}^n (x_i - x_j)^2 p_i p_j = \sum_{i=1}^n \sum_{j=1}^n (x_i^2 - 2x_i x_j + x_j^2)p_i p_j$$

$$= \sum_{i=1}^n \sum_{j=1}^n (x_i^2 p_i p_j - 2x_i x_j p_i p_j + x_j^2 p_i p_j) = \sum_{i=1}^n [x_i^2 p_i - 2x_i p_i E(X) + p_i E(X^2)]$$

$$= 2E(X^2) - 2E^2(X) = 2\sigma_X^2$$

故式（14.5）成立。

随机变量 X 的基尼平均差、方差分别以绝对离差和离差平方数学期望的 1/2 测度数据的波动性，从离差的视角表明基尼平均差与方差在数字结构上的相似性。

洛伦兹曲线上每个点的横、纵坐标即人口份额与收入份额之差 F_i-L_i 又称为收入赤字,由基尼系数的几何定义容易得到:

$$\Gamma = 2\mu \int_0^1 (F-L)dF \tag{14.6}$$

即连续型随机变量的基尼平均差可以表示为收入赤字的积分。在离散数据下基尼平均差与收入赤字也存在类似关系。从基尼平均差的定义出发可以得到:

$$\begin{aligned}\Gamma &= \sum_{i=1}^n \sum_{j=1}^i (x_i-x_j)p_ip_j = \mu \sum_{i=1}^n (L_iF_{i-1}-F_iL_{i-1})\\ &=\mu \sum_{i=1}^n [F_i(F_{i-1}-L_{i-1})-(F_i-L_i)F_{i-1}]\\ &=\mu \sum_{i=1}^n (F_{i-1}-L_{i-1})(p_i+p_{i-1})\end{aligned}$$

可见随机变量从连续型到离散型的变化,对应公式并不是通过简单转换就可以实现的。根据方差定义,通过恒等变形可以得到以下表达式:

$$\begin{aligned}\sigma_X^2 &= \sum_{i=1}^n (x_i-\mu)^2 p_i = \sum_{i=1}^n (x_ip_i-\mu p_i)x_i = \mu\sum_{i=1}^n [(L_i-L_{i-1})-(F_i-F_{i-1})]x_i\\ &=\mu \sum_{i=1}^n (F_{i-1}-L_{i-1})\Delta x_i \quad \Delta x_i=x_i-x_{i-1}\end{aligned}$$

因此,基尼平均差、方差都是收入赤字的线性组合,从收入赤字视角表明基尼平均差与方差在社会福利意义上的相似性。

三 基尼平均差的拓展

Yitzhaki(1983)引入拓展基尼系数的定义是从拓展基尼平均差开始的,他给出的拓展基尼平均差可以表示为:

$$\Gamma(\nu) = \int_a^b [1-F(x)]dx - \int_a^b [1-F(x)]^\nu dx \tag{14.7}$$

式(14.7)中,参数 ν 为风险厌恶系数($\nu>1$)。根据洛伦兹曲线定义并利用分部积分(Yitzhaki,1983),可以得到式(14.7)的等价形式:

$$\Gamma(\nu) = \int_0^1 (F-L)\nu(\nu-1)(1-F)^{\nu-2}dF \tag{14.8}$$

这样拓展基尼平均差也可以看作对收入赤字的加权积分,它与 Kakwani(1980)给出的贫困测度指数是一致的。

利用 Chotikapanich 和 Griffiths(2001)拓展基尼系数离散化公式,可以得到离散型随机变量的拓展基尼平均差:

第十四章 均值基尼平均差准则下的风险资产定价

$$\Gamma(\nu) = \sum_{i=1}^{n} p_i x_i \left[1 + \frac{(1-F_i)^\nu - (1-F_{i-1})^\nu}{p_i} \right] \tag{14.9}$$

当风险厌恶参数 $\nu = 2$ 时，它就是前面定义的基尼平均差，由式（14.9）可以得到基尼平均差的一个等价计算公式：

$$\Gamma(\nu) = \sum_{i=1}^{n} p_i x_i (F_i + F_{i-1} - 1) \tag{4.10}$$

将式（14.9）中的中括号部分记为 ω_i，第五章已证明 $p_1\omega_1 + p_2\omega_2 + \cdots + p_n\omega_n = 0$。因此可以得到拓展基尼平均差的协方差表达式：

$$\Gamma(\nu) = Cov(x, \omega)\quad \omega_i = 1 + \frac{(1-F_i)^\nu - (1-F_{i-1})^\nu}{p_i}, \quad i = 1, 2, \cdots, n \tag{14.11}$$

类似于前面对方差的处理由式（14.9）可以得到拓展基尼平均差关于洛伦兹曲线的收入赤字表达式：

$$\Gamma(\nu) = \sum_{i=1}^{n} p_i x_i \omega_i = \mu \sum_{i=1}^{n} (L_i - L_{i-1})\omega_i = \mu \sum_{i=1}^{n} [(F_{i-1} - L_{i-1}) - (F_i - L_i) + p_i]\omega_i$$

$$= \mu \sum_{i=1}^{n} [(F_{i-1} - L_{i-1})\omega_i - (F_i - L_i)\omega_i] = \mu \sum_{i=1}^{n} (F_{i-1} - L_{i-1})\Delta\omega_i$$

$$\Rightarrow \Gamma(\nu) = \mu \sum_{i=1}^{n} (F_{i-1} - L_{i-1})\Delta\omega_i, \quad \Delta\omega_i = \omega_i - \omega_{i-1} \tag{14.12}$$

也就是说，离散数据下拓展基尼平均差同样可以表达为收入赤字的线性组合。式（14.9）通过等号右边的恒等变形，可以看作各收入份额 p_i/μ 的线性组合，因此该算法也称为拓展基尼平均差的收入份额法。

通过分部积分由式（14.7）容易推出拓展基尼平均差的协方差表达形式：

$$\Gamma(\nu) = -\nu Cov\{x, [1-F(x)]^{\nu-1}\} \tag{14.13}$$

比较式（14.13）与式（14.11）可以发现连续分布与离散分布拓展基尼平均差的协方差算式存在较大的差别。当 $\nu = 2$ 时，由式（14.13）可以得到 $\Gamma = 2Cov(X, F)$，由式（14.11）可以得到类似表达 $\Gamma = 2Cov(X, R)$，其中 $R_i = (F_i + F_{i-1})/2 (i = 1, 2, \cdots, n)$。若将两者都用于计算样本基尼平均差，只有在等概率的条件下两者才可能相等。尽管一些学者也注意到两种算法存在的差异（Lerman and Yitzhaki, 1989；Kakwani et al., 1997），因为没有人给出离散数据下拓展基尼平均差的算法，差异没有引起相关研究者的重视。

四 样本基尼平均差计算公式的误用

由于需要分布函数的连续可导等性质，拓展基尼平均差的理论研究主要基于连续型随机变量，而在实证研究中样本通常以离散数据出现，因此在拓展基尼平均差的相关研究中产生了理论与应用的脱节。在实证研究中都是考虑如何估计总体的分布函数，通常选择样本经验分布代入式 (14.13) 近似计算拓展基尼平均差。为了说明这种做法的影响，下面举一个简单的例子。

设一个总体由两个个体构成，他们分别拥有总收入的 1/3 和 2/3，将对应于式（14.11）计算的拓展基尼平均差，标志为修正算法；利用经验分布代入式（14.13）计算的拓展基尼平均差，标志为近似算法，分别列于表 14.1 的第二行、第三行。

表 14.1　　　　　　　　不同算法下的拓展基尼平均差

参数取值	$\nu=1.5$	$\nu=2$	$\nu=3$	$\nu=4$	$\nu=5$	$\nu=6$	$\nu=8$	$\nu=10$
修正算法	0.049	0.083	0.125	0.146	0.156	0.162	0.165	0.166
近似算法	0.088	0.083	0.063	0.042	0.026	0.016	0.005	0.002

由表 14.1 计算的结果可以发现，除了 $\nu=2$ 两种算法的拓展基尼平均差相等外，其余都不相同，而且随着风险厌恶参数的增大差距在扩大。容易证明，式 (14.7) 右边关于参数 ν 求导大于 0，说明拓展基尼平均差是参数 ν 的增函数，只有修正算法满足增函数性质。

因此，在计算样本基尼平均差时应该使用离散数据下的式 (14.11) 计算。如果利用基于连续分布的式（14.13）进行近似计算，结果会产生较大的误差（数组个数不超过 20 时差异尤其明显），而且随着风险厌恶参数的增大误差呈现扩大趋势。

第二节　随机占优与基尼平均差的转换

两类效用函数 U_1、U_2 分别表示一阶、二阶随机占优准则，$U_1=\{u\mid u\in U_1, u'>0\}$ 及 $U_2=\{u\mid u\in U_2, u'>0, u''<0\}$，其中 u'、u'' 表示效用函数的一阶、二阶导数（Hanoch and Levy, 1969）。它们等价于用两个分布

函数 $F(x)$、$G(x)$ 表达的以下命题：

命题 14.1：F 一阶随机占优于 G 的充分必要条件为对于全体 x 满足 $F(x) \leqslant G(x)$；

命题 14.2：F 二阶随机占优于 G 的充分必要条件为对于全体 x 满足：

$$\int_{-\infty}^{x} F(t)dt \leqslant \int_{-\infty}^{x} G(t)dt$$

一 二次随机占优与基尼平均差

随机占优（SD）主要用于解决投资者风险资产的选择问题。由于一阶随机占优（FSD）要求分布函数 F 始终处于分布函数 G 的右侧条件过强，因此对 SD 准则的研究主要集中在二阶随机占优（SSD）上。Yitzhaki（1982，1983）证明了 SSD 的必要条件为：

$$\mu_F - \Gamma_F(\nu) \geqslant \mu_G - \Gamma_G(\nu), \quad \nu = 1, 2, \cdots + \infty \tag{14.14}$$

如果 F 与 G 至多相交一次，式（14.14）也是 SSD 的充分条件。这一关系表明拓展基尼平均差与二阶随机占优的内在一致性，因此 SSD 可转化为拓展基尼平均差来具体处理。

Shorrocks（1983）指出了 SSD 与洛伦兹曲线的对应关系，Yitzhaki 和 Olkin（1991）也论证了 SSD 的如下等价命题：资产 A 二次随机占优于资产 B 的充分必要条件为：

$$L_A(p) \geqslant L_B(p), \quad 0 \leqslant p \leqslant 1 \tag{14.15}$$

其中，L 表示洛伦兹曲线（类似居民消费福利占优的定义）。将式（14.15）与式（14.14）进行对比，可以说明洛伦兹曲线能够保持随机变量更为完整的信息，拓展基尼平均差的信息损失却能用参数 ν 取所有的自然数来弥补。

Shalit 和 Yithzaki（1994，2010）从实用性角度提出边际条件随机占优（MCSD）的概念，以集中度曲线（ACC）代替洛伦兹曲线，得到与式（4.15）结构一致的 MCSD 充分必要条件。这一方法可以方便地在资产组合中进行资产间的占优比较和适时的关系调整，判断资本市场的效率。

二 离散型随机变量 SSD 的数据表达

式（14.15）提供了 SSD 资产的直观表达，它表明被 SSD 资产洛伦兹曲线上的点都落在 SSD 资产洛伦兹曲线的下方；反之也成立。对于离散型随机变量来说，由于两个随机变量的取值不同或概率相异，对应于 p 的分位数通常也是不一样的，将式（14.15）进行离散数据表达并不容易。

因此通过做洛伦兹折线图比较 SSD 关系,即应该是一种较好的选择。只是这种依靠图形的直觉比较有时并不可靠,可假设两个资产具有相同的观测点数,通过计算机编程判断差值的非负性。

设两个离散型随机变量 X、Y,各自取值用 x、y 表示,洛伦兹曲线坐标分别用相应的上标区分,下面将式(14.15)的关系具体化。若 X 二阶随机占优于 Y,那么 X 洛伦兹折线上的点 (F_i, L_i^x) ($i=1, 2, \cdots, n$) 落在 Y 的洛伦兹折线上方有:

$$D_{XY}(F_i) = L_X(F_i) - L_Y(F_i) \geq 0, \ i=1, 2, \cdots, n \tag{14.16}$$

即进行点点比较,不等式至少在一点上成立。利用式(14.16)逐点判断不等式成立,说明 X 二阶随机占优于 Y。

由于随机占优不需要随机变量分布的正态性假设,也不需要二次效用函数的设定,相比于最小方差准则二次随机占优具有一定的优越性。基尼平均差与随机占优可以相互转化,使最小基尼平均差准则不仅合理,而且其结果从随机占优视角优于最小方差准则。同时,随机占优也为均值基尼平均差效用函数 $\mu-\Gamma(\nu)$ 的最大化准则提供了一种理论解释。

第三节 基尼平均差准则与资本资产定价模型

基尼平均差与方差都是通过离差测度数据的波动性,因而基尼平均差同样可以用于金融市场测度资产风险。Shalit 和 Yitzhaki(1984)提出用均值基尼平均差(MG)准则代替均值方差(MV)准则,并利用 MG 准则重构均衡市场下的资本资产定价模型。随后推导过程使用本章提出的基尼平均差协方差表达式(14.11)。

一 资产组合有效前沿

下面先考虑 MV 准则下资产组合的有效前沿。设有 A、B 两项资产,它们的收益率分别为 R_1、R_2。若考虑资产组合 $P = xR_1 + (1-x)R_2$ 的均值和方差,可以得到以下关系:

$$\mu_P = x\mu_1 + (1-x)\mu_2$$
$$\sigma_P^2 = x^2\sigma_1^2 + (1-x)^2\sigma_2^2 + 2x(1-x)\rho_{12}\sigma_1\sigma_2 \tag{14.17}$$

式(14.17)中,(μ_1, σ_1)、(μ_2, σ_2)、(μ_p, σ_p) 分别表示 R_1、R_2 和资产组合 P 的均值方差,ρ_{12} 为 R_1 与 R_2 的相关系数。坐标 (σ_p, μ_p) 在标准差为横坐标、均值为纵坐标的平面上随着 x 取值的变化构成了右侧平面

的一支双曲线，曲线的左上方称为资产组合 P 的有效前沿。

Shalit 和 Yitzhaki（2005）对两种准则下资产组合有效前沿进行了对比分析。资产组合 P 的基尼平均差由式（14.11）可以得到以下关系：

$$\Gamma_P = Cov(P, \omega_P) = xCov(R_1, \omega_P) + (1-x)Cov(R_2, \omega_P)$$

引入基尼相关系数 r，Γ_P 可以表示为：

$$\Gamma_P = xr_{1P}\Gamma_1 + (1-x)r_{2P}\Gamma_2, \quad r_{ip} = \frac{Cov(R_i, \omega_P)}{Cov(R_i, \omega_i)}, \quad i = 1, 2$$

当基尼相关系数满足可交换性即 $r_{ij} = r_{ji}$ 时，容易证明基尼平均差具有与式（14.17）的结构完全相同的结果：

$$\mu_P = x\mu_1 + (1-x)\mu_2$$
$$\Gamma_P^2 = x^2\Gamma_1^2 + (1-x)^2\Gamma_2^2 + 2x(1-x)\rho_{12}\Gamma_1\Gamma_2 \tag{14.18}$$

此时，MG 准则下资产组合有效前沿也是单支双曲线。在一般情况下，资产组合的有效集总是下凹的。因此尽管并不知道 MG 准则下资产组合有效前沿的解析形式，但其下凹的特性不会改变。图 14.1 给出了 MG 准则下两个资产组合有效集的一个实际例子。

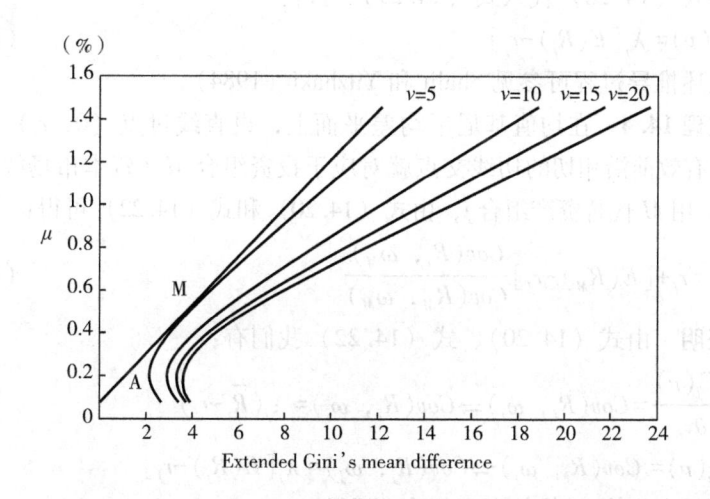

图 14.1 MG 准则下的资产组合有效前沿、资本市场线

二 资本资产定价模型

设有无风险资产其收益率为 r_f，考虑资产组合 j 相应组成收益率的结构为：

$$R_j = \sum_{i=1}^n x_i R_i + \left(1 - \sum_{i=1}^n x_i\right) r_f$$

在给定资产组合平均收益率条件下，拓展基尼平均差最小化可以用拉格朗日（Lagrange）函数表示为：

$$L = \Gamma_j(\nu) + \lambda_j \left[E(R_j) - \sum_{i=1}^n x_i \bar{R}_i - \left(1 - \sum_{i=1}^n x_i\right) r_f \right], \quad \Gamma_j(\nu) = Cov(R_j, \omega_j)$$

(14.19)

式（14.19）中，基尼平均差使用了式（14.11）。将式（14.19）关于 x_i 求一阶导数（$i=1, 2, \cdots, n$）让它们等于 0，可得以下关系式：

$$\frac{\partial \Gamma_j(\nu)}{\partial x_i} = \lambda_j (\bar{R}_i - r_f) \tag{14.20}$$

再由 $\Gamma(\nu)$ 关于 x_i 的齐次表达式，根据尤拉（Euler）定理得到以下关系：

$$\Gamma_j(\nu) = Cov\left(\sum_{i=1}^n x_i R_i, \omega_j\right) = \sum_{i=1}^n x_i \frac{\partial \Gamma_j(\nu)}{\partial x_i} \tag{14.21}$$

将式（14.20）代入式（14.21）可得：

$$\Gamma_j(\nu) = \lambda_j [E(R_j) - r_f] \tag{14.22}$$

上述推导过程可参见 Shalit 和 Yitzhaki（1984）。

定理 14.4 在均值基尼平均差平面上，设直线过点（0, r_f）与基尼平均差有效前沿相切的切线交点就对应于投资组合 M（资本市场线，见图 14.1），用 M 代替资产组合 j，由式（14.20）和式（14.22）可得：

$$\bar{R}_i = r_f + [E(R_M) - r_f] \frac{Cov(R_i, \omega_M)}{Cov(R_M, \omega_M)} \tag{14.23}$$

证明 由式（14.20）、式（14.22）我们有：

$$\frac{\partial \Gamma_j(\nu)}{\partial x_i} = Cov(R_i, \omega_j) \Rightarrow Cov(R_i, \omega_j) = \lambda_j (\bar{R}_i - r_f)$$

$$\Gamma_j(\nu) = Cov(R_j, \omega_j) \Rightarrow Cov(R_j, \omega_j) = \lambda_j [E(R_j) - r_f]$$

用投资组合 M 代替资产组合 j 可得：

$$\bar{R}_i - r_f = [E(R_j) - r_f] \frac{Cov(R_i, \omega_j)}{Cov(R_j, \omega_j)} \Rightarrow \bar{R}_i = r_f + [E(R_M) - r_f] \frac{Cov(R_i, \omega_M)}{Cov(R_M, \omega_M)}$$

故式（14.23）得证。

因此，在 MG 准则下可以得到任意风险资产的定价模型。利用资产收益率与市场指数收益率的这一线性关系（证券市场线），还可以测度样本股的系统风险、判断利用股指期货进行套期保值的适用性。

三 系统风险系数与 Housman 检验

MV 准则与 MG 准则下的系统风险系数（贝塔 β 值，以上标 MV、MG 区分）满足以下等式：

$$\beta_i^{MV} = \frac{Cov(R_i, R_M)}{Cov(R_M, R_M)}, \quad \beta_i^{MG} = \frac{Cov(R_i, \omega_M)}{Cov(R_M, \omega_M)} \tag{14.24}$$

两种准则下的系统风险系数都可以视为被定价资产收益关于市场组合收益的简单线性回归，只是两者使用的估计方法不同。Yitzhaki（1996）对两类的回归系数进行了对比研究，给出离散分布与连续分布下的一类斜率分解公式。其中对连续分布利用分部积分导出了以下关系：

$$\beta_i^{MV} = \frac{\mu_M}{\sigma_M^2} \int_a^b (F_M - L_M) g'(x) dx \tag{14.25}$$

式（14.25）中，$g(x) = E(R_i | M = m)$，但在离散分布情况下给出相应的结果十分复杂。可见，随机变量从连续型到离散型的变化，对应公式并不是通过简单转换就可以实现的。这时如果利用本章前述的方差 σ_X^2 关于洛伦兹曲线收入赤字的分解方法容易得到：

$$\beta_i^{MV} = \frac{\mu_M}{\sigma_M^2} \sum_{i=1}^n [(F_{i-1} - L_{i-1}) \Delta M_i] \frac{\Delta R_i}{\Delta M_i} \tag{14.26}$$

式（14.26）简单明了，它将 MV 准则下的系统风险系数分解为按 CAPM 市场组合递增排序后各相邻数据点连接线段斜率的线性组合。Shalit 和 Yitzhaki（2002）用离散数据下的斜率分解公式说明 MV 准则下确定的系统风险系数对个股收益率的极端观测值高度敏感，敏感性根植于金融理论关于二次损失函数的非一致性。

式（14.24）表明，MV 准则下对风险资产 β 系数的估计采用了普通最小二乘法（OLS），在 MG 准则下采用工具变量法（IV）。在市场指数与误差项存在相关性时，OLS 估计与被估参数不具有一致性，IV 估计可以避免这一缺陷。在离散数据下 IV 估计中的工具变量为式（14.11）定义的组合系数，与风险资产的分布函数有关。利用 Housman（1978）定理还可以对两种估计值进行是否存在显著差异的统计检验（Gregory-Allen and Shalit，1999）。

设 $q = \beta_{MG} - \beta_{MV}$，可以构造以下统计量：

$$m = \frac{\hat{q}^2}{var(\hat{q})} \sim \chi^2(1), \quad var(\hat{q}) = var(\hat{\beta}_{MV}) \frac{1-\rho^2}{\rho^2} \tag{14.27}$$

式（14.27）中，ρ 是市场收益率 R_M 与对应 ω_M 的相关系数，两种估计方法分别用下标 MG 与 MV 区分。

第四节 基尼平均差在套期保值中的应用举例

投资者在金融市场通过最优资产组合追求风险的最小化或效用函数最大化。本章以风险资产收益的均值扣除基尼平均差 μ-$\Gamma(v)$ 作为效用函数（Kolb and Okunev，1992；1993），拓展基尼平均差可以理解为在险资产的估值减损。该效用函数与由式（14.14）表述的二阶随机占优原理相吻合，诠释了效用函数选择的合理性。下面通过沪深300股指期货的套期保值说明 MG 准则在金融市场中如何确定最优资产组合，并讨论基尼平均差方法的稳健性问题。

一 样本股系统风险及套期保值适用性

沪深300股指期货于2010年4月16日开始推向市场，300只样本股中大致60%来自沪市、40%来自深市，选择标准为规模大、流动性好的股票。样本股不同时期会有所调整，覆盖了沪深市场60%左右的市值。由于基尼平均差方法不必考虑变量内生性、异方差以及误差项的自相关等时间序列处理中的常见问题，利用股指期货进行套期保值的区间更为灵活，时间可长可短。这里将研究时段确定为2015年1月5日至12月31日全年的日交易数据（244个交易日），研究对象为沪深300指数、股指期货，样本股分别取沪深两市代码前18、12位共30只股票。

为了便于样本股与沪深300指数、股指期货的同期分析，对每日收盘价根据股票指数的修正原则做了以下处理：一是样本股如果在分析周期内发生除权，按送配股比例相应调整价格（除息不予修正）。二是样本股停牌期间取其最后成交价为收盘价，直至复牌。2015年的沪深两市经历了大幅度的上下震荡，绝大多数股票都出现了不同时段、长短不一的停牌，在数据处理中首先将停牌期间的价格直接取之前最后交易日的收盘价，以保证前后数据的连续。其次，对派股分红的股票将配股前价格进行了缩减，以保证前后数据的可比性。利用式（14.24）计算各样本股关于沪深300指数在 MV、MG 准则下的系统风险系数；同时将各样本股收益率关于沪深300指数收益率进行简单的线性回归（斜率也等于 MV 准则下系统风险系数），模型拟合优度 R^2 作为该样本股是否适合与股指期货构成资产组合进行套期保值的重要判别依据。相应的计算结果列于表 14.2。

表 14.2　　MV、MG 准则下的系统风险测度及样本股拟合属性
($v = 2$, 100)

股票代码	β_{MV}	$\beta_{MG}^{v=2}$	$\beta_{MG}^{v=100}$	拟合优度	股票代码	β_{MV}	$\beta_{MG}^{v=2}$	$\beta_{MG}^{v=100}$	拟合优度
000001	0.867	0.834	1.019	0.569	600009	1.107	1.104	1.042	0.540
000002	0.809	0.825	0.779	0.425	600010	1.190	1.174	1.160	0.527
000009	0.756	0.742	0.754	0.193	600011	1.224	1.222	1.215	0.606
000027	1.434	1.459	1.253	0.571	600015	0.843	0.806	1.049	0.514
000039	1.218	1.253	1.119	0.543	600016	0.650	0.621	0.792	0.369
000046	1.330	1.338	1.238	0.566	600018	0.892	0.917	0.824	0.375
000060	1.256	1.332	1.172	0.418	600019	1.219	1.208	1.190	0.638
000061	1.214	1.193	1.188	0.486	600021	1.397	1.392	1.221	0.441
000063	1.175	1.171	1.219	0.582	600023	1.314	1.354	1.156	0.582
000069	1.013	1.006	1.161	0.447	600027	1.256	1.278	1.191	0.556
000100	1.201	1.212	1.178	0.583	600028	0.878	0.848	1.047	0.591
000156	1.274	1.273	1.186	0.456	600029	1.377	1.425	1.262	0.507
600000	0.741	0.694	0.956	0.483	600030	1.242	1.228	1.171	0.654
600005	1.355	1.384	1.228	0.601	500031	1.307	1.325	1.180	0.658
600008	1.326	1.323	1.222	0.547	600036	0.685	0.637	0.919	0.389

低风险厌恶的投资者（$v = 2$）在两种准则下的系统风险系数相当接近，不仅它们的差距都在 0.06 以内，而且 30 只样本股的风险属性完全相同。但在高风险厌恶的情况下（$v = 100$），MV 准则下的防御型股票（$\beta < 1$）可能变成进攻型股票（$\beta > 1$），如平安银行（000001）、华夏银行（600015）和中国石化（600028）。从拟合优度来看，其中 4 只在 0.40 以下、5 只在 0.6 以上、21 只介于 0.4—0.5，最大值 0.66 及最小值 0.19。通常认为拟合优度在 0.1 以上时，该样本股才适合利用股指期货进行套期保值（徐国祥、檀向球，2004）。

二　各样本股的最优套期保值率

现在假定从 2015 年 1 月 5 日起，各样本股买入现货头寸，同时卖空 X 份上证指数期货合约，2015 年 12 月 31 日买入相应数量的期货合约平

仓，并卖出股票。这样各样本股套期保值资产组合的收益率 R^h 可以表示为：

$$R_{it}^h = R_{it}^S - X_i R_t^F, \quad i=1, 2, \cdots, 30; \quad t=1, 2, \cdots, 244 \quad (14.28)$$

式（14.28）中，现货收益率与股指期货指数收益率分别用上标 S、F 表示。由于沪深 300 股指期货合约的当月连续收盘价与沪深 300 指数的拟合优度更高，交易更为活跃，因而研究中采用了股指期货的当月连续数据。式（14.28）中最优套期保值率按最大化组合资产效用函数 $\mu_p - \Gamma_p(v)$ 来确定，计算拓展基尼平均差时需要用到组合资产的分布函数，它又是套期保值率 X 的隐函数，该优化问题的结果没有解析形式。通常要通过网格搜寻法逐步迭代求解，表 14.3 给出对最优套期保值率通过网格搜寻的估算结果。

表 14.3　最大化均值基尼平均差效用函数下的最优套期保值率

股票代码	风险厌恶系数				股票代码	风险厌恶系数			
	$v=1.022$	$v=2$	$v=50$	$v=100$		$v=1.022$	$v=2$	$v=50$	$v=100$
000001	-1.992	0.601	0.555	0.550	600009	-2.401	0.797	1.031	0.913
000002	-2.585	0.517	0.494	0.490	600010	-2.923	0.828	0.798	0.503
000009	-3.945	0.454	0.587	0.027	600011	-2.579	0.816	0.826	0.521
000027	-3.008	1.025	0.870	0.693	600015	-2.067	0.595	0.638	0.629
000039	-2.803	0.910	0.578	0.478	600016	-2.156	0.453	0.400	0.355
000046	-3.200	0.954	0.806	0.741	600018	-2.477	0.637	0.673	0.586
000060	-3.200	0.997	0.618	0.019	600019	-2.516	0.800	0.835	0.613
000061	-3.331	0.829	0.847	0.675	600021	-3.968	0.963	1.000	0.191
000063	-2.295	0.906	0.638	0.617	600023	-2.898	0.878	0.800	0.342
000069	-2.821	0.693	0.600	0.568	600027	-2.903	0.878	0.577	0.441
000100	-2.574	0.855	0.930	0.932	600028	-1.634	0.610	0.749	0.757
000156	-3.528	0.905	0.835	0.713	600029	-3.469	0.980	0.800	0.769
600000	-1.821	0.526	0.570	0.611	600030	-1.887	0.938	0.889	0.896
600005	-3.059	0.899	0.913	0.313	500031	-2.085	0.926	1.047	1.019
600008	-3.042	0.939	0.887	0.558	600036	-2.166	0.466	0.492	0.492

当 $v=1$ 时，投资者为风险中性；当 $v<1$ 时，投资者为风险喜爱；当 $v>1$ 时，投资者为风险厌恶。通常认为理性的投资者都是风险厌恶的，这

是均值风险模型的基本假设。按效用函数最大化准则对参数 v 的取值进行了网格搜寻,发现当 $1<v\leqslant 1.021$ 时搜寻不到最优解。表 14.3 列出低风险厌恶 $v=1.021$、$v=2$ 和高风险厌恶 $v=50$、$v=100$ 时 30 只样本股各自与沪深 300 股指期货资产组合的最优套期保值率。当 $v=1.021$ 时,这里的 30 只样本股套期保值率都为负数,出现了套期保值的逆向操作。这与在 Kolb 等(1993)的研究中出现的当 $1<v<1.25$ 时各产地可可期货的套期保值率为负数的情形类似,最小方差准则或最小基尼平均差准则下通常这种情形是不可能的。

三 基尼平均差方法的稳健性讨论

Yitzhaki 和 Schechtman(2013)认为在基尼平均差中引入风险厌恶参数不仅可满足投资者不同的风险偏好,且便于相关方法的敏感性分析和稳健性评估。

(一)风险厌恶参数变化下的套期保值率

在最大化均值基尼平均差效用函数准则下样本股套期保值率的总体变化关于风险厌恶参数一般不具有单调性(见表 14.3)。下面以平安银行(000001)为例考察 MG 方法下套期保值率,数据为 2015 年 1—12 月 244 个交易日的日收益率,风险厌恶参数取值为 2—200 的自然数。图 14.2 给出了个股套期保值率的变化趋势图,两条曲线中灰度深的为效用函数最大化结果,灰度浅的是最小基尼平均差下最优套期保值率(两种准则只是目标函数不同)。由于最大化效用函数同时要求均值尽可能大、基尼平均差尽量的小,这与单纯的最小化风险(基尼平均差)不同,两条曲线在 v 较小时及阶梯变化前差距大一些。

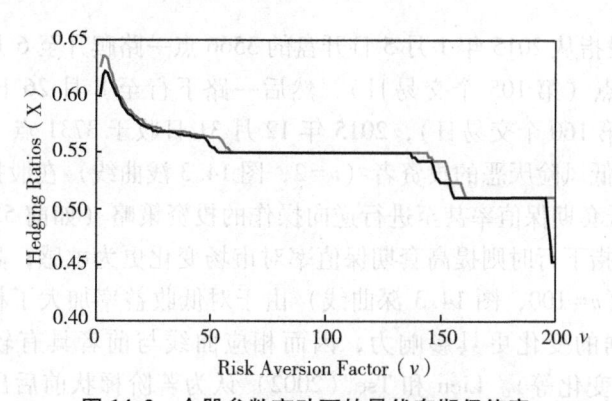

图 14.2 个股参数变动下的最优套期保值率

Lien 和 Luo（1993）指出阶梯状的出现使套期保值率对参数变化过于敏感，局部区域参数的细微变化，即风险厌恶偏好相近的投资者，他们的套期保值率会有很大的不同。

（二）样本窗口移动变化下的套期保值率

通过样本时间窗的变化可以获得个股与股指期货资产组合的动态套期保值率。这里仍以平安银行（000001）为例，参照 Kolb 和 Okunev（1992）的做法以 50 个交易日为时间长度，从 2015 年 1 月 5 日开始逐个交易日前移，244 个交易日可得到 194 组样本。其中风险厌恶参数 v 分别取 2 和 100，计算结果用图 14.3 表示，横坐标为各组样本相对于 2015 年 1 月 5 日最新数据的交易天数，纵坐标为套期保值率。

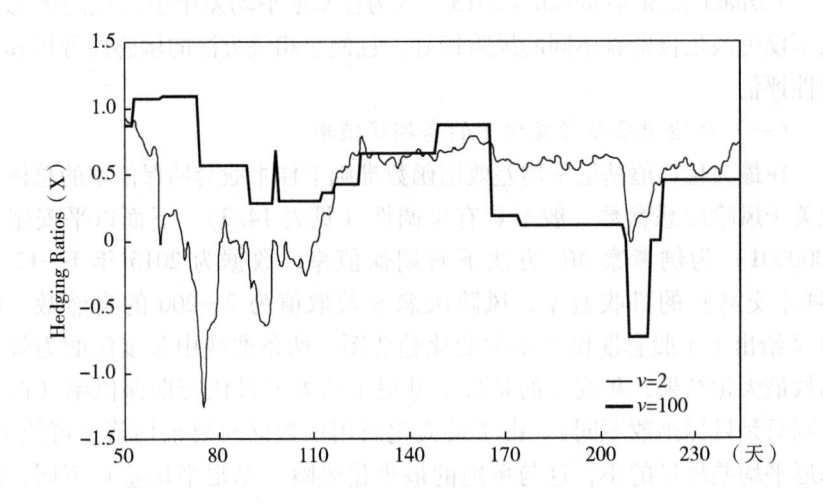

图 14.3　个股样本时间窗下的动态套期保值率

沪深股指从 2015 年 1 月 5 日开盘的 3566 点一路爬升至 6 月 9 日的最高点 5380 点（第 105 个交易日），然后一路下行至 8 月 26 日的最低点 2952 点（第 160 个交易日），2015 年 12 月 31 日收于 3731 点（第 244 个交易日）。低风险厌恶的投资者（$v=2$，图 14.3 浅曲线）在股指上升时总体采取降低套期保值率甚至进行逆向操作的投资策略（如前 55 组样本数据），当股指下行时则提高套期保值率对市场变化更为敏感；高风险厌恶的投资者（$v=100$，图 14.3 深曲线）由于对低收益率加大了权重，使低收益率数据的变化更具影响力，因而相应曲线与前者具有较大的差异（如阶梯状变化等）。Lien 和 Tse（2002）认为若阶梯状前后出现跳跃变化，会使投资者在动态调整套期保值率时面临风险。

(三) 系统风险系数的差异性检验

系统风险系数在 MG 准则下的计算尽管并不复杂，但对于离散数据而言需要排序相对于 MV 准则多出了一道工序。若两者在统计上不存在显著差异，那么 MV 准则下的 β 系数估计更为简单。对于 MG 准则下随着参数 v 变化的 β 系数估计值，两者的差异通常是无法避免的。表 14.4 列出了部分样本股在两种准则下的 β 系数估计值，括号内的数值为 Housman 检验统计量。

表 14.4　　部分沪深 300 样本股 MV、MG 系统风险系数估算

股票代码	β_{MV}	$\beta_{v=2}$	$\beta_{v=3}$	$\beta_{v=4}$	$\beta_{v=6}$	$\beta_{v=50}$	$\beta_{v=10}$
000009	0.756	0.742 (0.115)	0.801 (1.148)	0.838 (3.312)*	0.873 (5.183)**	0.753 (0.001)	0.754 (0.000)
000060	1.256	1.332 (3.559)*	1.363 (7.000)***	1.367 (6.633)***	1.354 (3.994)**	1.190 (0.272)	1.172 (0.220)
600000	0.741	0.694 (5.051)**	0.695 (4.774)**	0.699 (3.480)*	0.713 (1.182)	0.906 (6.342)**	0.956 (5.389)**
600015	0.843	0.806 (2.756)*	0.800 (3.674)*	0.800 (3.254)*	0.809 (1.549)	1.001 (5.094)**	1.049 (4.316)**
600028	0.878	0.848 (2.268)	0.835 (4.673)**	0.830 (5.122)**	0.834 (3.263)*	1.037 (6.464)**	1.047 (3.647)**
600029	1.377	1.425 (1.685)	1.443 (3.097)*	1.444 (2.881)*	1.436 (1.720)	1.324 (0.209)	1.262 (0.490)
600030	1.242	1.228 (0.321)	1.181 (6.181)**	1.160 (9.589)***	1.149 (9.707)***	1.179 (0.655)	1.171 (0.423)
600036	0.685	0.637 (4.123)**	0.625 (6.563)**	0.623 (6.166)**	0.635 (3.052)*	0.867 (6.167)**	0.919 (5.101)**

注：$\chi^2(1)$ 分布 10%、5%、1%的临界值分别为 2.71、3.84 和 6.63，对应的显著性用 *、**、***标注。

根据华夏银行（600015）的 β 系数估计可以发现若采用 MV 准则估计系统风险，对于低风险厌恶的投资者（$v=3$、4）会出现显著高估的情形；对于高风险厌恶的投资者（$v=50$、100）不仅出现显著低估的情形，而且会将进攻型股票（$\beta>1$）作为防御型股票（$\beta<1$）推荐给投资者。MV 准则下的 β 系数估计容易受到极端收益值的影响，且可能因为变量的内生性问题不具有一致性，而在 MG 准则下通过工具变量提供了 β 系数的一致估计。

第五节　本章小结

拓展基尼平均差是一种测度数据波动性的重要工具。在连续与离散收入分布条件下拓展基尼平均差具有相当不同的协方差结构，通过估计总体分布函数估算样本拓展基尼系数将会产生较大的误差，并导致其丧失关于风险厌恶参数单调递增的性质。本章给出了离散数据下拓展基尼平均差的计算公式，弥补了现行相关实证研究中通常存在的不足。拓展基尼平均差与方差都可以用于测量随机变量的波动程度，两者都是离差函数的数学期望、都是收入赤字的线性组合。均值拓展基尼平均差构成二阶随机占优的充分必要条件，拓展基尼平均差与二阶随机占优的相互转换关系，使均值基尼平均差方法可以用于金融市场代替传统均值方差方法，形成均值基尼平均差分析框架下资产组合有效前沿、构建均衡市场的资产资本定价模型，并在相应准则下确定最优套期保值率。

本章尝试对现行的均值基尼平均差体系进行分布的离散化处理，以期在理论与应用之间架起一座桥梁。为便于利用分部积分公式构筑拓展基尼平均差的内部关系，现有均值基尼平均差方法都以收入分布的连续性假设为前提，而相应实证研究中的样本数据大多是离散的。协方差公式中通过估计总体分布函数计算样本拓展基尼平均差本质上属于公式的误用，说明离散化连续分布的均值基尼平均差体系并不容易。

利用沪深 300 指数、股指期货和 30 只样本股 2015 年的日交易数据进行实证研究，得出以下结论：一是如果用 MV 系统的风险系数代替 MG 系统风险系数，不同风险厌恶的投资者会面临显著高估或低估个股市场风险的行为，并可能改变其对个股防御型或进攻型的性质判断，说明两类估计结果可能存在较大的差异。由样本获得的 MG 系统风险系数是总体系统风险系数的一致估计，可以避免 MV 系统风险系数可能存在的内生性问题。二是 MG 套期保值率随着风险厌恶参数增大而在局部区域出现阶梯状的变化，移动时间窗下高风险厌恶值（$v=100$）其动态套期保值率也出现局部阶梯状变化。由于阶梯状附近的曲线过于陡峭，前者会使风险厌恶程度相近的投资者采用差距较大的套期保值率，后者则对动态改变套期保值率的高风险厌恶投资者产生误用风险。三是利用最大化均值基尼平均差效用函数确定最优套期保值率会出现逆向操作的情形，即投资者购入股票头寸的同时也购入股指期货，到期一起卖出股票头寸和股指期货。

附　　录

第十三章　洛伦兹拟合曲线的凸性和递增说明
（右侧下凸、递增）

洛伦兹曲线的拟合方程为 $L(x)=x-x^p(1-x)^q$，其二阶导数的推演过程如下：

记 $f(x)=x^p(1-x)^q$，于是：

$$f'(x)=\frac{d(e^{\ln f})}{dx}=\frac{d(e^{p\ln x+q\ln(1-x)})}{dx}=e^{\ln f}\left(\frac{p}{x}-\frac{q}{1-x}\right)$$

继续求导可以得到：

$$f''(x)=e^{\ln f}\left[\left(\frac{p}{x}-\frac{q}{1-x}\right)^2-\left(\frac{p}{x^2}+\frac{q}{(1-x)^2}\right)\right]$$

$$=e^{\ln f}\frac{(p+q)(p+q-1)x^2-2p(p+q-1)x+p^2-p}{x^2(1-x)^2}$$

考察等式右边关于 x 的二次三项式，其根的判别式为：

$$\Delta=4p^2(p+q-1)^2-4p(p-1)(p+q)(p+q-1)$$
$$=4pq(p+q-1)<0,\ p+q<1$$

当 $p+q<1$ 时，该二次三项式与 x 轴没有交点且图形开口向下，同时 $f''(x)<0$，因而我们有 $L''(x)>0$ 即曲线是下凸的；当 $p+q=1$ 时，$f''(x)<0$ 曲线也是下凸的；当 $p+q>1$ 时，该二次三项式与 x 轴有两个交点 $x_1<x_2$ 且图形开口向上，x 落在两点之间时 $f''(x)<0$。此时，

$$x_1=\frac{p-\sqrt{\frac{pq}{p+q-1}}}{p+q}\leqslant 0\Leftrightarrow (p+q)(p-1)\leqslant 0\Leftrightarrow 0<p\leqslant 1$$

$$x_2 = \frac{p + \sqrt{\frac{pq}{p+q-1}}}{p+q} \geq 1 \Leftrightarrow (1-q)(p-q) \geq 0 \Leftrightarrow 0 < q \leq 1, \ p > q$$

可见,

(1) 当 $0 < p \leq 1$, $0 < q \leq 1$, $p > q$ 时满足二阶导数 $L''(x) > 0$, $x \in [0, 1]$。

(2) 当 $0 < q \leq 1$, $p > 1$ 时满足 $x_1 < 1$, $x_2 > 1$, 此时取 $x_1 \leq x \leq x_2$ 就有: $f''(x) < 0 \Rightarrow L''(x) > 0$, $x \in (x_1, 1]$

拟合方程为 $L(x) = x - x^p(1-x)^q$ 的一阶导数为 $L'(x) = 1 - f'(x)$, 当 x 大到一定数值就有 $\lim_{x \to 1^-} f'(x) = \lim_{x \to 1^-} \frac{p(1-x) - qx}{x^{1-p}(1-x)^{1-q}} < 0$, 此时 $L'(x) > 0$ 即右侧一端是递增的。

附表1　中国净资产拟合洛伦兹曲线的一阶、二阶导数的非负性区间

年份	参数估计 p	参数估计 q	$L''(x)>0$ 区间 左端点	$L''(x)>0$ 区间 右端点	$f'(x)<0$ 左端点	年度	参数估计 p	参数估计 q	$L''(x)>0$ 区间 左端点	$L''(x)>0$ 区间 右端点	$f'(x)<0$ 左端点
1995	1.0969	0.4532	0.0944	1.3209	0.7076	2009	1.0984	0.2667	0.1485	1.4608	0.8046
1996	1.1006	0.4193	0.1043	1.3440	0.7241	2010	0.9853	0.2326	-0.0330	1.6510	0.8090
1997	1.1012	0.4031	0.1084	1.3557	0.7321	2011	1.0032	0.1987	0.0080	1.6614	0.8347
1998	1.1017	0.3896	0.1120	1.3655	0.7388	2012	1.0031	0.2004	0.0077	1.6592	0.8335
1999	1.1019	0.3776	0.1152	1.3744	0.7448	2013	1.0030	0.2002	0.0075	1.6597	0.8336
2000	1.1015	0.3688	0.1171	1.3813	0.7492	2014	1.0034	0.1988	0.0085	1.6608	0.8346
2001	1.1014	0.3618	0.1188	1.3867	0.7527	2015	1.0038	0.1951	0.0097	1.6649	0.8373
2002	1.1010	0.3566	0.1199	1.3908	0.7554	2016	1.0039	0.1950	0.0099	1.6648	0.8374
2003	1.1009	0.3571	0.1196	1.3905	0.7551	2017	1.0040	0.1949	0.0101	1.6647	0.8374
2004	1.1018	0.3392	0.1258	1.4034	0.7646	2018	1.0039	0.1944	0.0098	1.6657	0.8378
2005	1.1016	0.3219	0.1310	1.4167	0.7739	2019	1.0038	0.1951	0.0097	1.6649	0.8373
2006	1.1012	0.3058	0.1362	1.4292	0.7827	2020	1.0039	0.1950	0.0099	1.6648	0.8374
2007	1.1005	0.2886	0.1419	1.4426	0.7923	2021	1.0046	0.1904	0.0118	1.6695	0.8407
2008	1.0997	0.2778	0.1453	1.4514	0.7983						

注: 笔者根据附录推导的公式计算得到。表明在考虑负值财富时洛伦兹曲线在 [0, 1] 区间的右侧满足一阶、二阶导数大于0。$f'(x) < 0$ 时必然有 $L'(x) > 0$。

参考文献

艾小青、祁磊：《信息不完全下收入或财富基尼系数的估算》，《数量经济技术经济研究》2021 年第 6 期。

陈家鼎、陈奇志：《关于洛伦兹曲线和基尼系数的统计推断》，《应用数学学报》2011 年第 3 期。

陈家鼎等：《混合总体基尼系数的下限——兼论我国城乡合在一起时基尼系数的计算》，《应用概率统计》2012 年第 4 期。

陈建东等：《收入分布函数在收入不平等研究领域的应用》，《统计研究》2013 年第 9 期。

陈明华等：《中国农村民生发展的不平衡不充分状况、机制及对策》，《农业经济问题》2023 年第 3 期。

陈希孺：《基尼系数及其估计》，《统计研究》2004 年第 8 期。

陈彦斌：《中国城乡财富分布的比较分析》，《金融研究》2008 年第 12 期。

陈彦斌等：《中国通货膨胀对财产不平等的影响》，《经济研究》2013 年第 8 期。

陈彦斌等：《灾难风险与中国城镇居民财产分布》，《经济研究》2009 年第 11 期。

陈彦斌、邱哲圣：《高房价如何影响居民储蓄率和财产不平等》，《经济研究》2011 年第 10 期。

程风雨：《粤港澳大湾区都市圈科技创新空间差异及收敛性研究》，《数量经济技术经济研究》2020 年第 12 期。

程永宏：《二元经济中城乡混合基尼系数的计算与分解》，《经济研究》2006 年第 1 期。

程永宏：《改革以来全国总体基尼系数的演变及其城乡分解》，《中国社会科学》2007 年第 4 期。

程永宏：《基尼系数组群分解新方法研究——从城乡二亚组到多亚组》，

《经济研究》2008年第8期。

戴平生:《基尼加权回归分析:概念、方法及应用》,《统计研究》2018年第9期。

戴平生:《基尼系数的区间估计及其应用》,《统计研究》2013年第5期。

戴平生:《基于回归方程的基尼系数分解》,《数量经济技术经济研究》2013年第1期。

戴平生:《税收累进性测度的改进:方法、比较和应用》,《数量经济技术经济研究》2014年第2期。

戴平生:《拓展基尼系数及其应用的拓展研究》,《统计研究》2013年第9期。

戴平生、林文芳:《拓展基尼系数及其居民消费应用研究》,《统计研究》2012年第6期。

戴平生、庄赟:《农村居民消费不平等的微观结构分析》,《统计与信息论坛》2012年第5期。

杜两省、程博文:《金融摩擦、收入风险与财富不平等》,《金融研究》2020年第7期。

段景辉、陈建宝:《基于家庭收入分布的地区基尼系数的测算及其城乡分解》,《世界经济》2010年第1期。

方泽润等:《广东区域专利效率的时空特征研究——基于Network BCC Global Malmquist指数和Dagum基尼系数》,《数理统计与管理》2022年第2期。

甘犁等主著:《中国家庭金融调查报告(2014)》,西南财经大学出版社2014年版。

何晓斌、夏凡:《中国体制转型与城镇居民家庭财富分配差距——一个资产转换的视角》,《经济研究》2012年第2期。

贺灿飞、谢秀珍:《中国制造业地理集中与省区专业化》,《地理学报》2006年第2期。

洪兴建:《基于S基尼系数的中国行业工资差距分析》,《统计研究》2010年第5期。

洪兴建、李金昌:《关于基尼系数若干问题的再研究——与部分学者商榷》,《数量经济技术经济研究》2006年第2期。

洪兴建、罗刚飞:《增值税"扩围"对我国城镇居民收入的分配效应》,《统计研究》2015年第7期。

胡志军:《基于分组数据的基尼系数估计与社会福利:1985—2009》,《数量经济技术经济研究》2012年第9期。

胡志军等：《中国总体收入基尼系数的估计：1985—2008》，《经济学（季刊）》2011年第4期。

李华、董艳玲：《中国基本公共服务均等化测度及趋势演进——基于高质量发展维度的研究》，《中国软科学》2020年第10期。

李实：《全球化中的财富分配不平等：事实、根源与启示》，《探索与争鸣》2020年第8期。

李实等：《中国城镇居民的财产分配》，《经济研究》2000年第3期。

李实等：《中国居民财产分布不均等及其原因的经验分析》，《经济研究》2005年第6期。

李实等：《中国经济转型与收入分配变动》，《经济研究》1998年第4期。

李香菊、祝丹枫：《中国环境税负空间累进性测度及其影响效应分析》，《人文地理》2016年第3期。

梁琦：《中国工业的区位基尼系数——兼论外商直接投资对制造业集聚的影响》，《统计研究》2003年第9期。

梁运文等：《中国城乡居民财产分布的实证研究》，《经济研究》2010年第10期。

林毅夫、陈斌开：《重工业优先发展战略与城乡消费不平等——来自中国的证据》，《浙江社会科学》2009年第4期。

刘小川、汪冲：《个人所得税公平功能的实证分析》，《税务研究》2008年第1期。

刘怡、聂海峰：《间接税负担对收入分配的影响分析》，《经济研究》2004年第5期。

罗楚亮、陈国强：《富豪榜与居民财产不平等估算修正》，《经济学（季刊）》2021年第1期。

蒲业潇：《理解区位基尼系数：局限性与基准分布的选择》，《统计研究》2011年第9期。

曲兆鹏、赵忠：《老龄化对我国农村消费和收入不平等的影响》，《经济研究》2008年第12期。

孙楚仁、田国强：《基于财富分布Pareto法则估计我国贫富差距程度——利用随机抽样恢复总体财富Pareto法则》，《世界经济文汇》2012年第6期。

万广华：《解释中国农村区域间的收入不平等——一种基于回归方程的分解方法》，《经济研究》2004年第8期。

万广华：《收入分配的度量与分解：一个对于研究方法的评介》，《世界经济文汇》2004 年第 1 期。

万莹：《我国流转税收入分配效应的实证分析》，《当代财经》2012 年第 7 期。

王春雷、黄素心：《基尼系数与样本信息含量》，《数量经济技术经济研究》2007 年第 2 期。

王亚芬等：《我国收入分配差距及个人所得税调节作用的实证分析》，《财贸经济》2007 年第 4 期。

王亚峰：《中国 1985—2009 年城乡居民收入分布的估计》，《数量经济技术经济研究》2012 年第 6 期。

魏众、B. 古斯塔夫森：《中国居民医疗支出不公平性分析》，《经济研究》2005 年第 12 期。

文玫：《中国工业在区域上的重新定位和聚集》，《经济研究》2004 年第 2 期。

吴卫星等：《家庭财富不平等会自我放大吗？——基于家庭财务杠杆的分析》，《管理世界》2016 年第 9 期。

伍再华等：《财富不平等会抑制金融素养对家庭借贷行为的作用效果吗——基于 CHFS 数据的经验分析》，《经济理论与经济管理》2017 年第 9 期。

徐国祥、檀向球：《指数期货套期保值实证研究——以香港恒生指数期货为例》，《统计研究》2004 年第 4 期。

徐国祥、张静昕：《中国实体经济与虚拟经济协调发展水平的区域异质性研究》，《数理统计与管理》2022 年第 4 期。

徐宽：《基尼系数的研究文献在过去八十年是如何拓展的》，《经济学（季刊）》2003 年第 3 期。

解垩：《城乡居民健康消费差异与分解》，《农业技术经济》2008 年第 5 期。

杨灿明、孙群力：《中国居民财富分布及差距分解——基于中国居民收入与财富调查的数据分析》，《财政研究》2019 年第 3 期。

杨灿明、孙群力：《中国居民收入差距与不平等的分解——基于 2010 年问卷调查数据的分析》，《财贸经济》2011 年第 11 期。

杨灿明等：《新时代背景下中国居民收入与财富分配问题探究——中国居民收入与财富分配学术研讨会（2017）综述》，《经济研究》2018 年第 4 期。

原鹏飞、王磊：《我国城镇居民住房财富分配不平等及贡献率分解研究》，《统计研究》2013 年第 12 期。

张晨：《全球数字政府建设现状及非均衡分析》，《数量经济技术经济研究》2022 年第 3 期。

张勋等：《数字金融发展与居民消费增长：理论与中国实践》，《管理世界》2020 年第 11 期。

赵人伟：《我国居民收入分配和财产分布问题分析》，《当代财经》2007 年第 7 期。

邹红等：《消费不平等的度量、出生组分解和形成机制——兼与收入不平等比较》，《经济学（季刊）》2013 年第 4 期。

Aggarwal V., "On Optimum Aggregation of Income Distribution Data", *Sankhya B*, 1984, 46: 343-355.

Amiti M., "Specialization Patterns in Europe", *Review of World Economics*, 1999, 135 (4): 573-593.

Amiti M., Wen M., "Spatial Distribution of Manufacturing in China", in *Modelling the Chinese Economy*, ed. by P. Lloyd and X. Zhang, London: Edward Elgar, 2001: 135-148.

Anand S., *Inequality and Poverty in Malaysia: Measurement and Decomposition*, New York: Oxford University Press, 1983.

Arcarons J., Calonge S., "Inference Tests for Tax Progressivity and Income Redistribution: The Suits Approach", *Journal of Economic Inequality*, 2015, 13 (2): 207-223.

Ashournia D., et al., "The Effects of Chinese Import Penetration on Danish Firms and Workers", *Oxford Discussion Paper* 703, 2014, Department of Economics, University of Oxford, Oxford.

Atkinson A. B., Bourguignon F., *Handbook of Income Distribution*, Published by Elvesier, 2000.

Autor D. H., et al., "Trade Adjustment: Worker Level Evidence", *Quarterly Journal of Economics*, 2014, 129 (4): 1799-1860.

Autor D. H., et al., "The China Syndrome: Local Labor Market Effects of Import Competition in the United States", *American Economic Review*, 2013, 103 (6): 2121-2168.

Autor D., et al., "Trends in U. S. Wage Inequality: Revising the Revisionists", *Review of Economic Statistics*, 2008, 90 (2): 300-323.

Autor D., et al., "The Skill Content of Recent Technological Change: An Empirical Exploration", *Quarterly Journal of Economics*, 2003, 118 (4): 1279-1333.

Bai C. E., et al., "Local Protectionism and Regional Specialization: Evidence from China's Industries", *Journal of International Economics*, 2004, 63 (2): 397-417.

Balassa B., "Trade Liberalisation and 'Revealed' Comparative Advantage", *The Manchester School*, 1965, 33 (2): 99-123.

Balsvik R., et al., "Made in China, Sold in Norway: Local Labor Market Effects of an Import Shock", *Journal of Public Economics*, 2015, 127: 127-136.

Bassett G. J., Koenker R., "Asymptotic Theory of Least Absolute Error Regression", *Journal of American Statistical Association*, 1978, 73 (363): 618-622.

Berman Y., et al., "The Dynamics of Wealth Inequality and the Effect of Income Distribution", *PLoS ONE*, Social Science Electronic Publishing.

Bhattacharya N., Mahalanobis B., "Regional Disparities in Household Consumption in India", *Journal of the American Statistical Association*, 1967, 62: 143-161.

Bishop J. A., et al., "Inference Tests for Gini-based Tax Progressivity Indexes", *Journal of Business & Economic Statistics*, 1998, 16 (3): 322-330.

Blanchet T., et al., "Generalized Pareto Curves: Theory and Applications", *Review of Income and Wealth*, 2022, 68 (1): 263-288.

Blundell R., Preston I. P., "Consumption Inequality and Income Uncertainty", *Quarterly Journal of Economics*, 1998, 113 (2): 603-640.

Bourguignon F., "Decomposable Income Inequality Measures", *Econometrica*, 1979, 47: 901-920.

Brülhart M., Traeger R., "An Account of Geographic Concentration Patterns in Europe", *Regional Science and Urban Economics*, 2005, 35 (6): 597-624.

Bun M. J. G., Kiviet J. F., "On the Diminishing Returns of Higher Order Terms in Asymptotic Expansions of Bias", *Economics Letters*, 2003, 79: 145-152.

Cai H., et al., "Income and Consumption Inequality in Urban China: 1992-2003", *Economic Development and Cultural Change*, 2010, 58 (3): 385-413.

Canner N., et al., "An Asset Allocation Puzzle", *American Economic Review*, 1997, 87 (1): 181-191.

Ceriani L., Verme P., "The Origins of the Gini Index Extracts from Variabilità e Mutabilità (1912) by Corrado Gini", *Journal of Economic Inequality*, 2012, 10: 421-443.

Chakravarty S. R., "Extended Gini Indices of Inequality", *International Economic Review*, 1988, 29 (1): 147-156.

Chen L., et al., "Global Temperatures and Greenhouse Gases: A Common Features Approach", *Journal of Econometrics*, 2022, 230: 240-254.

Cheung C., et al., "The Hedging Effectiveness of Options and Futures: A Mean-Gini Approach", *Journal of Futures Markets*, 1990, 10 (1): 61-73.

Chotikapanich D., Griffiths W. E., "On Calculation of the Extended Gini Coefficient", *Review of Income and Wealth*, 2001, 47 (4): 541-547.

Chotikapanich D., Griffiths W. E., "Estimating Lorenz Curves Using a Dirichlet Distribution", *Journal of Business & Economic Statistics*, 2002, 20 (2): 290-295.

Chotikapanich D., et al., "Estimating and Combining National Income Distributions Using Limited Data", *Journal of Businessand Economic Statistics*, 2007, 25 (1): 97-109.

Chotikapanich D., et al., "Estimating Income Inequality in China Using Grouped Data and the Generalized Beta Distribution", *UNU-WIDER Research Paper*, No. 134, 2006.

Chotikapanich D., et al., "Global and Regional Inequality in the Distribution of Income: Estimation with Limited/Incomplete Data", *Empirical Economics*, 1997, 22 (4), 533-546.

Chotikapanich D., "A Comparison of Alternative Functional Forms for the Lorenz Curve", *Economics Letters*, 1993, 41: 21-29.

Chotikapanich D., Griffiths W., "On Calculation of the Extended Gini Coefficient", *Review of Income and Wealth*, 2001, 47 (4): 541-547.

Credit Suisse Research Institute, *Global Wealth Report 2018*, 2018.

Credit Suisse Research Institute, *Global Wealth Report* 2021, 2021.

Cutler D. M., Katz L. F., "Macroeconomic Performance and the Disadvantaged", *Brooking Papers on Economic Activity*, 1991, 2: 1-74.

Cutler D. M., Katz L. F., "Rising Inequality? Changes in the Distribution of Income and Consumption in the 1980's", *The American Economic Review*, 1992, 82 (2): 546-551.

Dagum C., "A Measure of Inequality between Income Distributions with Applications", *Economie Appliquee*, 1978, 31: 401-413.

Dagum C., "Measuring the Economic Affluence between Populations of Income Receivers", *Journal of Business and Economic Statistics*, 1987, 5 (1): 5-12.

Dagum C., "A New Approach to the Decomposition of the Gini Income Inequality Ratio", *Empirical Economics*, 1997, 22 (4): 515-531.

Dalton H., *Principles of Public Finance* (9th, ed), London: Routledge & Kegan Paul Limited, 1936: 153.

Dauth W., et al., "Adjusting to Globalization: Evidence from Worker-Establishment Matches in Germany", *CEPR Discussion Paper*, No. 11045, 2016, Center for Economic Policy Research, London.

Dauth W., et al., "The Rise of the East and the Far East: German Labor Markets and Trade Integration", *Journal of the European Economic Association*, 2014, 12 (6): 1-33.

Deaton A., Paxson C., "Intertemporal Choice and Inequality", *Journal of Political Economy*, 1994, 102 (3): 437-467.

Deaton A., Zaidi S., *Guidelines for Constructing Consumption Aggregates for Welfare Analysis*, Published by Washington, DC: World Bank, 2002.

DiNardo J., et al., "Labor Market Institutions and the Distribution of Wages, 1973-1992: A Semiparametric Approach", *Econometrica*, 1996, 64 (5): 1001-1044.

Donaldson D., Weymark J. A., "A Single Parameter Generalization of the Gini Indices of Inequality", *Journal of Economic Theory*, 1980, 22 (1): 67-86.

Donaldson D., Weymark J. A., "Ethically Flexible Gini Indices for Income Distributions in the Continuum", *Journal of Economic Theory*, 1983, 29 (2): 353-358.

Dustmann C., et al., "Revisiting the German Wage Structure", *Quarterly Journal of Economics*, 2009, 124 (2): 843-881.

Ebert U., "Measure of Distance between Income Distribution", *Journal of Economic Theory*, 1984, 32: 266-274.

Efron B., "Bootstrap Methods: Another Look at the Jackknife", *Annals of Statistics*, 1979, 7 (1): 1-26.

Fei J., et al., "Growth and the Family Distribution of Income by Factor Components", *The Quarterly Journal of Economics*, 1978, 92 (1): 17-53.

Fields G. S., Yoo G., "Falling Labour Income Inequality in Korea's Economic Growth: Patterns and Underlying Causes", *Review of Income and Wealth*, 2000, 46 (2): 139-159.

Fisk P. R., "Estimation of Location and Scale Parameters in a Truncated Grouped Sech Square Distribution", *Publications of the American Statistical Association*, 1961, 56 (295): 692-702.

Formby J. P., Seaks T. G., Smith W. J., "A Comparison of Two New Measures of Tax Progressivity", *The Economic Journal*, 1981, 91 (364): 1015-1019.

Garner T. I., "Consumer Expenditures and Inequality: An Analysis Based on Decomposition of the Gini Coefficient", *The Review of Economics and Statistics*, 1993, 75 (1): 134-138.

Glasser G., "Variance Formulas for the Mean Difference and Coefficient of Concentration", *Publications of the American Statistical Association*, 1962, 57 (299): 648-654.

Goldin C., Katz L., "The Race between Education and Technology: The Evolution of U. S. Educational Wage Differentials, 1890 to 2005", *Mimeo*, 2009.

Gregory-Allen R. B., Shalit H., "The Estimation of Systematic Risk under Differentiated Risk Aversion: A Mean-Extended Gini Approach", *Review of Quantitative Finance and Accounting*, 1999: 12 (2): 135-157.

Hanoch G., Levy H., "The Efficiency Analysis of Choices Involving Risk", *Review of Economic Studies*, 1969, 36 (3): 335-346.

Hansen B. E., "Threshold Effects in Non-Dynamic Panels: Estimation, Testing, and Inference", *Journal of Econometrics*, 1999, 93 (2): 345-368.

Hausman J. A., "Specification Tests in Econometrics", *Econometrica*, 1978,

46 (6): 1251-1271.

Hoeffding W., "A Class of Statistics with Asymptotically Normal Distribution", *Annals of Mathematical Statistics*, 1948, 19 (3): 293-325.

Huber K., Winkler E., All You Need is Love? Trade Shocks, Inequality, and Risk Sharing between Partners", *European Economic Review*, 2019, 111: 305-335.

Jaeckel A., "Estimating Regression Coefficients by Minimizing the Dispersion of the Residuals", *Annals of Mathematical Statistics*, 1972, 43: 1449-1458.

Jaentti M., Jenkins S., "The Impact of Macroeconomic Conditions on Income Inequality", *Journal of Economic Inequality*, 2010, 8: 221-240.

Jappelli T., Pistaferri L., "The Consumption Response to Income Changes", *Annual Review of Econimics*, 2010, 2: 479-506.

Jones A. M., Wildman J., "Health, Income and Relative Deprivation: Evidence from the BHPS", *Journal of Health Economics*, 2008, 27: 308-324.

Jorda V., et al., "Inequality Measurement with Grouped Data: Parametric and Non-Parametric Methods", *Journal Royal Statistics Society Series A*, 2021, 184: 964-984.

Jureckova J., "Nonparametric Estimate of Regression Coefficient", *Annals of Mathematical Statistics*, 1971, 42 (4): 1328-1338.

Kakwani N. C., et al., "Socioeconomic Inequalities in Health: Measurement, Computation, and Statistical Inference", *Journal of Econometrics*, 1997, 77 (1): 87-103.

Kakwani N. C., "Applications of Lorenz Curves in Economic Analysis", *Econometrica*, 1977, 45 (3): 719-727.

Kakwani N. C., *Income Inequality and Poverty: Methods of Estimation and Policy Application*, Oxford University Press, 1980.

Kakwani N. C., "Measurement of Tax Progressivity: An International Comparison", *The Economic Journal*, 1977, 87 (345): 71-80.

Kakwani N. C., "On a Class of Poverty Measures", *Econometrica*, 1980, 48 (2): 437-446.

Kakwani N. C., et al., "Socioeconomic Inequalities in Health: Measurement, Computation, and Statistical Inference", *Journal of Econometrics*,

1997, 77: 87-103.

Kakwani N. C., Podder N., "On the Estimation of Lorenz Curves from Grouped Observations", *International Economic Review*, 1973, 14: 278-292.

Keller W., Utar H., "International Trade and Job Polarization: Evidence at the Worker Level", *NBER Working Paper*, No. 22315, 2016, National Bureau of Economic Research, Cambridge.

Khetan C. P., Poddar S. N., "Measurement of Income Tax Progression in a Growing Economy: The Canadian Experience", *The Canadian Journal of Economics*, 1976, 9 (4): 613-629.

Koenker R., Bassett G. J., "Regression Quantiles", *Econometrica*, 1978, 46 (1): 33-50.

Kolb R., Okunev J., "An Empirical Evaluation of the Extended Mean-Gini Coefficient for Futures Hedging", *Journal of Futures Markets*, 1992, 12 (2): 177-186.

Kolb R., Okunev J., "Utility Maximizing Hedge Ratios in the Extended Mean-Gini Framework", *Journal of Futures Markets*, 1993, 13 (6): 597-609.

Krugman P., *Geography and Trade*, Cambridge: MIT Press, 1991.

LaLonde R., et al., "Earnings Losses of Displaced Workers", *American Economic Review*, 1993, 83 (4): 685-709.

Lambert P. J., *The Distribution and Redistribution of Income: A Mathematical Analysis*, Cambridge, Massachusetts: Basil Blackwell Inc., 1989.

Langel M., Tillé Y., "Variance Estimation of the Gini Index: Revisiting a Result Several Times Published", *Journal of the Royal Statistical Society*, 2013, 176 (2): 521-540.

Lazaridis P., "Decomposition of Food Expenditure Inequality: An Application of the Extended Gini Coefficient to Greek Micro-Data", *Social Indicators Research*, 2000, 52 (2): 179-193.

Lerman R. I., Yitzhaki S., "Income Inequality Effects by Income Source: A New Approach and Applications to the United States", *The Review of Economics and Statistics*, 1985, 67 (1): 151-156.

Lerman R. I., Yitzhaki S., "A Note on the Calculation and Interpretation of the Gini Index", *Economics Letters*, 1984 (15): 363-368.

Lerman R. I., Yitzhaki S., "Improving the Accuracy of Estimates of Gini Coefficients", *Journal of Econometrics*, 1989, 42 (1): 43-47.

Lien D., Luo X., "Estimating the Extended Mean-Gini Coefficient for Futures Hedging", *Journal of Futures Markets*, 1993, 13 (6): 665-676.

Lien D., Tse Y. K., "Some Recent Developments in Future Hedging", *Journal of Economic Surveys*, 2002, 16 (3): 357-396.

McDonald J. B., "Some Generalized Functions for the Size Distribution of Income", *Econometrica*, 1984, 52: 647- 663.

McKinley T., Wang L. N., "Housing and Wealth in Rural China", *China Economic Review*, 1992 (2): 195-211.

Milanovic B., "True World Income Distribution, 1988 and 1993: First Calculations Based on Household Surveys Alone" *The Economic Journal*, 2002, 112: 51-92.

Mills J., Zandvakili S., "Statistical Inference via Bootstrapping for Measures of Inequality: Summary", *Journal of Applied Econometrics*, 1997, 12 (2): 133-150.

Mookherjee D., Shorrocks A. F., "A Decomposition Analysis of the Trend in UK Income Inequality", *Economic Journal*, 1982, 92 (368): 886-902.

Morduch J., Sicular T., "Rethinking Inequality Decomposition, with Evidence from Rural China", *The Economic Journal*, 2002, 112: 93-106.

Mori T., et al., "A Divergence Statistic for Industrial Localization", *Review of Economics and Statistics*, 2005, 87 (4): 635-651.

Musgrave R. A., Tun Thin, "Income Tax Progression, 1929-48", *Journal of Political Economy*, 1948, 56 (6): 498-514.

Nair U. S., "The Standard Error of Gini's Mean Difference", *Biometrika*, 1936, 28 (3/4): 428-436.

Nilsson Hakkala K., Huttunen K., "Worker-Level Consequences of Import Shocks", *Mimeo*, 2018.

Nolan B., et al., "Intergenerational Wealth Transfers and Wealth Inequality in Rich Countries What do We Learn from Gini Decomposition", *Econmics Letters*, 2021, 109701.

OECD, "Inequality in Labour Income-What are its Drivers and How Can it be Reduced?", *OECD Economics Department Policy Note*, No. 8, 2012, Economics Department Organisation for Economic Co-operation and Development.

Olkin I. , Yitzhaki S. , "Gini Regression Analysis", *International Statistical Review*, 1992, 60 (2): 185-196.

Ortega P. , et al. , "A New Functional Form for Estimating Lorenz Curves", *Review of Income and Wealth*, 1991, 37: 447-452.

Paul S. , Shankar S. , "An Alternative Single Parameter Functional Form for Lorenz Curve", *Empirical Economics*, 2020, 59: 1393-1402.

Piketty T. , et al. , "Capital Accumulation, Private Property, and Rising Inequality in China, 1978-2015", *American Economic Review*, 2019 (7): 2469-2496.

Piketty T. , *Capital in the Twenty-first Century*, Cambridge: Harvard University Press, 2014.

Pyatt G. , et al. , "The Distribution of Income by Factor Components", *The Quarterly Journal of Economics*, 1980, 95 (3): 451-473.

Pyatt G. , "On the Interpretation and Disaggregation of Gini Coefficients", *The Economic Journal*, 1976, 86: 243-254.

Quenouille M. H. , "Approximate Tests of Correlation in Time-Series", *Journal of the Royal Statistical Society*, 1949, 11 (1): 68-84.

Rao C. R. , *Linear Statistical Inference and its Applications* (Second Edition), New York: John Willey & Sons, Inc. , 1973.

Rao V. M. , "Two Decompositions of Concentration Ratio", *Journal of the Royal Statistical Society*, 1969, CXXXII. A: 418-425.

Rasche R. H. , et al. , "Function Forms for Estimating the Lorenz Curve", *Econometrica*, 1980, 48: 1061-1062.

Roser M. , Crespo Cuaresma J. , "Why is Income Inequality Increasing in the Developed World?", 2016, 62 (1): 1-27.

Sala-i-Martin X. , "The Disturbing Rise of Global Income Inequality", *NBER Working Paper*, No. 8904, 2002.

Sarabia J. M. , et al. , "An Ordered Family of Lorenz Curves", *Journal of Econometrics*, 1999, 91: 43-60.

Schechtman E. , et al. , "Who does not Respond in the Household Expenditure Survey: An Exercise in Extended Gini Regressions", *Journal of Business & Economic Statistics*, 2008, 26 (3): 329-344.

Schechtman E. , Yitzhaki S. , "A Measure of Association Based on Gin's Mean Difference", *Communications in Statistics*, 1985, 16 (1): 207-231.

Sen A. K. , "Poverty: An Ordinal Approach to Measurement", *Econometrica*, 1976, 42 (2): 219-231.

Shalit H. , Yitzhaki S. , "An Asset Allocation Puzzle: Comment", *American Economic Review*, 2003, 93 (3): 1002-1008.

Shalit H. , Yitzhaki S. , "Estimating Beta", *Review of Quantitative Finance and Accounting*, 2002, 18 (2): 95-118.

Shalit H. , Yitzhaki S. , "How does Beta Explain Stochastic Dominance Efficiency", *Review of Quantitative Finance and Accounting*, 2010, 35 (4): 431-444.

Shalit H. , Yitzhaki S. , "Marginal Conditional Stochastic Dominance", *Management Science*, 1994, 40 (5): 670-684.

Shalit H. , Yitzhaki S. , "Mean-Gini, Portfolio Theory, and the Pricing of Risky Assets", *Journal of Finance*, 1984, 39 (5): 1449-1468.

Shalit H. , Yitzhaki S. , "The Mean-Gini Efficient Portfolio Frontier", *Journal of Financial Research*, 2005, 28 (1): 59-75.

Shang S. , Shang S. , "Estimating Gini Coefficient from Grouped Data based on Shape-preserving Cubic Hermite Interpolation of Lorenz Curve", *Mathematics*, 2021, 9: 2551.

Shao J. , Tu D. , *The Jackknife and Bootstrap*, 1996, New York: Springer.

Shi X. , "Inequality of Opportunity in Energy Consumption in China", *Energy Policy*, 2019, 124: 371-382.

Shorrocks A. F. , "On the Distance between Income Distributions", *Econometrica*, 1982, 50: 1337-1339.

Shorrocks A. F. , "Decomposition Procedures for Distributional Analysis: A Unified Framework Based on the Shaply Value", *Unpublished Manuscript*, Department of Economics, University of Essex, 1999.

Shorrocks A. F. , "Inequality Decomposition by Factor Components", *Econometrica*, 1982, 50 (1): 193-211.

Shorrocks A. F. , "Inequality Decomposition by Population Subgroups", *Econometrica*, 1984, 53: 1369-1386.

Shorrocks A. F. , "Ranking Income Distributions", *Economica*, 1983, 50 (1): 3-17.

Shorrocks A. F. , "The Class of Additively Decomposable Inequality Measures", *Econometrica*, 1980, 48: 613-625.

Silber J. , "Factor Components, Population Subgroups, and the Computation of the Gini Index of Inequality", *Review of Economics and Statistics*, 1989, 71: 107-115.

Silber J. , "Inequality Decomposition by Income Source: A Note", *Review of Economics and Statistics*, 1993, 75 (3): 545-547.

Sitthiyot T. , Holasut K. , "A Simple Method for Estimating the Lorenz Curve", *Humanities & Social Sciences Communications*, 2021, s41599-021-00948-x.

Slesnick D. T. , "Consumption, Needs and Inequality", *International Economic Review*, 1994, 35 (3): 677-703.

Slesnick D. T. , "Gaining Ground: Poverty in the Postwar United States", *Journal of Political Economy*, 1993, 101 (1): 1-38.

Slitor R. E. , "The Measurement of Progressivity and Built-in Flexibility", *Quarterly Journal of Economics*, 1948, 62 (2): 309-322.

Stark O. , et al. , "Remittances and Inequality", *The Economic Journal*, 1986, 96 (383): 722-740.

Stark O. , "On a Tendency in Health Economics to Dwell on Income Inequality and Underestimate Social Stress", *Economics and Human Biology*, 2023, 49, 101232.

Stiglitz J. , "Economics Must Address Wealth and Income Inequality", *Institute for New Economics Thinking* website https://www.nakedcapitalism.com/2014/12/.

Stolper W. F. , Samuelson P. A. , "Protection and Real Wages", *The Review of Economic Studies*, 1941, 9 (1): 58-73.

Suits D. B. , "Measurement of Tax Progressivity", *American Economic Review*, 1977, 70 (67): 747-752.

Sundrum R. M. , *Income Distribution in Less Developed Countries*, Routledge, Londen and New York, 1990.

Sykes D. , et al. , "On the Measurement of Tax Progressivity: An Implication of the Atkinson Theorem", *Southern Economic Journal*, 1987, 53 (3): 768-776.

Theil H. , *Economics and Information Theory*, North-Holland Publishing Company, Amsterdam, 1967.

Tibshiran R. , "Regression Shrinkage and Selection via the Lasso", *Journal of*

Royal Statistical Society, Series B, 1996, 58 (1): 267-288.

Utar H., "Workers Beneath the Floodgates: Impact of Low-Wage Imports Competition and Workers' Adjustment", *Review of Economic Statistics*, 2018, 100 (4): 631-647.

Wagstaff A., et al., "On the Measurement of Inequalities in Health", *Social Science and Medicine*, 1991, 33 (5): 545-557.

Wagstaff A., "Inequality Aversion, Health Inequalities and Health Achievement", *Journal of Health Economics*, 2002, 21 (4): 627-641.

Wan G., "Regression-Based Inequality Decomposition: Pit Falls and a Solution Procedure", WIDER Discussion Paper, 2002.

Wang Q., Wang X. W., "Does Economic Growth Help Reduce Inequality of Water Consumption? Insight from Evolution and Drivers of Inequality in Water Consumption in China", *Environmental Science and Pollution Research*, 2021, 28: 37338-37353.

Wolff E. N., "Estimates of the 1969 Size Distribution of Household Wealth in the U.S. from a Synthetic Database", in James D. Smith (ed.), *Modeling the Distribution and Intergenerational Transmission of Wealth*, Chicago University Press, Chicago, 1980: 223-263.

Wolff E. N., "The Size Distribution of Household Disposable Wealth in the United States", *Review of Income and Wealth*, 1983 (29): 125-146.

World Inequality Lab, *World Inequality Report 2018*, 2018.

Xiong Y., "International Trade Factor Endowments and Income Inequality Evidence from Chinese Regional Data", *Emerging Markets Finance and Trade*, 2020, 56 (14): 3405-3424.

Xu K., "Inference for Generalized Gini Indices Using the Iterated-Bootstrap Method", *Journal of Business & Economic Statistics*, 2000, 18 (2): 223-227.

Yitzahki S., "On the Effect of Subsidies to Basic Food Commodities in Egypt", *Oxford Economic Papers*, 1990, 42 (4): 772-792.

Yitzhaki S., Lerman R. I., "Income Stratification and Income Inequality", *Review of Income and Wealth*, 1991, 37 (3): 313-329.

Yitzhaki S., Olkin I., "Concentration Indices and Concentration Curves", in Karl Mosler and Marco Scarsini (eds.), *Stochastic Orders and Decisions under Risk*, 1991, 19: 380-392.

Yitzhaki S., Schechtman E., *The Gini Methodology—A Primer on a Statistical Methodology*, New York, Springer, 2013.

Yitzhaki S., Thrisk W., "Welfare Dominance and the Design of Excise Taxation in the Cote d'Ivoire", *Journal of Development Economics*, 1990, 33 (1): 1-18.

Yitzhaki S., "Calculating Jackknife Variance Estimators for Parameters of the Gini Method", *Journal of Business & Economic Statistics*, 1991, 9 (2): 235-239.

Yitzhaki S., "Economic Distance and Overlapping of Distributions", *Journal of Econometrics*, 1994, 61: 147-159.

Yitzhaki S., "On an Extension of the Gini Inequality Index", *International Economic Review*, 1983, 24 (3): 716-728.

Yitzhaki S., "On the Effect of Subsidies to Basic Food Commodities in Egypt", *Oxford Economic Papers*, 1990, 42 (4): 772-792.

Yitzhaki S., "On Using Linear Regressions in Welfare Economics", *Journal of Business & Economic Statistics*, 1996, 14 (4): 478-486.

Yitzhaki S., "Stochastic Dominance, Mean-Variance and Gini's Mean Difference", *American Economic Review*, 1982, 72 (1): 178-185.